U0653934

十年树木·百年树人

中国乡村班主任发展研究

（第二辑）

主 编 李家成 赵福江

上海交通大学出版社
SHANGHAI JIAO TONG UNIVERSITY PRESS

内容提要

本书围绕乡村班主任的专业发展，结合乡村振兴战略，推出中国乡村班主任研究的最新学术成果，包括利用乡村大自然作为教育资源开展实践研究、乡村学生发展现状调研与暑假生活的更新、乡村班主任的专业成长、乡村班主任发展的区域战略等。本书致力于引领乡村班主任研究领域的实践改革与理论建设，以期在国内外产生积极的影响。

本书适合全国的一线班主任以及致力于班主任研究的学者参考阅读。

图书在版编目(CIP)数据

中国乡村班主任发展研究：第二辑 / 李家成，赵福江主编.
—上海：上海交通大学出版社，2019
ISBN 978-7-313-21282-5

Ⅰ.①中… Ⅱ.①李… ②赵… Ⅲ.①农村学校-班主任工作-研究-中国 Ⅳ.①G451.6

中国版本图书馆CIP数据核字(2019)第091541号

中国乡村班主任发展研究(第二辑)

主　　编：李家成　赵福江
出版发行：上海交通大学出版社　　地　　址：上海市番禺路951号
邮政编码：200030　　电　　话：021-64071208
印　　刷：常熟市大宏印刷有限公司　　经　　销：全国新华书店
开　　本：710mm×1000mm　1/16　　印　　张：22.5
字　　数：374千字
版　　次：2019年7月第1版　　印　　次：2019年7月第1次印刷
书　　号：ISBN 978-7-313-21282-5/G
定　　价：68.00元

中国乡村班主任发展研究

（第二辑）

主　　编：李家成　赵福江

主编助理：吴陈兵　许　滢　蓝美琴

序　言
乡村班主任可以发展到怎样的境界

乡村教育长久以来受人关注，但从没有像今天这样迎来极好的发展机遇期。自党的十九大以来，中国社会发展进入新时代，城乡的关系定位迎来新变化，尤其是乡村振兴战略的实施，更是拉开了新发展的帷幕。当下，乡村振兴战略已经在呼唤高质量的乡村教育，在呼唤新型乡村教师了。

在乡村教育中，乡村校长很重要，乡村学科教师很重要，但绝不能替代乡村班主任的重要性——乡村班主任是乡村学生、家长的主心骨，是乡村学校发展的中坚力量，是学习型乡村建设的关键力量！

长久形成的城乡教育差异使许多乡村班主任感到自卑；各类城乡合作项目的实施过度强调城市教师到乡村的“传经送宝”“带教”，这极大消耗了乡村班主任和学科教师的精神力量，更形成了不利于乡村教育发展的社会舆论。而在新时代，乡村班主任需要在人格上独立，需要在精神上自强，需要摆脱对城市教育缺乏理性的崇拜，需要形成城乡教育合作、协同发展的全新格局——而这正是当前城乡和谐发展的重要体现。

当前对乡村班主任和学科教师的相关宣传，更多突出了任劳任怨，更多突出了付出与风险，而极大忽视了乡村班主任和学科教师的专业发展。

辛劳可以博得同情，但唯有专业才能赢得尊重！

乡村班主任能实现专业发展吗？

肯定可以！

我们在浙江省武义县召开的首届全国乡村班主任发展研究论坛，在北京市房山区召开的第二届全国乡村班主任发展研究论坛，2018 年出版的《中国乡村班主任发展研究(第一辑)》,2018年全年刊发乡村班主任专栏文章的《江苏教育》杂志,与我们一起合作的天南海北的乡村班主任,这些人、这些事、这些出版物,就真实地在我们的身边。

那么,乡村班主任可以发展到怎样的境界?

例如,乡村班主任可以有先进的教育理念吗?

当然可以!

创新的意识,全纳的追求,学生的立场,综合融通的取向,是可以真实存在于班主任的专业生活中的。在本书中,读者能读到来自浙江省武义县的经验总结,来自北京工商大学附属小学的系列论文,来自每一位乡村班主任作者对一系列教育思想与理念的直接践行。对于我们的乡村班主任合作者来说,理念不再高高在上,不是远在天边,而是就在自己的实践中,在自己的心中。

例如,乡村班主任可以有基于乡村资源、自主创生高品质教育的教育智慧吗?

当然可以!

我们有太多的乡村班主任合作者,在田野间,在乡村中,在班级内,在引导孩子与大自然、与乡村文化的互动中,创生了城市班主任难以做到的活动,实现并体现着自己的专业性。在本书中,来自黑龙江省齐齐哈尔市的焦忠宇老师,来自浙江省武义县的陶健美老师,来自广东省阳江市的施建珍老师,为我们提供了城市班主任几乎难以做到的教育创造的案例。

例如,乡村班主任可以有高度的反思与重建意识及能力吗?

当然可以!

我们组织的乡村班主任现场研讨活动,我们一起投入其中的阅读、对话活动,就极大地激发了乡村班主任的学习意识,突出了自我更新的生存方式。本书中的每一篇文章,都来自乡村班主任对于自己实践的自觉反思,都包含着理性的力量,都有着专业的内涵。当我们一遍遍修改论文时,我们的乡村班主任就在学习,就在成长,就在创造新的发展空间。

例如,乡村班主任可以有高品质的表达与对话吗?

当然可以!

我们的乡村班主任合作者会写作,会调研,会交流,甚至部分乡村班主任已经成为国家行政学院网络课程的主讲者。在本书中,您会读到乡村班主任如何运用问卷调查,如何采用案例分析,如何开展访谈研究,如何基于自己的教育实验而写作。与此同时,我们的乡村班主任在直接与上海的教育学教授、博士生导师交往,直接与中国台湾的教授、校长合作,直接与杂志社和出版社的编辑合作。

这必然要求话语系统的对接、思维方式的呼应。而这些,我们的作者都做到了!

例如,乡村班主任可以有高品质的专业交往吗?

当然可以!

我们合作的乡村班主任在与华东师范大学的硕士生、博士生交往,在与相关专业期刊的编辑、主编交往,在和华东师范大学、首都师范大学、南京师范大学、江西省教科所的教授、研究员交往,在和来自以色列、澳大利亚、智利、新西兰的国外教授交往。这一点没有问题!

例如,乡村班主任可以有尊严地享受在乡村的专业生活吗?

当然可以!

我们合作的乡村班主任在孜孜以求,在勤奋上进,在勇于变革,在不断创造学生、家长和自己的新生活!身在城市的班主任何尝没有自己的困惑与问题?冷暖自知,班主任的工作与发展都不易,但也都有自尊自信的可能,有着创生意义的可能,有着让具体个人自豪的可能。这些可能性已经在乡村班主任的创造性实践中变为现实了。

诚然,当前乡村班主任的发展,非常需要良好的教育政策,需要直面乡村、扎根中国大地的教育研究,需要高品质的专业社群。让我们欣喜不已且充满信心的是已经有一批具有高度专业性的乡村班主任,在黑龙江、在安徽、在浙江、在广东、在河南、在北京了!

以《中国乡村班主任发展研究(第二辑)》的出版,记录这段新生的历程,向这样的乡村班主任致敬,并继续发出我们的邀请……

李家成
教授,博士生导师
上海终身教育研究院执行副院长
华东师范大学教育学部“生命·实践”教育学研究院副院长

目　录

大自然作为教育资源

中华文化的自觉传承

乡村学生的发展

乡村学生的暑假生活更新

乡村班主任的专业成长

乡村班主任发展的区域战略

乡村班主任研究的知识创生与传播

大自然作为教育资源

论乡村自然资源的开发和利用
——基于丰盈乡村学生班级日常生活的目标

焦忠宇*

摘　要："教育即生活"。如何构建一个学生乐于生活的班级空间，让他们在每天持续性的学习中感受到快乐？笔者开发、利用乡村学生身边的动物、植物等自然物质资源，融通各学科知识，发挥学生想象空间，引导学生探索生命成长，体验生活趣味。这样的教育实践，回归学生发展的立场，为学生创设了一个充满情趣、积极主动的成长氛围，使他们的班级日常生活逐渐丰富多彩。

关键词：乡村自然资源　班级日常生活　乡村学生

杜威民主主义教育思想主张"教育即生活"。"学生不是为了学习而学习，而是为了改进生活而学习。"[1]每个孩子一天的在校时间为 6～8 小时，他们组成一个班集体，结成伙伴，一起学习，一起游戏，一起体验学校生活的乐趣。班级日常生活是学校生活的一部分，"是指学生以班级为单位所经历的具有重复性特征的日常生活"。[2]当前学生的班级日常生活受应试教育的影响，比较单一、枯燥，除了学习课本知识外，就是参与学校组织的各项活动。然而学校活动也是依据上级指派，为了完成任务，并不都是孩子喜欢并主动参与的。孩子们每天重复着同样的生活，导致有些孩子不喜欢上学。特别是乡村学校组织开展的活动甚少，孩子们的班级日常生活十分乏味。

如何构建一个孩子们乐于生活的班级空间，让他们在枯燥的学习中感受班级日常生活的快乐？作为一名乡村班主任，笔者一直在努力探索、实践。

一、乡村自然资源开发的基础与构成

"自然性资源是指自然世界中较少受人类活动直接影响的动物、植物、空间、

---

*　焦忠宇，黑龙江省齐齐哈尔市富拉尔基区长青乡海格小学班主任，一级教师，研究方向为乡村教育。

环境等。在学校空间中,相关自然性因素通过绿化及其养护、环境布局、蔬菜种植、相关自然现象等而存在;在学校空间之外,则无限的自然世界就长久存在着、发展着。”[3]

相较于城市学校,乡村学校有着得天独厚的自然资源。然而随着智能手机、电脑在乡村的普及,许多孩子沉浸在电子游戏的世界里,对身边司空见惯的自然景物,视若无睹。加之家长外出打工,缺少约束监管之人,孩子们更加肆无忌惮。为了能帮助孩子们脱离或尽量远离无休止的虚拟游戏生活,激发他们对大自然的热爱,帮助他们体悟自然世界的丰富与神奇,建立起对自然、对生活的亲近之情、探索之愿、体验之基,教师需要尽力去挖掘大自然所赋予的优势,摆脱课堂和书本的限制,充分开发和利用这些自然资源,拓宽乡村学校的教育课程,引领孩子们走向自然,观察自然,感受来自自然生活与学习的美妙。

乡村学校周边的自然环境为孩子们提供了丰富、开放、天然、有趣的活动场所,一草一木、一花一石、一鸟一虫、一山一水,无不是孩子们发现和探索的对象,也为孩子们的成长提供了取之不尽,用之不竭的资源。笔者对这些资源进行了大致梳理,主要由如下几类构成。

第一,植物资源。校内外的各种树木、各色鲜花、野草野菜,菜园里品种齐全的蔬菜瓜果等,这些都是能简单获取和利用的教育资源。

第二,动物资源。种类繁多的家畜、家禽,形态各异的昆虫,名不见经传的野生小动物……这些丰富的动物资源都有其独特的教育价值。

第三,其他自然物质资源。形状奇特的石头、晶莹剔透的雪、农作物的秸秆等都可成为学生创作的原材料,为学生提供动手实践的机会。

二、乡村自然资源开发与利用的路径

把乡村自然资源融进学生的班级日常生活中,可以融通各个学科知识,让孩子们拥有一个丰盈的生活空间,愉快的童年时光;可以让孩子的教育更贴近现实生活。笔者根据自己的实践经验,从如下三方面进行了探索与尝试。

(一)与植物相伴,探索生命成长

笔者所居区域是一个四季分明的地方。春季,当小草开始发芽,树木抽出嫩绿枝条时,孩子们走出课堂,来到校园,认识各种树木,探寻草芽,体验春天;辨别树叶、菜叶、花叶,感受叶的美与异。夏季,孩子们走进树林,做着“过家家”“藏猫猫”的游戏。各种树叶、野草成了孩子们虚拟餐桌上的食材,粗壮的树干、矮矮的树丛成了孩子们躲藏的基地。在各种游戏中,对孩子们进行文明礼仪、规则教

育，让他们在玩中学习。秋天，缤纷的树叶掉落，孩子们轻轻拾起，挑选其中最美的一片，夹在书里，做成书签。同时，孩子们利用树叶做起了粘贴画，一幅幅活灵活现的作品展现着大自然的美。冬季，各种植物在寒风、飘雪中枯萎，而室内的盆栽花，却在争奇斗艳，竞相绽放。孩子们通过对这些盆栽花的观察，学习记录花的姿态、生长变化，领略植物生长的奥秘。

一年四季，孩子们与植物相伴，绘制作品，分享快乐；观察记录，感受神奇；学习播种，体验辛苦。孩子们的生活变得丰富、有趣起来。

下面笔者以播种、管理、分享系列活动为例，阐明具体做法。

1. 活动目的

(1) 让孩子们参与植物成长的过程，体验劳动的辛苦与快乐，感受生命的美感；

(2) 锻炼孩子们动手操作、观察表达能力；

(3) 在活动中引导孩子们学会分享，懂得感恩。

2. 前期准备

由于孩子们当中年龄最大的只有7岁，他们是否愿意尝试，家长是否愿意配合，直接关系到活动能否顺利开展。经过笔者多次与孩子、家长商议，大家都很支持，愿意与孩子共同参与本次活动。孩子们从家里带来了各种蔬菜的种子。遥遥的姥姥还主动请缨走进班级课堂为孩子们做示范和讲解。

3. 内容与过程

活动一："春季，我们来播种"。孩子们先认识种子，再按照家长讲解的步骤进行播种。在等待种子发芽的过程中，他们好奇地观察着；在种子慢慢生长的过程中，他们细心地照料着。当秧苗长出小小的叶子时，孩子们开始间苗，在取舍中，体验植物生长的区别。当秧苗不断长高，叶子逐渐长大，孩子们把秧苗带回自家小园里栽种，在家长的指导下，孩子们顺利地完成了栽种任务。

活动二："夏季，我们来管理"。孩子们每天精心照看自家小园里的秧苗，每隔一段时间就在班里向小朋友们介绍自己所栽秧苗的生长情况。家长们协助管理，并录制视频，分享到班级微信群，大家互相交流，互相促进。整个暑假，随着秧苗的不断生长，开花，结果，果实从小变大，从绿变红，孩子们也不断地体验着快乐，体验着生命成长的神奇。

活动三："秋季，我们来分享"。孩子们付出的辛苦得到了回报，收获了三个月来的劳动果实，为了让他们懂得分享是一种快乐，笔者征得家长同意，开展了一次"快乐分享"活动。孩子们摘取自己培育的果实，在家长的帮助下做成美味佳肴，和小朋友们一起享用。大家坐在一起谈论自己做的菜，感谢父母的帮助，品尝所有人的劳动成果,从中体验着成功的喜悦。

4. 收获与设想

通过这一系列活动的开展,以及身边植物资源的利用,孩子们与植物进行了直接的对话,从中收获了课本中无法给予的情感与体验。随着孩子们年龄的增长,知识的增多,笔者将结合各学科的特点,开设自然主题课程,激活课堂教学,让孩子们的班级日常生活、学习不再枯燥。

(二) 观动物之态,体验生活趣味

乡村的动物资源极其丰富,随处可见。孩子们会捉来蚯蚓、蜻蜓、蝴蝶以及爬行在各个地方的小黑虫、小绿虫、小花虫……询问名字,观察它们的模样,探讨它们吃什么,住在哪里。于是我抓住孩子们乐于探索的契机,把动物资源与语文、综合实践、美术、科学等学科进行融通。孩子们观察动物时,会自觉地用画笔描绘,用语言描述,感受各种动物或蠕动行走,或憨态可爱,或翩翩起舞的动态美。

1. 探索蚯蚓

每当下雨时,笔者所在学校后面的空地就会有一些积水,地面变得很湿润,蚯蚓便成了这里的常客。孩子们指着蚯蚓问:“老师,蚯蚓会游泳吗?”“蚯蚓吃什么? 它害怕什么?”针对孩子们的问题,笔者和孩子们开始了对蚯蚓的探索。

首先,孩子们走出教室,一边观察一边利用网络资源,了解蚯蚓的生活习性,学习蚯蚓的“六喜六怕”。当笔者说到蚯蚓怕泡在水里时,达达有些伤心地说:“你们看,这条蚯蚓都被水泡粗了,是不是死了? 刚才我不把它扔进水里就好了。”此时,孩子们为自己的行为感到懊悔。当笔者讲到蚯蚓可以把土壤翻得疏松,使水分和肥料易于进入而提高土壤的肥力,有利于植物生长时,琪琪兴奋地说:“我在我家的园子里看到过蚯蚓,原来它能让土变松。”当笔者讲到蚯蚓喜欢吃甜的食物时,孩子们七嘴八舌地说出了很多甜的食品,并且都想拿来给蚯蚓吃。当笔者讲到蚯蚓的再生功能时,孩子们都很惊讶。孜孜特别想尝试,可又觉得太残忍,最后还是禁不住好奇心的驱使做了实验,结果蚯蚓头部那半段真的活了。孩子们觉得很不可思议。

其次,孩子们把蚯蚓带进课堂进行细致观察。达达担心蚯蚓离开土壤会死掉,就连同土一起带进了教室。他发现蚯蚓钻进土里的速度很快。思思发现蚯蚓爬行时,前端总是比后端粗,通过这一特点能轻易判断蚯蚓的爬行方向。月月发现蚯蚓爬行时会形成多种弯曲的形态,有时像“6”,有时像“9”,有时两条纠缠在一起,像绳子一样。琪琪刚开始很怕蚯蚓,根本不敢碰。经过几次的观察后,她的胆子越来越大,甚至可以把蚯蚓放在手心里用肌肤感受它的蠕动。

最后，孩子们动笔画蚯蚓。粗粗细细，大大小小，各种形态的蚯蚓跃然纸上。这种边看实物，特别是活动中的物体，边画画的方式，对于一年级的孩子来说有一定的难度。但活动的目的并不是表现绘画技艺的高超，而是触动内心的那份愉悦，感受探索、体验的过程。孩子们结束绘画后，急急忙忙把蚯蚓带到教室外放生。此时，孩子们放掉的是蚯蚓，体现的是他们对自然界生灵的守护之情。

2. 观察兔子

孜孜家里养了一只小灰兔，每天他都会和其他小朋友交流自己对这只兔子的喜爱之情，无形中激起了孩子们观察兔子的欲望。于是大家互相讨论，确立了本次实践活动的主题——“可爱的兔子”。本次活动在李家成教授提出的“做、听、说、读、写”的启发下，由孩子、家长和我共同商讨制订了活动计划（见表1）。

表1 “可爱的兔子”主题活动设计

<table>
<tr><td>学校：海格小学</td><td>年级：一年级</td><td>日期：2018年5月</td></tr>
<tr><td>内容：可爱的兔子</td><td>人数：5人</td><td>执教：焦忠宇</td></tr>
<tr><td colspan="3">一、活动目标
（1）引导学生按照先整体再局部的方式观察兔子的形态，使学生初步掌握观察小动物的方法，培养学生的观察能力；
（2）让学生了解兔子的一些生活习性，学习用语言表达兔子的大体模样，培养学生的语言表达能力；
（3）指导学生尝试书写观察日记，初步培养他们的书面表达能力；
（4）激发学生观察学习的兴趣，培养爱护动物之心。</td></tr>
<tr><td colspan="3">二、设计依据
（1）“兴趣是最好的老师”，孩子们有了探索的兴致，才会主动尝试，所以本次活动是构建在孩子们主动发展意识的基础上的；
（2）孩子们通过对植物的探索，有了一定的观察能力，在此基础上，现在可以用几句完整的话描述兔子的样子，以及对它的喜爱之情；
（3）家长积极提供兔子资源，给孩子们创造了良好的实践环境。</td></tr>
<tr><td colspan="3">三、活动过程
一走进孜孜家，孩子们立刻奔向笼子，笼子里有一只灰色的小兔子。此时教师提出要注意的安全事项，孩子们按活动步骤进行实践观察。
1. 做：按顺序进行观察
（1）整体观察，包括兔子的颜色、大小等；
（2）局部观察，按从头部到尾部的顺序；
（3）重点观察，喜欢兔子的什么部位，对该部位进行仔细观察。</td></tr>
</table>

(续表)

<table>
<tr><td>学校:海格小学</td><td>年级:一年级</td><td>日期:2018 年 5 月</td></tr>
<tr><td>内容:可爱的兔子</td><td>人数:5 人</td><td>执教:焦忠宇</td></tr>
<tr><td colspan="3">2. 听:听家长介绍兔子
孩子们在观察时,孜孜奶奶简要说明兔子的一些生活习性,饲养时的注意事项。
3. 说:互相交流观察所得
(1) 孩子们边观察边交流自己感兴趣的问题,并随时向家长提出疑问;
(2) 教师引导孩子们用语言描述兔子的样子,表达观察的感受。
4. 读:教师阅读范文
教师给孩子们阅读有关描写兔子的日记一至两篇,起到示范引领的作用。
5. 写:尝试书写观察日记
让孩子们写一写自己眼中的兔子,表达出自己的喜爱之情。
6. 评:展示评价日记
读给家长、同学、老师听,互相评一评。</td></tr>
<tr><td colspan="3">四、活动观察
本次活动是在孜孜家里开展的。活动结束后,孩子们依然很兴奋,在回学校的路上,大家开始畅谈自己的收获。月月说:“小兔子在吃白菜叶时,三瓣嘴一动一动的,太可爱了。”达达发表感慨之情:“看到小兔子,我们很开心!”孩子们用“大大的”“小小的”“红红的”等形容词描述着兔子的各个部位。
本次活动中,家长的积极参与,学生的自主探究,不仅培养了孩子们观察、语言表达、评价的能力,更重要的是还激发了孩子们探索动物的兴趣。</td></tr>
</table>

动物世界千奇百怪,引导乡村的孩子对身边的动物进行观察与探索,并融入各学科的教学中,就能让孩子们爱上学习,爱上生活。

(三) 利用其他自然物质,发挥学生想象力

乡村除了丰富的动植物资源,还存在很多其他自然物质资源,这些资源可以成为孩子们创作的原材料,培养他们的想象力。

1. 石子画创作

由于笔者所在学校正在施工,校园内存有大量的沙土,孩子们在课下总会捡取一些晶莹剔透或形状奇特的石子让笔者评价。看着这些石子,感受着孩子们的喜爱之情,我就想:为何不加以利用,让石子也成为丰富孩子们班级日常生活的资源呢?

首先,笔者利用网络搜集石子画资料,制作成 PPT,让孩子们观赏。美丽的画面成功地激发了孩子们创作的热情。其次,让孩子们互相交流,自主选择石子

画主题进行观察，看一看所需的石子形状、颜色以及其他辅助材料。再次，由孩子们或单独或合作寻找所需的石子，清洗，晒干。最后，由笔者提供纸张、胶水，孩子们开始创作。作品完成后，要注明主题，并向所有人做简要说明。

孩子们的作品雏形“千奇百怪”，但他们的创作热情是高涨的，在借鉴他人作品的基础上，把水彩笔、小木棍应用到了创作中。孩子们通过创作石子画，深刻感受到：自然界中处处都有美的存在，只要善于发现，发挥想象，总能创造美。

2. 雪的世界

大自然赋予北方特有的冰雪世界，给生活在这里的人们带来独有的情怀。每当大雪纷飞时，就是孩子们最向往时刻的来临。伸出热乎乎的小手捧起雪花，体验雪的温度；瞪着圆溜溜的双眼看着雪花，感受雪的晶莹；鼓起粉嫩嫩的小嘴吹起雪花，欣赏雪的舞姿。在雪的世界里，孩子们尽情挥洒想象力。

活动一：雪地作画。雪刚刚铺满了地面，还未经过人们的踩踏，每每这时孩子们就会效仿“雪地里的小画家”，用自己的手、脚、身体作画笔，在雪地上画苹果、梨子、桃子等各种水果，画日月，画人物，画花草……各种简笔画栩栩如生。虽称不上大作，但却是快乐之作。

活动二：堆雪人。孩子们最喜欢的就是一起合作堆个漂亮的雪人。先滚两个大小不一的雪球，当作身体和头，或者为了方便用一个小雪堆来做雪人的身体，再把一个大雪球放在上面，这样雪人就基本成型了。剩下的就是进行装饰，孩子们把手边的煤块或石子当作纽扣和眼睛，把笤帚当作手，把胡萝卜或玉米棒当作鼻子。有的孩子还把自己的围巾给雪人围上，把自己的帽子给雪人戴上。雪人初步完成后，孩子们还要不断地审视，修改再修改，直至达到完美，就如同大艺术家一样，追求精益求精。

活动三：雪雕。大雪过后，孩子们总爱爬上高高的雪堆，用小铲子和双手完成自己的雪雕作品。没有专业老师的示范讲解，仅凭借自己的兴致与审美来创作。一铲一铲，一捧一捧，挖挖补补，看起来有模有样。最后的作品虽然有些“四不像”，但孩子们并不在意，他们更喜欢这个过程中的欢愉。

冬天的雪伴随着孩子们的成长。在雪的世界里，孩子们创造和享受着大自然馈赠的美。

三、乡村自然资源开发的成效与思考

通过开发、利用乡村自然资源，学生们的班级日常生活变得越来越丰富多彩，学生、家长、教师三者也在发生着变化。

（一）学生的变化

1. 学生更加喜欢课堂教学，更加喜欢班级的日常生活

由于自然资源融进我们的课堂，课堂趣味性增强了，孩子们开始喜欢写观察日记，喜欢学习《科学》课本里的动植物知识；喜欢自觉地动手播种植物，进行探索实践；喜欢绘画创作，揭示大自然的美。孩子们在日记中写道："今天的科学课，我们发现了很多动物的秘密。""今天我做的树叶书签漂亮极了，我还想再做一个，不想下课。"孩子们每天过着不同的学习生活，快乐多多，所以常常听到他们说："我喜欢来学校上学，喜欢和老师一起上课。"

2. 学生的各项能力得到提高，探索自然意识逐步增强

在自然主题活动开展的过程中，学生们的各种能力得到了初步的培养。从孩子们写的观察日记中，可以清晰地发现他们的成长变化。以莹莹的日记为例(见图1)：刚开始记录树叶和蝴蝶时，只会以绘画的形式画出叶子的不同与蝴蝶的美；后来可以用一句完整的话写出花的生长变化；再后来可以用几句话描写兔子的样子，甚至会用一段话描写白鹅的特点了。同时，日记关注的范围变宽了，不仅会描述样子，还会描述动物的生活习性以及表达自己的喜爱之情。此外，日记中观察的角度更加细腻、深入，从整体到局部，颜色、形状、姿态都有所涉及。由此可见，孩子们的观察、表达、审美的能力在逐步提高。同时，孩子们在制作树叶、石子、种子粘贴画的过程中，想象力、创造力、动手实践的能力也得到了提高。

本班的孩子一年来一直与身边的自然资源近距离接触，从种植蔬菜，观察树木、鲜花到了解各种动物，创作各样作品。孩子们变得更加积极主动，探索自然事物的意识逐渐增强。他们经常主动观察身边的花草虫鸟，写进自己的观察日记中。达达观察猫头鹰后写道："猫头鹰的眼睛是黄色的，白天的时候不发光，蹲在树上最隐蔽的地方，让人很难发现它的踪迹。"琪琪观察喜鹊后写道："冬天来了，我发现喜鹊没有像燕子一样飞到南方去，就在学校的大榆树上做窝，每天都叽叽喳喳地叫个不停。喜鹊的羽毛有黑色的、白色的，看起来很漂亮，不像乌鸦全身黑黑的。"孩子们在探索中发现，在发现中对比，不断领悟着自然世界中的新奇和趣味，探索的兴趣也越发浓厚。

3. 学生的精神世界得到熏陶，更加热爱大自然

大自然像一把钥匙，可以打开孩子们的心灵，走进他们的精神世界。孩子们在种植蔬菜中体验了植物生长过程的神奇；在分享劳动果实中懂得了感恩；在放生蚯蚓、蝴蝶、蜻蜓时学会了爱护动物；在了解小动物的生活习性中丰富了科学知识；在走进每个家庭时培养了文明礼貌意识；在利用自然物质动手创作作品中感受了自然之美；在制作叶脉书签中体会到失败并不可怕，还需继续努力；在与

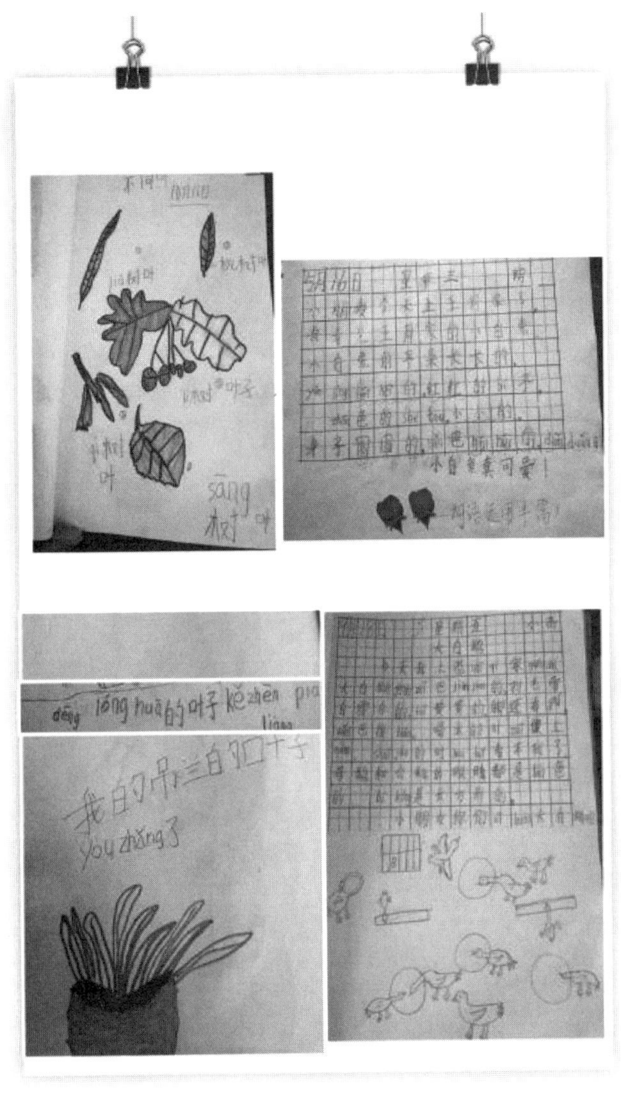

图 1　莹莹的日记拼图

伙伴、家长合作交流开展活动中增进了彼此的情感；在书写日记中表达着对大自然的热爱之情。

（二）家长的变化

1. 家长的角色有所转变

“很多时候，在实际的班级工作中，家长缺乏主动性，没有强烈的参与意识，很多家长配合得也不到位，敷衍了事者居多，这是我们班主任面对的一大难题。”[4]笔者在组织活动伊始,也面临着这样的困境。面对只注重孩子学习成绩的乡村家长,第一次组织孩子们开展“播种”活动时,多数人无动于衷,为孩子准备的种子品种单一,但主动请缨走进课堂讲解育苗方法的遥遥姥姥给了我很大的鼓舞。于是笔者借此“东风”,大力鼓励其他家长参与,结果在“分享”活动时,月月家长主动提供活动场所、桌椅、水果,其他家长积极参与指导孩子做菜。其实只要我们给家长搭建好平台,站在孩子发展的角度,向家长说明活动目的,通情达理的家长定会全力配合我们工作的。

随后我们开展的观察动物活动,需要走进每个家庭,笔者发现家长们总是提前摆好桌椅,方便孩子们写日记,并认真做好评委工作,对孩子们的日记给予鼓励性的评价。家长的参与无形中激发了孩子们观察、写作的热情,达到了双赢的效果。同时,家长们开始逐渐重视孩子参与活动的体验,由孩子学习的“监督者”转变为孩子发展的“协助者”“支持者”。更多的家长走进我们的课堂,我们也多次走进学生的家里,家校互动频繁起来。

2. 家长学习意识有所提高

各位家长在为孩子们介绍家畜、家禽时,会主动学习了解其生活习性,结合饲养经验科学地解答孩子们提出的问题。琪琪妈妈曾在班级微信群中感言:“今天孩子们来我家观察白鹅,问了我很多问题,有些问题幸好我提前上网学习了一下,要不然就被问住了。这‘老师’是真不好当呀,以后要多学习才行。”孜孜奶奶活动后对笔者说:“没有知识是真不行呀! 今天给孩子们讲兔子,我也没讲明白,真是不好意思呀!”由此可见,家长们学习的意识也在不断增强。

(三)教师的变化

1. 提升了教师的专业能力

在自然主题活动设计中,笔者不断学习、阅读相关资料、书籍和其他老师的实践经验,精心设计活动方案,提升了笔者的策划与专业阅读能力;在指导学生、家长利用美篇总结观察动植物活动中,笔者率先示范,学会了使用“美篇”“简书”等软件,提升了笔者运用现代信息技术的能力;在总结活动中,笔者尝试撰写相关论文、每月活动汇总、教育教学案例,提升了写作能力;在组织开展活动中,笔者积极指导家长,和家长建立平等合作关系,共同为孩子的全面发展努力,提升了家校合作能力。

2. 转变了教师的育人理念

作为一名乡村班主任,我从教 17 年,一直把学生成绩的好坏作为自己是不是好老师的标准。这一年多以来,我有幸参加了由华东师范大学李家成教授组建的全国“乡村班主任工作的发展与研究”微信群,主动学习他人,积极结合所居

地域特点，开发利用身边的自然资源，带领孩子们在自然中快乐成长。在此过程中，我的育人理念由只重视学生学习成绩转变为重视学生综合素养的提升，努力打造学生喜欢的课堂教学和班级生活。

3. 增强了教师的职业幸福感

在"第二届全国乡村班主任发展研究论坛"的讲台上，笔者把与孩子们开展的自然主题活动向来自全国的几百名教师做了汇报。以下是各位老师给笔者的评价。

浙江叶斐妃老师：来自黑龙江省齐齐哈尔市的焦老师班上只有5个孩子，焦老师带领孩子们走进自然，充分开发利用乡土资源，丰盈了孩子们的日常生活。

浙江的董雪梅老师：您动情的讲诉，让我们感受到了一位乡村女教师的朴素情怀，您珍爱身边的孩子，您热爱脚下的土地，您执着于心中的梦想，您用生命演绎着《音乐之声》，您在给孩子们播撒爱和希望。

广东的林东梅老师：焦老师带领班级5个乡村孩子创造了生命成长的奇迹！

从各位教师的评价中，笔者体会到了孩子们在教师的带领下健康快乐成长、教师所付出的努力得到回报的幸福感，内心充满了无限的快乐。

针对乡村自然资源的探索，在取得初步成效的同时，应如何多视角、多维度、多层次地开发、整合、应用现存的自然资源？如何充分挖掘、剖析和提炼各学科教材中与自然主题相契合的内容，进行合理规划、精心选择、有效组织和匹配？如何构建更为系统、整体、全面的自然课程体系？这些尚待解决的问题，需要教师有敏锐的教育意识，回归学生发展的立场进行思考。努力为孩子们创设一个充满欢声笑语、积极主动的成长氛围，不断地体现学生的生命价值，使班级日常生活无限丰富起来，这是笔者践行和追求的目标。

参考文献

[1] 杨小微，李家成.中国班主任研究[M].北京：北京大学出版社，2017：69.

[2][3] 李家成.班级日常生活重建中的学生发展[M].福州：福建教育出版社，2015：2，207.

[4] 李家成，赵福江.中国乡村班主任发展研究：第一辑[M].上海：上海交通大学出版社，2018：93.

在融通乡土资源中拓展学生学习方式
——以熟溪小学二(1)班实践活动为例

蓝美琴　张智武*

摘　要：乡土资源具有生活化、本土化的特征，更接近乡村学生的思维图式。合理地开发、利用独具特色的乡土资源，能使学生将生活世界与科学世界相融合，从而有效提升学生的实践、交往能力。在终身学习视野下，学习的目的是发现规律，掌握知识，更是促进理解和对话；一切有益于人成长和发展的活动都是学习。[1]积极利用乡土资源，让学生"在做中学"，在资源的多维融通中拓展学习方式，促进合作、探究习惯的形成与综合素养的提高。

关键词：乡土资源　学习方式　综合融通

学习的本质是人们在实践中自觉地、不断地通过多种途径、手段、方法获取知识并内化为自身素质和能力的人的自我改造、发展、提高和完善的过程。在终身学习视野下，学习的外延与方式在不断拓展，如实践活动、思维活动、休闲活动、交往活动等都是属于学习方式的范畴。班级的综合实践也是一种学习方式。

一、武义的乡土资源概况

武义县位于浙江省中部。这里自然资源丰富，生态环境良好，田园肥美，物产丰饶，属亚热带季风气候，四季分明，温和湿润，雨量丰沛。武义素有"温泉之城、萤石之乡"的美誉，自然山水和人文旅游资源十分丰富。有历经八百年风雨横跨母亲河的熟溪桥；有誉为"浙江第一、华东一流"的武义温泉；有堪称中华一绝的国家级文物保护单位、神秘村落俞源太极星象村；有被誉为"江南第一风水村"的省级文物保护单位郭洞古生态村，以及寿仙谷、刘秀垄、清风寨等10多处

---

*　蓝美琴，浙江省武义县熟溪小学一级教师，研究方向为假期学生生活变革、班级日常生活变革；张智武，浙江省武义县熟溪小学高级教师，研究方向为课程改革。

省市级景区。武川风情多姿多彩，斗牛、道情、龙灯、抬阁等民俗风情各具特色，引人入胜。

武义县森林等生态资源优势十分明显。全县森林面积达145.98万亩，覆盖率达到72%，是首批省级生态县和森林资源可持续经营管理试点县。全县分布有木本植物93科308属802种，其中列入国家保护珍稀树种的有17种，是金华市植物种类最丰富的县。

二、基于乡土资源的学习路径设计

乡土资源以其亲切、熟悉的感官优势激发学生认知的兴趣与欲望，以其独特的自然风光引领学生感知美、审视美、创新美，以其广阔的地域场所提供广泛的实践活动，以其独有的文化增进学生的乡土意识与爱乡情怀。[2]我们把班级建设的愿景预设为生态班级建设，意味着班级内部各项工作、生活是相通的；与外部的自然、社会、家庭是有交往的；在时间意义上，学期与假期是连通在一起的(见图1)。

图1　基于乡土资源的学习路径设计

1. 利用家庭、乡土资源，实现寒暑假与日常学期的连通

班级的发展路径设计是基于学生的年段特点、身边的资源优势，量身打造适合学生多重发展之需的班级假期生活与期初生活生态；打破空间界限，把学校、家庭、社会有效地融通在一起，形成良好的有利于学生健康发展的教育生态，更

多地让孩子在实践中体验与感受生活,引导孩子们在"成事中成人"。

2. 拓展家校合作资源,实现班级内部与家庭生活的融通

一方面,我们鼓励家长成为班主任的伙伴,通过网络与班主任交流学生的成长和班集体的发展情况,同时促进班集体的正向建设,加强家长与班集体的关联;另一方面,指导家长积极参与班集体的活动,如鼓励家长参与主题班会,邀请家长参加开放日、班级文化布置、亲子活动等,让家长成为班集体不可或缺的参与者和监督者。

3. 班级与自然、社会融通,实现学习方式的拓展

让师生在日常生活、学习和交往中,体验三重生态(人与自然、人与人、人与自我)的和谐存在,共同感受、领悟三重生态关系及其结构与功能。以三重生态和谐存在与互动体验为进路,反思和建构班集体,融通班级、家庭和乡情教育,整合班级与自然、社会资源,培养学生的健康人格,实现学习方式的更优化。

三、融通乡土资源的学习方式探索

学习是人类的一种生活实践活动,是人生活的一种根本需要。李家成教授在《"新基础教育"的班级建设研究》一文中指出,教育应该是多元发展、综合融通的。在班级建设中,应该重视对社会性资源与自然性资源的开发,通过对社会性资源与自然性资源的开发,拓展班级日常生活的时空、资源,提升教育品质。[3]

(一) 整合乡土资源与家庭资源,实现学习活动生活化

家庭资源与自然资源的融通,更典型的状态体现在寒假与暑假里。在生态视野下,家庭、自然、社会的资源都应是综合融通的,都可以成为学生发展的资源。班级与家庭的融通关系是最为直接的关系。假期里,学生回归家庭,学生在家庭中的参与情况直接关系到学生的成长,学习主要发生在家庭里,这样的学习与学校的学习相比,更加生活化。

1. 利用家庭资源,学做家务

寒假,孩子回到家里,家长却只顾忙着上班、做生意。孩子回归到家庭,应该以公民的眼光看待他们的成长,可以让孩子多多参与家务劳动。小徐同学在日记中写道:

最近由于妈妈小店刚开业,早出晚归,根本没时间管我,家里自然也是一塌糊涂。腊月二十九妈妈关了店门,回到家里我帮妈妈一起搞卫生。瞧,真够乱的……把我的玩具归位,不要的垃圾扔掉,再拿拖把来把地拖干净。嗯!这是客厅,整理得差不多了!我会帮妈妈叠衣服,我还会叠被子。看,经过一番战斗,有

点样子了吧？我的小书桌也要收拾收拾。这样可以过个快乐年了！

这样的家务劳动无论对于家庭还是孩子个人，无疑都是意义重大的。图2、图3呈现的是2018年暑假结束时的问卷调查中家长对孩子参加家务劳动所持的看法。

您觉得让孩子从小学会一些生活技能，参加力所能及的家务劳动有必要，有意义吗？［单选题］

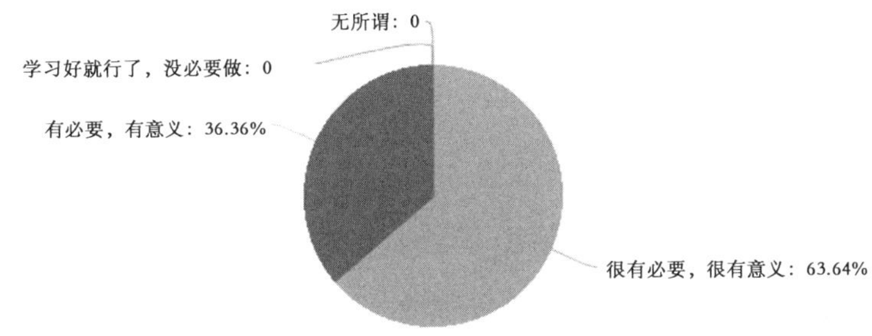

图2　家长认为孩子参与家务劳动的必要性

在2018年“你好，暑假！”中，您的孩子有坚持做家务吗？［单选题］

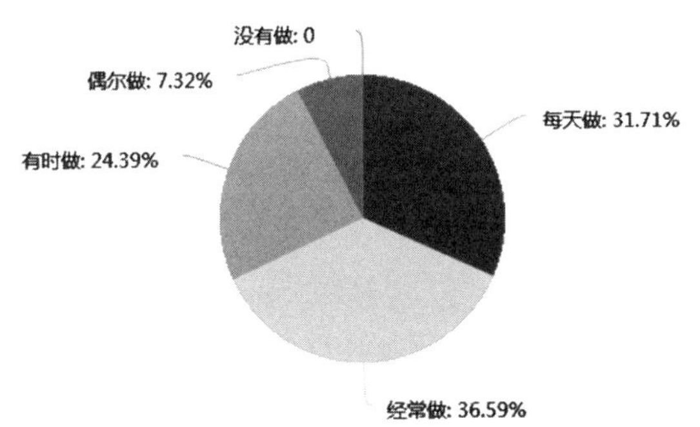

图3　孩子的家务参与度

我们可以看出，家长在孩子的家务劳动方面具有比较高的觉悟，100%持赞成的态度，但是每天坚持做的孩子只占了31.71%，这是值得我们反思的问题。

2. 利用班级农场资源，参加生产劳动

乡村学校相对于城市学校，具有广阔的天地、丰富的自然资源、淳朴的乡土民情，这些为乡村学校的教育提供了很多便利与优势。我们班级的农场是由家长免费提供的一丘田，孩子们每半个月轮流去一次田间劳动。在田里种下了土豆、玉米、花生、四季豆、茄子。由此在这方土地上品尝了劳动的艰辛与收获的快乐。假期里,孩子们走出房间,离开充斥于我们生活中的电子产品,参加力所能及的生产劳动,学习种菜的基本技能,认识更多的蔬菜,了解它们的营养价值,既学到了知识,又体验了劳动的快乐。

3. 利用网络资源,“小鬼”当家,带着妈妈去旅行

通过一系列活动积累下来的经验和培养出来的兴趣,雅彤约上她的好朋友逸伟,借助语音百度查询旅游线路,在国庆节当天带着妈妈们去金华动物园旅行。她们的活动方案很有特色:由她们当小大人来照顾两位大朋友妈妈;当天的所有开支,车票门票的购买以及餐点的安顿,都由她们负责。计划赶不上变化,百度查询的路线和实际路线相差甚远,于是她们又想到了通过向行人问路,来确定新路线的方法。她们的综合素质在活动中获得了全面提升。

(二) 融通班级资源与乡土资源,实现生活方式学习化

经验主义的、生态化的学习方式主张将学习者置于与真实世界相关的学习环境,在与生活相关、彼此连结的各种经验活动中进行意义建构、主动学习和团队互动。[4]实现学生的社会化进程,寒假生活是极其重要的学生综合素养发展的时空资源,是学生将学校教育、家庭生活与社会生活综合融通的发展资源,是学生更自主更自由地生长的生命。[5]

1. 利用人文资源,开展环境保护知识的学习、实践活动

2018 年 2 月 27 日下午,熟溪小学一(1)班师生及家长齐聚双路亭环卫站,听傅麟茜阿姨和其同事为大家讲解垃圾分类的专业知识,包括垃圾如何分类及垃圾的属性等。图片和视频相结合的讲解方式,让同学们在轻松愉快的氛围里掌握了垃圾分类的知识。

同学们在环卫站阿姨的带领下来到了垃圾分拣中心。王叔叔带领大家参观了各个分拣区,并向同学们解释了不同的标志代表的不同回收方式。作为可回收垃圾的纸板通过压缩技术后,再进行进一步的处理就可以变成新的可利用的纸张,由此实现了资源的再利用。

下午,同学们来到履坦郊区的“垃圾填埋场”,感受武义每天产出的 450 吨垃圾是怎么在这里被“消化”处理的。同时,同学们还听到一个好消息,垃圾发电厂将于 5 个月后竣工并投入使用。这让同学们知道垃圾“变废为宝”将不是神话,而是用科技与智慧书写的事实!

2. 利用丰富的物质资源,体验挣钱的辛苦

新的学习范式主张,学习不应该与学校之外的真实世界实践相分离,不应与解决真实问题的活动相分离。[4]2018 年的寒假,笔者认为,做《寒假活动手册》的经费要让学生自己想办法去挣,这样更加有意义,于是就有了各种版本的赚钱故

事。有的同学跟着家长上山挖野菜，把挖的野菜清洗干净拿到餐馆卖钱；有的同学去村里老爷爷家跟他们一起做手工，通过自己辛苦劳动换取报酬；有的同学去公园捡废品，通过捡废弃的牛奶瓶、纸板箱、矿泉水瓶卖钱获取收入；有的同学跟着奶奶去种菜，卖菜获得零花钱；也有的同学没有成功赚到 20 元钱，他们只得向父母写欠条借钱。其中小惠同学在寒假结束开学第一个休息日花一天时间去做手工，凭自己的努力成功地赎回了自己的借条。在撕借条的那一刻，她说心情无比愉悦，因为付出有了收获，同时，她感受到了在工厂上班的辛苦，体会到了赚钱的不容易，所以保证以后不再乱花钱。

图 4 是家长对孩子参加财经素养学习所持的看法。

在我们的一年级中，有过财经素养的知识学习、拍卖、义卖等的实践活动，有过“我是小小劳动者”的赚钱体验，您觉得这样的活动对孩子的成长有帮助吗？[单选题]

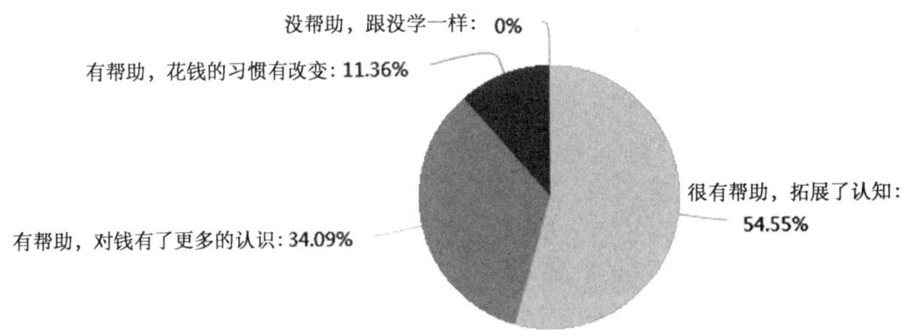

图 4　关于参加财经素养学习

根据以上问卷调查数据，我们可以得出这样的结论：大家都认为这样的活动对孩子的成长有帮助，其中 54.55%的人觉得很有帮助，拓展了认知；34.09%的人觉得有帮助，对花钱有了更多的认识。

3. 利用社会资源，手绘草帽为环卫工人送清凉

赖爷爷会编织草帽，我们事先与他取得联系，为每个同学定制了一顶草帽。紧接着组长踩点，然后利用微信及时通知集合地点。同学们带上丙烯颜料，相约秋橙公园手绘草帽。每个人都很认真，短短的一个半小时，一顶顶美丽的草帽就画好了。完成后列队出发到垃圾回收站，同学们将手绘好的草帽送给勤劳的环卫工人，道上一句“环卫工人，你们辛苦了”，并送上我们为他们准备的矿泉水，感谢他们每天为了清洁和美化城市做出的贡献。

公益活动结束以后，我们开展了针对本次活动情况的问卷调查，结果反馈如

下(见图 5)。

在我们的一年级中,开展了不少的公益活动(如垃圾分类、走进雨花斋、给环卫工人送清凉等),您觉得这样的活动对培养孩子的社会意识、责任意识有作用吗?[单选题]

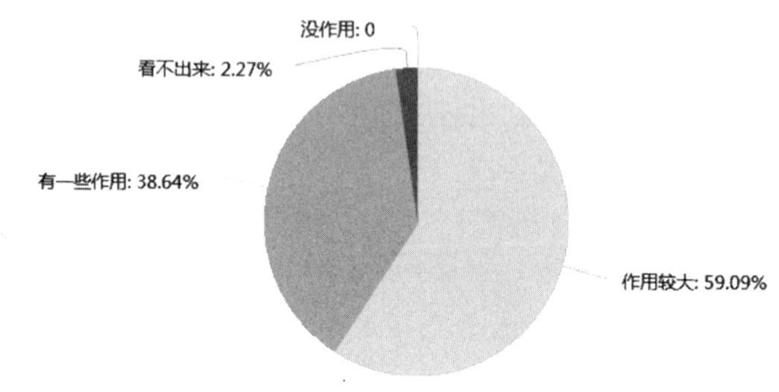

图 5 关于培养孩子社会意识、责任意识的作用

从图 5 的调查问卷数据,我们可以看出这样的学习方式家长与孩子比较认同,觉得对培养孩子的社会意识、责任意识有帮助。97.93%的家长认为对孩子的责任意识的形成有帮助,还有 2.27%的家长觉得看不出来。

(三)融通班级与自然资源,实现学习方式"自然化"

一个人只有在童年时期充分地游戏、想象,愉快地与大自然对话交流,才能够获得一个健康、积极的人生。拉近儿童与自然的距离,重建儿童与自然的联结,让孩子在真实的世界中玩耍、学习、探索、思考,我们需要为孩子创造这样的机会。

1. 利用景区资源,感受古人追求"天人合一"的经典遗存

2018 年 7 月 15 日,由两位学生带队,家长、孩子们一起走进首批中国历史文化名村——俞源。

通过活动同学们对俞源村的历史文化有了一定的了解,俞源是明朝开国谋士刘伯温按天体星象布局设计的村落,是古人追求"天人合一"的经典遗存,是罕见的地上天体星象奇观。俞氏宗祠无蜘蛛结网,无鸟鹊过夜,无白蚁啃咬,俗称三无奇屋。声远堂厅内桁条根根有浮雕,木雕鱼会随着季节气候的变化而发生黑、黄、红的变化。看到这些,我们无不感叹古人的智慧和建筑的巧夺天工。

2. 利用土地资源,双路亭种田

2018 年 7 月 29 日,组长翊维发起了插秧活动。同学们走出空调房,远离游戏,回到大自然的怀抱,当了一回"小农民"。

本次活动先由邵爷爷和笔者给同学们讲述插秧的注意事项和手法，集中讲解完毕后，多数同学迫不及待地下田去体验，个别同学望着泥泞的水田，不敢把脚踩进去，好在有家长的鼓励，才勇敢地踏入稻田中尝试插秧。虽然要完成这项农活很不容易，但是在大家的齐心协力下，我们成功地拿下了这块田。只有亲身经历过这种活动，才能深刻意识到“谁知盘中餐，粒粒皆辛苦”的真正含义。

3. 利用森林资源，爬山摄影

2018 年 8 月 5 日早上六点半，在组长馨煜的带领下，大家一边爬壶山，一边欣赏山上的风景，顺便用手机拍下精彩的瞬间。用识花 app“形色”现场认识花草树木，爬到山顶休息分享零食时，自觉地把垃圾清理干净，整个活动在大家欢乐的脚步声中圆满结束。活动结束后，组长在美篇中对本次活动情况进行了总结，大家也分享了自己的活动感悟。

4. 利用营地资源，开展第一次露营

2018 年 8 月 18 日，组长小曦同学组织了露营活动。同学们和爸爸妈妈一起搭帐篷、吃烧烤、看露天电影，与要好的同学一道分享美食，躲在帐篷里讲故事、聊天。同漫天繁星一道入梦，躺在大自然的怀抱里一夜到天明，在小鸟的叽叽喳喳声中醒来，感受清晨的第一缕阳光，感受大自然的美好……一切都那么新鲜、有趣。活动结束后大家都觉得意犹未尽，期待再去一次。

四、在融通乡土资源中拓展学生学习方式的价值实现

随着信息化的普及与发展，学习将作为“中轴”活动贯穿于人们的日常生活领域，从而真正做到在学习中生活，在生活中学习，即实现人们的学习活动生活方式化、生活方式学习化。这意味着学习将成为人们生活的内在需求，学习的生活方式将成为主体内在需要的生活活动的典型形式。学习的生活化要求人们做学习的主人，充分彰显人的主体性，自觉地将学习作为“谋生”和“幸福生活”的方式。中国社会的“双重转型”使人们的生活即将步入知识经济时代，这既凸显了“学习方式”研究的时代价值，也对人们进入知识经济时代过学习化的生活提出了挑战。为了迎接这一挑战，就要求未来的社会接班人——当前的中小学生——从现在开始做自己学习生活方式的主人，自主地学习，为将来的“幸福人生”奠定坚实的基础。[6]

1. 加强日常班级活动与外部世界的关联

经过暑假的“浸润”、熏陶、实践，孩子们有了可喜的变化，他们更会思考、观察与实践了。杨同学在担任绿道游玩项目的组长后，对花花草草更感兴趣了。

她与妈妈一起来到山野寻找她们心目中的天然植物染料,最后成功染出了黄色、紫色、蓝色等各色布料,做成了自己喜欢的包包、衣服。还有一些同学爱上了家里的花花草草,开始学着管理起来,窗台、阳台上多了自己喜欢的植物朋友。活动带来的效益正显现在日常的生活中,而这种好的开始需要学校及家长的不断引领与强化,使班级日常活动与自然世界有更多的关联与互动。“自然之维”的教育理念,需要贯穿在日常生活的每一天:在家里可以参与力所能及的生态环保活动,如进行垃圾分类、承担花草管理等;在学校继续建设班级生物角、卫生角,引导更多同学参与到班级的菜园建设中来等。

2.“在做中学”,形成主动参与、合作探究的习惯

杜威指出:“如果实验科学的进步有所表明,那就是除非作为做的产物,否则就没有所谓真正的知识和有效的理解……人们如果想发现某种东西,就必须对事物做一点什么事情;他们必须改变环境。”[7]这种方法论的重点不是对环境做出了多少改变,而是从中形成主动参与、合作探究的习惯。洞察力是我们平时所说的创新能力、创意能力、创造能力、想象能力、策略能力以及意志力、注意力的心理基础。在系列的“做”的实践中,学生的科学洞察力获得提升。在创客思维的引领下,学生的创造力得到有效开发,创新思维、复杂性思维获得长效发展。把构建班级日常生活的丰富性与假期研究结合起来,大大提高了实践的维度与深度,创生了精彩、丰富的童年,更促进了创新思维的发展。

3.感知、发现世界,培养乡土意识、爱乡情怀

李家成教授指出:“在暑假里,学生的学习更需要追求综合性,将各学科综合在相关‘项目学习’中,促成学科知识的综合融通与实践表达。不仅是学科知识,还有更多的能力、素养,需要在暑假里继续发展。教师绝不能仅仅关注学科知识,而需要继续关注儿童作为一名真实世界的生活者所需要的综合素养。”[8]在成长过程中儿童不仅需要与大人建立稳定的关系,也需要与土、水、火、空气等自然元素接触。推而广之,即与动物、岩石、草地和树林建立联系,儿童通过主动接触社会和自然环境学会适应生活。他们首先会利用视觉、听觉、嗅觉、触觉、味觉等感官去感知和发现世界。因此,对这些感知能力的学习和利用是他们个性发展中的重要步骤。大自然精彩纷呈、变化无穷,能带来难忘的官能体验。孩子们可以在自然季节交替中经历和学习到各种重要的生命过程。也就是在这样走进本土乡野的过程中,激发了学生的乡土意识,使他们开始有了身在武义,长在武义,热爱武义,感恩武义的情怀。

乡土资源的合理运用能有效促进学生的全面发展。学生参与各种实践,学习运用在课堂上形成的概念、规则,在现实情境中解决真实问题,发展了批判性

思维。学生通过活动学会了合作和自我调节，也在不断提升实践能力和团队合作意识。在这个实践过程中，学生的乡土意识与爱乡情怀也在萌芽和成长。

参考文献

[1] [5] 李家成.班级日常生活重建中的学生发展[M].福州：福建教育出版社，2015：20，207.

[2] 黄浩森.乡土课程资源的界定及其开发原则[J].中国教育学刊，2009 (1)：82.

[3] 李家成.学生暑期生活与学期初生活怎样过？[J].教育视界，2016 (9)：4－5.

[4] 杨向东.核心素养与学习方式变革[J].上海教育科研，2018(7)：1.

[6] 郝永贞.自主与依附：社会转型期中小学生的学习生活方式[D].南京：南京师范大学，2008：1.

[7] 吴鼎福，诸文蔚.教育生态学[M].南京：江苏教育出版社，1990：95.

[8] 李家成.创生“第四教育世界”——“你好，暑假！”项目的价值追求与教育实践[J].教育视界，2017(11)：21.

让自然成为滋养乡村学生的生命场

施建珍*

摘　要：大自然是儿童教育中可利用的重要乡土资源。结合当前乡村学生的发展现状和实际发展需要，笔者尝试利用乡土资源，通过开展一系列的实践活动，激发乡村学生的积极情感，提升其学习能力，孕育其良善德行，拓宽其想象思维，唤醒其生命自觉，并在实践中提升其幸福指数，使大自然成为滋养乡村学生的生命场，为学生的终身教育奠定坚实的基础。

关键词：自然　乡土资源　滋养　乡村学生　终身教育

查尔斯·E.罗斯在《笔记大自然》的引言中描绘了自己童年时代对自然的感受："我是家中的独子，童年是在一个乡土气息较浓的地方度过的，大自然恩赐了唾手可得的玩伴和玩具，在我性格成型的那几年里，他们是我最亲密的伙伴。"[1]然而随着乡村生活水平的提高，乡村孩子日渐缺乏"发现美的眼睛"，对日常生活环境中的美漠然视之，难免会失去原本属于乡村孩子的特质。《新课程评论》总编辑彭兆平女士在"2018中学校长公益论坛"上致辞时提道："而今天，我们有怎样的路径，让留守乡村的孩子，在失去优质的教育资源之后，不再失去那些滋养人格和心灵的精神资源？"[2]乡村的教育资源相对于城市来说，确实显得匮乏。然而，我们却拥有得天独厚的自然乡土资源：绚丽多彩的颜色，丰富悦耳的声音，千姿百态的形象。这些能够使儿童在感官层面心旷神怡。"引导儿童走进大自然，使其在四季更替的景色变化中，在蓝天白云、青草绿林等自然美景中，舒展身心，感受万物的生机活力，对于儿童发展具有极其重要的意义。"[3]

笔者作为一名乡村小学班主任，尝试利用乡土资源，通过开展一系列的实践活动，让学生更多地走出教室，去亲近自然、探索自然、感受自然，激发乡村学生的积极情感，提升其学习能力，拓宽其想象思维，唤醒其生命自觉，并在实践中提

* 施建珍，广东省阳江市阳东区白石小学班主任。

升其幸福指数，使自然成为滋养乡村学生的生命场，为学生的终身教育奠定坚实的基础。

一、观察自然，激发学生的积极情感

“学生的发展离不开那些人、那些物、那些事，离不开这个世界。在教育的目标构成中，不能没有对儿童情感的培养。”[4]自然中物种繁多，自然现象千变万化，令人叹为观止。“在班级日常生活中，教师需要激发孩子的积极情感，促成其融入创生性的思维和实践之中，不断实现生命活力的激发。”[5]因此，笔者试图带领学生走出教室，让他们更多地亲近自然，与自然接触，充分地给他们创造观察的机会并抓住观察的契机，引导他们养成随时随地观察的习惯，激发他们的积极情感，丰富他们的情感体验。

（一）发现含羞草的与众不同，感受自然的真实性

学校的运动场周围长满茵茵的青草，这里是孩子们最向往的活动场所。我们来到操场上，发现草地上长着几棵含羞草。笔者突发奇想：这能不能触发孩子的好奇心呢？为了引起孩子们的注意，笔者轻轻用手一碰，含羞草的叶子就迅速合拢起来了。孩子们看着感到很惊讶，都跑过来围观，追着问：那是什么？叶子为什么会合起来？笔者先慢慢地给他们解释：这个叫含羞草，当碰到它时，它就像个害羞的小姑娘，把叶子合拢上。然后鼓励他们亲自动手试一试，看看有什么变化。不一会儿，孩子们都带着惊喜来汇报：“含羞草的叶柄有小刺，会扎手的！”“含羞草的花是粉红色的。”“含羞草的花像把梳子！”

通过观察、触摸，不仅使孩子们了解了含羞草的特点“美中带刺”，还刺激了他们对自然界的感官意识，激发了他们对大自然的好奇之心。从那以后，他们经常在校园周围寻找，企图发现自然中所有的奇异景象。

（二）观察蜜蜂喝水的规律，体验自然的趣味性

有一次，上课铃响了，孩子们却迟迟没回教室。笔者四处张望，发现他们竟然都蹲在一滩水的旁边。看见笔者来了，连忙用恳求的语气小声地说：“老师，迟一点儿上课好吗?”笔者奇怪地问：“为什么?”他们小心翼翼地说：“我们在等小蜜蜂来喝水。”孩子们的举动也激发了笔者的好奇心。笔者带着疑惑问：“你们怎么知道蜜蜂会来?”只听见他们异口同声地回答：“它们每天都会来的。”然后，他们就继续蹲在原地，一动不动。笔者也只能跟着他们一起等，看看蜜蜂是不是如他们所说的会来喝水。果然不出孩子们所料，不一会儿，终于等到了两只！他们很仔细地观察着小蜜蜂喝水。从孩子们闪亮的眼睛中，流露出他们对自然的热爱

与向往。

二、探索自然，提升学生的学习能力

“在我们的改革研究中，丰富的‘人—物—事—境’存在于每个学生的生活世界中，加之教师的引导、同学间的互动，尤其是活动中大量的多元互动与动态生成会极大激发学生学习的热情，从而形成学生的学习敏感性。”[6] 大自然中有许多资源值得我们去探索、研究，所以我们要善于利用自然资源，培养学生的兴趣，激发他们学习的热情，循序渐进地引导他们去认识事物，获得知识，养成探究的好习惯，培养良好的综合学习力。

（一）借助互联网，探究青蛙

小青蛙成了孩子们的好朋友。他们有时和青蛙在大树下“捉迷藏”，有时跟青蛙学蹦跳：只见他们蹲下身子，往前一跃，后脚一蹬，就跳起来了。还有个小女孩索性整个身子趴在地上，四肢摆动，学青蛙游泳，逗得大家哈哈大笑！

有一次，他们把一只青蛙放在手心上，这只青蛙可淡定了，就这样不慌也不逃地趴在那里。趁此机会，笔者让他们观察一下这只青蛙的外貌特征。大家都凑过来，把青蛙的前后左右瞧了个遍。“它有两只眼睛长在头顶上凸出来”“它有四只脚，前面两只短，后面两只长”“它的脚有四只脚趾”。最后，他们还发现“青蛙怎么没有耳朵和鼻子呢”。带着这个疑问，我们仔细地在青蛙身上找了好几遍，结果还是找不到。于是，我们只能借助互联网，找到青蛙的身体结构图。我们清晰地看到了青蛙的鼻子长在嘴巴的上方，耳朵长在眼睛的后下方。

更有趣的是，有一次他们抱回来一只腿受伤的青蛙，表情很严肃、难过。他们拿来纸巾，小心翼翼地给它止血、包扎，还用积木给它搭了一座“宫殿”。放学了，还执意把它带回家照顾。第二天一早，笔者问照顾青蛙的那个学生：“那只青蛙怎么样了？”他眨眨眼睛说：“它生了一只小青蛙！”笔者没有打破他充满童趣的谎言，而是利用互联网让大家来了解青蛙的生长过程。最后，大家都知道了，原来小蝌蚪的妈妈是青蛙。

（二）自主探究，寻找蛇洞

在乡村学校，最为常见的动物是蝴蝶、蜜蜂、毛毛虫，偶尔蛇也会来“做客”。孩子们都知道蛇是会咬人的，但每次看到蛇，他们不但不害怕，还会蹑手蹑脚地前去围观。在保证他们安全的前提下，笔者鼓励他们远远观望。他们最关注的问题是：这条蛇是从哪里来的？它的家在哪里？当蛇走了，他们还会围着整个校园的墙角、坑洞、树洞转悠，又趴又敲又听，以各种方法和各种姿势寻找蛇洞。结果可想而知，每一处有洞穴的地方他们都认为是蛇的家。

大自然中这些看似平淡无奇的小生命，却为我们的科学探究学习提供了宝贵的教育资源，既提高了学生的认知水平，又提升了学生的综合学习能力。

三、描绘自然，拓宽学生的想象思维

（一）自然的艺术价值

自然是儿童感受力培养的第一源泉。感受越丰富，想象力就会越充沛，思维就会越活跃。杜威认为，“自然的力量和自然的运行在经验里面达到了最完备，因而是最高度的结合”“当自然过程的结局，它的最后终点，愈占有主导的地位和愈显著地被享受着的时候，艺术的‘美’的程度就愈高”。[7]

笔者经常会带领学生到室外，或徜徉于蓝天白云下，或沐浴于微风暖阳中，或看花开花落，或寻鸟飞或听虫鸣。让他们在草地上自由嬉戏，使他们的生命像鲜花一样绽放。然后，再把自己看到的、听到的，或者感受到的用笔画出来，或直接用颜料涂抹出来。我们可以利用飘落下来的花瓣或树叶制作剪贴画，还可以蘸上颜料按到画纸上，直接变成花或大树的叶子。节日里，我们还可以利用这些自然资源，充分发挥自己的想象力，制作一张美丽的节日贺卡，赠送给家人。

（二）主体投入，拓展思维

“有意义的行动是主体力量投入其中的行动，是满足主体生命需要的行动，而不是在外力强制下发生的行为。通过学生的自主行动，学生的期待与努力体现在具体的行动中。”[8]三八妇女节来临之际，笔者征求学生的意愿，要求他们亲自给妈妈或奶奶制作一张节日贺卡。然而现有的素材有限，怎么才能做出既不花钱又有创意的贺卡呢？综合大家的意见，我们决定就地取材，搜集凋零的花瓣和落叶，再在草地上拔点儿草梗，用绘画、蘸染、粘贴的手法，制作别具一格的贺卡。

孩子们带着喜悦、带着期待，在校园里仔细地寻觅自己的理想素材。材料准备妥当后，我们先在贺卡纸上画出精美的图案，把背景渲染得具有节日气氛，再把收集到的树叶裁剪成自己需要的形状，然后用花瓣和裁剪好的树叶在贺卡上组合成各种图案，用透明胶粘贴在贺卡上。经过孩子们的精心挑选、认真涂画、创意粘贴，一张张精美的节日贺卡就制作完成了。孩子们在贺卡上写上真诚的节日祝福语，在节日当天送给妈妈或奶奶。节日过后，小陈的妈妈说：“真不敢相信，这孩子能做出这么漂亮的贺卡！”小萱的奶奶笑呵呵地说：“昨天放学一回来就把卡片送给我，说祝我节日快乐，这孩子懂事多了！”

一幅幅通过孩子们的细心观察、巧妙想象,用稚嫩、灵巧的小手表达出来的充满童真、童趣、灵气的描绘大自然的画作,不仅提高了乡村学生的思维想象能力,也拓宽了他们生命的宽度。

四、创造自然,孕育学生的良善德行

学生的发展只能在其实践中实现。我们要尝试给学生提供在自然中实践的机会,让他们在自主行动中学习,在实践中创生,从而锻炼其劳动技能,培养其公民素养,并以此丰富其班级日常生活。

(一)种植向日葵,培养爱心

笔者曾给学生们看向日葵的照片,他们觉得很美,都想种。于是,在学生们一人准备了一个塑料瓶或花盆后,他们每人分得了两颗向日葵的种子,然后由笔者带着他们一起去播种。学生们把种着向日葵种子的花盆摆放在学校种植区域的“绿茵阁 ”,由笔者教导他们如何照料向日葵。小孩子的想法可真是五花八门,出其不意。除了浇水和施肥,他们还想到“要唱歌给它听”“讲故事给它听”。周一回来,我们发现有几颗向日葵种子发芽了,大家开心得又蹦又跳。

于是,学生们每天都围着向日葵唱歌、讲故事、播放音乐,还画图画给它们看……他们绞尽脑汁,只希望他们的向日葵快点长大,快点开花。

(二)照料“绿茵阁”,增强责任感

每逢开学初,我们班都会进行种植活动:或种青菜、瓜豆,或种鲜花、绿植,有时还会种些葱、蒜。每天早上一到学校,孩子们就蹦蹦跳跳地跑到“绿茵阁”,瞧一瞧自己的小植物有什么变化,有没有开花,是不是该浇水了。长草了要除草,叶子缺口了要除虫。孩子们把所有的叶子都翻遍了,为的是不放过任何一条虫子。太阳光太猛烈了,他们怕盆栽被晒死,把花盆移到树荫下;天冷了,他们怕盆栽被冻坏,又把花盆搬到教室里……每天,他们都围着那几个小盆栽转悠,而每天都有小惊喜:“我的豆豆发芽了!”“我的菜又长了两片叶子!”“又有一只辣椒熟了!”“我的花生开花了!”……他们欢快尖叫的样子,充满了希望与自信。

学生在真实的体验过程中生发出来的行为与情感意识,促使他们的健康人格和良善品行逐渐在这个实践过程中得以形成与发展,并融入他们的思维当中。

五、享受自然,提升学生的幸福感

教师与家长的关系是一种重要的教育资源。教师与学生家长密切配合,能

促使家长更主动地参与教育活动。亲子间良好的合作、互动又可以更好地开发这一教育资源，形成教育合力，使亲子关系更和谐。学生参与活动的兴趣提高了，幸福感也会有所提升。

（一）家校合作，快乐过冬至

学期初栽种的蔬菜，经过三个多月的细心照料，也到了该采摘的时候了。笔者一直在思考：如何才能使这数量不多的劳动成果发挥最大的作用，让孩子们都能感受到这一份收获的喜悦？

冬至前一天是星期五，每家每户都要吃汤圆，这可是个好时机。笔者决定利用这个节日，邀请家长来班里和孩子一起举办一个“大家动手喜迎冬至”的做汤圆、吃汤圆的庆祝活动。活动中，孩子们和家长分工合作，一改在家“小祖宗”的面貌，二话不说，挽起袖口，把收获的蔬菜枯叶剥离，冲洗干净，还学着做汤圆。孩子们品尝到自己做的香喷喷的汤圆时，内心很满足。平常在家不喜欢吃汤圆的小锦连吃了三碗。当咬到香葱时，小琳自豪地说：“这根葱是我们一起种的！”

活动过后，家长们纷纷在班级微信群里分享这次活动的感受。

小航妈妈在微信群写道：“深入孩子们的班级大家庭去体验、感受劳动，是一件快乐的事情。”

小烩妈妈说：“今天很开心也很荣幸地参与了冬至吃汤圆的活动，和小朋友们一起动手做汤圆，能感受到小朋友们很开心也很配合，希望以后有更多的机会和孩子们一起参加亲子活动。所以要鼓励家长们积极参与，让我们一起给小朋友们留下更多快乐的时光。”

学生们虽然收获的菜不多，但提高了自己的动手能力和劳动素养。家长的参与，与家长共同劳动、共同分享他们的劳动成果，更促成了学生家庭生活的丰富化和亲子交往品质的提升，更大程度上提高了学生的获得感与幸福感。

（二）暑假种菜，丰富生命历程

在 2018 年“你好，暑假！”活动中，我们班设计了一项“种植一种蔬菜”的实践活动，要求学生与家长一起合作完成，不仅要记录蔬菜的名称，种植、发芽、长第一片叶子的时间，还要用手机拍下或用笔画出它的生长过程，然后在班群里分享，最后还要写下自己的种植心得。小欣和弟弟一起种玉米。每天早上起床的第一件事就是跑去给它们浇水，看看长高了多少，然后让妈妈用手机拍下来发到班群里分享。后来，小玉米苗被虫吃掉了，他们难过了好久，但很快又重新种上了小白菜。小怡同学种植的是小白菜，开始长势良好，由于营养不足，后来枯萎了。她记录道：“种菜要用心，要讲技巧，由于经验不足，第一次没种好。”小雅同学种的是番茄，她写道：“每天起来给它浇水，看着它发芽，再长出叶子，一天天长高,我觉得我学会了种菜,很开心!”从家长分享的美篇中可以感受到:种植不仅有利于学生生活技能的培养,也能充盈学生的暑假生活,并使学生在经历喜怒哀乐中丰富情感体验,收获经验,收获成长。

六、守护自然,唤醒学生的生命自觉

生命美育是儿童生命成长的基本需要,而且必须回归儿童的生命成长中。“长期以来,我国的儿童教育相对忽视生命教育,对自然生命缺乏敬畏与尊重。”[9]而作为乡村班主任的我们,正可以利用自然资源,让乡村学生在具体的体验中自然而然地理解生命的美好和可贵,领悟生命存在的价值和意义。

(一)面临难题,企图唤醒生命的自觉

一天早上,孩子们急急忙忙地跑来向笔者报告:“老师,围墙下有几只小鸟!”笔者随着他们指引的方向走到现场,看见了几只羽翼未满的小鸟在叽叽地叫,但声音很微弱。几个男孩子抢着要把小鸟领回家养。鸟窝找不到,鸟妈妈又不知道在哪里,而我们都没有养鸟的经验,如果让孩子领回家人工饲养,那是必死无疑。该怎么办呢?这也许正是一个利用自然资源对学生进行生命教育的良好契机。而作为一名班主任,如何运用自己的专业在满足学生成长需要的同时又能促成其主动发展,并生成新的成长需要,体现学生成长的无限性呢?学生的年龄太小,怎么促进他们生命意识的觉醒呢?

(二)召开班会,寻找生命教育的契机

踌躇了一会儿,笔者马上召集孩子们开了一个以“小鸟该何去何从”的主题班会。班会上,笔者首先让有过养鸟经历的学生分享自己养鸟的经验和结果,有的说喂饲料,有的说喂米饭,还有的说可以喂虫子。尽管喂养的方式不同,却都是同样的结果:小鸟的存活率为零。但这似乎也并没有触动他们的生命意识。于是笔者让学生从“我是一个婴儿”的角度来审视、分析“一个婴儿”的生理需要和心理需要,如果满足不了基本的需求会有怎样的后果。学生们马上转换角色,发表自己的言论,场面十分热烈:“婴儿吃奶或喝奶粉才会长大”“宝宝饿了会不停地哭”“宝宝要妈妈抱着睡觉”……笔者似乎找到了教育的切入点,马上转入正题:“鸟宝宝饿了怎么办?它需要谁来陪伴它睡觉呢?”学生自然而然地想到了:“鸟儿需要鸟妈妈!”为了触动他们保护小鸟的意识,并把这一种不大深刻的意念转化为实际行动,笔者问道:“我们能不能够代替鸟妈妈去喂养它、陪伴它呢?”学生们马上摇头,“鸟儿会伤心的”,“鸟儿会很快死掉的”。最终,他们放弃了把鸟儿带回家饲养的念头,决定帮鸟儿找妈妈,让鸟妈妈去喂养它。

一节小小的班会课，就触碰到了学生内心深处最柔软的地方，找到了唤醒生命意识的节点。虽然结果可能会因为找不到鸟妈妈，小鸟依然要面对死亡，但“死亡”也是生命教育的一部分，是人必须要面对和经历的。

（三）尊重生命，感受生命的宝贵与脆弱

我们决定重新把鸟儿放到高高的围墙上，这样方便鸟妈妈发现小鸟。孩子们搬了张椅子，让笔者站在椅子上，把小鸟一只一只递到笔者的手心，还时刻叮嘱：“老师，您要小心一点，要不小鸟会掉下来的。”大家把小鸟安放好，生怕惊扰到鸟妈妈，迅速回到教室，躲在窗口张望。他们踮着脚，仰起头，静静地等候着鸟妈妈。当看见上空有鸟盘旋时，他们会惊喜万分。可是不一会儿鸟飞走了，他们又显得十分沮丧。就这样，五分钟过去了，十分钟过去了，差不多一个上午的时间要过去了，还是没有等到小鸟们的妈妈。

小鸟的叫声越来越急，越来越微弱。他们终于忍不住了，又让笔者把小鸟从墙上掏下来。他们找来一个小瓶盖，装满水，用手指蘸水喂它们。有的孩子还去周边的草丛找虫子，可一条也没找到。他们又开始担忧小鸟没有窝该怎么办？于是，他们决定先给小鸟做一个窝，中午回家再带一些米饭或饲料来凑合着喂一下。他们把装玩具的箱子腾出来，找一些枯草，把草编织成鸟窝的形状，放进箱子里，然后小心翼翼地把小鸟安顿进去。望着自己给小鸟搭建的家，他们欣喜地笑了，相约以后轮流带米饭来喂养小鸟。纵使孩子们很精心地照料着小鸟，然而鸟儿还是相继夭折了。大家带着遗憾，带着哀伤为小鸟在大树底下找了一个安葬的地方，还插上了几株野花，和小鸟作了告别。

（四）释放情绪，升华尊重生命的高度

由于学生年龄太小，他们还不明白鸟儿为什么会离去，更不知道如何遵循自然之道。为了给他们的哀伤找到一个释放的出口，唤醒他们保护自然的责任感，升华尊重生命的高度。笔者组织学生以《鸟窝》为题，为小鸟画一个“家”。每个孩子的想法不同，表达的方式也不一样：有的把窝画在树上，窝里有几只幼鸟，鸟妈妈正在给它们喂虫子；有的把窝画成了一座小房子，说这样才暖和；还有的把窝画在草丛中，一群鸟儿在空中飞来飞去……虽然线条很简单，手法很稚嫩，然而，这正是孩子们内心生发出来的保护自然、尊重生命的觉醒。他们也渐渐从小鸟“死亡”的悲伤中走了出来。

“护鸟”事件促使乡村学生进一步熟悉了自然生命的五彩斑斓，了解了生命的可贵，唤醒了他们的生命意识。这一事件也引领着学生去遵循自然之道，发现生命之美，感受生命之美，热爱生命之美，传承生命之美。

“班主任需要有综合融通的意识。”[10] 乡村丰富的自然资源给我们带来了具有无限生命力的研究,作为一名乡村班主任,应立足于地域特点,有效利用本土教育资源,投入人与事物本身的发展中,促成更多综合融通特征的发展之事,努力让学生在实践中体悟综合性,感悟生长性,为学生的终身教育奠定坚实的基础。

参考文献

[1] 莱斯利,罗斯.笔记大自然[M].麦子,译.上海:华东师范大学出版社,2008:10.

[2] 彭兆平.在2018中学校长公益论坛上的致辞[EB/OL].(2018-12-12)[2018-12-30].https://mp.weixin.qq.com/s/c2rSenaSsAOw_rR-EaBnvQ.

[3][7][9]金雅,郑玉明.美育与当代儿童发展[M].杭州:浙江少年儿童出版社,2017:49,81,109.

[4][5][6][8][10]李家成.班级日常生活重建中的学生发展[M].福州:福建教育出版社,2015:157,157,169,66,218.

乡村综合实践课程的设计与实施研究
——以浙江省武义县泉溪镇中心小学为例

陶健美*

摘　要：随着《中小学德育工作指南》的出台，家国情怀建设成为全社会人文情怀建设的主流。武义县泉溪镇中心小学立足学校周边的乡村教育资源，以“传承乡土文化，培育乡村气质”为出发点，提出了“集曲湖浩气，育时代新人”的育人目标，由此设计并大力推行以千年古镇乡土文化为新切入口的乡村综合实践课程。乡村综合实践课程的实施有效地提高了乡村学生的文化素养，增强了文化自信，同时也转变了乡村教师的教育理念，转变了家长的育儿观念。千年古镇的优秀传统文化也得以传承。

关键字：乡土文化资源　综合实践课程　课程设计

一、乡村综合实践课程的研究背景

2017年9月，教育部印发《中小学综合实践活动课程指导纲要》，提出如下总目标：“学生能从个体生活、社会生活以及与大自然的接触中获得丰富的实践经验，形成并逐步提升对自然、社会和自我之内在联系的整体认识，具有价值体认、责任担当、问题解决、创意物化等方面的意识和能力。”[1]要实现这样的目标，学校工作的作用是毋庸置疑的。另外，当前乡村教育面临挑战与机遇并存的局面，一方面是乡村小学撤点并校后留下的农村文化“空心化”等一系列问题，另一方面是近几年国家新农村建设带来的农村翻天覆地的变化[2]。跳出“乡村”看乡村，用乡村的文化资源解决乡村教育问题，显然不失为一种接地气的思路与视野。

---

* 陶健美，浙江省武义县泉溪镇中心小学班主任，一级教师。

泉溪镇中心小学地处浙江省武义县有"教育之乡""粮食之乡"美称的泉溪镇。近两年来,学校致力于培养具有乡村特质的孩子,基于《中小学综合实践活动课程指导纲要》,依托本地乡土资源,结合"集曲湖浩气,育时代新人"的办学理念,孕育了"曲湖综合实践课程",旨在以古老多彩的"曲湖文化"(浙东文化旁支)为资源,形式多样地开发"曲湖文化"综合实践活动,把学校文化建设与曲湖文化融合,学科教学与曲湖文化整合,学校、家庭、社区活动与曲湖文化衔接,探索一条基于乡土文化资源的开发开展综合实践活动的新道路,使曲湖的乡土文化后继有人,代代相传。

二、乡村综合实践课程的研究设计

泉溪小学在基于乡土文化资源开展综合实践课程的实施与综述方面,除了重视学校文化建设与曲湖文化的相互融合外,同时兼重班级、学校、社区方面的协力合作,最终形成综合实践课程的主要核心。

(一)综合实践课程目标

在制定综合实践课程目标方面,我们以学生的核心素养为底蕴,将社区的文化资源融入课程目标中。

(1)通过"乡村综合实践课程"的实践活动,引领学生亲近自然、走进社区、感受地方文化,使学生与家乡血脉相通、骨肉相连,成为身心有寄托,精神有皈依的"有根之人";

(2)通过"乡村综合实践课程"的实践活动,促使教师亲历课程的资源开发与实施过程,转变教师的育人观,提升教师的课程开发能力及实施能力,促进教师的专业成长和发展;

(3)通过"乡村综合实践课程"的实践研究,完善课程的项目体系、行动体系及评价体系,并最终形成富有本校特色的"乡土文化"综合实践课程体系。

(二)综合实践课程框架

借助乡村小学特有的课程文化资源,立足当前深化课程改革的核心精神,以及优化、提升学校已经营两年的"曲湖校园文化"之积淀,泉溪小学对乡村综合实践课程的整体框架进行了设计(见图 1)。

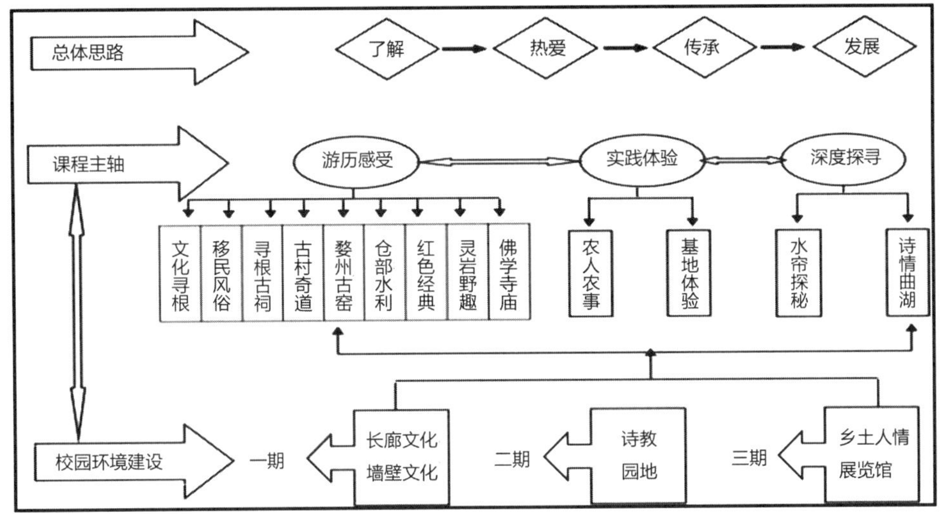

图1　泉溪小学乡村综合实践课程整体设计框架

（三）综合实践课程行动思路

以“传承乡土文化，培育乡村气质”为出发点，立足学校周边丰富的乡土育人资源，设计“游历感受”“实践体验”“深度探寻”三个综合实践课程群，分年级段以游学、田野实践等校外社会实践活动和校内的诗意曲湖、人情展馆、学科整合、特色班集体建设等课程实施为载体，组织引领乡村孩子游历历史遗迹，体验乡村传统习俗，实践农耕文化和发掘新农村变迁，并在最终意义上，建构富有乡土文化气息的农村小学综合实践课程特色体系（见图2）。

（四）综合实践课程系列设计

乡村综合实践课程群整体由“游历感受”课程系列、“实践体验”课程系列、“深度探寻”课程系列三大课程群组合而成，前两项侧重于校外实践活动的开展，后一项侧重于校内乡土文化的学科渗透。三者各成体系，同时，校内、校外三大课程群版块又相互渗透、整合及促进，共同架构起一个富有乡土特色、适合乡村孩子成长的农村小学乡村综合实践课程体系（见图3）。

校外的“实践体验”课程系列中的“农人农事”具体活动项目设计如图4所示。

乡村综合实践课程在整体推进的形态上，采用“必修”与“选修”相结合的形式呈现，以校园周边村落传统的乡土文化和新农村变化为主体内容，根据不同年级段学生的认知特点，灵活设计活动项目，按照“整体设计、分段实践、循序渐进”的原则实施。

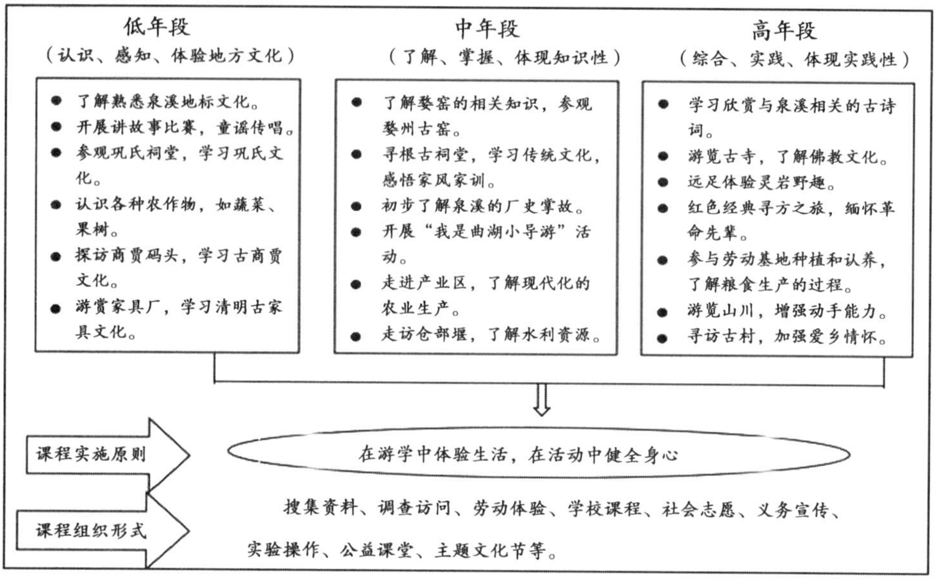

低年段
(认识、感知、体验地方文化)

- 了解熟悉泉溪地标文化。
- 开展讲故事比赛，童谣传唱。
- 参观巩氏祠堂，学习巩氏文化。
- 认识各种农作物，如蔬菜、果树。
- 探访商贾码头，学习古商贾文化。
- 游赏家具厂，学习清明古家具文化。

中年段
(了解、掌握、体现知识性)

- 了解婺窑的相关知识，参观婺州古窑。
- 寻根古祠堂，学习传统文化，感悟家风家训。
- 初步了解泉溪的厂史掌故。
- 开展“我是曲湖小导游”活动。
- 走进产业区，了解现代化的农业生产。
- 走访仓部堰，了解水利资源。

高年段
(综合、实践、体现实践性)

- 学习欣赏与泉溪相关的古诗词。
- 游览古寺，了解佛教文化。
- 远足体验灵岩野趣。
- 红色经典寻方之旅，缅怀革命先辈。
- 参与劳动基地种植和认养，了解粮食生产的过程。
- 游览山川，增强动手能力。
- 寻访古村，加强爱乡情怀。

课程实施原则：在游学中体验生活，在活动中健全身心

课程组织形式：搜集资料、调查访问、劳动体验、学校课程、社会志愿、义务宣传、实验操作、公益课堂、主题文化节等。

图2 泉溪小学乡村综合实践课程行动思路

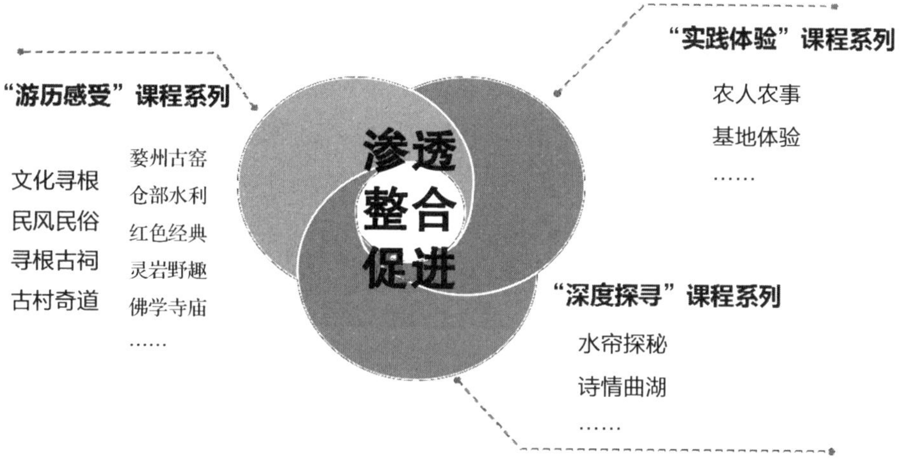

“游历感受”课程系列

文化寻根
民风民俗
寻根古祠
古村奇道

婺州古窑
仓部水利
红色经典
灵岩野趣
佛学寺庙
……

“实践体验”课程系列

农人农事
基地体验
……

“深度探寻”课程系列

水帘探秘
诗情曲湖
……

渗透
整合
促进

图3 泉溪小学乡村综合实践课程群设计

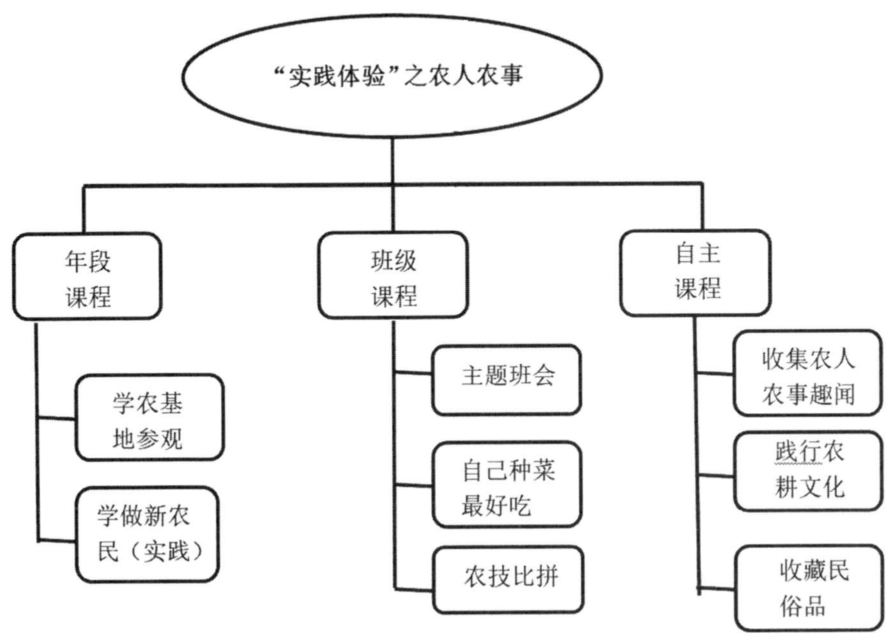

图4 "实践体验"之农人农事项目活动设计

三、乡村综合实践课程的实施策略

（一）"深挖"乡土综合实践课程资源

1. 校外：整合各方资源，设立实践基地

乡土文化课程资源包括乡土文化中有利于实现课程目标的各种有利资源，如自然资源、社区资源、人文资源等。然而，乡村的教育资源丰富，新农村的建设更是日新月异。那么，如何开发、挖掘、整合乡土文化资源便成了重中之重。我校以"走进美丽家乡"为主题，组织教师、学生、家长一起分线路对校园周边环境进行调查摸底，同时查阅有关资料和书籍进行考证，全面了解了泉溪镇的人文历史、自然景观、区域企业等资源，而后根据学生的年级段教育目标、体能、成长需求，将资源整理分类形成资源库，包含名胜古迹类、民俗风情类、特产美食类、名人成长类、抗日史实类、经济发展类等内容，确立了十二处的实践基地（见图5）。

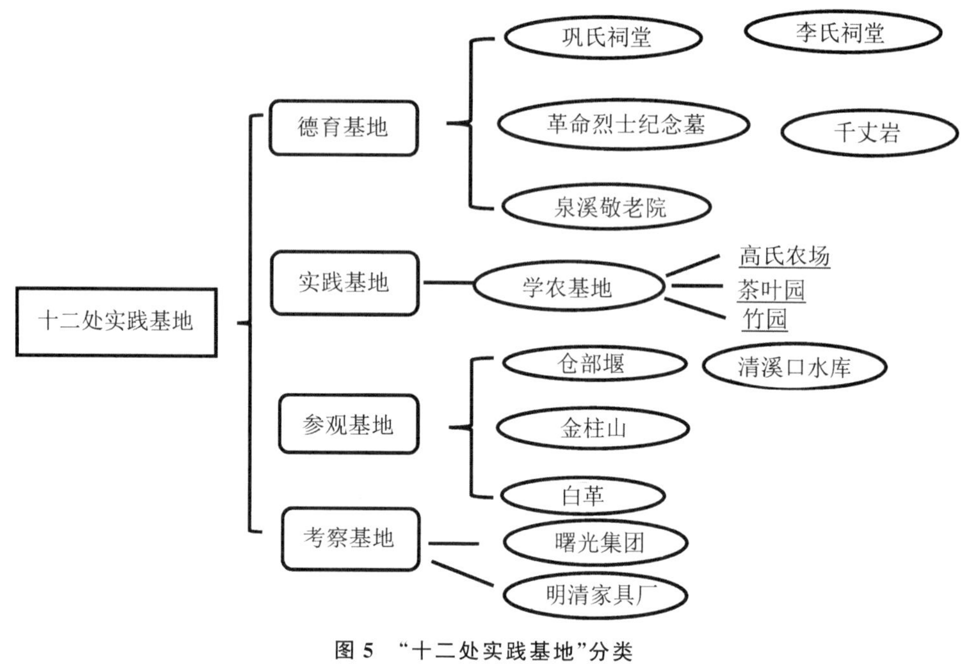

图5 “十二处实践基地”分类

2. 校内:开发班级体验基地,建构学农平台

蓬勃发展的新农村建设更为学校提供了现代化的乡村教育资源。校外,学校在当地现代农企、各级政府部门的大力支持下,开辟了三大学农实践基地,即现代水稻栽培实践基地、有机茶叶园基地、大棚栽培蔬菜基地。学生们在这些基地参观、实践,深入体验农耕文化,既可以了解现代高科技农业,又可以培养他们热爱家乡、热爱科学的情感。校内,在班级家委会的帮助下,各班积极开发班级体验基地,践行农耕知识。例如,五(1)班在家委会的帮助下,于学校附近开辟了“学农基地”,同学们在基地里完整地体验了春耕秋收这一过程,这对学生的综合能力提升和个性发展起了很大的作用。再如,学校在校园内开辟了蔬菜无土栽培基地、菌类养殖基地,由科学老师担任指导员,带领学生们实践高科技农业技术。如此建构起了一个视野开阔、资源丰富的学生学农平台。

(二)“三进”:乡村综合实践课程实施路径

乡村综合实践课程实施路径的“三进”模式是指“进社区”“进田头”“进课堂”。前两者是指校外综合实践活动,后者是指校内的乡土文化传承活动。

1. 进社区

以学校前期设立的实践基地、新农村建设示范村为依托,遵循学生的年龄认知特点,每学期有计划、有组织地开展“进社区”活动。此项活动主要有两大指

向:一是真实体验新农村的变化,让学生在了解农村变迁的过程中,真正把握“乡土文化”的本质内涵;二是深度了解家乡的乡土文化,并通过多方实践去体验当地的民风民俗。学校关于“进社区”活动项目做了如下细致的设计(见表1)。

表1　泉溪小学“进社区”活动项目设计

年级	学期	活动地点或形式	活动目的
一年级	上	巩氏祠堂	学习国学启蒙开学第一课
一年级	下	聚泉楼、公园、卫生院	了解泉溪的历史
二年级	上	下宅口、戏台	了解泉溪的发展历程
二年级	下	黄坛村	了解泉溪下乡脱贫,新农村风采
		明清家具厂	欣赏家具美
三年级	上	护国寺	了解佛学文化,欣赏建筑美
		足球乐园	了解足球特色文化
三年级	下	现代农场体验	了解现代化的农业生产
四年级	上	清溪口水库、仓部堰	了解徐镃建造的水利工程
四年级	下	李纲祠	了解抗金名将的故事
		曙光公司	体验现代高科技技术
五年级	上	水稻栽培实践基地	了解粮食生产的过程
		革命烈士墓	缅怀革命先辈
五年级	下	访婺州古窑	了解婺州窑相关知识
		游金柱山	诵《江南序·游水帘亭》《归途咏》
六年级	上	水帘探秘	游览山川
		野炊	增强动手能力
六年级	下	白革古村落	赏古村,查古树,爱家乡

1)文化寻根之旅

“泉脉吐洩,旱涸不竭。”清嘉庆《武义县志》即载有泉溪地名,说该地有泉水清溪绕村,春夏不竭,故名泉溪。在历史发展的长河中,众多名人曾驻留于此,留下许多传奇的故事;无数文人墨客触景生情,留下诸多情真意切的诗词歌赋。泉溪还是武义“七行八市”的“八市”之一,位于南北要冲,历来为兵家必争之地,发生过许多激荡人心的军事斗争故事。[3]透过历史的眼眸,回味盛衰的演变,更能丰富学生对于家乡的认识,培养学生对家乡的热爱。

2）佛学寺庙踏查

泉溪有两座有名的庙宇：一座是位于麻田村后山上的云居寺，另一座是位于车苏村东北角金柱山下的金柱寺。我们依托这两座寺庙，组织游历、观赏活动，让学生欣赏佛文化中的建筑美、雕塑美、绘画美、音乐美，向学生介绍佛家文化中"平等""慈悲""孝亲""克己""利他"等教人向善的一面，从而提高学生的道德认知水平。

3）水帘探秘调研

车苏村风景秀丽，山脉众多。村边金柱山像一个巨大的"金"字挂在天空，既惊险，又壮观；山中水帘洞瀑布从天而降，龙潭边还留有残砖断瓦，瀑布边的岩壁上残留着摩崖石刻，龙潭口的巨石上留有诗词石刻；山下金柱寺的钟声也曾在历史上响了数百年，经久不息。这些都是难得的游学资源。不仅可以让学生增长知识，拓宽视野，也可以培养他们对乡土资源的保护意识以及对家乡的热爱之情。

4）民风民俗访查

泉溪人民注重中国传统节日，并逐渐形成了具有地方特色的风俗习惯，如大年初一，孩子们挨家挨户上门给村中长辈拜年；元宵节自制花灯，各村孩子斗花灯；每逢重大节日，乡亲们会组织各式民间表演。我们以节日为载体，通过一系列寻访调查活动，让学生了解家乡的民风民俗，在传承历史文化的同时，培养他们的综合素养。

5）红色研学之旅

夏家畈村是武义的革命老区，有着光荣的革命历史，当年粟裕曾率领红军在此打游击，浙东人民解放军六支队九大队也在此成立，并以此为根据地开展了革命斗争。[4]我们通过红色研学之旅，让学生进一步学习红军战士的革命事迹，感受他们的革命情怀，培养学生爱家、爱国的精神。

一年来，各年级按照"进社区"活动项目的具体设计开展着相应的活动，值得一提的是，每期活动结束后，学生都会根据自己的喜好，选择用画画或写作等方式表达自己的实践体会，一大批学生在此项活动中学会了制作美篇。例如，在"寻根巩氏祠堂"活动结束之后，三（3）班轩羽同学这样写道："我家就在巩宅，我也知道有个祠堂，但是从来没有去参观过。这次活动我跟着爸爸一起为同学们查找了关于巩庭芝的资料，才知道祠堂里供奉着的是巩庭芝，我很骄傲我们村有这样的名人。"这样的活动，不仅让学生们熟悉了家乡的人和事，还在学生们的心里播下了一颗爱家乡文化的种子。

2. 进田头

校外“三大”学农实践基地的建立，为我校学生体验农耕文化提供了广阔而又丰富的实践平台。我校按照农作物生长特点，设置了多样化的学农活动项目，每个年级根据学生的特点，侧重点会有所不同。例如，高年级组的活动以实践体验为主，须全程参与；中年级组可选择性参与；低年级组的活动则以参观为主。

以高氏农场的“现代水稻实践基地”为例，课程开发小组根据水稻的生长过程，设计了项目式的有层次、多样化的实践活动（见表2）。

表2　高氏农场“现代水稻实践基地”实践项目设计

活动时间	实践项目	参加对象
2月	参观粮食加工厂，了解水稻生产过程；了解基地杂交水稻选种	高年级组全程参与，中年级组选择性参与，低年级组则以参观为主
3月	基地秧田参观，下田育秧	
4月	基地观察秧苗生长情况	
5月	校内学习插秧技巧，基地下田插秧	
7月	基地稻田观察，下田拔杂草，体验病虫害管理	
8月	基地稻田观察，下田体验施肥	
10月	校内学习割稻技巧，基地收割水稻，稻谷场晒稻	

在项目实施过程中，学生们发挥了超强的创造力和团队合作能力。例如，在组织开展的“春种——插秧”这一实践项目中，四年级组的老师为了让学生们能更出色地领悟插秧技巧，特地邀请农场主高跃平来校开展了相关讲座。随后，学生们还创意性地提出了用小石子、树叶替代秧苗，进行“陆地插秧演练”的活动。正因为有了前期如此充分的准备，基地下田插秧活动才开展得特别顺利。再如，“秋收——割稻”环节，学生们你割、我捆，伙伴间分工合作，配合相当默契，这样的项目体验无疑是一种体力的锻炼，更是一种情感的体验，这样的体验有汗水、有诗情、有合作、有喜悦，更重要的是让学生领悟到了耕耘与呵护对生命成长的意义。

3. 进课堂

“进课堂”是我校将乡土文化资源与学科教学、班级文化建设、校园文化建设等进行有机整合、融通的活动。该活动把各学科课程的社会实践要求与综合实践活动有机整合，以主题化的形式，组织了各种科普活动、技能学习和公益性活动，提高了学生的综合能力，培养了学生的劳动观念、集体观念、责任意识和创新意识。在乡村综合实践课程中，校外的活动主要侧重于乡村资源实践探究，而校内的项目设计主要倾向于学科知识整合和传统技能传承。在丰富、多元的乡土文化资源开发、实践中,提升学生学科学习的兴趣,传承乡土精神。具体活动有“七彩大讲堂”“诗词进课堂”“学科大融合”等。

1)“七彩大讲堂”活动

要构建学校、家庭、社区密切配合的育人体系,离不开家长的支持与积极参与。为此,我校开展了“七彩大讲堂”活动,充分挖掘家长资源,发挥家长在教育教学中的积极作用,为学校乡土育人活动注入新活力。自 2017 年 10 月始,各班就定期邀请“家长教师”来校开设乡土文化专题课程,上课内容包含介绍家乡的风光、风俗、风情、历史等知识;传授竹编、剪纸、糖画、扎染等手工技艺。家长讲课形式多样,风格各异,知识性与趣味性并存,教学环节还穿插了动手实践,深受学生欢迎。

例如,五(1)班彦哲同学的小爷爷何文良是金华市非物质文化遗产微缩竹编工艺传承人。2017 年 11 月 24 日,在孩子们的邀请下,何爷爷来到学校给大家上了堂有关“竹文化”的乡土课,细致地介绍了竹编的历史和工艺。新鲜、好奇写在孩子们的脸上,他们安静地听,积极地互动。课后,班主任为讲课家长颁发了授课证书,见证了家长与孩子的共同成长。

2)“诗词进课堂”活动

泉溪小学历史悠久,文化底蕴深厚。学校深入挖掘巩庭芝等泉溪历史文化名人资源,开展校园诗教活动,并于 2016 年被命名为“武义县诗教基地示范校”。在徐晓时老师的指导下,师生共同收集描写泉溪镇的相关诗词及小学生必背古诗 80 首,编撰了《曲湖诵本》。无论是在课堂上还是在课余时间,总能看见学生们津津有味地背诵诗词的情景。另外,学校还成立了“曲湖小诗社”。学生们在诗社组织的活动中了解诗词、讨论诗词,部分学生的作品还被收进了《武义诗集》中。

3)“学科大融合”活动

语文活动课上,孩子们吟读朗诵文人墨客描写泉溪的诗词、对联,讲述动人的民间传说,小导游们绘声绘色地向人们介绍家乡泉溪,说着改革开放四十多年来家乡的变化;美术活动课上,老师指导学生对家乡的树、花、亭、阁等进行素描,完成《未来的家乡》想象画及剪纸工艺品的制作;主题班会上,举行“说说我的家乡”“最美不过家乡山水”等主题活动;信息课上,通过上网浏览相关网页信息,搜集资料,制作有关家乡的电子作品等。通过这些方式,把涉及社区资源的文化教育渗透到各科教学之中,突出了素质教育的个性化和综合性。

（三）“三节”：乡村综合实践课程实施的载体

在深挖乡村课程资源及设计实施路径的过程中，我校对课程实施的载体也进行了细致的考量与整合。目前，形成了较为成熟的三大载体，即诗词大会、走进二十四节气、曲湖嘉年华。

1. 诗词大会

诗词大会是以“与诗同行”系列活动的方式开展的，整个过程历时两个月，包括：①小诗童荐诗。由高年级组的大哥哥大姐姐向低年级的同学推荐诗，在他们的带领下，低年级的同学有模有样地读起了古诗。②古诗畅想书画。同学们从《曲湖诵本》中选取自己喜欢的古诗，通过诗歌解读和丰富想象，准确把握古诗的内涵，创作绘画作品。第一届书画赛中，共有 50 幅优秀作品被评为一等奖，80 幅作品被评为二等奖，这些作品在学校小广场中展出，赢得了广泛的好评。③诗歌永传唱。同学们以诗为词，把诗歌作品与音乐、舞蹈结合起来，演绎诗词独特的意境，体现了诗中有乐、乐中有情的独特魅力，也活跃了校园文化氛围。④诗词大比拼。2018 年 5 月 17 日，学校分年级设计诗词检测卷，考查同学们的诗词积累情况。各班根据得分按 5%、10%的比例评出班级一、二等奖，而后，根据班级总分，评选各年级“曲湖状元班”一个，“曲湖进士班”两个，“曲湖秀才班”若干个，以此激励同学们更多地读诗、背诗。⑤诗词联欢会。这是整个系列活动的精华。5 月 23 日，前期“诗歌永传唱”活动中脱颖而出的 13 个节目在联欢会上进行展演。同时，在选拔的基础上，每班推荐一名同学参加现场“诗词对接”“诗词接龙”“飞花令”等赛诗活动。优美的诗词歌舞展演加上形式多样的比赛形式，让孩子们感受到了经典古诗词别样的美，也增加了同学们的诗词积累量。

2. 走进二十四节气

二十四节气是中国古代人民智慧的结晶，感时应物是中国传承千年的生活智慧，不管是古代还是现在，二十四节气都是中华传统文化的象征符号。为此，我校开展了“走进二十四节气”活动。

1）巧用自编“小报”，学习二十四节气

活动前，教师引导同学们通过查询、调查、访问，了解节气相关知识。活动中，教师组织召开调查分享会，同学们利用手中的小报互相介绍节气的由来，讲述那些跟二十四节气有关的神奇传说，教师教会孩子们如何观察节气的特征，如何看见平时不易看到的生活点滴。

2）走出课堂，践行二十四节气

“纸上得来终觉浅，绝知此事要躬行”，课堂学习、交流之后，教师带领孩子们走出校园，走进自然，在生活实践的舞台上开阔学生的视野，提升学生的能力。如在春分综合实践活动中,五年级部分学生走进了学校的劳动实践基地,跟农民伯伯学种稻谷、蔬菜,目睹了现代化全自动播种机的神奇。施肥、播种、培土、压膜一次完成,省时省力,令学生们大开眼界,同时,学生们的小脑袋里也萌生了许多问题,他们询问了带队的老师,采访了当地的农民,了解了压膜的技巧及地头补种菜苗等许多课本上学不到的知识,体会到了劳动的艰辛与乐趣。

3)开放性活动,延伸二十四节气

由于二十四节气文化有着很深的渊源,不仅涉及民俗,还与科学和自然界中各种生物的生存规律有着密切的联系。如立春、立夏、立秋等,学生理解起来较为困难,而在开放性的实践活动中可以对节气的知识和内容进行简化,将节气与学生的生活、经验结合起来,使内容浅显易懂,并具有可操作性。如我们让学生以摄影家的眼光去定格节气,手持照相机,寻找物候、雨雪等自然现象的踪迹;以记者的眼光去搜集,通过走访了解节气,锻炼学生搜集整理的能力;以设计师的眼光去构建,制作节气手抄报,整理节气诗集童谣,如"惊蛰乌鸦叫,立夏鹅毛住,小满雀来全""寒露草枯雁南飞,洋芋甜菜忙收回,管好萝卜和白菜,秸秆还田秋施肥"。

4)民俗体验,感受传统文化魅力

我校把二十四节气传统文化落实到课内、课外的活动中,在学生心中播下了了解、传承和发展传统文化的种子。如2018年3月22日,恰逢二十四节气中的春分,我校开展了一场以"春分·迎春"为主题的民俗系列体验活动,让孩子们亲身体验了立春蛋、剪春牛、定称心、画春分、做风筝、吃春菜、吃春饼等充满乐趣的民俗活动,使他们了解了传统习俗,深刻感受到了传统文化的魅力。本次精彩纷呈的活动还吸引了华东师范大学李家成教授带领的智利、澳大利亚、以色列等国的教授和专家学者前来参观。

3. 曲湖嘉年华

在实施乡村综合实践课程的过程中,学校在立足学生的认知特点及周边村落的乡土文化、民俗的基础上,设计、开展了"曲湖嘉年华"实践体验活动(见表3)。"曲湖嘉年华"是一个以育人为宗旨,以展示乡土文化为基础,以宣传学校乡土文化综合实践课教育成果为主导的综合性活动,主要包括传统节目、曲湖杂艺、传统小吃、传统游艺、传统工艺五大版块,学校将当地的传统手工、小吃、文化表演艺人、非遗传承人请进校园,弘扬传统文化。本项活动面向全体学生,通过展示、体验、探究,激发学生兴趣,培养审美情趣,传承本土文化。到目前为止,曲湖嘉年华活动已成功举办了三届,学生们在这样的活动里,充分体会到了传统文

化的魅力。

表 3 "曲湖嘉年华"项目设计表

"曲湖嘉年华"活动项目	活动内容	实施对象	实施细则
传统节目	1. 校内节目：孝、仁、义、礼、智、信； 2. 外场节目：大头和尚、婺剧	年级组嘉宾	一至六年级，每个年级组出一个集体节目，并在入场仪式中有所体现。一年级：孝；二年级：仁；三年级：义；四年级：礼；五年级：智；六年级：信
曲湖杂艺	个人才艺展示	各班	(1) 每班出一个节目报音乐老师处参加海选(选出 20 个节目进行展示)； (2) 入选节目做好海报，由观众点赞投票，评选最受欢迎奖； (3) 表演形式：说、拉、弹、唱、跳等
传统小吃	家乡小吃	二年级	(1) 一、二年级(有节目的班级除外)，每班设置一种传统小吃； (2) 校外引入：爆米花、糖画、冰糖葫芦、棉花糖、烧饼
传统游艺	传统体育项目	三、四年级	三、四年级(有节目的班级除外)，每班设置一项传统体育项目
传统工艺	传统工艺体验项目	五、六年级	(1) 五、六年级(有节目的班级除外)，每班设置一项传统工艺体验项目； (2) 校外引入：竹编、杆秤、剪纸、蓑衣制作

（四）"四评"：乡村综合实践课程管理模式

乡村综合实践课程是结合古今泉溪地域文化特色，由各个年级组参与研制，学校组织修订并整体规划共享的课程体系。在评价过程中，我们更新了评价理念，改变了以知识为本、纸笔测试为主的单一评价形式，改进了结果性评价方式，注重采用诊断性、过程性、总结性、发展性的多种评价方式。

1. 诊断性评价

诊断性评价，由学校组织把关确认，年级组考察课程内容开发和活动实施的准备状况，科学有序地规划课程活动方案，并向学校德育处报备。年级组教师对活动安排进行现场勘察，对课程的实施做好有针对性的安全工作指导。

2. 过程性评价

过程性评价是在综合实践课程内容编制和课程实施尚处于发展和完善阶段时所进行的评价,其主要目的在于改进课程与教学的效果,搜集课程编制或实施过程中存在的优缺点,作为进一步修订和完善的依据。

评价形式有:①建立校外游学记录册。采用图文方式,适时记录游学地点、活动内容、拓展思考等。②进行适时性评价。评价者(教师、学生、家长)对学生游学活动中的表现进行即时评价。通过观察、访谈等形式,评价者在活动前、活动时、活动后及时了解学生的学习情况,做出积极反馈,实施书面或口头评价,给学生以鼓舞。③微信互动评价。采用微信互动的方式,将参与的活动照片以及活动心得及时上传。这既是一种分享,也是一种督促。

评价内容包括学习兴趣,参与学习的主动性、积极性,学习中提出问题、解决问题的策略与能力,思维的创造性、独特性、灵活性,想象的丰富性,独立思考与合作交流能力,良好教育行为习惯的养成等。

3. 总结性评价

总结性评价是在每一模块课程实施完成之后进行的评价。评价者要对课程活动的整体情况做反馈,主要形式有搜集活动资料和图片,及时通过演示、实验、口头描述、表演、作品展示等方式了解学生实践后所学,结合实践过程中学生自主参与表现,以及活动过程中文明素养表现做出整体评价,以便下次推广或修订完善综合实践课程计划。

4. 发展性评价

发展性评价指依据一定的教学目标和教育价值观,对学生在乡村综合实践课程中的发展进行价值判断,使学生不断认识自我、发展自我、完善自我,不断实现预定发展目标。

发展性学生评价除了使用纸笔测验以外,也采用观察法、访谈法、情境测验法、行为描述法、成长记录袋评价法等。教师平时要注意收集和分析反映学生发展过程和结果的资料。学生评价的资料通常包括两部分:一是小测验、问卷调查表、小论文、计划书、实验报告、作品集、活动过程记录等表明学生学习状况的原始资料;二是来自各方面对上述内容的评价,如教师给学生的评语、改进意见,学生的自我评价,同伴的观察记录与评价以及家长和社会的各种相关的能说明学生发展状况的信息等。

具体评价方法(根据年级自行选择)如下。①说一说。围绕此次活动开展一次班会,交流活动中的收获。②画一画。以小组为单位,完成一些图画作品。③写一写。写一写综合实践活动的过程、收获等,以日记的形式上交。

四、乡村综合实践课程实施的成效与启示

实施及推进乡村综合实践课程一年多来，学校在三个领域取得了显著的成果:学生的“乡村气质”渐显，班主任的“乡村教育情怀”显露，家长的“育儿观念”发生转变。

(一) 学生的“乡村气质”渐显

借助乡村综合实践课程的开发与实践，乡村的自然文化、人文文化及其在新农村建设中的创新性转化、继承，有效地熏陶了我校孩子的精气神。

1.“爱乡”情怀更深了

在开展了一系列乡土文化的实践活动之后，我们对学生进行了问卷调查，发现他们对家乡更加了解了。学生对家乡名胜古迹的欣赏比例由最初的 29.67% 提升到 78.94%，学生对民间传说、故事、民谣的认知比例由 5.26% 提升到66.9%，学生对家乡民俗的关注比例由 19.14% 提升到 66.9%，学生对泉溪当地企业的留意比例由 8.13% 提升到 65.45%。学生对泉溪的历史名人的认识，也都有了大幅度的提升。通过搜集、整合、运用、实践，泉溪的乡土文化已经更为系统、完整地融入学生的心里，也进一步深入和激发了学生们的家国情怀。

2. 养成了“会劳动”的好习惯

通过学农基地的实践、家长的家庭教育以及学校的劳动教育，学生的劳动观念得到更新，认识到劳动对自身成长以及对社会发展的重要意义，同时通过亲身的体验，体会到劳动果实的来之不易，倍加珍惜他人成果。2018 年 10 月 17 日，笔者对泉溪小学四、五年级的学生再次进行了关于劳动意识、观念、心态和劳动习惯养成的抽样调查。本次调查共发放问卷 336 份，回收 315 份，有效问卷 312 份，具体数据整理如表 4、表 5 所示。

表 4　泉溪小学学生劳动意识、观念、心态调查(N＝312)

调查内容	愿意/%	一般/%	无所谓/%
劳动时做到吃苦耐劳，有责任感	66	27	7
劳动中做到相互交流，相互合作	85	10	5
在劳动中增长知识，全面发展个人素质	78	18	4
热爱劳动，自觉参加家务和学校社区公益劳动	68	25	7

表 5　泉溪小学学生劳动习惯现状调查($N=312$)

调查项目		我要做/%	要我做/%	不愿做/%
自我服务	穿衣、叠被、个人卫生	90	10	—
	洗自己的衣服	78	14	8
	整理自己的房间	75	25	—
	整理书包	96	4	—
家务劳动	扫地	100	—	—
	洗碗、洗菜、擦桌子	80	17	3
	买小件物品	100	—	—
	烧菜、做饭	67	28	5
学校社区公益活动	公共场地的清洁卫生	100	—	—
	修补图书	67	32	1
	捡废弃物	78	20	2
	爱护花木	90	10	—

通过分析数据,我们不难看出,在家庭、学校、社会的相互作用下,学生的进步是如此之大,66%的学生在劳动时能做到吃苦耐劳,有责任感;85%的学生在劳动中能互相交流,相互合作;78%的学生表示想通过劳动增长自己的课外知识,从而提升个人素养。另外,学生在家里对劳动的观念与积极性也发生了质的改变,将近 80%的学生在自我服务方面,明确表示是"我要做";在家务劳动方面,绝大部分学生已经学会一些简单的家务劳动,其中扫地、买小件物品达到了100%。而后,我们又随机寻访了 5 位学生家长,他们表示,自己的孩子在放学后与周末都能主动参与到劳动中。在后期的了解中也发现:中高年级的学生在读书之余,已经能替家人分担一些农活。学生已经改变了以往只顾埋头读书,不干家务的状态。

3. 掌握了一定的劳动技能

伴随着一年多来的学农基地实践,我校学生在"且学习且劳动"的大环境下,除了劳动积极性得到了明显提高外,还初步学会、掌握了一定的农业、农艺方面的技术。例如,学校五(1)班的学生们在"开心农场"种植实践活动中,初步学会了锄地、播种、施肥、除虫、采摘等技术。现摘录其中两位学生的日记如下。

学生 1:今天我真高兴,因为我学会了种南瓜。我知道种土豆时,种子只要放一颗就行了,而种南瓜呢,是要放两颗的,这两颗种子必须饱满,没有一点破损。

还有施肥不能施得太少，少了会营养不良，太多了呢，营养过剩，又可能会长不大，所以放肥料要适量。

学生2：今天农场里要移栽茄子苗。在移栽茄子苗的时候，要注意苗与苗之间不得少于30厘米，否则不利于它们的生长；施肥时，肥料要放在茄子根部附近，不能碰到叶子，不然叶子会枯萎。今天还给前期种下的作物拔草、捉虫了。这个过程让我明白：周边不良的环境会影响到整个人的健康成长，因此，有了坏毛病必须要改掉，不能与品行不良的人交朋友。

4. 提高了审美情操

通过乡村综合实践课程活动，我校大部分学生不再大把花钱，很多学生一改过去爱吃零食，稍不如意就对父母大嚷大叫或不予理睬的毛病，转而把平时的零花钱储存起来。逢年过节，敬老院中的老人会收到学生们自发送去的各类水果、时令点心，也会欣赏到孩子们自编自演的节目。这些让孤寡老人享受到了心中最渴求的天伦之乐。部分学生还会定期给孤寡老人晒被、梳头、洗脸，这些以往很少做的事情，现在孩子们做起来已是得心应手。

5. 提升了综合能力

另外，通过乡村综合实践课程活动，学生的情感态度和综合能力也在不同程度上有了改变和提升。一学年来，学校的诗社共收到学生的诗词佳作100多篇，课程习作200多篇，还有绘画、手抄报等一系列的课程拓展性作业、各项活动美篇376篇。其中，诗词佳作被收录到《武义诗词》的有13篇，习作参加市县级比赛获奖的有78人次。

（二）班主任的“乡村教育情怀”显露

默默奉献一直是乡村班主任的工作状态写照，而墨守成规、照本宣科等也恰恰是很多人眼中乡村教师的职业缺陷。在本项研究的推动之下，学校班主任的育人理念、课堂形态、教学方式、班集体建设等，都发生了根本性变化。

1. 育人理念：从“知识中心”转向“核心素养”

只教书，只重教学质量，一直以来都是众多乡村教师的工作特色，而如此的育人倾向禁锢了师生的创造力，牺牲了师生的身心健康。我校在开发与实施乡村综合实践课程过程中，学校教师的育人目标和课堂教学理念开始转向着眼于学生核心素养的培养，即把乡村孩子的学科学习与提升学生的综合能力、传承乡土文化、培育乡村学生的传统品质结合起来。

2. 课堂形态：从“校内”转向“校外”

以学科教育为中心的教学时空基本上是固定在校内的课堂上的，而在乡村综合实践课程开发与实施的引领下，我校教师的教育教学活动视野开始投向校外广阔的农村天地。充分利用农村小学独特的乡土资源优势,引领学生从课堂学习走向校外基地学习,指导学生通过考察身边的农村自然景观、历史遗迹,探究其中蕴含的人文精神,把书本上的学习与现实中的实践有效对接,把短时的以学科为中心的知识学习与锻炼实践技能的学习相结合。启迪每位乡村学子懂得:学习不仅是坐在教室里学课本,还包括走进自然、社会去学习更多书本上没有的知识与技能。其中,有位科学老师在开展完"春耕秋收"活动后,写道:

平常上《种子萌发》这一单元,学生都学得懵懵懂懂,知识点大多是死记硬背。由于缺乏实际操作,考试答题时经常是牛头不对马嘴,错误百出。现在,学校在校外建了"学农"实践基地,我把课堂进行了转移,科学课上到了基地里,同学们在实践的基础上再学习学科知识,情况就好多了,举起例子来也是头头是道,再不用我硬塞给他们了。

3. 教师角色:从"单一型"转向"综合型"

综合实践课程的研究,改变了教师的角色。教师由传统的教学权威转向课程开发的"平等参与者",由知识概念的传授者转化为德育活动的指导者、促进者,乡土文化的播种者、传播者、开发者,由学生课堂管理者转化为学生研究型学习的组织者。综合实践课程的研究促使师生关系变得更加和谐,教师学会倾听学生的诉求,体察学生内心的心理活动,与学生一起成长,一起快乐,一起伤心,倾听他们的体验和感悟,同时,学生的天性也得到释放。

4. 专业发展:从"学科型"转向"研究型"

在乡土文化资源课程开发与实施中,教师需要鉴别、收集、开发、整合和利用乡土资源,使之成为系统的活动,甚至一个课程。同时,乡土文化资源的开发本身就是一个教师参与教学、科学实践的过程。这些均有利于提升教师的教育科研水平,使他们在研究中迅速成长起来,成为"研究型"教师,最终达到"以研兴教"的目的。

(三)家长的"育儿观念"发生转变

家长是孩子的首任老师,家长自身发展的状态与孩子的成长质量及家庭生活品质相关,又直接影响着家校合作活动的开展。在农村,乡村文化已经融入家庭的日常生活中,家长们在"乡土文化"的传承与发扬上,起到了重要作用。家长积极参与学校课程建设,增进了学生与家长的亲子情,而且对学校的发展有了更清晰的认识,增进了家校合作的和谐。在活动中,家长对泉溪当地乡土文化也进行了学习,并有了新的认知。学生在课程开发下折射出的能力超出家长的想象,从侧面促进了家长的理念转变。家长对学生从以往单一关注成绩,改变为对学生劳动习惯、品质、意志力、独立能力等的多重关注。以下是两位家长在学校开

展“学农”实践活动后在班级群中发表的体会。

董承宇家长:很感谢学校组织这次活动,能帮孩子懂得农民伯伯干农活的辛苦,知道怎么爱惜粮食,不浪费。以后希望还会有这样的活动,我们做家长的会很支持。

王裴妍家长:以前,我的孩子在餐桌上,经常抱怨菜不好吃,总是有剩饭。这次活动结束后,我发现她的改变很大。在与她交流中,有一句话让我很感动,她说:“妈妈,我以前浪费粮食太可耻了,今后我会珍惜每一颗粮食。作为班长,我还得劝导班里的同学也要节约粮食,积极参加光盘活动。”作为家长,我觉得“学农”课程的开设非常好,是利于孩子成长的绿色通道,我为孩子能够在这样的校园里生活而感到高兴。

(四)“千年古镇”乡土文化得以传承

文化,一种亘古绵长的社会现象,它与教育相伴而生,相随而长,在漫长的历史长河中,互为前提,互相砥砺。教育和文化相互维系,相辅相成,教育推动文化发展,文化的传承离不开教育。通过乡村综合实践课程的开发与实施,我们对泉溪镇的风土人情、历史典故、人文景观等文化进行了一次相对集中的整合,让学生感受到乡土的亲和,重温了前人的生活方式,重新发现了先辈的智慧,更加了解家乡,增强了家乡自豪感。在他们身上,潜移默化地传承着泉溪的地方文化。我们的学生,无论以后走到世界的哪个角落,都不会忘记他(她)是泉溪人,他(她)有着泉溪魂,他们就是今后泉溪向社会展示形象的媒介。

通过一年多的研究,我们深深感受到乡村综合实践课程的开发和实施效果是可喜的,但道路却是艰辛的。展望未来,任重道远,但我们仍然充满信心,并不断努力。我们将从以下几个方面深入探究,使我校课程更具有生机和活力:首先,提升教师的开发意识、前瞻意识,增强大胆改革的气魄与能力;其次,加强理论学习,进一步提高教师自身的课程开发能力;再次,尽可能协调综合实践课程开发与现行的学校评价机制之间的矛盾;最后,我们也将继续努力,在此基础上力争挖掘出更具价值的宝贵元素,为学校打造出更具影响力的课程,为师生成长创造更有利的条件。

参考文献

[1] 教育部.教育部关于印发《中小学综合实践活动课程指导纲要》的通知[EB/OL].(2017-09-27)[2018-12-10].http://www.moe.edu.cn/srcsite/A26/s8001/201710/t20171017_316616.html? from=timelin.
[2] 廖其发.中国农村教育问题研究[M].成都:四川教育出版社,2006:3.
[3][4] 朱跃军.从历史深处流出的泉溪[M].上海:上海印书馆,2016:4-12,167.

中华文化的自觉传承

传播华夏文明，增强文化自信
——以广东省阳江市阳东区中华优秀传统文化进校园活动为例

李　杰*

摘　要： 为弘扬中华传统文化，塑造学生健全人格，增强文化自信，阳江市阳东区教育局开展了以“弘扬和传承中华传统文化”为主题的系列活动，其中包括“说好中国话”“写好中国字”“上好中国课”和“过好中国节”四大版块，让学生正确认识、理解和运用中国语言文字，了解汉字的历史之美，体会中国汉字的瑰丽雄健，同时也让学生体会节气之美、传统之美，从而培养学生的健全品格。总之，传统文化进校园有利于丰富校园文化建设的内涵，有利于推进社会主义核心价值观的培育，同时也能滋养师生心灵，增强文化自信。

关键词： 中华传统文化　文化自信　健全人格　中国话

中华文明是中华民族的根与魂，中华优秀传统文化蕴含的道德观念与民族精神，对中小学生人生观和世界观的树立有极为重要的价值导向作用。习近平总书记指出：“中华文明绵延数千年，有其独特的价值体系。我们提倡和弘扬社会主义核心价值观，必须从中汲取丰富营养，否则就不会有生命力和影响力。”[1]这一番讲话明确提出了要利用好中华优秀传统文化蕴含的丰富思想道德资源，使其成为滋养社会主义核心价值观的重要源泉。中共中央办公厅、国务院办公厅印发的《关于实施中华优秀传统文化传承发展工程的意见》中，对实施中华优秀传统文化传承发展工程的重要意义、总体要求、主要任务作了详细阐述，要求围绕立德树人根本任务，遵循学生认知规律和教育教学规律，把中华优秀传统文化全方位融入教育各领域中来，让优秀传统文化与教育“融”为一体。

为了在广大师生中弘扬中华传统文化，塑造学生健全的人格，增强文化自信，近几年，阳江市教育局非常重视在中小学开展中华优秀传统文化教育，通过发布文件、召开座谈会等形式，要求各地学校开展弘扬中华传统文化的活动，以

---

*　李杰，广东省阳江市阳东区教育局科长。

我市创建全国文明城市为契机,发挥中小学校思想道德教育的主阵地、主课堂、主渠道作用,大力加强师资队伍建设和学生思想道德教育,组织开展"弘扬中华优秀传统文化""做一个有道德的人"等各种形式的主题教育、实践教育、体验教育和养成教育活动,使师生在活动过程中感悟传统魅力。阳东区教育局接连下发了《阳江市阳东区教育局关于加强中华传统文化教育系列活动的通知》和《阳江市阳东区教育局关于印发实施中华优秀传统文化传承发展工程意见工作方案的通知》,要求和指导全区中小学校广泛开展以"弘扬和传承中华传统文化"为主题的系列活动,活动概括为"说好中国话""写好中国字""上好中国课"和"过好中国节"四大版块。

一、开展"说好中国话"系列活动——传承中国语言文明

说好中国话的表现是正确认识、理解和运用祖国的语言文字。但是,由于过分重视分数和升学率,再加上现代通信科技对学生身心的侵扰,无论是学校还是学生,都与传统文化存在一定的疏离。在中小学校开展说好中国话的活动,对于传承和弘扬优秀传统文化显得非常关键。为了推动活动的顺利展开,阳东区教育局有针对性地提出了两项举措。

(一)诵读经典古诗词

中华经典是民族的瑰宝,是古代圣贤思想、智慧的结晶,将它们熟诵于口,濡染于心,是提升学生品性与修养的有效途径。教育局要求学校把经典诵读视为一项长期的德育工作,充分利用好各科课堂,特别是语文课堂等阵地进行渗透,抓住学生在校的一些可利用的时间,如午间学习时间、兴趣小组活动时间等,亲近经典、诵读经典。通过有目的、有步骤的引导,使每所学校都能书香满园。只有诵读成为学生成长的需要和习惯,才能对学生的心灵乃至人生观都产生正能量的影响。阳东区第二中学、合山中心小学、红丰中心小学、阳江职业技术学院附属阳东学校、那龙学校、田畔学校、东城第三小学等校开展的诵读经典活动声势大、形式多、效果好。以阳东区第二中学为例,该校除了注意做好日常宣传工作,营造良好的校园阅读氛围外,还多次举办师生诗文朗诵会活动。这些活动既有重现经典的诗文诵读,又有改编原著的低吟浅唱,既诵出了华夏文明的壮美篇章,又诵出了非同凡响的文化自信。再如,东城第一小学以"红领巾广播站"为平台,每天在开播时间里由播音员朗读经典美文,并举行全校性的经典美文朗诵比赛;东城第三小学几年来一直把午间学习时间定为经典诵读时间,通过每日诵读,学生们对《弟子规》《三字经》《千字文》等经典作品耳熟能详、入脑入心,最终

实现学以致用。合山中心小学倾力打造的书香校园，每年都隆重地举行“读书节”启动仪式；学校的每面墙壁、每根柱子，甚至一草一木都是关于阅读的宣传与召唤；为了“让经典浸润心灵”的理念深入学生的心灵，学校还把古诗词与学生歌舞巧妙地结合起来，以学生喜闻乐见的方式来呈现古代文化永久的魅力。此外，学校还组织教师编写了适合小学生阅读的校本教材。在校园文化节上，“经典作品诵读”环节更是重要的组成部分，学校会邀请家长们一起来开展经典诵读活动，从而扩大活动的影响力。红丰中心小学在期末总结中特别指出，自从开展了经典诵读活动，学生在潜移默化中接受了传统文化的教育，懂得了文明礼仪，更加规范了言行举止，这也进一步彰显了优秀传统文化深刻的影响力与导人向真、向善、向美的指引力。

（二）特色语言我传承

阳江是文化之乡，山水兼优，独具民俗文化特色。疍家文化的象征之一“咸水歌”传唱千年，还有那深情婉转的山歌，都是岭南文化的重要组成部分。令人惋惜的是，在现代文化的猛烈冲击下，这些传统文化都面临着失传的危机。如何传承地方特色语言是一个亟须思考和解决的重要问题。

东平镇是全国十大渔港之一，疍家文化源远流长，老一辈中会唱咸水歌的人有很多，他们强烈希望咸水歌后继有人。在东平中心小学的支持与配合下，教育局在学校成立了咸水歌学习班，特别聘请了杨爱阿姨到学校当咸水歌老师。每周三下午，中心小学的校园内总会回荡起一阵阵咸水歌声，孩子们对咸水歌的感情也从一开始的陌生到现在的热爱。东亚中心小学现在每 10 个学生中就有一个会唱咸水歌，疍家文化得到了较好的传承。此外，我区的塘坪镇是闻名的山歌之乡，塘坪中心小学、塘坪第二中学等学校也依托丰富的本土文化资源，在校园内开展了学山歌、唱山歌等活动。

二、开展“写好中国字”系列活动——传承中国书写文明

开展“写好中国字”系列活动，能够让学生了解汉字，增强学生汉字文化自信，同时也能够规范学生写字行为习惯，最终使学生写好中国字，做好中国人，传承好中国写字文明。

（一）了解汉字强自信

作为世界上最古老的文字之一，中国汉字形意俱美，独具特色。实验学校通过举行“汉字知识知多少”的讲座，让学生了解汉字的历史之美，体会中国汉字的瑰丽雄健；广雅小学通过举行“写汉字比赛”，让学生体验汉字的书写之美，感悟

中国汉字的千变万化。这些活动,既让学生理解了中国汉字的特色与内涵,同时也增强了他们对中国汉字的自豪感。

(二)规范书写传文明

中华文化的传承以汉字为载体,汉字的传承以书写为依托。书法是书写的艺术,与民族精神成一体,对于培养中小学生的道德素质、审美能力都有极其重要的作用。根据教育部汉字书写教育的要求,全区各中小学校结合学校实际情况,制订切实可行的方案,开展各种形式的书写汉字活动。阳东区第二中学作为一所省艺术教育特色学校,最大特色就是书法教学。学校除了安排各种书法专业课外,还常常举行各种具有特色的书法活动,如写春联活动、"美德诗词书法"沙龙活动、名家书法讲座等。同时,每学期定期举办教师、学生软硬笔书法比赛和作品展,在校园内营造了浓郁的文化氛围,学生的人文底蕴和艺术修养在潜移默化中得以提升。还有东城学校,他们在专门开设特色书法课堂、书法室之外,还建立了与书法特色建设相适应的校本课程体系,把书法课也纳入校本课程。每班每周有一节书法课,不同年级学生的书写目标也各不相同。学生每天要在习字册和学校下发的书法练习专用纸上练习一页纸的汉字,由学校指定的教师抽批。学期末,学校会精心装裱师生的优秀书法作品并悬挂在班级、学校展示场所和教师办公室等地方。这些措施有利于培养学生的良好书写习惯和对中华书法文化的热爱。那龙学校通过举办书法作品比赛,评选"书写小能手",同时为获奖作品举办画展。这些活动在校园内掀起了扬传统、习书法的热潮,学生不仅书写能力得到大幅提高,同时也认识到了汉字的独特之美,懂得了写字如做人,要堂堂正正的道理。雅韶中学多年来也一直坚持开办书法兴趣班,让学生们在书写汉字的过程中领会传统文化蕴含的形象之美、思想之美。

三、开展"上好中国课"系列活动——传承中国传统美德

传承中国传统美德,是每个中国学生的责任与使命,也是每个教师的责任与使命。传承中国传统美德,关键在于学校课堂,通过学校课堂开展系列传统美德传承活动,能够有效地激发学生兴趣,培养学生高尚的传统美德。

(一)中华美德课堂说

中华传统美德是优秀的道德遗产。传承中华传统美德,不是形式上的摇旗呐喊,而是要将传统美德内化为学生的道德认知,外化为学生的自觉行为。为了更好地加强传统美德教育,阳东区教育局在教师中举行以"弘扬中华传统美德"为主题的班会赛课活动。参赛教师在备课时紧扣主题,从诚实守信、文明礼仪、

感恩孝顺、勤劳节俭等中华传统美德中汲取养分和灵感。在赛课活动中，以学生喜闻乐见的生动形式引领学生自主思考，解决问题，让学生在互动交流中升华思想，提升修养。赛课活动体现了以下三大特色。

(1) 鲜明的主题，让传统美德深入人心。阳东一所学校的郑建兰老师带领一年级的学生，紧紧围绕“文明礼仪”这一主旨，以学生活动体验为中心，恰当地运用唱儿歌、看视频、师生共同示范、小游戏等形式，既把主题融入各环节之中，又步步深入地突出主题，使学生在轻松愉快的课堂氛围中接受礼仪教育，懂得了日常生活中应该怎么做才合乎文明礼仪的要求。塘围中学的廖小凤老师以“相处之道，和为贵”为主题，通过展示 2008 年北京奥运会开幕式中的中国“和”文化视频资料，并结合生活中的鲜活案例，以生动灵活的方式深入主题，引领学生进行自我反思，最后升华为“人与人之间以和为贵、和谐相处”的班会主题，使学生在不知不觉中接受了友谊教育。

(2) 鲜活的内容，让传统美德焕发新的光芒。实验学校的许仕秀老师，和学生一起在课堂上贴春联、挂灯笼，和同学们一起朗诵《过中国节，做个有根的中国人》，学生真真切切地接受了中华民族文化的教育，纷纷表示以后不再只热衷于过圣诞节、万圣节等西方节日，而是首先要过好我们自己的传统节日，要守护好我们自己的传统文化，要为我们的传统文化自豪。塘围中学的廖小凤老师和学生们一起在课堂上挥毫泼墨，用横平竖直的“和”字来体现中国的和谐文化、自然之道，引导学生体会“和”的内涵，领悟凡事只有“和”才能“兴”的深刻道理。

(3) 亮点纷呈，让传统美德在课堂上升华。赛课活动，规模大，其积极影响辐射了全区的中小学校师生。活动过程亮点纷呈，提升了传统美德教育的深度，通过课堂上教师的言传身教，传统美德深深抵达学生的内心世界，滋养了学生心灵，完善了学生品格。就教师而言，也是一次心灵的洗礼与成长。

(二) 优秀文化自信增

文化自信是民族发展的底气，是一种坚定的信念。在这些校园活动中，中华民族的深厚文化底蕴通过读写，通过课堂，深入学生内心，外化为日常行为，最终实现知行合一。个别学生以往那种“外国月亮特别圆”的思想观念逐渐消失，取而代之的是坚定的文化自信与民族自豪感。

四、开展“过好中国节”系列活动——传承中国节日文化

开展“过好中国节”系列活动，一是让学生理解传统习俗的内涵；二是让学生传承中国传统节日文化，热爱中国传统节日。

(一)传统习俗蕴内涵

传统习俗是指人们在社会生活中逐渐形成的,由历史沿袭而巩固下来的,稳定的社会风俗和行为习惯,并且已同民族情绪和社会心理密切结合,成为人们自觉或不自觉的行为准则。传统习俗与传统节日密不可分。[2]传统节日是一个民族历史的精粹与表征。作为中华民族传统文化的一个重要组成部分,每个传统节日都蕴含着丰富的内涵,体现了华夏子孙的精神追求,学校应大力倡导学生走近中国节,了解中国节,过好中国节。

(二)节日文化我传承

全区中小学生对于传统节日认知情况的调查报告显示,65%的学生最喜欢过的节日是圣诞节,认为其“热闹”“有趣”,只有35%的学生喜欢过中国的传统节日。在对中国传统节日评价时,多数学生认为传统节日“闷”“没意思”。面对现在学生热衷过洋节的现实境况,同时也为了系统地开展传承传统文化的工作,区教育局编印了中国传统节日校本课程教材,重点对传统节日的内涵、民间习俗进行诠释,如清明节缅怀先祖追根寻源,中秋“家”的文化、“年”的来历等,发放到各校让中小学生自主阅读;同时,在中小学生中开展了以“我爱中国节”为主题的系列活动,如演讲比赛、征文比赛、节日知识大比拼等,不断加深传统节日的影响力。学校随之加大对传统节日的宣传力度,阳东区第一中学、阳东区第二中学、那龙学校等校的班主任分别在元宵节、端午节、中秋节等节日和学生一起开展了煮汤圆、吃粽子、赏月品月饼等活动;红丰中心幼儿园的老师和孩子们一起做灯笼庆贺元宵节到来……这些活动不仅增添了传统节日的魅力,也营造了浓浓的节日气氛,让学生感受到了传统节日的快乐。此外,合山中心小学的班主任林彦芳老师匠心独运,设计了“二十四节气进课堂”系列主题班会课程,充分运用了课堂主阵地,渗透传统文化教育,使学生体会了节气之美、传统之美。

五、活动价值的体认

阳东区通过开展传统文化进校园活动,让学生体会到了中国文化的瑰丽,使学生更加热爱中国汉字,喜欢中国节日,同时也使学生对中国传统文化有了深刻的理解。实践结果表明,传统文化进校园有利于丰富学校校园文化建设的内涵,能够有效推动社会主义核心价值观对学生的培养,同时也能滋养师生心灵,提升学生文化自信。

(一)有利于丰富校园文化建设的内涵

开展传统文化实践活动,对于丰富校园文化,落实立德树人目标的有效载体

和形式，以及创建校园文化特色，提升师生的人文素养，具有重要的作用与意义。通过系列传统文化实践活动的开展，全区的校园文化变得更加丰富，提升了学校的文化内涵，丰富了学校学生与教师的文化生活。

（二）有利于推进社会主义核心价值观的培育

中华优秀传统文化与社会主义核心价值观一脉相通，中华优秀传统文化是社会主义核心价值观的文化基因和思想根源。在这个基础之上，传承中华优秀传统文化的实践活动能够更好地引领学生践行社会主义核心价值观，做合格的公民。

（三）有利于滋养师生心灵，增强文化自信

中华优秀传统文化在校园的复苏与回归，让师生充分体会到了中华传统文化的“四美”（汉语之美、书法之美、道德之美、节日文化之美），扭转了一些师生在传统文化认识上的误区，大大增强了师生的文化自信，并促使师生以实际行动践行传统文化，守护精神家园，弘扬社会新风。

参考文献

[1] 习近平.在北京大学师生座谈会上的讲话[EB/OL].(2018-05-02)[2018-12-10]http://www.xinhuanet.com/2018-05/03/c_1122774260.htm.

[2] 王美春，郭晓东，马贺新，等.传统习俗与低碳主题的对接[J].传承，2014(1)：134-135.

论乡村班级文化建设与中华优秀传统文化的传承

梁　霞*

摘　要：文化是民族的灵魂。随着我国乡村经济的发展，乡村青少年对传统文化存在认识比较模糊、传承意识淡薄、民族文化自豪感缺失等问题。乡村班级文化的建设是中华民族优秀传统文化传承的重要方式。本文结合学校与班级实际，把优秀传统文化的传承作为一个重要的项目纳入班级文化的建设当中。以优秀传统文化为燃点，以班级活动为载体，挖掘、融合学科资源进行班级文化建设，旨在唤醒当代乡村青少年对优秀传统文化的传承意识，同时在班级建设中实现学生自主策划、协调合作、沟通表达等能力的培养，丰富学生的精神世界。

关键词：中华优秀传统文化　文化传承　班级文化建设　学生成长

中华优秀传统文化，是中华文明成果的集中体现，是中华民族精神的延续。习近平总书记指出："文化是一个国家、一个民族的灵魂。文化兴国运兴，文化强民族强。没有高度的文化自信，没有文化的繁荣兴盛，就没有中华民族伟大复兴。"[1]青少年作为祖国的花朵、祖国发展的未来，必须要具有高度的民族文化自信和民族文化自豪感。但就笔者借元宵节这一传统节日对所带班级学生进行随机访谈的结果来看，孩子们对传统文化与传统节日的认识比较模糊，传承意识较为淡薄。笔者对此现状感到担忧。

那么，作为乡村学校教育工作者应该如何去改变这一现状？笔者认为，首先要把优秀传统文化深入乡村学校的德育中，让优秀传统文化渗入班级文化建设当中，与班级文化建设相结合，让民族文化的自豪感，深深植入每一位学生的内心，让学生真切地感受到传统文化的真实性，激发他们传承与弘扬优秀传统文化的主动性。

*　梁霞，广东省阳江市阳东区那龙镇那龙学校教师。

一、问题提出:优秀传统文化为何难以传承

对于传统节日文化逐渐被乡村学生遗忘的担忧,来源于初次进行的"2018,你好,寒假"活动年味分享汇报的延伸。2018年,笔者在开学第一课兴致勃勃地与孩子们开展"分享寒假里的年味"汇报活动。在延伸到中国的传统节日时,孩子们踊跃地说出了许多特别的传统节日。但是具体到节日的起源与节日习俗等细节的方面,却并不清楚。他们对于节日的认知仅限于字面与些许片面的信息,缺乏系统的知识结构。于是笔者对学生进行了口头上的调查,如对元宵节的了解。当问到元宵节的起源时,全班35人竟无一人知晓;当问到元宵节除了吃汤圆之外还有哪些习俗活动时,全班鸦雀无声。在那一刻,笔者噎住了。当笔者再问及西方圣诞节的起源与习俗活动时,孩子们却七嘴八舌地说得停不下来。那时,我的心犹如坠落冰窟,荒凉一片。我不禁产生疑惑:这一现象是什么原因造成的?难道传统节日文化要在这一代少年的身上以肉眼看得见的速度消失吗?当代青少年对于优秀传统文化传承的现状如何?

通过查找资料与对笔者所处的乡村学校初中部学生进行问卷调查发现,乡村青少年对于优秀传统文化知识的积累比较少,传承意识缺失,缺乏对中华优秀传统文化的自豪感。一个民族的长远发展在于民族文化的传承,民族文化意识在某种程度上能够影响整个国家文化发展。我们中华民族的儿女是在中华优秀传统文化的滋养下成长起来的,我们人生价值观的形成受中华优秀传统文化的影响。

(一)对传统文化知识缺乏了解

随着科技的进步,纷繁复杂的网络世界为文化的传播提供了平台,但同时也带来了文化冲突。不少青少年由于价值意识不强,在沉迷于网络的便利的同时,忽视了对中华优秀传统文化的传承。他们对于中华优秀传统文化的认知,仅仅停留在了解"传统文化"的字面意思,却未有意识地去追寻其蕴含的大容量文化精髓。在对调查问卷中的开放题"你知道元宵节吗?请说说它的起源,或者在元宵节这一天,人们常做些什么"的回答中,几乎没有同学能回答该节日的起源和人们在元宵节开展的相关活动。由此看来,他们缺乏对传统文化知识的了解是不争的事实。

(二)传统文化传承意识缺失

近年来,国外的节日似乎比中华传统节日更受欢迎,不管是在商场还是在学校,"洋节"的氛围总是早早就渲染开了。如在圣诞节、万圣节等节日来临之际,

商场总会大肆宣传,也总会被孩子们庆祝一番,甚至某些幼儿园也会开展圣诞节的游园活动。姑且认为市场经济的推动占主要原因,但人们的主观意识呢?如果这一现象不是出现在笔者眼前,也许感触也不会那么深。在西方的万圣节来临的那天,班里出现了奇怪的现象:大家都在吃糖果,甚至把糖果作为礼物互赠。当笔者问及原因时,学生们纷纷表示在庆祝万圣节,认为老师落伍了,竟然连万圣节都不知道。对此,笔者心中甚感悲凉。于是,笔者便问他们打算如何庆祝将要来临的冬至,他们的无声给了笔者答案。由此可以看出,当代青少年传统文化传承意识的缺失。

（三）传统文化自豪感薄弱

文化认同感的本质是文化自信,文化自信带来的是油然而生的自豪感。民族文化自豪感是我们强大的民族给予的,也是我们自己创造出来的。当代人们对于民族文化的自豪,更多来自历史长河中的优秀文化精髓。文化是国家的灵魂,传统文化的缺失成了当前反常的社会现象,不管是部分成年人,还是一些青少年,他们对自己的文化没那么自信了,他们对传统文化的自豪感在消失。

“文化”是人之行为与思维方式的积淀。[2]一个人的发展如果缺失文化意识,必然也缺乏价值认知。少年强,则国强。随着文化“快餐”的盛行与外来文化的冲击,思想尚未完全成熟的青少年,其文化意识正在潜移默化中受到影响。当前部分青少年存在缺乏人生理想、意志薄弱、个人主义严重等缺点。例如,笔者所带班级的部分学生根本不知道自己为何要学习,也没有学习的动力。对于当前现状,试问应该如何去改变?

青少年缺乏对传统文化的自豪感与当前的社会环境、家庭环境、教育环境有关。作为教育工作者,我们应该尽一己之力去拓宽传统文化传播的渠道,增加传统文化传承的平台,增强传统文化传承的力度。

二、融会贯通:中华民族传统文化传承的有效途径

学校是育人的场所,是传统文化的传播阵地。近年来,学校愈发重视传承优秀传统文化的教育,在学校领导的顶层设计下,各校纷纷开展经典诵读、弘扬传统美德等活动,并进行文化氛围的渲染与浸润,达到助推传统文化传承的目的。而班级作为学校的一个基本单位,在班主任的引导下应该怎样进行传统文化教育,弥补传统文化的缺失呢?笔者认为,班级隐性文化建设中的活动文化与传统文化的融会贯通是非常有效的手段。在班级管理中,以传统文化为引子,串联出一系列学生自主策划、自行组织的活动,这些活动的开展不仅能够提升学生对传

统文化的认知与热爱，还有利于教师以此为切入点打造富有特色的班级文化，再以活动为载体，从情感、态度、价值、能力等多元的角度增强班级的凝聚力，营造健康、积极的班风，从而培养学生文化传承的意识，丰富学生的精神世界。

（一）明晰：传统文化在乡村班级文化建设中的定位

1. 传统文化与乡村班级文化建设融合的重要意义

文化，融入了人发展的信念。教育部长陈宝生说："优秀传统文化里面，包含中国人怎样看待世界、怎么看待生命，中国人的世界观、人生观、价值观，有着非常丰富的资源，阐述得很系统。如果不能把这些继承下来，如果在教育过程中不让我们的学生了解、继承，他们的人生会发生什么呢？就会发生方向的偏离。"[3]换句话说，一个民族如果在发展中缺乏了自身的传统文化，那么这个国家和民族也就无法立足于世界之林。中华民族得以源远流长的原因，在于其拥有优秀的民族之魂。班级要成为真正的育人摇篮，也需要建设班级的文化之魂。班级文化的建设过程是形成共同理念、共同价值观和学生主体价值的创生过程。我们生活在拥有醇厚文化环境的中华民族，学校班级日常教育的宗旨应该是培养学生共同的文化观念、价值观念，使中华优秀传统文化植入学生个体的灵魂。因此，班级文化建设的方向与过程，和中华优秀传统文化的传承是一致的，在班级文化建设中融合传统文化，具有非常重要的意义。

以文化人，实现文化的传承与创新。班级是文化成人的基地，班级文化建设对学生的发展非常重要。在班级文化建设中融入优秀传统文化，首先，有利于帮助学生快速地找到对班级发展的认同感。让学生在班级建设中了解文化，传承文化，实现文化的内化。其次，中华传统文化能够为班级文化建设提供更多的教育素材，有利于班级文化的发展，使班级文化建设底蕴更加深厚。另外，优秀传统文化能增强学生的文化自信与民族自豪感，增强集体的凝聚力。

2. 优秀传统文化融入班级文化建设是促进学生生命成长的动力

随着教育的发展，班级特色文化的建设越来越受各类学校的重视，且不再是以前价值取向单一、陈旧的接受式教育方式，而是更为注重班级文化对学生发展潜移默化的影响。近年来在优秀传统文化融入班级建设的过程中，为深化与传承中华民族之魂，各个学校掀起了"国学热"，这股热潮至今有增无减。由于城市学校各种资源丰富、管理制度完善，其在传统文化融入学生生活场的经验无论是在校园建设，还是在班级建设方面，都是比较成熟的，乡村学校的发展却相对薄弱。乡村学校开展的关于传承传统文化的系列活动，呈现出来的几乎是被动接受、被动完成任务的现象。不管是学校德育规划，还是班级发展，它的顶层设计与系统架构都不够完善，也就是说，乡村学校或班级的规划还没有形成系统性、发展阶段性、互动性、动态生成性的特质,这是文化传承不力的表现。因此,乡村班级更应该尝试把优秀传统文化融入班级文化建设中,使其成为促进学生发展的动力。

班级文化是班级发展的灵魂,学生作为班级发展的主体,无时无刻不浸润在班级文化建设当中,深受班级文化的熏陶、鼓舞、同化。教育的过程是生命建构与价值创生的过程,班级是学生发展的生命场,把作为中华民族之魂的传统文化融入班级文化建设,是班级生存和发展的根本,是班级文化建设的重要手段,更是学生生命成长的动力和无形的教育力量。

3. 乡村学校融入优秀传统文化成为班级活动文化建设的切入点

教育是人的教育,其目标是育生命于自觉。作为乡村学校的班主任,应该如何为学生寻找浸润优秀传统文化的机会呢?学生是班级的成员,在班级文化建设中,把传统文化融入班级的各个活动中,是一个有效的办法。这就需要班主任在不断的实践中寻求新的发展,根据班级实际,利用各种教育契机开展一系列的活动,为学生的成长提供平台。学生的成长不是一天、一次活动就能完成的,需要通过多次的、有意义的实践活动,把相关的知识、理念内化为学生自身的发展。中华优秀传统文化则是班级活动文化建设中必不可少的元素,其一直以来都滋润着我们的精神世界。优秀传统文化的价值植入与内化可以依靠班级活动而发生,我们可以结合乡村学校弘扬传统文化的举措,借助班级活动,开发、形成具有班级特色的班本课程。

(二)突破:班级活动引领中华优秀传统文化的发展

1. 传统文化融入校本活动,丰富学校传统德育活动

相对于城市学校传统文化的弘扬,乡村学校也能因地制宜,根据实际来开展相关活动。例如,笔者所在学校除了开展经典诵读的相关活动外,还根据学校实际,开展属于自己学校特色的校本活动课程——重阳节相关活动。但活动的统筹难以照顾到学校的每一个班级,这时班主任可以根据班级实际情况,在校本活动课程中进行延伸拓展,在此基础上开创具有班级特色的班本课程,实现校本活动的突破。例如,在重阳节系列活动开展之前,笔者引导学生组织策划相关的主题班会、知识竞猜等小活动,为接下来的活动热身。在活动的过程中,可由学生自行组织与策划一些小活动,培养学生策划执行能力与沟通交流能力,进而增强班级的凝聚力,体现集体的智慧。表 1 是笔者所带班级对校本活动的延伸。

表1 “重阳恩，鸢满情”活动策划班级拓展

学校：那龙学校	年级：八年级青禾班	人数：35人
日期：	主题：重阳恩，鸢满情	教师：Z老师

一、活动目标

(1)通过活动培养学生的组织表达能力和团队合作精神，促进个性的发展；

(2)通过学生的自主策划、组织，培养其沟通交流与执行能力(班级新增：班级实现目标)；

(3)通过制作风筝、放飞风筝、野炊等，提高学生的动手能力，发扬团结合作的精神；

(4)培养学生孝敬长辈、尊老敬老的品质。

二、活动内容

前期：心怀反哺恩(班级新增：班级活动延伸)

通过主题班会的准备和开展让学生了解重阳节的来历、习俗，感悟重阳恩。

中期：纸鸢满情、心飞扬

(1)放飞风筝比赛；

(2)野炊烧烤活动。

后期：情感升华——重阳恩

(1)开展敬老爱老活动；

(2)妈妈，我想对您说(班级新增：班级活动延伸)。

2. 优秀传统文化融入班本活动课程，开发特色班级文化

班级的主体是学生，一切的行为都是为了学生的发展。班级文化建设要基于学生的发展，贯穿、延伸课堂内外。我们以活动为载体，让学生在活动中行动起来。学生活动的开展，可以实现其综合素养的多维度提升。它直接生成学生的发展，包括知识的积累、能力的发展、个体生命意义的体验与生命境界的提升。有意义的行动是主体力量投入其中的行动。“通过学生的自主行动，学生的期待和努力体现在具体的行动中，已有的认知和能力、情感和意志化在行动中。”[4]例如，在所开展的实践活动中，学生不仅能学到相关的主题知识，还能在活动策划的过程中得到团队协作精神的培养，并使他们的协调互助能力和大局观得到发展。当活动的难度超出他们现有的水平而无法解决的时候，他们也会主动去学习，由此也能锻炼他们自主的学习能力，实现视野的拓宽。

只有经过时间沉淀、得到知识的累积内化，才能形成自己的认知。传统文化进班本课程要形成一系列主题，随着时间的推移形成长程系列活动，实现主

题活动与学生日常生活的充分沟通与交融,达到班级建设的目的。班级系列活动的开展需要持续较长时间,每个阶段的活动都要围绕同一个主题而开展。

例如,笔者以元宵节为主题开展了为期一周的活动。在这一主题中,除了传承传统文化,也注重学生自主策划、组织等能力的培养,在活动后期的反馈评价中注重实现情感、价值观的提升。最令笔者意外的,是学生们几乎都能够独立完成整个活动。表2是笔者所带班级的活动设计思路。

表2 "探索元宵,弘扬中华传统"活动策划

学校:那龙学校	年级:八年级青禾班	人数:35人
日期:	主题:探索元宵,弘扬中华传统	教师:Z老师

一、活动目标

(1)基于学生传统文化缺失,希望唤醒文化自觉,增强对中华优秀传统文化的认同感和自豪感;

(2)通过自主策划、组织活动,培养沟通交流与执行能力;

(3)基于集体发展的目标,增强集体观念和凝聚力,促进班级与个人共同发展。

二、活动依据

(1)当前乡村学生对传统文化认识较模糊,传承意识较为淡薄;

(2)在信息技术发展的当下,学生集体意识缺乏,个人主义盛行;

(3)通过活动增强学生的组织策划能力。

三、活动内容

前期:文化的缺失与唤醒

(1)调查问卷;

(2)"元宵知多少"手抄报活动。

中期:深化感悟传统

(1)元宵节主题班会;

(2)元宵灯笼制作。

后期:升华情感价值

美篇制作:小组总结感悟。

(三)融合:传统文化融入班级学科教学,促进传统文化的有效传承

活动文化是班级建设的软文化,中华优秀传统文化是班级文化建设的重要

元素。弘扬中华传统文化不仅是主题活动，也与学科教学息息相关。

1. 挖掘学科资源，增强优秀传统文化的弘扬力度

教育部在2014年发布的《完善中华优秀传统文化教育指导纲要》要求把中华优秀传统文化教育融入课程和教材体系，其中明确指出，“地理、数学、物理、化学、生物等课程，应结合教学环节渗透中华优秀传统文化相关内容”。[5]所以，学科中的传统文化并不以独立的面貌呈现，而是与学科特有的内涵相结合，渗透在思维方式和实践形式之中。[6]传统文化总是栖息在各学科的内容中，教师在实际教学过程中要把教材中的传统文化联合实际科目导出，让传统文化回归生活，让教材融入生活，增强传统文化的弘扬力度，做到让传统文化落到每一个角落，润物细无声。例如，语文学科是中华传统文化的第一载体，[7]教材中文章的学习、习作、朗诵等，无一不是传统文化传承的有效手段。另外，思想品德教学中的传统美德的案例解析、历史学科中文化的起源探索等，更是中华传统文化传承的有力武器。学科教师可以遵循学科发展基本规律，发挥各自优势，将中华优秀传统文化的教育潜移默化地渗透在学科教学实践之中。班主任更可以教材为蓝本，尝试用更多的手段让传统文化的传承与相关的学科融合，生成相互依托的主题活动，形成多元、直接聚焦、能够提升学生学习能力的专题系列活动。只有学科教学与班级文化建设相互融合，才能把两者的能量发挥到最大。

2. 融合学科实践课程，全方位促进优秀传统文化的传播

班级文化建设融入学科教学，不是各个元素的简单叠加，而是多方的融合。他们不是独立的，而是相互依存、相互促进的。学科知识的实践活动对于学生品质的形成是动态生成的，传统文化融入学科课堂，对于学生教育自觉的形成而言，更是在动态中实现创生的。缺少资源的乡村学校班级可以利用一切资源创造传统文化教育的契机，可以把学科教学与实践课程融合起来并注入传统文化，全方位促进传统文化的传播。例如，笔者利用所任教的生物学科的探究活动“种子的萌发”与二十四节气中惊蛰、春分结合，开展系列的主题活动(见图1)。传统文化融合学科实践活动的过程，不仅有利于学生学习相关的学科知识，也有利于促进传统文化的传承教育，最终达到多维度实现学生幸福成长的目的。

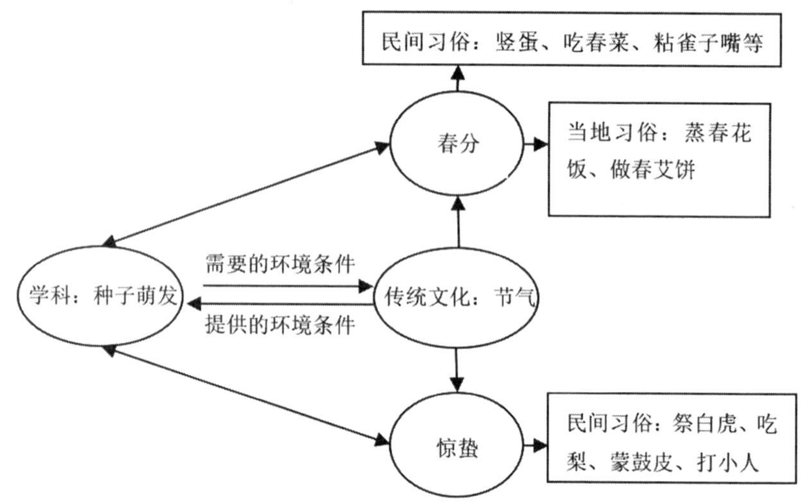

图1 “惊蛰起,春分至,万物生”活动策划

三、总结与反思:以传统文化育生命自觉

传统文化缺失的现象不是一朝一夕就能改变的,它需要一个文化的浸润过程。提升学生的民族文化自信,是外塑至内生的生命化的过程。班级文化建设中植入传统文化并从多方位、以多形式的方式对乡村学生进行传统文化的熏陶,能在中华民族传统文化的学习中凸显教育的内涵与价值,实现乡村学生的生命自觉。

(一) 活动成效:润物无声,成长有形

经过一年多关于传统文化的班级系列活动的开展(重阳节系列、元宵节系列、清明节系列、端午节系列等)和与学科相关的主题学习,学生的传统文化知识丰富了不少,也形成了传统节日的自觉传承意识。在传统节日中,学生会注重节日的仪式感和理解节日所蕴含的文化之魂。例如,在传统节假日里,学生会赠送同伴或老师手工制作的贺卡以及发出节日的祝福。最令笔者欣慰的是,在2018年圣诞节这一天,尽管外面商家如火如荼地进行商品的营销活动,班里依旧如常,孩子们没有像往年一样盲目跟风。另外,通过传统文化的浸润,学生们在传统文化的知识储备方面日益丰厚,增强了他们的文化自信。

(二) 反思与展望:花开荼蘼,硕果在望

通过中华优秀传统文化与班级文化建设的结合,孩子们在活动开展中不但充实了传统文化知识,而且通过传统文化知识的学习,培养了自主策划活动、自

行开展活动，以及沟通交流与团队合作的能力，同时也增强了集体的凝聚力。在过去的一年多里，笔者在摸索与总结中发现，学生的成长不仅体现在集体的发展上，也体现在每个学生个体的发展上。

参考文献

[1] 习近平.中国共产党第十九次全国代表大会报告[EB/OL].(2017-10-18)[2018-03-13]. http://sh.people.com.cn/n2/2018/0313/c134768-31338145.html.

[2][4] 李家成.班级日常生活重建中的学生发展[M].福州：福建教育出版社，2015：184，66.

[3] 张滢，高靓，施剑松，等.传统文化进校园 教育部长指路[EB/OL].[2017-03-04]. http://paper.jyb.cn/zgjyb/html/2017-03/04/content_473322.htm? div=-1.

[5] 教育部.完善中华优秀传统文化教育指导纲要[EB/OL].(2014-03-28)[2018-04-01]. http://www.gov.cn/xinwen/2014-04/01/content_2651086.html.

[6] 王奕敏.中小学学科教学与中华优秀传统文化教育的融合方式[J].上海课程教学研究，2016(11)：74-77.

[7] 温立三.对语文教材加强传统文化教育的思考[J].语文建设，2015(3)：8-10.

依托特色课程，让山区小小班级绽放光芒

李　勇　祝丽芳*

摘　要：基于"给学生打好人生底色"的育人理念，我校结合农村乡土资源，开发特色课程。在班级管理中，关注学生行为，形成以实践活动为基础的特色班级。通过立足班级、延伸家庭、参与社会，促进学生行为养成，提升家庭教育水平，树立学生家乡小主人意识。建设山区实践活动特色班级，使学生在实践中收获技能，养成良好的习惯，体验成功的喜悦，最终形成良好的品质。

关键词：乡土资源　特色课程　实践活动　家校共育

立德树人要坚持德育为先，以人为本，通过正面教育来引导人、感化人、激励人；通过合适的教育来塑造人、改变人、发展人。那么，何为合适的教育？怎样以合适的教育来达成立德树人的教育目标？我校在教育实践中探索了多种途径。例如，在"给学生打好人生底色"的育人理念下，结合本土资源，开发了一系列特色课程：培养爱国精神，以红色传统教育为主的"平西抗战史讲解"课程；培养环保意识，以劳动和实践能力为主的"四季小农庄"课程；以"健康第一"为理念，以培养篮球技能，体验成功为主的"跃动篮球"课程。这三门课程的实施，取得了良好的教育效果，对引领学生全面发展有一定帮助。

我校结合育人理念，将班主任管理工作与学校的乡土特色课程相融合，关注学生行为，开展了丰富的实践活动，建设了以实践活动为基础的山区特色班级。

一、立足乡村班级，特色课程实践是起点

（一）转变传统教育观念，以特色课程实践促进学生发展

过去的教育教学活动多以教师说教为主，学生没有切身的感受或体验，思

* 李勇，北京市房山区十渡中心小学副校长；祝丽芳，北京市房山区十渡中心小学教师，班主任。

想认识和行为不统一，教育效果不明显。而学生才是受教育的主体，只有学生将知识内化，才能形成自觉行为，才是有效的教育。把知识或规则内化于心，外化于行，最佳的途径就是实践。实践，是培养学生能力的主要途径。[1]我校的特色课程十分注重学生的实践。例如，“平西抗战史讲解”课程在学生对家乡红色资源和革命历史有初步了解的基础上搭建讲解实践平台，培养具有服务意识的讲解员队伍；“四季小农庄”课程引导学生在种植过程中进行劳动实践；“跃动篮球”课程使学生在运动中掌握体育技能，强身健体。课程育人目标要在实践中去实现，要激发学生兴趣，促进学生自主参与，将品行教育融于实践过程中。

（二）学生日常行为教育与特色课程相结合

课程的育人目标与德育工作的目标是一致的，而在班级管理工作中也要将课程育人与德育相融合。资源整合，才能取得良好的效果，学生才会受益。我们依托特色课程育人目标，结合“班级日程表”“班干部日程表”及学生日常行为规范等，引导学生做好每一件小事，让学生每一天都能在实践中有收获。

值日生每天负责班级卫生，是革命精神中为集体服务的体现。讲解中尽心尽力，就是为他人服务意识的实践。还有种植劳动中体现的勤于动手意识，篮球运动中体现的分工合作、团队意识，每天的跑操活动体现的坚持不懈的精神……这些日常生活中的一件件小事，体现的是同样的道理，做好了可以促进学生良好行为习惯的养成。课程与日常行为相结合，就是引导学生做好每一件小事。

（三）主题活动与特色课程相结合

我校在重要节日时会开展主题活动，通过主题活动对学生进行品德方面的教育。我们将主题活动与乡土特色课程教学相结合，引导学生在实践体验中接受教育。

例如，教师节来临之际，学校组织学生为教师制作贺卡，而班级也组织了“收花生”的活动。经过刨、摘、洗、装，一盆盆花生呈现在每个人面前。学生们在这个过程中体验到了劳动的艰辛和收获的快乐，同时他们还把收获的花生附上贺卡，作为教师节礼物送给了每一位老师（见图1、图2）。活动中，师生共同品尝，享受了绿色美食；学生用实际行动，将劳动成果回报给老师，学会了感恩；老师也看到了学生的真诚，收到了美好祝福，深受感动。

图 1　学生收获花生

图 2　学生将花生作为教师节礼物赠送给老师

在每年的清明节扫墓活动中，学生不仅在活动的仪式中、参观中受到教育，也在讲解实践中受到教育。学生讲解员为其他学生讲解，用语言讲出自己对革命精神的理解，用行动传承革命精神。这样的活动还有很多很多。主题活动与特色课程教学相结合，内容和形式更加丰富，课程效果与育人效果也都能得到提升。

二、联合乡村家庭，家校共育是重点

我校是农村寄宿制学校，近 80% 的学生住校。在学校，学生的品德、行为习惯表现良好，但回到家里，由于多数家长从事旅游接待，无暇照管孩子，很多学生由老人照顾，行为懒散松懈。学生在校五天接受的教育，一到家就全抛之脑后，教育效果化为乌有。学生在校与在家行为不一致，导致了“5+2<7”的情况。教育的目的是要培养一个无论在哪里，无论从事什么，都真正具有良好品质、知行合一的人，不能因为学校是教育园地，所以在学校才做得好。因此，提高家庭教育质量，使家庭教育与学校教育相匹配，是亟待解决的问题。我们依托特色课程，家校共育，开展了一系列延伸实践活动。

(一) 家庭中传承革命精神

十渡是革命老区，十渡人民向来有“燕赵多慷慨悲歌”之遗风。战争年代，老一辈无产阶级革命家和十渡儿女，用鲜血和生命谱写出一首首惊天地泣鬼神的英雄史诗。如今平西抗日烈士陵园、抗日模范村——马安村、老帽山等地方都是典型的红色教育基地。“平西抗战史讲解”课程不仅仅是“讲解”故事，更是用“讲解”来传承革命精神，让学生勇担重任，继往开来。

我们开展“追寻家乡英雄的足迹”活动，让学生与家长一起参观红色教育基地，听家长或前辈讲过去革命英雄的故事，学生根据所见所闻进行整理，制作手抄报。这个过程中，家长和学生进一步了解了家乡红色资源，从中受到教育；学生收集、整理资料与合作交流能力也得到了提高。

红色教育让学生体会到今天的幸福生活来之不易，要懂得珍惜，而革命精神的传承更要体现在身边的小事中。家庭是学生生活的主要场所，从身边的一点一滴做起，才能使家庭生活越来越美好。比如，家长与学生一起制定《勤俭公约》《节能公约》《消费公约》，家长利用《学生成长记录册》记录学生的行为表现，老师带领全班同学一起评选出“勤俭家庭”“节能家庭”“勤俭节约之星”“节能小卫士”等，予以表彰。通过开展家庭活动，学生养成了很多好的习惯，同时，学生也传承了可贵的革命精神，更懂得珍惜今天的幸福生活。

（二）家庭中培养劳动品质

在“四季小农庄”课程中，学生通过参与小农庄作物的耕种、照料、收获等过程，学会各种技能，获得生活体验。虽然本地区多数家庭有菜地，但经过调查发现，学生很少参与种植，大多被父母当作“小公主”“小皇帝”一样宠爱。劳动是学生的生活本领，不应只是在学校才有实践，在家庭中更应有实践。所以，校园的种植实践拓展到家庭的种植实践，会更好地引导学生做好农庄的小主人，做好家乡的小主人，为学生的未来人生打下基础。

1. 开展“家庭种植”活动

依托学校“四季小农庄”课程，家里也可以开展“家庭种植”活动，学生可以与家长一起参与种植，或者学生开辟属于自己的菜地自主种植。在老师和家长的指导下，由学生根据时令种下不同的蔬菜，记录蔬菜的生长情况，按时管理和收获；家长和学生也可以随时写下感受。

在参与劳动的过程中，学生收获了技能。有位学生在体会中写道：“除草看上去是一件很简单的事情，就是把草拔下来就行了，但事实并不是这样的。首先要辨认什么是草，然后思考怎样才能连根拔起，怎样才能选择合适的工具，怎样才能保护好自己。这些都是需要考虑的问题，这就是拔草的学问。”

学生在实践中悟出了道理。他们最深的体会是，之前从来没有想过粮食和菜是怎么来的；经历了耕种的体验之后，他们终于知道农民种地的辛苦。他们懂得了“锄禾日当午，汗滴禾下土”的真正含义，意识到了浪费可耻。当他们分享收获的果实时，他们领悟到只有勤于耕耘，才会有收获，只有劳动，才能创造美好生活。他们懂得不仅耕种如此，任何事情都是如此。比如，他们想到爸爸妈妈上班的辛苦，便更加理解家长，誓要努力学习来回报父母；他们想到老师每日默默地付出,便更加懂得感恩和用自己的进步来回报老师;他们想到自己总想偷懒、不劳而获,便不由自主地感到深深的羞愧与自责。这就是劳动教育带给学生成长的力量。

学生们在实践中磨炼了意志。想要做好农庄的小主人并不是那么容易,总会遇到这样那样的困难:劳作时可能会遇到昆虫,弄伤自己的皮肤;顶着日晒,流着汗水,好不容易得来的劳动成果有时可能会遇到自然灾害。在这些困难面前,学生们没有退缩,而是克服困难,勇往直前。他们还学会观察,主动学习。令家长和学生印象最深的是,烈日下,微风中一股股猪粪味熏得人简直要窒息,而庄稼的生长离不开肥料——虽然难闻,可当它融为庄稼的养分时,给我们带来的却是生机和美味,明白了这一点,学生们拿起工具,一点儿一点儿地给土里加粪,汗水像雨滴一样不停地流淌,脚底粘着猪粪,还弄到了鞋子和衣服上。任务完成后,家长与孩子们互相对视,哈哈大笑,仿佛在说,这臭味我们已经不怕了,因为我们有战胜困难的精神……

经历了农庄中的种种艰苦考验,再遇到学习和生活上的小困难也就无所畏惧了,学生们更有勇气面对未来,承担责任了。因为劳动磨炼了人的意志,使人变得更强大了。

2. 开展"今天我当家"活动

周末很多家长在景区上班,白天他们不能陪伴孩子,只能在晚上见到孩子。我们从劳动入手,开展"今天我当家"活动。家长不在家,学生是小主人,该怎样度过这样的一天呢?指导学生了解在家哪些危险的事情不能做,再回想家长在家时通常做什么,比如,打扫卫生,做饭,收拾院子……列举出学生可以做的事情。引导学生体会家长辛苦,作为当家小主人,也要把自己的家照顾好。有位家长反馈道:"我的孩子以前写完作业很贪玩,由于是男孩子,我也很理解。现在周末我上一天的班,晚上回到家里时,我的孩子不仅作业写完了,还帮我扫了地,擦了家具,倒上了一杯热水。他不会做饭,但帮我把菜洗干净了。我太高兴了,感谢老师的教育。"

"今天我当家"活动把学生做的事情列在了表格上,定期在班级展览,学生受到表扬更加高兴。家长的感受也很深刻。这样的活动,收获了非常好的效果,解决了大人不在身边时,孩子的懒惰问题,培养了孩子勤劳的习惯,树立了自觉意识,孩子真正成了家里的小主人。

3. 家庭共同参与锻炼

"悦动篮球"课程是基于本校学生和老师对篮球的兴趣,基于当地人对体育的热爱而开发和实施的。体育可以强身健体,更可以增进亲子交流,学校每年的

“投篮王”和“亲情运动会”活动，都受到家长的好评。但是我们发现，学生在周末或假期是缺少运动的，所以为了让“悦动篮球”课程的理念在家庭中得到延伸，让学生的锻炼得以坚持，我们开展了“我和家长一起锻炼”的活动。首先，制订一个周期的锻炼计划，擅长篮球的家长可以选择篮球亲子运动，其他家长可以选择感兴趣的亲子运动。根据计划，家长陪伴孩子一起锻炼，每次填写锻炼情况。通过锻炼，家长对孩子有了进一步的了解和更多的陪伴，孩子们也在运动过程中磨炼了意志，培养了坚持不懈、吃苦耐劳的精神，同时学生也学到了体育技能，心态变得更加乐观阳光。

依托特色课程，在开展家庭实践活动的过程中，增进了家校的了解，提高了家庭教育水平，促进了学生在家在校行为一致的形成，有效地改变了“5＋2＜7”的状况，学生的思想认识得到了提高，实践能力也得到了提升。

三、参与乡村社会，班级特色实践是亮点

十渡地区有秀丽的风景和淳朴的民俗风情，丰富的乡土资源为学校特色课程的开发提供了保障，为育人提供了广阔的平台。党的新农村建设政策使十渡的生活发生了翻天覆地的变化，但十渡的未来还需要新一代少年儿童去建设。他们要勇于肩负起重任，开创家乡的美好未来。因此，建设以实践活动为主的特色班级，不仅要立足于课堂实践、日常实践、活动实践，重视家庭实践，还要引导学生走向社会，在社会中实践，体验生活，了解家乡环境，树立小主人意识，为建设家乡打好基础。

（一）通过景区服务活动，传承革命精神

由于十渡是著名的京郊旅游区，街头餐馆旅店林立，旅游旺季有大量的游客来这里度假、消费，浪费现象时有发生，如剩饭剩菜，大手大脚花钱，不了解情况买一些没有用的物品等。另外，学生家长大部分靠旅游产业为生，有的自家经营店铺；有的在店铺打工；有的在景区工作。我们选择自家经营店铺的家庭，利用学生的力量开展勤俭节约宣传活动。由学生亲手制作标语牌，编写宣传语，如“请坚持‘光盘行动’”“可口饭菜，适量即可，减少剩余”等，贴在餐馆的墙上，提示游客们不要浪费粮食。学生们在旅店也有宣传，提示游客节约用水，节约用电，节约使用物品等。这样的做法，展示了旅游区少年儿童从小就有的勤俭节约美德，也得到了游客的赞赏。

在一些实践活动中，常有同学退缩、偷懒的情况，如扫墓活动，步行往返，有的同学假装生病，想坐车往返。我们结合景区资源，开展实践活动，培养学生坚

持不懈的毅力。在景区长期开展了“志愿者”服务活动，在老师和家长的指导下，学生分小队到景区进行“指路服务”“旅游咨询服务”“生态环保服务”，每个活动日都有小队到岗，认真履行服务职责。当服务过程中遇到一些小困难时，小组合作都能想办法解决，最后我们评出“全勤小队奖”“最佳服务奖”“最有毅力奖”等。这项活动的开展，培养了学生坚持不懈、克服困难、善始善终的品质，还增强了学生的小主人意识。学生在课堂学习过程中遇到困难的时候，也不会再轻易放弃了。这种以实践活动培养品质，传承革命精神的方式，取得了非常好的效果。

（二）走进景区和基地，学习劳动技能

培养学生的劳动意识，仅靠学校和家庭的教育还是远远不够的，引导学生去体会社会劳动的艰辛，才能更好地激发他们的动力，才能懂得生活是要靠劳动创造的道理。

我们结合旅游资源，带领学生走进景区，体验爸爸妈妈或者叔叔阿姨的劳动过程，了解他们是怎样在自己的岗位上劳动的。活动分为三方面内容：一是帮助工作人员搬运货物，如果游客购买了某种特产，学生可跟随工作人员帮忙搬运，并做好热心服务；二是帮助工作人员卖一些小商品，体验他们每天要说好多话，还要长时间站立的辛苦，并学习怎样算账，提高自己的计算能力；三是做接待员，跟随工作人员学习怎样接待游客，怎样把游客带到指定景区，体验太阳晒和徒步走的艰辛。这三方面活动的开展，丰富了学生的劳动体验，使学生在思想上深刻地认识到了只有劳动才能创造生活的道理。

新农村的建设不仅体现在旅游的发展上，一些种植和养殖基地形成规模，也打响了家乡特产的名牌。我们利用家乡的果园基地和养鱼基地，为学生提供了广阔的实践平台，开阔了他们的视野，帮助他们学习多方面技能。在学生学习蔬菜种植之后，我们又在不同的时节组织学生前往果园基地参观学习。在葡萄、苹果、樱桃结果的阶段，让村民给学生们讲解果树的生长习性、生长环境、哪些人为措施有助于果实的成长等，学生们非常感兴趣，希望能够动手参与，收获果实。在果实的成熟阶段，再次组织学生去参观，让他们感受经过几个月的劳动后终于收获丰硕果实的快乐。学生和村民们一起采摘，摆放整齐，装成箱，等待出售。通过这些活动，学生们明白了，只有付出艰辛，最后才能有所收获，美好的生活需要劳动的付出，来之不易。此外，我们还组织学生还到养鱼基地进行了参观，向村民学习了养鱼的注意事项和技巧，感受到了劳动不仅是劳力的付出，还需要科学知识，同时学生也意识到，只有努力学习，才能创造出高效的劳动，才能有更多的收获。

（三）走进大自然，强身健体与丰富生活

家庭的实践活动除了立足于家庭这个场所，也包括家长带孩子去亲近自然，开阔眼界。学校的后面环绕着几座大山，山脚下有一圈柏油路，几乎没有车辆通行，有的家庭就在这里坚持长跑运动。亲子陪伴，互相帮助，互相鼓励，能激发学生锻炼身体，磨炼意志的勇气。山里的孩子对野外活动尤其感兴趣，家门口的山，总是令学生们充满探索的欲望。有的家长经常带孩子爬山，探寻大自然中的奥秘，体验登山的乐趣，享受快乐的生活。

一方面，我们关注学生行为，依托乡土资源和特色课程，开展丰富的实践活动，建设山区实践活动特色班级，另一方面，学生也在实践中收获了技能，养成了良好的习惯，体验了成功的喜悦，形成了良好的品质。在今后的特色班级建设中，我校还将不断探索，挖掘并整合教育资源，为学生的成长搭建更广阔的平台。

参考文献

[1] 教育部.教育部关于印发《基础教育课程改革纲要（试行）》的通知[EB/OL].(2001－06－08)[2018－12－10].http://old.moe.gov.cn/publicfiles/business/htmlfiles/moe/moe_309/200412/4672.html.

童眼看清明
——链式节日活动增强传统节日文化感

许　敏*

摘　要：如何引领学生走进传统节日，开展节日活动，增强传统节日的体验感和文化感？笔者以清明节为例，开展了一系列活动：课前深入探寻，将未知外显于形；由课堂向课外漫溯，将知行内化于心；课余躬行践履，将知行合二为一。通过实践研究发现，只有敢于尝试并不断实践的人，才能看到“南山”美丽的风景。

关键词：清明节　习俗活动　中小学生德育　中华传统节日

近年来，每到重大节日，朋友间互祝节日快乐已成为一种习惯。作为中国四大传统节日之一的清明节，在人们心中已是一个扫墓祭奠、寄托哀思的严肃日子。清明节真的只是个悲伤的日子吗？笔者通过文献研究发现：清明节作为春季最重要的节日，它既将寒食节、上巳节等节日糅合在一起，又贴合春天阳气上升、阴气下沉、万物复苏、生机勃勃的节气特征，其主题内容十分丰富，是一个有意义的节日。由此看来，清明节的习俗真值得人们加以深入研究。

一、问题初探：拨云寻古道，倚树听流泉

2010年，时任中国民间文艺家协会主席冯骥才在“我们的节日——第三届中国清明（寒食）文化论坛”上指出：“缺乏清明文化内涵认识，民俗多消亡。”[1]为了促使全民对清明节日的认同，需从下一代抓起。节日文化习俗应该更多地与地域文化特点相结合，使之切实浸润孩子们的心灵。

《中小学德育工作指南》倡导学校“开展节日纪念日活动。利用春节、元宵、清明、端午、中秋、重阳等中华传统节日以及二十四节气，开展介绍节日历史渊源、精神内涵、文化习俗等校园文化活动，增强传统节日的体验感和文化感”。[2]

---

*　许敏，浙江省海宁市狮岭学校一级教师，研究方向为网络化家校互动策略。

例如，浙教版《品德与社会》六年级上册第二单元《民风、民俗知多少》一课，要求学生查找清明节从古至今的一些风俗，通过身边的一些习俗辨析优劣。再如，人教版《语文》六年级下册第二单元“中华的民风民俗”这一单元，要求学生学习了解各地的民风民俗，在此基础上，仿照课文写法，介绍当地民风民俗，如在清明节前后祭祖扫墓等。

回顾我们班级的清明节传统文化教育，主要存在以下问题。

(一) 传统文化意识淡薄

笔者虽已步入不惑之年，但对传统节日的很多民风民俗不甚了解，尤其对祭奠亡故亲人的清明节习俗不甚清晰。笔者特意做了一次调查，发现周围的同事、朋友，甚至长辈对清明节习俗也不了解，对其中的死亡教育更是讳莫如深。调查还发现：大部分学生对清明节习俗的认识仅是放假和扫墓。由此看来，学生对清明习俗的了解更是模糊。

(二) 家乡习俗弱化

我校地处城郊接合部，区域特点决定了我班生源中有56%的学生来自全国各地，很多学生自小离开家乡跟着父母来到海宁打工，对于家乡“清明节”这一传统习俗的认识有弱化趋势。作为中华民族传统习俗的一部分，如何引领这部分学生了解家乡的民风民俗，认识中华文化的丰厚博大，传承家乡和海宁本地传统的节日习俗，是值得师生深思并付诸实践的课题。

(三) 西方文化影响

受西方文化影响，很多学生热衷于圣诞节、愚人节等西方节日活动，对传统节日文化——尤其是祭奠亡故亲人的清明节文化认识模糊。引领学生转变观念，了解并亲自体验传统节日文化的魅力，使之切实浸润学生的心灵，值得笔者和学生一起研究。

二、实践过程：采菊东篱下，悠然见南山

基于我班学生的传统文化意识淡薄，对祭奠亡故亲人的清明节习俗不甚清楚，并有弱化趋势，笔者在2017年3月初开始，和学生开展了以“童眼看清明”为主题的一系列链式教育活动(见图1)：“走近清明——了解清明节的由来”“品味清明——学习清明节的诗词谚语”“行走教育——踏青”“放飞心情——做风筝、放风筝”“播种希望——‘种瓜点豆’”“舌尖上的清明——清明节的美食及养生”“心灵的震撼——清明节活动之祭英烈”“佳节倍思亲——清明节活动之祭祖”“追根溯源——寻找蚕花娘娘”“不忘初心——参观南湖革命纪念馆”“走进清

明——清明节活动总结交流”。通过活动,力求把教育活动与生活体验相结合,同时努力探索更多的家乡民风民俗文化,让学生在参与和合作中体验清明节的魅力,在学生心灵深处夯筑起民族文化殿堂。同时,引导学生感恩追远,走进先辈们敢为人先的奋斗历史,感恩生活的馈赠,珍惜来之不易的生活。引领学生一路走来,在“采菊”的同时,也隐隐看到了美丽的“南山”风景。

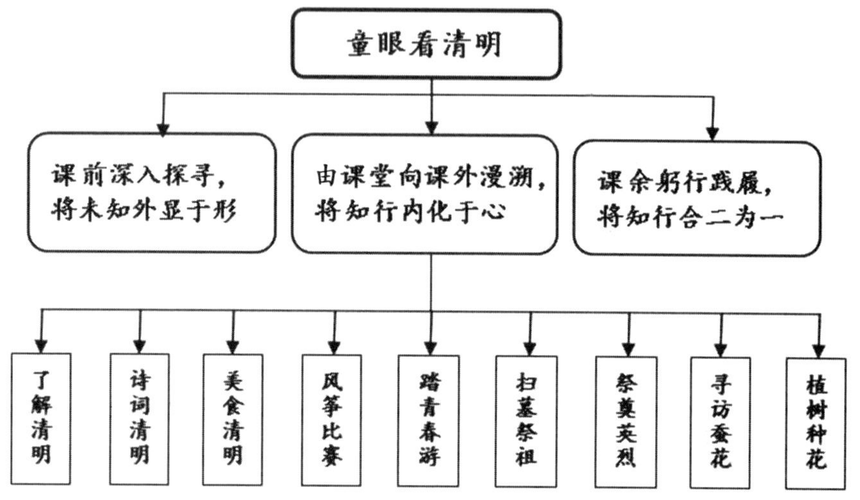

图1 “童眼看清明”系列活动

(一)课前深入探寻,将未知外显于形

“你知道今年的清明节是哪一天吗?”“你知道介子推的故事吗?”“清明节期间可以说‘清明节快乐’吗?”“你知道扫墓的程序吗?”“你知道祭祖时的仪式吗?”“你了解家乡清明节的习俗有哪些吗?”……调查结果(见图2)表明,这些问题看似普通,实则为大多数市民所不知,学生更是一无所知。因此,通过课前调查,作为中国四大传统节日的清明节,走进了我们班的德育课,走进了学生的心田。

(二)由课堂向课外漫溯,将知行内化于心

1. 追根溯源,不忘初心

为了更好地了解清明节的由来,在课前调查的基础上,学生们做了“走近清明”的主题交流汇报。笔者在学生交流中发现,清明节到底是哪一天,为什么没有固定的日子,这个问题让大多数学生迷惑不解。于是,笔者作了补充引领。

教学片段一:清明节的由来

师:为什么大家总说不清每年清明节具体的日子?这里不得不提到一个节气——注意,是“节气”,二十四节气之一,而非“节日”。那么,大家知道的二十四

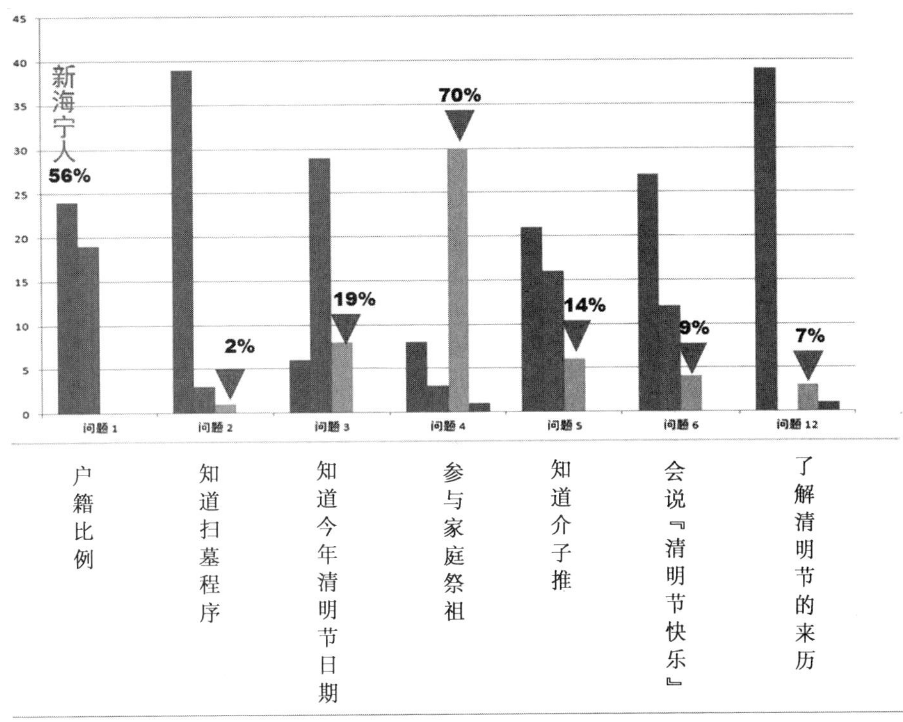

图 2 “童眼看清明”部分调查结果汇总

节气都有哪些？

生：（自由发言）

师：二十四节气，一首诗歌可以全面囊括：春雨惊春清谷天，夏满芒夏暑相连，秋处露秋寒霜降，冬雪雪冬小大寒（师配以图表）。大家可以看到，“清明”是其中的一个节气。最初，它只是一个节气，并没有特别的习俗意味，什么时候它开始转变为一个大家熟知的烧香祭祖扫墓的节日了呢？

生：（自由发言，教师选取知识面广的学生追问清明节的由来）

师补充播放视频链接：《介子推的故事》。

民风民俗题材不同于其他题材能在第一时间被学生认知理解，在“清明节到底是哪一天”的争议中，学生的注意力一下子被聚集起来。教师同时配以《二十四节气歌》和图表，让学生有了最初印象——清明节是个节气，所以不是固定的日子。再将视频《介子推的故事》以先声夺人之势快速融入主题教学，达到了立竿见影的效果。

2. 直面碑墓,泣血锥心

清明习俗中最重要的是祭祖扫墓,这一习俗无法在课堂上集中教学,仪式过程中还不宜视频、拍照记录,只能让学生因地制宜,回家各自完成。清明前夕,笔者就祭祖扫墓的程序和注意事项预先做了指导,让学生们在清明节期间参与其中并写下感受,节后交流。

教学片段二:移风易俗大家谈

师:唐代杜牧的名句"清明时节雨纷纷,路上行人欲断魂"十分真切地反映了当时清明扫墓的情景和氛围。刚刚过去的清明节,大家都参与了扫墓祭祖。让我们一起走进崔同学的清明节习作,并请回顾一下:"你们的祭扫做法、流程、感受和她一样吗?"PPT 出示崔同学的《清明时节祭外婆》。

"……一路上心情沉重,我和妈妈谁也没说话,来到了外婆的墓前。妈妈从篮中拿出许多菜和一瓶黄酒,黄酒倒在一个小碗中,妈妈让我把花束插上去,点燃了蜡烛。其间,妈妈一直在默默念叨,我想妈妈肯定是想念外婆了吧!在我很小的时候,外婆就去世了,几岁?我也记不清了,此刻也不便多问,所以我现在对外婆的印象也慢慢变得模糊了……妈妈突然起身,我问妈妈:'怎么了?'妈妈说:'去把毛巾打打湿,擦一下墓碑。'我点点头,默默地站在一旁。我希望外婆能吃得好,在另一个世界也能幸福,能保佑我学习进步,保佑我们全家平平安安……最后,妈妈把黄酒倒在外婆的墓前,把纸钱烧了,默默地离开了。

又是一年清明,亲人们无尽的悲伤和思念都化在这蒙蒙的细雨中,落向大地撒给去世的亲人们,不知去世的亲人们能否收到。来年的清明,我们再续这份亲缘。"

小组讨论各家祭扫仪式,全班交流感受。

师(小结):十里不同风,百里不同俗。虽然传承下来的风俗细节各不相同,但总体上大同小异。人们在祭扫活动中还应注意些什么或有需要改进的吗?

学生再次讨论,全班交流后得出结论:祭扫要注意防火,做到文明祭扫。

本次活动的一个教学目标是了解、体验家乡的清明节祭扫风俗,形成文明祭扫的意识。学生们原先在参与祭扫的过程中已经有了初步的认知体验,知道家人祭祀祖先的基本流程和方法。随着课程的推进,与同学的交流与辨析,老师的引领和小结,学生对亡故亲人的感恩和怀念,对先辈们的感激与尊重之情油然而生。带着深深的感动和感激,课堂洋溢着别样的温情。"情"突破了,"行"也水到渠成。在学校组织的"祭英烈"活动中,我们班无疑是最有实效的。

3. 磁场变异,深度体验

(1)时空变异。如果按照浙教版品德教材六年级上册的内容安排来教学,学生是无法在秋冬季节里体验清明节习俗的。而六年级下册的语文教材中安排了

“中华的民风民俗”这一单元,将两者整合之后,结合时令,我们因地制宜地开展了“童眼看清明”活动。随着一系列活动的有序开展,我们的课堂已经延伸到操场、劳技室、农家小院、革命烈士陵园、南湖革命纪念馆,还有祖先的碑墓前。学生在跨越时空的场域下,不仅深入研究和践行了清明节的习俗,拓宽了课堂教学领域,还丰富了生活(见图 3)。

图 3　民俗体验——做风筝

(2)主次变异。朱永新说:“德育和智育不同,假如我们反对在知识的传授中实行单向传递,那么德育更是不能实行单项灌输的。”[3]“童眼看清明”不再是教师的一言堂,学生成了真正的主人和探究者。学生分组活动,能做的事自己做,能发现的事自己发现,不能完成的问题组内合作完成,组内有困难的通过网络或向老师求助解决……从查阅中国清明网到洗耳恭听祖辈谆谆教导,从设计活动方案到交流活动总结,从做小白花到种瓜点豆,从放风筝到分享芽麦圆子,从肃然起敬向烈士三鞠躬到欢呼雀跃奔跑在樱花树下……真正达到了陶行知先生提出的“知行合一”的境界。

(三)课余躬行践履,将知行合二为一

我们力求把教学活动与生活经验相结合,同时又努力探索更多的家乡民风民俗文化。[4]作为“丝绸之府”,海宁还有“蚕花节”等习俗活动。作为革命圣地,嘉兴也是感恩怀义的好地方。5 月,在“童眼看清明”系列活动结束后,很多学生在家长的支持下走进海宁云龙村,参加了蚕俗文化旅游节活动,感受了蚕俗非遗文化。有的学生还推广了海宁的清明美食——芽麦圆子。7月,学校组织部分学生瞻仰了红船,参观了南湖革命纪念馆。作为活动延伸,我们的活动与地域文化特点相结合,在学生心灵深处夯筑起民族文化殿堂,同时引导学生感恩追远,走进先辈的奋斗历史,感恩生活的馈赠,珍惜来之不易的生活。

如果现在再对学生们做一次调查:你知道清明节的民俗活动吗?回答是肯定的。清明节的主题内容非常丰富,体验清明节的民风民俗过程就像一段旅行,终点的美好和沿途的艰辛对比鲜明,只有敢于尝试并不断实践的人,才能看到"南山"美丽的风景。让我们在快节奏的教学行走中适当地"停顿",放慢脚步,回头望望传统节日的民风民俗,找寻错失的美景,让传统节日文化走进学生的童年,让学生的童年变得更加有意义。

参考文献

[1] 冯骥才.缺乏清明文化内涵认识,民俗多消亡[EB/OL].(2010-04-05)[2018-10-15]http://www.chinanews.com/cul/news/2010/04-05/2207976.shtml.

[2] 教育部.教育部关于印发《中小学德育工作指南》的通知.[EB/OL].(2017-08-22)[2018-10-15].http://www.moe.edu.cn/srcsite/A06/s3325/201709/t20170904_313128.html.

[3] 杨翠玉.小学品德课堂教学的"草根研究"[M].宁波:宁波出版社,2013:227.

[4] 顾瑾玉,等.直击新课程学科教学疑难:品德与生活(社会)[M].北京:教育科学出版社,2014:144-154.

乡村学生的发展

农村留守女童:她们的日常生活与教育支持
——以草山小学五(2)班为中心的考察

戚务念　刘　莉　王欣欣*

摘　要: 农村留守儿童拥有“不平等的童年”,留守女童可能处于更加不利的境地。本文依据一所农村寄宿制学校草山小学五(2)班的田野资料,在描述农村留守女童的日常生活、学习、情感中,考察其社会地位、生成原因,并试图探索关爱策略。当前,农村留守女童处于整个社会分层与性别分化交互作用的漩涡中心,其成长和关爱需要社会各方更多的合力支持。

关键词: 农村留守女童　日常生活　社会地位　教育支持

一、研究背景

笔者在 2018 年 9 月 18 日 14:32,以“留守儿童”为主题在中国知网找到 21 805条结果,以“留守女童”为主题找到 340 条结果(因检索的模糊性,其实仍有几篇以“留守儿童”为主题的文献混杂于其中)。同时,笔者进行百度搜索,以“留守儿童”为关键词,显示“百度为您找到相关结果约 13 800 000 个”,以“留守女童”为关键词,则显示“百度为您找到相关结果约 86 个”。两类数据严重不成比例。可见,学界与媒体对于留守儿童这一问题高度关注但又普遍忽视了性别视角,将男女留守儿童看作一个同质的无性别差异的整体。不可否认,农村留守儿童属于弱势群体。然而,在这一群体中,留守女童却处于更加不利的境地。中国农村留守女童作为一个更加特殊的群体,始终没有得到足够重视。以宏观调查数据为例。2013 年全国妇联发布的《我国农村留守儿童、城乡流动儿童状况研究报告》[1]显示,中国农村留守儿童(0～17 岁)数量达到 6 102.55 万人,其中留守男童占 54.08%,女童占 45.92%,性别比为 117.77(以女童为 100,下同)。就总体性

---

* 戚务念,男,社会学博士,江西省教育科学研究所研究员;刘莉,女,江西省妇联干部学校、江西省女子中等专业学校高级讲师;王欣欣,女,南昌大学教育学院硕士研究生。

别比而言,农村留守儿童(117.77)与农村非留守儿童(117.25)、城乡流动儿童(116.39)比较,差别不大,但分年龄段性别结果存在差异。在学龄前和义务教育阶段,家长往往将女孩留在家乡,选择带男孩进城接受更好的教育,享受更好的生活条件。而在大龄儿童中,情况却相反。家长会让完成义务教育的女孩尽早进城打工,以补贴家庭收入,而男孩则可以继续接受教育。从2014年《中国流动儿童数据报告——2014》中可知:2012年全国小学阶段和初中阶段在校生平均性别比分别为116和112,但是学龄阶段流动儿童性别比分别高达152和149。[2]

再检视300余篇以"留守女童"为主题的学术文献,又多以性安全(性侵害)与性教育[3]以及受教育权[4]等为主题。这一文献特征警醒我们:性别平等或社会地位,对于留守女童来说是个刻不容缓的现实问题。谁能守护这个时代的2 800万农村留守女童?从可能态势看,当前农村留守女童处于整个社会分层与性别分化交互作用的漩涡中心。留守女童的风险也是社会的风险。"今天的女童,明天的母亲"。留守女童今天的生存与发展状况、性别平等的实现状态,事关中国妇女事业的发展,不仅影响今天农村家庭的和谐与农村社会的秩序,还必将影响着中国下一代国民的素质和未来社会的发展。诚然,已有的对农村留守女童的研究和关注有助于世人对这一群体的认知,但要深入地了解留守女童,仅停留在调查报告或对策研究层面是不够的,且易流于浅表。如果要真正提供更切实、有针对性的关怀和帮助,就必须掌握农村留守女童真实的日常生存与生活状况,而不是止于极端事例与个案,这样才能更好地掌握农村留守女童的真实情况,从而有效地出台关爱政策或措施,进而实现性别平等的诉求。

二、田野点概况与资料获得

(一)田野点概况

1. 徐坊概况

徐坊系赣西名镇,下辖36个村委会,人口规模达八万多,因其亚热带湿润气候,以及土地肥沃,成为农业大镇和蔬菜基地。因农业基础好,改革开放之初,该镇外出务工者寡。20世纪90年代,因周边乡镇的村民外出务工取得不错收入,徐坊农民始效仿外出务工,世纪之交终成热潮。如今,当地的农田虽不似别地处处抛荒,但劳作队伍中鲜见45岁以下者。

土地的多寡决定了农户家庭的经济状况。从N村一位年逾七旬的会计处了解到,N村人均田地较多,有80户人家,321人,只要上了户口,就能分一亩五分五厘地(含水田和旱地)。靠种田的话,人均年收入有两千多元。

我儿子出去打工了，他们家的田由我来种，我和孩子的奶奶一年要种18亩田。种些水稻和棉花。田太多了，全靠我们俩做不动，所以每年插秧、打田和收割的时候都会请人来做。除了这些成本，这里地形高，要抽水，还要花不少电费。

去年(2015年)连日下雨，水稻没干，卖不出去。棉花也降价了，今年才2.7(元)一斤，往年最高能卖到6元钱(一斤)，我就没有卖。以往每年有一万多元的收入。我和孩子奶奶照顾3个孩子，负担得起，不需要他们拿钱回来。

像N村这样人均田地较多的村庄，务农除了可以解决家庭温饱外，还能够负担得起家庭的日常开销，因此不需要依赖外出子女的务工收入。C村则没有那么幸运了，每个人就只能分到几分田地。C村一位留守老人整个大家庭10口人只有一亩多田，所种粮食和蔬菜只够自家食用并无结余，甚至还需偶尔兼做小工。因此两个外出务工儿子的收入成为家庭收入的重要来源。

不打工在家里吃什么？孩子的爷爷身体不好，做不得事，每天就我出去种田，他在家里带4个孙子孙女。一亩多田的作物只够自己吃。有时候做小工，前段时间橘子成熟了，山上的橘子园就招小工，一天50元钱，还包中午一顿饭，就是累。

儿子在外打工赚不到什么钱。一个月就两千多元，不包吃住。但是孙子孙女的学费，还有这建房欠的十几万元，都要靠他们打工还上。……我有时候给孙子孙女买东西都要找邻居借钱。

根据走访当地留守家庭的情况得知，除了身体健康状况不好或处于特殊时期(如女性哺乳期)等原因外，一般父母二人均会外出务工，除了农忙、清明和春节回乡外，其他时间终年在外打工，是全职打工者。大部分父母是结伴去同一个地方务工，“在一起有个照应”“在一起生活花的钱少(生活成本低)”，少部分分别去了不同的地方打工。父母二人中只有一人外出务工，则父亲外出居多，“都说男主外女主内，而且男人赚的钱比女人要多，女人照顾孩子要比男人精细”。也有父亲留在家中母亲独自外出务工的情况，但是这种情况极少。外出务工的男性主要从事的工作有建筑工、摩的司机、巴士司机、厨师、制鞋匠等。外出务工的女性主要从事的工作有厨师、餐馆服务员、商场售货员等。也有少数农民以在城市摆水果摊、开小卖部等为生。

2. 草山小学及该校五(2)班概况

草山小学是一所寄宿制完小，寄宿制为研究者提供了与研究对象朝夕相处的机会。学校驻地在徐坊镇草山村，服务着周边15个村庄。不论距离远近，学生在三年级起均住校，学生每周一早上七点半前返回学校，每周五下午三点半放学回家。每间宿舍6张上下铺的床，可住12名孩子。男女生宿舍在一栋楼，女生宿舍走廊的两头均有一道铁门。校内尚无热水供应,学生们不论春夏秋冬均用冷水洗漱(包括洗澡)。本文第一作者于 2014 年 4 月进入该校,与该校领导与老师结下友谊,并确定以何老师的三(2)班为主,蹲点收集资料开展留守儿童研究,当时学校三年级有三个班级。因部分学生的转学,2015—2016 学年,学校决定将原来四年级(3)班的学生拆分到五年级(1)班和(2)班。五(2)班共有 47 名学生(男生 29 名,女生 18 名),其中留守儿童 23 名(男生 11 名,女生 12 名)。五年级共有学生 98 名,其中留守儿童 36 人(女童 16 人,男童 20 人),非留守儿童 61 人,孤儿 1 人。可见五(2)班的留守女童数量占年级留守女童的 3/4,占班级女童总数的 2/3。

(二) 资料获得

研究起初并未将研究视角聚焦于性别,也未将留守女童作为研究对象。随着资料的积累,田野体验的深入,以及几位女性研究生的加入(本文写作中的不少一手资料在她们的学位论文中也有使用),逐渐形成了留守女童的研究思路,定位于从农村留守女童的日常生活、学习、情感中考察其社会地位、生成原因等。费孝通认为,“对一个小的社会单位进行深入研究而得出的结论并不一定适用于其他单位。但是,这样的结论却可以用作假设,也可以作为在其他地方进行调查时的比较材料”。[5]就研究方法而言,笔者认为,在探索性研究不充分之际,开展大规模量化研究的条件尚不成熟。农村留守女童作为一个弱势群体,有其特殊性,且群体内部又存在着异质性,不宜统而观之,尚不具备编制高质量问卷的理论与经验储备。微观层面的质性研究的积累有利于还留守女童群体一个真实的全貌。

我们主要通过观察与访谈收集资料。通过与研究对象(留守女童)及周围相关人员(如远在外地打工的爸爸妈妈,班主任,校领导,邻居和好伙伴)或深度或闲聊式的访谈,多角度地了解研究对象的行为表现和他人眼中的研究对象;通过现场参与式观察,了解研究对象发生了什么事情,研究对象对这些事情的思考、理解和体会。笔者以及研究助手们与留守女童们一同上课、吃饭、游戏、休息,与她们建立了良好而密切的关系,在与留守女童的相互接触中倾听和观察她们的言行举止。离开田野,并不意味着资料收集的中断,我们通过在调研中结交的朋友(留守女童以及他们的监护人、老师们),或电话联系,或网络交谈,以进一步了解留守女童的现况。

三、留守女童的日常生活

（一）留守女童的衣

调研初期，笔者曾询问过任课老师关于留守儿童与非留守儿童的区别，一些老师反映：不会有太大区别，但从直观来看，留守儿童的穿着会稍显破旧，不那么干净。随着观察的深入，这些老师们的观感进一步得到经验支撑。就留守女童而言，父母均外出者在校时的衣物比非留守女童、父亲外出母亲在家的留守女童更脏和破旧些。其原因，既有亲子分离状态下照顾不周的原因，也有笼罩在整个乡村社会的性别歧视的原因。

祖辈监护人承担着留守儿童的日常照料责任。留守老人一般年龄偏大，且劳动负担较重，“每天都要做活，不做活命都不得活（不干活就没法生活）”，对于留守女童只能提供最基本的生活照料，“哪里还有时间管她穿什么，农村也不注重这一块”“有穿的就行了，农村不讲漂亮”。因为老人的精力不济，一些留守女童也能理解并无奈地忍受生活的艰苦。当地处于亚热带季风气候，冬季气温低，但在2015年冬季的五(2)班女生寝室里，仍然发现四个床铺上没有适合过冬的被子和垫褥，而这四名女童均是留守女童。问其原因时，她们表示“反正坚持一下就放假了”“爷爷奶奶没有送，我也没有给他们打电话”。家访中发现，监护人对于孩子在宿舍里“被褥有些薄了，床上还垫着凉席”表示知情，“知道，但是她说她不冷，反正可以跟同学挤着睡，我们就没送。家里好多事要忙，她说不冷就算了”。

有一些留守女童则因为亲戚中有年龄相仿的同伴，能得到一些亲戚淘汰下来的旧衣物，穿在身上还相对合身。12岁的阿丽表示：“爷爷奶奶不会给我买衣服，我穿的都是姑姑他们送过来的旧衣服。有些破了，但是有些还能穿。”还有些老人觉得自己“太穷，买不起新衣服”，因此不愿意给留守女童购置新衣物。即使衣物破旧开线了，也得留守女童自己想办法补救。来自N村的玉娟和爷爷生活在一起，11岁，父母离异，父亲在温州打工。2015年夏季，我的研究助手发现她穿的衣服都比较破，有一条裙子的两边还开了线，虽然沿着缝隙别了几枚别针，但仍露出了腰上的肉。玉娟表示，爷爷并不知道自己的裙子开线了，“他每天都很忙。（忙什么呢?）打牌和种地。别针是我自己弄上去的。”即使跟爷爷提起这事，“但是我爷爷不给我买新衣服。他觉得新衣服太贵了”。

相对而言，非留守女童的衣物要更干净和得体。如父母均在家的诗蔓，11岁，不仅皮肤总是显得很白净，衣服也时尚可爱，并且扎头发的橡皮筋非常干净。

每个周末“回去后妈妈都会帮我洗衣服、刷鞋子,还会洗橡皮筋”。对于留守女童而言,在父母中的一方(尤其是母亲)或双方回来后,能够得到相对精细周到的照料。来自P村的闻琴,12岁,家里只有年近八旬的奶奶照顾她。“我还是喜欢爸爸妈妈在家,他们在家的时候我穿的要好一些。他们会给我买新衣服。我奶奶就不会,她只管给我做饭什么的。她年纪很大了,和她在一起生活我变得都像个男孩子了。(为什么呢?)就是不像女孩那样精细。”来自隔壁乡镇的羽希,12岁,因父母外出打工而长期寄宿在H村的外婆家。因母亲怀孕,于一年前返乡。羽希表示:“以前跟外婆住在一起,外婆都不管我穿得好不好。但是我妈妈回来后会带我去买衣服。”她母亲也表示:“我平时是很注重这一块的,告诉她每天都要换洗内裤,袜子可以两天一换。我跟她说女孩子要注意卫生,不爱卫生会得病。衣服穿破了肯定会带她去买。”

除了父母不在场、留守老人精力不济、经济状况不好等原因导致的留守女童衣着上不如其他人之外,在一些家庭中,生活在同一个屋檐下的留守女童和留守男童在衣着上也有着显著的不同。来自D村的莲莲,11岁,父母离异,与哥哥跟着爷爷奶奶一起生活。2015年的整个冬天,她的穿着几乎都是一样的:一件肥大的红棉袄和秋裤,外人看着都觉得冰凉。用其他女孩的话来说,“那件衣服又脏又旧,一看就是老人穿的,像十几年前传下来的一样”。秋裤已经短得很不合身了,露出脚踝和半截小腿,脚上一直穿着一双丝袜和夏季的布鞋。当我们去家访时,她依然穿着那身衣服,唯一不同的是脚上穿着哥哥穿旧了的带泥的男士运动鞋。站在身旁的哥哥则穿着长度合适、干净整洁的运动棉袄和牛仔裤,以及较新且较干净的运动鞋。莲莲偷偷地说:“他们(爷爷奶奶)对我哥哥更好。会给他买衣服,但是不会给我买。我什么都不敢说,我很怕我奶奶,因为她会骂我。”这样的个案并非孤例,也并非仅仅表现在穿着上。

(二)留守女童的食

每周一,几乎所有的学生都会从家里带来咸菜(又名腌菜),因食盐腌制而能较长期保存。带咸菜的原因在于,“学校的饭菜不好吃的时候,可以吃咸菜下饭”;祖辈监护人也“不知道”咸菜是否有营养价值,认为“能让孩子多吃饭(即白米饭)就行”。从家里带来的菜中,学生的喜欢程度依次为:切片烤鸭、煎鸡蛋、瓶装橄榄菜、腊肠/肉、辣酱、萝卜干和雪里红腌菜。大部分留守儿童都会带萝卜干和雪里红,因为其原材料“便宜又好弄(容易得到)”“自己家里也会做”,但馋了的时候,也会“求着爷爷奶奶到镇上买好吃的咸菜”。在大多数祖辈监护人看来,“能吃饱”就已经是他们为留守儿童提供的最好的照料,也“不会对不起孩子的爸爸妈妈”。

"吃什么",除了能体现家庭经济状况外,也可以发现儿童在家庭中的地位安排。就女童而言,不乏有性别的因素。莲莲的奶奶每个星期做几个煎鸡蛋给哥哥吃,莲莲则没有份。寄居在外婆家的羽希也抱怨外婆:"你每次给我们分吃东西的时候,都是表哥比我多,没有一次是我比表哥多的,也没有一次是我和表哥一样多的。总之表哥都要比我多,你每次在分的时候我都很伤心。"饮食中的性别不平等,在佳芸身上体现得淋漓尽致。N 村的佳芸和佳明两人的父亲为亲兄弟,均在深圳打工。佳芸和佳明两人均跟着七十多岁的爷爷奶奶一起生活。佳芸 12 周岁,佳明 11 周岁,但是堂弟佳明却比堂姐佳芸高了半个头。而且堂姐的脸色看上去有些乌黑,显得营养不良,堂弟则显得肤色白润有光泽,佳芸还有一个 7 岁的亲弟弟也显得更有精气神。他们身体状况方面的反差激发了我们"有所发现"的好奇。

一次晚餐,他俩在一起吃饭。佳芸捧着一碗白饭,上面铺着一点萝卜干。看到我们时表示:"今晚(食堂)的菜不好吃。"佳明的碗里则盛着一份土豆丝,还有几片腊肠。当问到"腊肠是哪里来的"时,他略带自豪地仰起头说:"我爸爸让我爷爷去徐坊给我买的!"在草山小学的学生心里,去镇上有一种过节的感觉,从镇上买东西带回来是一件非常值得骄傲的事情。我随口问道:"那佳芸带的为什么是萝卜干呢?"佳明分辩说:"那是我爸爸给的钱,为什么要分给她?"佳芸马上接口说:"不是的,老师,我不想吃腊肠。奶奶要给我装腊肠,我说不要,所以才装了萝卜干。"

周六,请佳芸来学校帮忙时突然想到腊肠的事,又问她是否喜欢吃腊肠。佳芸点了点头。面对追问,佳芸犹豫了一下,说:"奶奶说这是他的爸爸给他买的,不给我吃。"后来,我们发现佳芸每周带来的都是萝卜干,佳明有时候会带来炒瘦肉、腊肠等。二人也能明确地体会到爷爷奶奶对待堂弟佳明"要好点"。但佳芸并不对此感到生气。"因为这是应该的呀。女孩子长大了总要嫁人,就像泼出去的水一样。"("这是谁告诉你的呢?")"我妈妈说的。她说传宗接代还得靠男人,所以对我弟弟(佳芸还有一个亲弟弟)好一点。因为男的要负责传宗接代,我们女的总是要嫁人的。"

身为佳芸的堂弟,佳明对这些差别对待也习以为常,受之泰然。佳明(没有犹豫的)表示:爷爷奶奶对我更好。奶奶经常带我去买衣服鞋子,买的都是很贵的,不给她买。还有零食,我奶奶买了都是偷偷给我吃。早晨我奶奶起来做饭的时候,偷偷(把零食)塞到我书包里。家里牛奶也是给我喝。这些事情她(佳芸)都知道。她有时候还会翻开我的书包找东西吃。

至于原因,佳明也非常清楚:农村……重男轻女吧。我们农村都是对男的比较重视,对女的差一些。女的读书读得再好也是别人家的。大人们天天都这样说。

不同的食物象征着儿童在家庭中的不同地位,而造成这种差别的原因竟然只是因为性别不同。而这除了导致心理方面的压抑和不公之外,更带来身体健康和成长发育方面的直接不公。祖辈对此也并不避讳。以子璇两姐妹和她堂弟为例,子璇的奶奶坦诚道:“对孙子那肯定是要更好一点,有补品都会给孙子吃。”须知,子璇的父母常年外出,而叔叔婶婶并没有外出务工。家庭作为个体社会化的第一个场所,持续不断地灌输“男人负责传宗接代,女人是泼出去的水”这一观念的居然是同为女性的妈妈和奶奶。作为在家庭地位竞争中处于优势地位的男性佳明坦然接受“重男轻女”的思想,可是作为明天母亲的佳芸也接受了这一教化甚至内化于心(“这是应该的”)并外化于行(为平息尴尬而善意地说谎“奶奶要给我装腊肠,我说不要,所以才装了萝卜干”)。今天的故事是昨天的延续,那么,明天的农村是否重复今天的故事?

(三)留守女童的家庭劳动

家庭劳动分日常的家务劳动和农活两类,而农活又分为日常时节的农活与农忙时节的农活。父母外出必然带来家庭劳动力的减少,但农活负担并不会相应地减少。当地大多数留守老人依然秉持着“田不能荒着不种”的朴实价值观,否则“会被人背地里骂”“觉得我们家的人懒”,再者“自家种的东西干净一点,吃起来放心”。除了极少数留守老人年龄太大、身体吃不消或者田地太少而选择不种地外,田间劳动大多数由留守在家的成年人早出晚归地承担着。几乎所有的男女留守儿童均表示除了在农忙的时候帮一点忙之外,平时在家不用做农活。监护人的这一安排,有的出于心疼孙辈的考虑,“不想让他/她做农活。太阳烈,把孩子晒伤了”“他们还小,而且他们也不一定愿帮,要帮他们也不愿意去田里”。有的出于对孩子能力的不信任考虑,“我宁愿自己做,他/她做的我看不上。他/她哪里会做农活,那么小小的人,连东西(劳动工具)都拿不动”。有的担心家务劳动分散孩子精力影响学习,“主要就是让他/她在家看书,做作业。我做得动,农活不会让他/她做”“他/她想来做就来,不想来我也不会勉强,小孩子好好读书就可以了”。

当地水稻收割有两季,那时的家家户户都会很忙,不管是留守男童还是留守女童,都会或多或少地参与到农忙中来。留守女童农忙时农活负担的轻重主要取决于三个因素。一是是否寻求外力帮助。如果家庭经济状况允许,则会招工及雇用机械,如佳芸家有将近十九亩田,但在插秧和收割时都会请专门的工人帮忙和租用收割机,因此三姐弟都不用承担农活。二是外出家庭成员是否会返乡承担农活。如果外出成员返乡，那么留守女童的农活负担相应减轻，反之则会相应增加她们的农活负担。玉青的爸爸表示，农忙时候如果回不来，就会给予老婆更多的语言和情感关心，“也会让两个孩子帮着妈妈做做农活，收收稻子”。三是留守女童本人的年龄和体格。年龄大一点的留守女童的农活负担相应多一些，年龄小的会得到祖辈们的体谅，派活也少。如果留守女童体格瘦弱，分配的农活负担也要轻一点。如莲莲的奶奶表示，“农忙时他们会帮我，就是收收稻子、晒晒稻子之类的。孙子大一点，就做得多一点，孙女小一点，农活做不动，就做得少一点”。总体而言，留守女童承担的农活较少且较轻。但也有参与过农忙劳动的留守女童表示“很累”“在田里要从早忙到晚，没时间做作业”。

不论是留守女童还是非留守女童，都要承担平时的家务劳动，但不同的是，非留守女童们“只需要扫扫地，洗洗碗”，其他的家务劳动会由父母或一同生活的祖辈承担。父母的外出务工，自然地就增加了留守女童的家务劳动量。如果监护人不能尽到家庭照料的责任，家务活便几乎全部落到了留守女童身上。“穷人的孩子早当家”，这是一种无奈的生存压力所致，父母离异的玉娟就是典型。因为爷爷每天都忙于田里农活和去杂货店打牌（包括看人打牌），清早出门，很晚才回来，中午不回家做饭。玉娟每天要自己做饭给自己吃，需要垒几块砖头垫脚才能够得着灶台。除了做饭，还要扫地、洗碗、洗衣服。她的衣服破了，不会用针线缝补，便用别针将破洞别起来。“这些事情爷爷都不管，只能由自己来做”。

在一些隔代家庭中，留守儿童的家务劳动负担有着明显的性别差异。以佳芸三姐弟为例。每当放假时，爷爷奶奶去田里干活，佳芸则几乎包干了所有家务活：把家里的鸡赶出去，把牛牵到山上去吃草，放牛回来后扫地、打水。“打井水可累了，虽然只有几十米远，但是水很重，我根本扛不动，他们都不来帮我。地扫不干净也要被奶奶骂。”如果爷爷奶奶中午回来晚了，佳芸还得负责烧饭，“爷爷奶奶不会让弟弟们做家务”。莲莲的哥哥比她大 4 岁，已经读初中了，但莲莲的家务劳动量还是远比哥哥多。她的家务劳动项目包括：洗衣服、扫地、喂牛、菜地浇水，有时也去山上拾来烧火做饭或取暖的干树枝。莲莲表示“每个星期天都是我最忙的日子”，因为星期天她和哥哥都要洗澡换衣服。哥哥连自己的脏衣服也不用洗，“就丢在盆子里，我奶奶也不让他洗，就让我去洗。那衣服呀真是一大堆，我家是井水，要自己摇上来，手都摇酸了，可是哥哥呢，就舒舒服服地躺着看电视。我每次要洗一两个小时才能洗完”。就这样，白天干活没时间做作业，到了晚上又累又困，就不想做了，有时候作业做不完只能星期一去学校抄同学的。长期寄居在外婆家的羽希也是一肚子苦水：在母亲回乡之前，“家务活都是我干的”。

不论是家长还是监护人,大多认为留守女童承担更多的家务劳动是天经地义的事,“谁家的女孩子不是这样的?是女孩就要会做家务。我小时候也是这样做过来的”。在他们眼里,这非但不是性别歧视,反而是“为她们的将来好”“女孩子不勤快传出去丑,会被人笑”“不会做事以后嫁都嫁不出去”“这么大的女孩连衣服还洗不干净,让她学着干是为她好”。留守女童大多意识到了自身在家庭劳动分工中的压抑地位,她们对此心态各异。少部分认为理所当然,“女生应该勤快一点。男孩子长大了要出去赚大钱,女的把家庭料理好就可以了”,概因当地农村家务劳动分担的性别差异所致,在当地农村,几乎所有的家庭都是女性操持家务,男性即使是闲着也不会在家务活上“搭把手”。“我奶奶就从来不让我爷爷干家里的活,都是自己干完”“有一次我妈让我爸去洗衣服,被我奶奶看到了,她就把我妈妈大骂了一顿,说女人还要男人洗衣服,丑不丑”。大部分则对此表示一种感恩回馈式的理解,“他们年纪大了,还管我吃,管我住,管我穿,照顾我很不容易,我心里非常感激”。另有一小部分留守女童虽然感觉到非常不公平但也无可奈何地表示必须接受,“农村就是重男轻女,村里男孩子跑出去玩,都是女孩子在家里做事”“我不想做,可是他们要我做,他们会生气,不做会挨骂/挨打,没办法”。但她们仍然认为监护人应该考虑到她们的身体情况而不应该让她们干一些抬水之类过重的活。也有少数留守女童并不会承担家务劳动,如子璇的奶奶反映,子璇性子烈,让她做家务,会生很大的气,爷爷奶奶都有些怕。

(四)留守女童的亲子联系

亲子分离期间,没有实现在场交流,情感维系更多的是处于一种最低限度的保持亲子联系不至断裂的状态。留守家庭的远距离联系方式主要是打电话,写信、发短信等交流方式比例很低。电话交流的频率为一周一到两次,主要发生在周末的家里,少数家长给孩子打电话的频率低到一个月甚至几个月才一次。留守女童们很少主动给父母打电话,主要原因有“打电话太贵”“不知道爸爸妈妈的电话号码”“想打,但不知道说什么”等。父母打电话回来聊得最多的是学习,“如果考好了他会夸我,没考好就会骂我”“就是教育我要好好读书,不能像妈妈那样没有文化”。其余的很少说,而且主要集中在叮嘱“要注意身体,生病了会影响学习”“听爷爷奶奶的话”;至于别的,如饮食、衣着和心理,则不多过问,问多了可能伤和气,“选择了将女儿交给祖辈照顾,就信任他们”“谁不为自己的孙子(孙女)好”。

有些留守女童在与父母电话交流时,显得早熟懂事,“爷爷奶奶让我多说些开心的事情,少说不开心的事情”,尤其是她们认识到父母工作的辛劳时,更是选择报喜不报忧,将不愉快和委屈埋藏在心底。“要是让他知道我在家里过得不开心，他肯定会为我担心，那就会工作分心，容易出事。所以还是不说比较好。”另一些留守女童没有与父母倾吐情感则是出于顾虑，“爷爷奶奶冤枉了我，我就想告诉爸爸妈妈”，但害怕爷爷奶奶批评指责，“这样就对我更不好了”。“有一次妈妈给我打电话，说着说着听着听着我就哭了，我妈妈也哭了。我奶奶赶紧上来夺走电话，说我妈妈‘你干什么非要惹到她哭’。”

多数留守女童对于接到父母打来的电话非常开心，表现得很乐意交流。但也有例外，周末我们来到亚丽家时，刚好有电话打进来。亚丽接了电话，两只手握着电话，站在桌前静静地听着，偶尔挤出“嗯”“好”的声音。整个过程持续了五六分钟，亚丽一句完整的话都没有说。她奶奶说电话是亚丽妈妈打来的，但是亚丽接电话时自始至终并没有喊一声“妈妈”，结束时也是直接挂掉电话没有说“再见”。奶奶叹息道：“他们出去没有给这个家带来一点好处，就连亚丽也越来越内向了。”也有的留守女童表示，爸爸妈妈打电话回来并非完全是出于对自己的关心。一位留守女童，其弟弟和爸爸妈妈在深圳工作、生活的时候，爸爸妈妈不怎么给她打电话，“一年最多一两次”，每次返乡也从来不给她带礼物。直到弟弟回来上学后，“他们才每个星期都给我打电话，也是我弟弟接电话接得多，即使是我先接的电话，没说上几句他们就要跟我弟弟说话”。

在农忙、春节期间外出父母多会返乡待上一两周，在暑期留守儿童可以进城探望父母，这些时间段留守女童可与父母相聚、共同生活。这段时间对于留守女童来说格外珍贵，她们从父母外出的第一天就盼望着父母回家的那一天，短暂的相处够她们回味上一年。现从留守女童的日记中随意挑选一则。

过几天，爸爸就要回家了，我心里非常激动，我就会想起上次过年的过程。第一天：爸爸回来了很累，所以在家睡了一天。第二天：我和爸爸去买了一些零食回家，我们在家会玩一下爸爸的手机。第三天：我和爸爸还有哥哥有一个决定，去新余玩。那时我和哥哥非常开心。我们坐了30分钟的车终于到了新余。首先，我们买了一些礼品给大娘，然后又在大娘家吃了一顿饭，聊了聊我和哥哥的成绩。吃完饭后告别了大娘，我们又去抱石公园里玩。我和哥哥先玩了碰碰车。然后又去了阴森的“鬼城”，我们进去后左边有一只僵尸倒了下来，我一点也不怕，可是，马上到终点的时候我又觉得非常无聊，因为这个鬼城没什么好怕的。不过，到了最后一个项目我又很开心，因为我觉得我很胆大，当时，脚下的地突然颤抖起来，我的脚突然就麻木了，左边的墙倒了下来，还能看到有一个人绑在十字架上七窍流血。最后，我们又坐着车回家了。（莲莲，2016-01-19）

可是，她们才刚刚享受到家庭团聚的温暖，父母就又要外出打工了，而分离是“最痛苦的时候”。一个留守女童表示，爸爸妈妈临走前的那个晚上，她一直在默默流泪，枕头都湿透了也停不下来，不敢让爸爸妈妈听到只好用被子捂住嘴巴。第二天早上，早早地就醒过来，但很难过，不想看着他们走，一直等爸爸妈妈走了才起床。闻琴则在日记里写道："在你们马上要去工作的前一天晚上，我偷偷地哭了，但是，我一想到哭了又没有用，哭过之后你们还是要去工作，只好擦干了眼泪。在你们走的几分钟后，我不知道为什么又哭了，我甚至还想追过去把你们拉回来。是不是有点傻？我也觉得。"但女童们对于父母的离开大多用理性战胜情感，表示无奈地接受。闻琴在一篇作文中写下了想对爸爸妈妈说的话："可仔细想想，觉得你们去工作都是为了我好，所以，我就再也没有这样的念头了。"即使遇到性别不公的事件，也在内心进行合理化处理，"每当你们带着弟弟走时，我也好想去。记得那次我看着你们出发时，我追上来了，你们却远远地把我甩开了，我只能怀着伤心的心情走了。我边走边哭，心想，你们不带我去是因为如果我在那读书再加上弟弟在那学习肯定要花好多钱吧"。

对于具有一定经济条件、夫妇双方在同一个地方打工且工作相对稳定的，往往会租房居住，他们可以在暑假时让孩子进城共同生活一段时间。这样既可以增进亲子感情，了解父母工作，也可以开拓留守女童们的视野，满足她们对城市的想象与认知，"去他们那边很好玩，城市里好繁华好漂亮，还有很多公园，还可以买很多东西"。城市里的短暂生活，在一定程度上可以强化学习动力，几乎所有留守女童都希望能考上大学去城市生活。有的父母出于补偿心理，会尽量满足孩子的要求，如有意无意地降低对作息习惯的要求，"在城里我每天一两点才睡觉"。但是也有留守女童表示"城市里的生活还不如农村"，因为这部分父母忙于工作，无意之间忽略了培养亲子感情。

在那边很无聊！每天起来，在床上坐一会，觉得很无聊，就翻到地上去坐着。坐一会，又很无聊，就去看会儿作业。白天特别难熬，连说话的人都没有。他们又不让我出去玩，说不安全，一点也不自由。我就盼啊盼……好不容易等到他们回来，可已经是晚上了，他们又很累了，而我也困得不行要睡觉了……还没有我们乡下好玩，在乡下无聊最起码我还能出去找小朋友玩。

有些父母意识到隔代监护的不足，会尽量在行动上作出弥补，如父母中的一方在适当时机返乡照顾孩子。但他们相对于祖辈会更倾向于威权专制的教育理念和简单粗暴的教育方式，"你说她心情不好，我知道了又能怎么办呢，还不是只有看着"。他们简单地认为，与孩子有语言交流，甚至只是发号施令、训斥也可以看作是"聊天、谈心"。"会啊，我让她不要总看电视""骂她，不就是骂两句然后打她呗。（心情不好还要打她呀？）是啊，她表现不好"，并不去想用什么法子让难过的孩子开心点。他们甚至认为"打骂就是管得严""管得严对孩子好"。那些有过外出务工经历的家长往往有着更先进的教育理念,“对于留守儿童问题的预防比问题发生了再去矫正更重要”。他们在回乡后往往更多地与女童采取沟通、民主的教育方式。如玉青的爸爸只要工地上没有活干了就会回来照顾女儿。妈妈与玉青经常聊聊天,毕竟还是妈妈懂女儿多一些。平时有矛盾了,爸爸妈妈一般会让一步,不和小孩子计较,“我爱人性子比较急,如果她们犯错了会说得重一点,但是不会骂,更不会打”。班主任何老师反映玉青性格温和,看上去并没有什么烦恼,学习居于班级中上水平,同学们都叫她“小兔子”,意指乖巧、乐观、好相处。羽希的妈妈表示自己最关心孩子的心理健康,“外面不是总在说青春期的孩子会很叛逆会出现很多心理问题吗?我希望她在青春期的时候不要出现问题。所以我就特别注意这个,从现在开始就在注意。我在家,也可以教教她,给她提供一些指导。”羽希学习成绩优秀,还是班长。母女俩都非常乐观,家访时,她妈妈一直在笑,访谈一直在轻松融洽的氛围中进行。

四、留守女童的教育支持

(一)留守女童的教育期望与学业辅导

从现实层面看,祖辈对留守女童照料的重要性首先在“吃喝穿”的生活层面,其次是学习层面,“就是让她不要饿着,不要冻着。再就是学习,天天都会说,虽然辅导不了但总要说几句的”。这与外出父母在与留守儿童电话聊天时询问的次序不一致。父母询问的次序一般为:学习怎样、要听爷爷奶奶和老师的话、不要玩水玩火。但都表明,学业是祖辈与父辈共同关心的问题,还有的留守老人对于自己“年纪大了,身体也不好,守不到她读出来了”略有遗憾。从我们的走访来看,无论是留守家庭还是非留守家庭,当地村民很少有不看重孩子学业的,其中留守家庭表现得更加强烈,甚至有的监护人表示“最看重的就是她的学习,别的都不会管,只管她读书”“只要她努力读书,砸锅卖铁也要让她读”。至于动机,虽表述不同,但实质一致,就是“了解在外面打工的苦”“吃够了没有文化的亏”。家中没有儿子的L更是对女儿们寄予厚望,希望她们通过学习出人头地,让自己在村里有面子,“决不允许她们不读书”。虽有研究表明,教育期望与家庭经济社会地位水平存在相关关系,[6]但这些低社会经济地位的家庭对于留守女童的教育期望并不低。虽然他们“重视教育”的思想带有功利性,着眼于教育的外在效应,让孩子们好好读书主要是为了“光宗耀祖、光耀门楣”,而忽视了教育的内在价值。[7]

与较高的教育期望相比,留守女童放假在家时从监护人处获得的学习辅导却非常少,大部分处于“需要辅导但是无人能够辅导”的状态,受限于祖辈监护人的健康状况、学力等而有心无力,“我眼睛不好,她把书本拿给我看,我看不清”“我读小学记的东西,这么多年了,全忘记了”“现在不比我们学的东西,我们那时候只有加减法,很简单,她们这个很难”。少部分留守女童可以“问同村读初中的哥哥姐姐”,大多表示“在学校,不会做的题目可以问老师问同学,在家里不会做就不知道去问谁”。虽然也有的会想到求助于远方的父母,但要么不知道电话号码,要么打了几次电话都没人接之后就放弃了这份希望。

从长辈的言说中,似乎看不出留守家庭于儿童教育期望上的性别差异,如佳芸的奶奶表示,“不管是孙子还是孙女,我都希望他们能够考上大学,找个好工作”。但是现实中不难发现他们的男孩偏好,更倾向于将有限的精力和教育资源投入留守男童身上。佳芸对于监护人在课业辅导上的不公表达不满:“我的爷爷奶奶最看重我弟弟们的学习。他们有不懂的可以问我爷爷,我爷爷就会教他。但是如果我去问他,他就会觉得很烦,让我自己去想。我奶奶天天催着弟弟看书、学习,还说让他一定要考得比我好,但是不会催着我去读书。我在家里玩的话,爷爷奶奶就让我到一边去玩,电视也不让我开,让我别吵着弟弟看书。”莲莲则在日记中写道:“奶奶,每个星期哥哥和我放学回到家,您都会做几个煎鸡蛋给哥哥吃,不让我吃。您说哥哥要好好学习,鸡蛋是给他补身体的。可是奶奶,我也要学习,我也要长身体啊!”有两次学校开学报名时,奶奶没有凑够她和哥哥的杂费、生活费等,于是奶奶向学校申请,先把哥哥送去学校报名,推迟几天再把自己送去学校。

家庭教育投资的男孩偏好,重要原因是农村“养儿防老”的传统思想以及女童教育收益的风险担忧,“女儿都是会嫁出去的,读那么多书有什么用?(就算出嫁了,她也可以孝敬您呀。)(摇摇头)不可能的,农村都是这样,女的嫁出去了,如果有好的(发生好事情),根本不会想着娘家,不会把钱往娘家拿。家里还是要靠儿子。”然而,对于男孩教育投资的倾斜,并没有因此降低对于女童教育的期望,“我这次考试语文作文被扣了分,回去以后奶奶就骂我为什么没有考满分。作文怎么会得满分,大家的作文都扣了分。可是她不知道,就说我没好好学。”面对她们学业成绩的下降或不稳定,态度往往是简单粗暴的,不问青红皂白,就认定“你在学校里肯定没有好好读书”。如果没考好“就要挨打、挨骂”,考差了“放假不让出去玩,也不让看电视”。

(二)留守女童的学习成绩与自我期望

关于父母长期外出对于留守儿童学习成绩的影响,主要有三种观点:有负面影响;没有显著相关性;带来一定积极的影响。2014年调研之初,当地学校领导、老师普遍认为,留守儿童与非留守儿童学业成绩没有什么区别。后来,通过一次期中测试发现,留守儿童的学业成绩几乎在任何一个班级、任何一门课程中都比非留守儿童平均高出 2～6 分,但并无统计学意义。后又以 2015 年五年级的期中测试成绩为依据,依然得出相同的结论。这起码说明,在当地的留守儿童学业成绩与非留守儿童相当甚至略强,学习成绩统计数据如表 1、表 2 所示。

表 1　留守儿童与非留守儿童在语文、数学、英语考试成绩上的差异比较

检验变量	是否为留守	个数	平均数	标准差	t 值
语文成绩	留守女童	16	82.16	6.14	−0.142
	非留守女童	17	82.47	6.52	
数学成绩	留守女童	16	84 69	10.98	1.452
	非留守女童	17	78.47	13.41	
英语成绩	留守女童	16	63.38	14.65	0.387
	非留守女童	17	61.65	10.82	

说明:留守女童和非留守女童语文、数学、英语成绩差异检验的 t 统计量分别为−0.142、1.452 和 0.387,显著性概率值 p 分别为 0.89、0.16 和 0.70,大于 0.05。因此,留守女童的语文平均成绩比非留守女童低,数学和英语平均成绩均比非留守女童高,但差异并不具有统计学意义。

表 2　留守男童与留守女童在语文、数学、英语考试成绩上的差异比较

检验变量	性别	个数	平均数	标准差	t 值
语文成绩	留守男童	20	79.93	5.66	−1.13
	留守女童	16	82.16	6.14	
数学成绩	留守男童	20	85.00	10.93	0.085
	留守女童	16	84.69	10.98	
英语成绩	留守男童	20	55.10	15.19	−1.65
	留守女童	16	63.38	14.65	

说明:留守男童与留守女童语文、数学和英语成绩差异检验的 t 统计量分别为−1.13、0.085和−1.65,显著性概率值 p 分别为 0.27、0.93 和 0.11,大于 0.05。因此,留守男童的数学平均分比女童的要高,语文和英语平均分比女童低,但差异并不具有统计学意义。

就学业而言,结果相当不等于起点与过程也相当。相对于男生,包括留守男童来说,大部分留守女童表现出较高的学习热情。莲莲的成绩一直保持在班上前五名。她有个秘密:如果她考试的时候把卷子给前面两个同学抄,就能赚 4 元钱。但却对“马上就要换座位了”表示期待,虽然赚不到这些零花钱了,但“他们上课老是说话,会吵到我学习。我想好好学习”。对于“想打工还是想读书”的问题,她们无一例外地选择了“读书”。2016 年 1 月,我的研究助手受何老师邀请给学生义务补习英语。结果,班上的男生几乎都跑出去玩了,而女生不但全部留下来听课,而且主动要求布置课后练习。图 1 是对一次语文课上师生教学互动的观察,也可以看到大多数留守女童们对于学习都抱有较高的热情,举手发言积极,纪律性强。

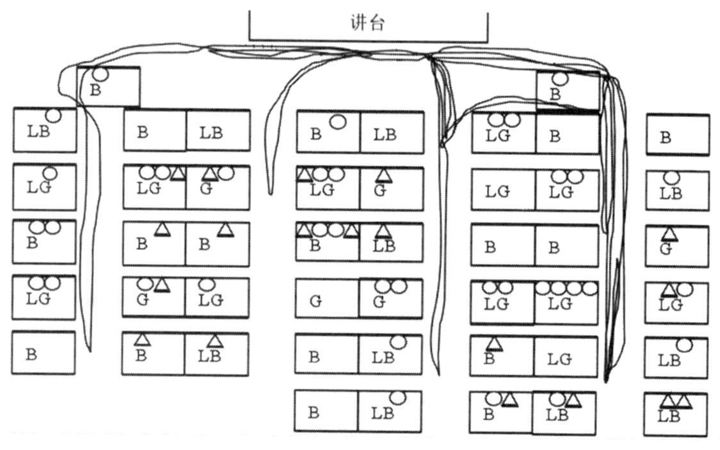

图 1 一次语文课上师生教学互动的观察

注:LG 为留守女童,LB 为留守男童;G 为非留守女童,B 为非留守男童。曲线为教师移动路径,O 为举手发言/回答问题次数,△为课堂违纪次数

在成长过程中,老师、家长等“重要他人”的教育期望对于留守女童的影响非常大,激发出留守女童的主观能动性,去克服成长中的困境,追求良好的学业成绩。她们强调读书,其动机主要有以下几点。①读书可以改变命运,是由社会底层走向上层社会的唯一通道,“不读书就要种田,累得要死要活”“打工很累,每天还要到处跑,做体力活”“读书可以去城里工作/生活”,可以让自己未来的“日子过得舒服一些”“读书了就可以用电脑打字(工作),很轻松”。②承载着外出父母、家中监护人对自己的殷切希望以及由此产生的责任意识、感恩意识,“我爸爸妈妈说,他们出去打工就是为了给我读书的。每次打电话都会问我成绩。我要是不好好读书,就对不起他们”,“让爷爷奶奶/外公外婆/爸爸妈妈过上好日子”。虽然有些留守女童知道为什么要读书是“爷爷奶奶在家一而再再而三地教育哥哥(弟弟)时听到的”。③老师的教诲,“老师经常给我们讲故事,要我们做一个有文化的人。他说希望我们都能考上大学”。④随着阅读量的增长而逐渐产生的

对学习的热爱,“我喜欢读书,可以学到很多知识,懂很多道理”“我想多学些知识,以后当个科学家。我在图书角看过(的书里),有很多科学家,如居里夫人、爱迪生,做出了很多发明,改变了世界,让世界变得更美好”。

(三) 留守女童的同伴支持

寄宿制生活,意味着同学们朝夕相处的五天校园生活与各自分开的两天家庭生活的交替进行。面对“是喜欢在家里还是喜欢在学校”的提问,留守女童们几乎无一例外地回答“喜欢在学校里的生活”。虽然在家里饭菜口味比学校好一些,但是祖辈监护人因为要在田间地头务农,留守儿童常常独自面对空荡荡的房子,家里没什么人气。看电视成了她们重要的甚至是唯一的娱乐活动,有时候电视也不让看。在学校里,则同学多,可以和同学们说好玩的事情,玩游戏(如唱歌、跳绳、跳皮筋等),每天都有说有笑的。还有的留守女童则表示,在家里要做很多事情,在学校可以天天见到老师,学到新的知识。还有的同学在周末特别想学校时,还会和同学们一起骑车来学校玩,虽然翻墙进学校是一种违纪行为,毕竟“在家里太无聊了”“家里没人陪”。

在周末,有些留守女童宁愿无聊地待在家里也不出去玩,一个原因是“村子小,没有与自己年龄差不多的女生”。草山小学的女生和男生之间有一条无形的“三八线”,校内校外皆然。一般来说,女生只和女生玩,男生只和男生玩。五(2)班的一位男生,似乎对女生比较亲近,喜欢凑到女生堆里玩,常常被男生取笑为“黄奶奶”,而女生也不怎么待见他,也称呼他为“黄奶奶”。另一个原因是“怕被欺负”。有一次,莲莲和哥哥路过家里附近的宗族祠堂时,被几个男孩拦着,说他们兄妹把祠堂里的凳子弄坏了。“其实是他们干的,赖到我们头上”,后来奶奶就不让他们出去了,说“人家看到我们家里没大人,就欺负我们”。另一位女生亲眼看见,“有一次村子里有个人(留守儿童)买了零食,被别的人(非留守儿童)看到了,就说要抢过去”,他们还振振有词,“反正他爸爸妈妈不在,就打他没事”。也有非留守女童表示:“以前在村子里,我看见过有人因为他们爸爸妈妈外出打工而欺负他们,但是在学校里就没有见过。”

校园里,尤其是寄宿制的生活,在一定程度上淡化了留守与否对于留守女童的影响。“父母是否在身边”不构成她们寻找伙伴的条件,至少周一至周五的同伴生活中并不明显。女生们三五成群游戏玩耍,留守女童面对非留守女童时,她们并不表现出刻意的自卑与嫉妒。“在学校里跟大家一起玩,没有人特意去问你爸爸妈妈是不是在外面打工”“我觉得我们和她们(非留守女童)并没有什么不同。玩还是可以一起玩的。我觉得这(父母是否外出)只是一个区别,就好像你有一颗糖,我有两颗糖,就是多一颗糖的区别,不能因为这个而不跟他们一起玩,主要看自己心里想不想跟他们一起玩”。与村庄、家庭生活不同,校园生活中每个人都是离开了父母的,因此“并不会觉得她们有爸爸妈妈在身边就很嫉妒什么的,不会特意因为爸爸妈妈在不在家而跟(或不跟)一个人玩。但是在家里,就会感觉不一样”。

非留守女童可以通过留守女童的穿着打扮、零花钱的多少来判断其监护人是否关心她,“她们没有父爱也没有母爱,很可怜”。她们对于留守女童并没有刻板印象,“有些留守女童性格不好,比较古怪。但是有些爸爸妈妈在家的女孩子也很古怪。大多数还是很好的”。“我在学校里的好朋友,爸爸妈妈都出去打工了”“留守女童对别人都很热情,喜欢讲话,我喜欢和她们玩”。一些非留守女童在意识到留守女童的困难之后,会更多地关心她们:“有些留守女童的爷爷奶奶对待她们就像捡来的孩子一样,一点也不关心她们。比如莲莲,冬天那么冷还穿那么少。我就告诉她让她多穿点,不要感冒。她奶奶每周只给她一元零花钱,甚至有的时候不给钱。我会多关心一下她们。”

在学校里,留守女童有着更亲密的同伴群体。她们不仅可以在一起学习知识,还可以欢笑玩闹,不似在家中孤独。同伴交往带给她们一种特殊的情感体验,她们相互帮助,彼此尊重、理解与关怀,更加体会到自尊、归属与安定。由于家庭对留守女童支持不足,她们在遇到困难或者心情不好时,都会自觉或不自觉地求助于同伴,“要是心情不好了,我就会跟好朋友说”。睡觉前,常常是她们最思念远在他乡的父母的时候,除了默默地思念,还会抓紧熄灯前的“卧谈会”倾诉出来,“我们寝室晚上睡觉前还会躺在床上说会话”“想爸爸妈妈了,也会互相说说,因为她们都能懂(能够理解)”。

(四)留守女童的学校支持

对农村留守儿童的关爱和保护问题,党和政府出台了一系列政策文件。农村寄宿制学校的建立,在某种程度上,也是对留守儿童众多的一个政策回应。草山小学的调查表明,寄宿制学校也确实在一定意义上抹平了留守与否的差别。草山小学因为留守儿童众多,常常成为“留守儿童关爱行动”的重要基地,其关爱行动主要包括“与留守儿童的家长建立密切的联系”“资助家庭困难的留守儿童”以及“对留守儿童进行家访”等。其实,这些工作大致只是在纸面上落实了,“上面来检查也是按照文件要求来检查,我们就说我们是按上面的要求做了,我们按照文件要求汇报一下而已,其实上面也没有那么多精力来核查”“经常上面有人来检查,要求我们每个老师要对留守儿童进行家访,还要和留守儿童的家长进行联络,有条件的老师要适当地资助一下留守儿童”。然而,因为这些关爱行动的“走亲戚”“运动式”特点,关爱行动往往缺乏长效性。学校会给困难的留守儿童家庭每年发 500 元补助，因其可以量化并一次性落实而不必消耗太多时间精力。“其他也就是做做样子，应付一下。只有在来人检查的时候才会去（伪）造一下家访的记录，其实并没有真的下乡家访，也没有打电话”。究其原因，一是老师教学工作、校内教育管理工作任务繁重，“不愿意去做，觉得浪费自己的时间”，更重要的是老师们并不认为留守儿童和非留守儿童有什么不一样，即使认识到了这一工作的重要性，也常常有心无力，“我们哪里懂那些，又不是搞研究的，只知道怎么教书，你说那些留守儿童心情不好，我们也只能看着，不知道要怎么去安慰”。

当然，当地教师心中认为对包括留守女童在内的农村留守儿童关爱保护工作开展不力，更多的是针对上级部门要求开展的工作不切合当地实际而言。就日常工作而言，学校与老师基于自身的理解和价值立场，也会开展自己的一些日常关爱，只是没有特别区分而已。比如，在用餐期间，有些班主任会陪着孩子们在食堂吃饭，一是督促养成好的用餐习惯；二是制止倒剩饭剩菜以保证营养。又比如，在就寝后，学校值班领导、老师和班主任会下到各个寝室，查看学生是否在寝室，被子是否盖好了，是否存有安全隐患等。从这个角度来说，“我们就是他们的代理家长”。在每年的六一儿童节、元旦，何老师都会组织班级晚会。何老师每次都会亲手写上长达四页的主持词，让学生们踊跃地参与到节目中来。他想让留守儿童也感受到集体的关爱，并积极表现自己。还有一次，何老师专门用了一节课教学生们“如何给自己远方的父母送去生日祝福”，让他们将父母生日和电话号码写在小卡片上，在父母生日当天打个电话送去祝福。2015 年，一批来自江苏的特级教师到草山小学送教时，也表示，一眼就看出何老师班上的孩子与别班的孩子不一样，“他们脸上更阳光，更有朝气”。这些自发的关爱行动表明，老师们更多的还是将留守儿童看作一个统一的群体，甚至留守儿童与非留守儿童也不会有太大区别。这种“一视同仁，重点关注”的留守儿童关爱模式，在农村学校中比较普遍。当然，他们的这种草根“全纳”理念，在遇到具体问题时也会具体对待。

五(2)班的包干区安排在学校操场，早上的课前时段是打扫包干区时间。有几次，我们看到何老师站在一旁指挥和监督值日生，男生提着竹筐在操场上捡纸屑、落叶，女生则坐在操场边的花坛上。何老师的意思是，“这些事还是男孩子干好。女孩子就像水，柔柔弱弱的，干不了什么活，所以让她们在一边休息”。这与家庭劳动分工时女生受到不平等待遇不同。别的老师在分配劳动任务时，也大多让男生多干一些“重活”。与此性别观一样有趣的是，老师们认为，就目前来看，女生学业成绩优于男生，“但是男生只是现在成绩不好，等他们到了初中高中，一个个都要冲起来的(学习成绩变好)。你别看女生现在成绩好，到了初中高中就不行了,比不过男生”。理由是:“男生都比较聪明机灵,女生要差一点。这个时候的男孩子都爱玩,不认真,女生就安静一些,搞学习认真一点,所以女生成绩好。到了以后,女孩子就是再认真,也很难超过男生。”女童(包括留守女童)在多方面接受着教师善意非善意、有意非有意的隐形的不公平对待,而教师并没有意识到其性别偏好及由此产生的教育期望是否存在不公平。但不可否认的是,老师们对于性别差异的认知也影响到了留守女童群体的自我认知与自我评价。整体而言,不管学业成绩如何,留守女童均不认为自己是个聪明的孩子。学业成绩不错的留守女童,更多地认为是取决于自己的认真与细心,“我每次做完了题都会认真检查”“我比弟弟考得好是因为他很粗心。但是他比我聪明,老师都这样说。(你这样觉得吗?)是的。”学业成绩较为不理想的留守女童则更是归结为“自己不聪明”,并对老师的言行较为敏感,“有些老师只对成绩好的女生笑,对我们不笑”,在听不懂讲解或者跟不上教学节奏时比较容易放弃,“我不会做的题不敢问老师”“上课的时候听不懂,我就不想听了。老师讲得又快。有个老师给我和其他几个成绩不好的人取了外号,叫四大金刚,对我很凶,我怕她”。

在留守女童与非留守女童的性格比较中,教师们持有不同的观点。第一种观点认为,留守女童和非留守女童没有任何差别,或者没有发现任何差别,但又认为留守女童甚至比非留守儿童还要“听话”。如Y老师(男,28岁)认为,父母外出对她们的心情和性格“没什么影响,每天看她们都开开心心的”。S老师(女,30岁)认为,“我觉得留守女童比其他的孩子要乖巧听话。(原因在于)非留守儿童有父母在身边,会比较放肆和任性,想着自己出了事反正家里有人‘撑着’。她们(留守女童)就比较乖,很遵守纪律,独立性也比较强,自己可以照顾自己。而且我也没有觉得她们不开心,她们在学校里每天都有同学陪着”。基于这种认识,“我觉得她们不是问题儿童。她们有些人成绩比非留守儿童还要好”。可见,留守女童表现出来的“乖巧”、独立性强与学业成绩优良等“闪光点”和“优秀品质”,掩盖了教师发现其弱势地位的眼睛,因此并不会开展针对性的关爱行动。第二种观点认为,留守女童与非留守女童有着很大的区别,留守女童这个群体出现了很多问题。Z老师(女,40岁)从一位老师兼母亲的双重角色出发,认为没有家长在身边的孩子比较可怜,“有家长在身边和没有家长在身边的区别很大”。这种区别表现在缺少父母之爱的会变得比较冷漠和内向,性格比较古怪,遇到青春期生理问题则茫然无措,“青春期的生理卫生知识都没有人教她们,农村这样的环境,信息比较封闭,又没有电脑和网络,女孩子们从哪里知道青春期知识呢?农村学校又比较保守,不会开相关青春期的课程”。一位留守女童曾经向笔者的一位研究助手反映,“我和爷爷奶奶住在一起,我不好意思去问他们(关于青春期的知识),只能周末打电话问妈妈”。第三种观点则认为,留守女童与非留守女童有区别,在一些方面留守女童的行为表现要优于非留守女童,但是在另一些方面又要比非留守女童差。何老师则是这一观点的代表。他认为留守女童在学习成绩方面要优于非留守女童,原因是“留守女童的大脑更灵活一些”,进一步追问原因则是“留守女童的家长大脑比较灵活,起码能看清形势,知道在家里种几亩田解决不了问题,要去打工。遗传作用吧,她们肯定也比较灵活。反正就我感觉,留守女童里面聪明的孩子多一点”。同时,何老师认为,一定时间内留守女童的心理和性格可能受到父母外出打工的影响较大,“刚接手(三年级)这个班的时候,她们心理阴影是特别大的,觉得自己是没人要的孩子”,“我会选择开导、鼓励这些留守女童,以尽量减少不良影响”,但这些不良后果会随着时间的推移而慢慢消失,“到了现在,她们可能也慢慢习惯了这种生活,分不出到底是留守女童还是非留守女童会更苦恼一点”。

五、作为开放性问题的结语:我们该如何关爱农村留守女童

比起城乡流动儿童、农村留守男童,农村留守女童日复一日年复一年地处在更加压抑的生活状态中,其社会地位特征可概括为“弱中之弱”。其弱中之弱的社会地位,并非是一种无形的概念界定,而是一种平淡无奇、习以为常的日常生活状态,体现在家庭与社区的日常生活之中,体现在吃穿用之中,体现在教育资源与情感资源的分配中,体现在家庭劳动的角色分工中,体现在社区生活的同伴关系中。面对这一社会地位特征甚至是社会安排,作为一个历史与时代的问题,仅仅依靠学校教育系统的支持是远远不够的,虽然她们大部分时间生活在学校里,但其根本原因并非来自学校,而是由根植于人们大脑中的观念统率着的,是由当地村民的男孩偏好的价值立场决定的。这也就告诉我们,农村留守女童的成长与关爱需要社会各方更多的合力支持。

男孩偏好的厚植更多的来源于当地居民的功用性考量:只有男性才能传宗接代的子嗣观、男孩才能承担起养儿防老的社会保障观、男孩才能维护家庭的社会地位的门面观。本研究中发现的社区生活中留守儿童更易被欺凌,媒体与学术文献中报道的大量关于留守女童性安全案例,无不透露出留守儿童(女童)因家庭支持的缺乏(父辈不在身边)而成为丛林法则(“以强凌弱”)的受害者。从社区发展的角度看,社会资源是最重要的资源,决定着其他资源能否有效利用,能否真正用于改善社区成员福祉。有观察表明,在那些内部关系紧密,村民守望相助的村庄,即使是留守儿童,也与其他群体一样“健康快乐”地生活。如何促进村

庄内部的团结,是政府和社区的政策决策与执行中需要认真考虑的问题。观念的力量是无穷的,观念的来源又可能是物质的。如何调适优化当地人的价值观,这是一个根本性问题。广泛且长期流行的“生男生女都一样”的计划生育宣传口号虽然让人烂熟于心,但似乎并未深入人心。党和政府以及社会组织能否在社会保障、社会公平等方面为农村家庭、农村女性做些更具体、更现实的工作,以解除农村老人的后顾之忧,提升女性的实际经济社会地位?农村居民的男性偏好、“女儿就是泼出去的水”价值观的后果是否真的如口头禅一样地成为现实?如果真的成了现实,其实现机制又是如何?这些问题需要政府、专家学者们更多地用扎实的实证研究(而不是想象式调查、想象式推演)去检验、纠正流行着的社会观念,价值观教育、社会教化的路径方法不仅仅只有“灌输式”的口号宣传,还可以有润物细无声的女童实际地位的提升、家庭养老方式的改善、农村性别秩序的优化等。

农村留守女童的童年是不幸的,然而个体的这一生命历程却是更大的社会力量和社会结构的产物。父辈的不在场改变了本是“生活在同一个屋檐下”的家庭生态,从而让亲子之间分隔各方,处于不同的时空之中。不在场的共同生活导致家庭劳动力的不足,再加上性别偏好的交叠作用,使留守女童在家庭劳动中承担更多的劳务负担。家庭照料的不周、女童青春期教育的缺位也会导致农村留守女童在未来成长中处于不利境地。改革开放的年代让农民进城务工成为可能,城乡二元结构制度的束缚让进了城的农民只能捆绑在农民工的身份中,他们的子女也只能是留守儿童和流动儿童。传统农村家庭中的三代同堂、双系抚育结构受到巨大冲击趋于分裂、瓦解,父辈教育和监管的缺失也是造成农村留守女童社会地位低下的重要根源。然而,父辈缺场是否就必然导致亲代缺位呢?对于将“隔代教养等同于父母缺席”的预设,需要作出区分。缺席既指缺场也指缺位,真实的缺场并不必然带来缺位。前者是客观的空间概念,后者具有行动属性,具有主体的能动意味,是主体在对结构的反动中生成的,由此,缺场并不必然意味着父辈责任、儿童心理上的缺位。在传统重男轻女观念的作用下,留守女童们处在一个被忽视的地位。远在他乡的父母除了能够克服距离的阻碍给予女童们教育期望、安全关怀外,是否还应该给予她们更多的亲情关怀、情感抚慰、心理疏导、青春期指导呢?这对生活在全球化信息化技术日益发达,资讯远比农村发达的城市父母来说,不是件太难的事情。当然,对于暑假赴城里与父母团聚的女童来说,她们可能过得很开心,也可能更加无聊,平日的远距离沟通(包括家校沟通)中也可能涉及更加专业的知识与技能,诸如此类,可能需要国家和社会组织给予更多的农民工培训。

就学校教育系统而言，作为一个专门的教育机构，也或多或少、或主观或客观地为农村留守女童提供了关爱与支持，寄宿制学校尤甚。如学校生活在一定程度上淡化了留守女童与非留守女童之间的差别，学校集体生活中的同伴群体之间的相互理解与支持，让留守女童找到归属感与同伴支持，从而在一定程度上给留守女童带来了积极的影响；教师“一视同仁，重点关照”的草根“全纳”模式一定程度上拉平了性别不平等，甚至基于女童是“柔弱的”“水做的”观念而能让女童得到一定的优待；寄宿生活可以增加留守女童在校时长从而减少家庭劳动负担以保证学习的时间和质量，可以让师生之间拥有更多的接触机会，学校老师与班主任在一定程度上扮演着留守女童“代理家长”的角色，关心照顾着孩子们在校期间的生活与行为习惯的养成。但是，农村留守女童的社会支持依然捆绑在农村留守儿童这一大群体里，并没有明确地提出性别视角。当然，更具针对性的关怀并不是如留守儿童那样又单独地贴上“农村留守女童”的标签从而形成标签歧视，草根的全纳模式是值得进一步深化的。另外，农村学校音体美、生理卫生、心理健康（含青春期教育）方面工作的开展，需要意识、业务和师资上的加强与支援。

虽然少见专门针对留守女童的支持行动，但对于农村留守儿童的支持行动并不少，主要有以社会组织提供的援助为主的关爱模式，以政府为主的动员支持模式，号召自强、奖励优秀的自强模式，亲情替代模式等，[8]这些模式当然能够满足留守儿童的即时需求。但这些模式的共同特点是，一开始就把留守儿童当作了需要帮助的弱势群体，当作一种自上而下的活动，将他们看作是被动的受惠者，这容易将这一社会议题转换成道德议题。这些活动始终很少考虑儿童的真实情况，制度与项目设计的潜意识也认为留守儿童是需要感恩的受益者或受助者而并不需要征求其意见，容易忽略了儿童真正的需求与感受，可能增加其脆弱性，甚至因为未注意到对儿童及其父母尊严的保护带来歧视和二次伤害。而且，成功项目的经验大多有强大资源和资金投入，并非所有留守儿童都能分享。作为农村留守女童的关爱与支持活动，如何体现儿童立场，儿童的赋权增能如何可行？在本研究中，我们也看到留守女童更加听话、更爱好学习并因此期望得到家庭与社会的认可。具体到留守女童的赋权，赋权模式不是儿童自己就能完成的模式，需要广泛的社会认同和有力的支持。在当下中国，赋权模式困难特殊，成人社会缺乏对儿童的尊重，缺少儿童参与的认知与能力准备，儿童表达的文化稀薄且没有正式渠道。

参考文献

[1] 全国妇联课题组. 我国农村留守儿童城乡流动儿童状况研究报告[EB/OL].(2013-05-10)[2018-10-12].http://www.360doc.com/content/13/0511/07/3545243_284531247.shtml .

[2] 石睿.《中国流动儿童数据报告——2014》发布[EB/OL].(2014-09-23)[2018-9-20].http://www.cssn.cn/zx/zx_gjzh/zhnew/201409/t20140923_1338700.shtml.

[3] 伍慧玲,陆福兴.关注农村留守女童的性安全问题[J].湖南科技学院学报,2006(4):42-43;杜雪梅.关注留守女童性侵害问题[J].河北省社会主义学院学报,2009(4):62-64;姜超.论构建农村留守女童有效预防性侵害的切近途径[J].继续教育研究,2011(11):33-34;龙玲,陈世海.农村留守女童性侵害的预防[J]. 学理论,2013(35):43-45.

[4] 陈怡,季斌.西部留守女童教育中的主体性意识[J].南京社会科学,2011(09):138-143;朱婕.留守女童的教育公平问题——基于弱势群体的教育公平问题探析[J].沙洋师范高等专科学校学报,2009(2):29-32;万国威,李珊."留守儿童"福利供应的定量研究——基于四川省兴文县的实证调研[J].中国青年研究,2012(12):43-49;106.

[5] 费孝通.江村经济[M].上海:上海人民出版社,2007:25.

[6] 沈卓卿.论社会经济地位对儿童学业发展的影响[J].教育研究,2014(4):70-76.

[7] 王晖,戚务念.父母教育期望与农村留守儿童学业成就——基于同祖两孙之家的案例比较研究[J].教育学术月刊,2014(12):66-71.

[8] 卜卫. 关于农村留守儿童的研究和支持行动模式的分析报告[J].中国青年研究,2008(6):25-30.

以班级岗位建设促进乡村学生的发展

叶斐妃*

摘　要：学生来到学校，走进不同的班级。在同一个班级里，他们与这个班级的学生与老师共同学习、生活多年。这会给学生带来一生的影响。乡村班主任有义务为乡村学生营造高质量的班级生活，促进学生的生命成长。本文旨在以乡村班级岗位建设为研究内容，从乡村班级岗位建设实践背景、实践过程、实践成效与实践反思四个维度，阐述乡村班级岗位建设给学生带来的不一样的发展，并提出班级岗位建设的具体建议。

关键词：乡村班级　岗位建设　学生发展

我们学校地处武义县泉溪镇，原名曲湖小学堂，是一所有着悠久历史传承和深厚文化底蕴的乡村学校。学校现有学生 1 600 多名，教师近百人，学生中有 60%为外来民工子女。学校现有教学班 38 个，班级以一年级时的分班为主，六年不变。六年的同窗生活，班级成为学生在校学习生活的主要空间。乡村班主任作为班级建设的第一责任人，乡村学生的引路人，对班级建设、学生成长起着举足轻重的作用。“班级管理工作，主要不是为了让学生帮助班主任，而是让管理、制度本身成为一种教育的手段和力量。开发学生的潜力，帮助、促进每一个孩子更好地认识自己和实现主动发展，是班主任工作的最高价值。”[1]

那么，乡村班主任如何建设高质量的班级生活，引领学生的生命成长呢？我尝试在班级开展“人人有岗位，人人负责任”的岗位建设工作，提升班级生活质量，在相互服务和合作的班级日常生活中，实现乡村学生的共同发展。

---

*　叶斐妃，浙江省武义县泉溪镇中心小学教师，班主任。

一、乡村班级岗位建设实践意义

之前十年的乡村班主任工作,我对班级干部的培养都集中在一小部分学生身上,对于班级各项事务,通常都是交给少部分责任心强的学生。通常,班上担任班级干部的总是那么几个能力出众、比较优秀的学生。小学六年,绝大部分学生并没有担任过班干部或承担过具体班级工作。纵观身边的班级,每个班都是极少部分出色的学生在管理班级事务,其他大多数学生都没有具体的工作,这成为乡村班级的共性。乡村班主任传统的班级管理模式,班级正式干部的"终身制",以及由此而生的班级固化的"干部"与"群众"两大分层,很大程度上限制了乡村学生综合能力的发展,剥夺了他们在班级生活中提升能力的机会。为了给每个学生公平的发展机会,乡村班级岗位生活亟待变革与重建。乡村班级岗位变革的迫切性主要体现在以下四个方面。

一是由乡村班级的独特性决定的。乡村班级的学生均来自乡村。以我们班为例,44 位学生均来自泉溪镇及其周边的村落,88 位家长中有全职妈妈 2 人,农民 14 人,工人 37 人,在外打工者 5 人,个体户 10 人,司机 2 人,其他自由职业如微商等 20 人。这些家长除两位拥有大专学历外,其余均为初高中或小学学历。他们身上有一个共同点,那就是希望自己的孩子能够通过学习获得大发展,更希望孩子能够在学校担任"一官半职"。然而,"目前的班级管理岗位,如班长、中队委员、课代表、值日生等,仅指向于满足班级日常管理的需要"。[2]这部分岗位是非常有限的,因此,乡村班级岗位需改变传统的少数人拥有权利的现状,变"因岗设人"为"因人设岗",赋予每个班级成员岗位,让每一个学生拥有公平的成长机会,人人都有机会为班级服务,在班级中找到自己的岗位工作。

二是由班级生活的特殊性决定的。学生往往无权选择在哪个班级,他们被编排到不同的班级,遇到不同的老师和学生,过着不一样的班级生活。"班级生活是群体生活,是每个个体在其中承担责任、实现价值的生活。诸多班主任烦恼的纪律、卫生、文明礼仪等问题,都因群体生活而产生,也需以群体生活的方式来自我维护和发展;且更为重要的是要教育学生学会过群体生活。"[3]班级岗位恰恰可以提供班级里的每一位学生承担班级责任、实现价值的机会,在岗位工作中实现自我维护和发展。

三是由班级岗位的重要价值决定的。"岗位是班级生活中承担相关责任、为群体服务的相关工作的概括。这一服务工作包括纪律、卫生、日常交往、物品维护，也同样包括活动开展、组织建设。一旦进入到正式组织层面，就有了‘学生干部’这一特殊的岗位。其特殊性不仅在于这是正式组织生活中的管理岗位，在于它与学生成年后的社会生活有着直接的类似性……”[4]通过班级岗位建设和学生干部培养，可以促成学生学会共同生活，学会在公共生活中承担责任、发挥领导力，学会在承担责任、发挥领导力的过程中，实现个体的全面发展与群体的共同进步。[5]因此，班级岗位在个体生命成长中具有重要价值。

四是由班级组织形式变革需要决定的。班级组织结构变革主要内容是要改变班级正式干部“终身制”，以及由此而生的班级固化的“干部”与“群众”两大分层。[6]“新基础教育”研究变革主要强调班干部不只是教师的“情报员”和“传言人”“协管员”，其责任是为同学服务、多承担班级公共事务的管理。[7]传统的班级组织形式，少部分人拥有班级责任的管理模式极大限制了学生的发展，同时浪费了班级生活对学生的教育作用。张鲁川博士指出，“班级”应该是一个有助于培养合格公民的“公共生活场域”。要在公共生活视域下，将因岗设人转变为因人设岗，赋予每个班级成员岗位。“所有的职责都是平等的，只是分工不同而已”“任何班干部都是学生的代表”“你担任班长并不是你能力强，而是你比我更适合这个岗位”。[8]班主任只有变革传统的班级组织形式，才能给学生提供更好的班级生活，实现学生更好的发展。

二、乡村班级岗位建设的实践过程

自 2018 年 3 月以来，我着手在班级开展岗位建设工作，根据班级实际需要增设班级岗位，把主动参与班级日常工作的权利还给学生。近一年的班级岗位实践主要经历了以下几个阶段。

(一) 第一阶段：岗位启蒙

岗位工作是基础性的群体生活的构成。其类型包括服务性岗位、学习类岗位、活动类岗位等。[9]我着手在班级开展岗位建设时，学生已经二年级。班队会中，我与全体学生根据班级日常事务需要设置班级岗位，并取了好听的岗位名称，然后让学生按照学号轮流上台认领岗位。

在岗位启蒙阶段，核心价值在于唤醒学生的群体生活意识，理解群体生活对个体责任的召唤，并以自己的主动参与，创生个体新的班级角色，启动对班级岗位的发现、设置与命名。[10]在民主的岗位命名，公开公平的岗位竞选中，每一个学生都认领了一个班级岗位，这是学生除“学生”之后的第二个班级角色“班级岗位责任人”,这一特殊的使命给予每一位班级小主人责任,让他们有机会为班级献一份力。

(二)第二阶段:上岗服务

岗位认领以后就是上岗服务阶段。班级卫生值日工作,如打扫包干区和教室等,采用轮流值日的形式。岗位服务主要分为三步开展。

第一步是岗位培训。

二年级的学生年龄较小,很多学生虽然认领了岗位,但是并不能铭记于心,有些甚至记不清自己的岗位职责。因此,上岗培训显得特别重要。“在上岗教育阶段,核心价值在于明晰职责,确定具体岗位与个体的关系,并使之成为群体内都知晓的内容。”[11]为了保证每一个岗位责任人都明确责任,我将各个岗位制作成表格,然后打印出来,投影在黑板上,用一节课的时间组织全班学生一起学习,学习完后再将岗位表粘贴在教室公告栏上(见表1)。

表1　班级岗位

人人有岗位　　人人负责任			
序号	岗位名称	责任人	岗位职责
1	节能小卫士	宇航　俊安	负责电灯电风扇开关及卫生
2	窗户美容师	佳颖　易轩　浩琅　卓毅	负责窗户的开关及卫生
3	门先生	怡诚	负责教室门的开关及卫生
4	黑板美容师	诗雨　湘君　晓芬　冉朗　子佳	负责黑板的卫生及开关
5	书包柜美容师	若妍	负责书包柜的整理和卫生
6	拖地能手	泽武　楚臻　涵宁	负责走廊和教室的地面卫生
7	包干区管家	勇锐　雨思　浩东　雨欣　思瑜	负责当天包干区的卫生
8	倒垃圾卫士	宇灿　宇鑫　力川　嗣豪　娇雅	负责每天倒垃圾
9	讲台美容师	梓卿	负责讲台的卫生和整理
10	图书管理员	涵韵　禹菲	负责图书的整理和归类
11	分饭小能手	煜浩(分调羹)　歆雅(分菜)　紫伊(分饭)　博韬(分汤)	负责每天中午的分饭
12	桌椅小管家	紫涵　灵叶	负责教室桌椅的摆放

（续表）

人人有岗位　　人人负责任			
13	教室天使	思慧　嘉佳　淏琅　晓曼　时升	负责检查当日教室卫生，并提醒值日生及时打扫
14	摆放员	静雅	负责教室里茶杯的摆放
15	保洁小卫士	姝含　柳灿	负责抹布的清洗和瓷砖的清洁
16	卫生总管	雨馨	负责每天包干区和教室卫生检查
17	晨检员	思瑜	每天早上检查同学指甲，了解每位同学身体状况
18	路队员	浩东	指导同学有序安静地排队
19	就餐管理	楚臻	维护班级就餐秩序
20	学习小助手	雨思	对学习有困难的同学给予帮助
21	安全小卫士	勇锐	维护课间秩序，提醒同学注意安全
22	护绿能手	思慧　卓毅　浩琅	照顾班级绿色植物

注：此处人名隐去姓。下同

第二步是制作岗位名片。

岗位服务后的一个星期，我发现各个岗位责任人之间存在很大的差异，有部分学生能够很自觉很认真地做好岗位工作，如“书包柜美容师”若妍每天早上都主动整理书包柜；“桌椅小管家”紫涵每天放学以后检查教室内的所有桌椅是否摆放整齐，抽屉是否整理干净；“卫生总管”雨馨坚持每天检查包干区和教室卫生三次（早上、中午以及下午眼保健操时间），提醒值日生按时打扫……可是，另一部分学生虽然认领了岗位但是并不做事，有些提醒以后做一下，不提醒又忘记了。为了激发每一个岗位责任人的做事积极性，我们商量以后由各个岗位责任人制作一张岗位名片，贴上本人一寸照片，写上岗位名称、岗位职责。岗位名片的制作不仅进一步内化了岗位职责，还能让每一个岗位一目了然，帮助学生牢记自己的岗位，有助于提醒学生做好岗位工作。

第三步是布置班级岗位墙。

学生制作了岗位名片之后，我们在教室醒目的地方制作了一块班级岗位墙。班级岗位墙由学生一起动手，师生共同制作完成（见图1）。

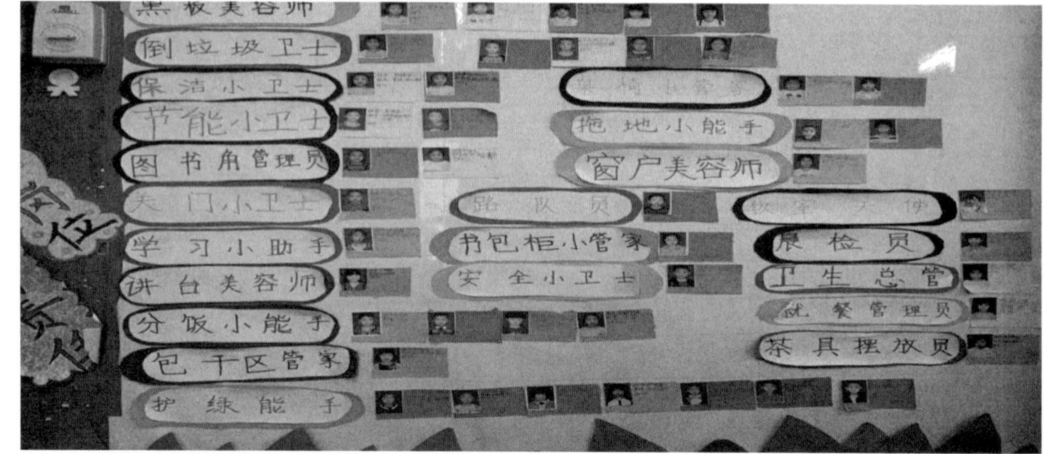

图 1 师生共同制作完成的班级岗位墙

好看的岗位墙和好听的岗位名称大大激发了学生的岗位服务热情。各个岗位责任人每天做好自己的工作以后就在班级学生名单后面画上一颗五角星,认真工作一周就可以获得一张笑脸粘贴在岗位墙的个人名片上。每月一总评,累计达到四颗五角星的学生被评为本月岗位之星,颁发表扬信,并将照片粘贴在教室门外“我们的榜样”光荣榜上。

(三)第三阶段:岗位升级

二年级是同类岗位组合小队的班级,到了三年级要组织起由各个班委牵头的管理部门或管理小组,逐渐形成班长主持下的班级核心组织。[12]因此,无论班级和个体,都要有一个整合性的提升。班级要在二年级小队建设的基础上,建构班委管理下的班级组织,培养小干部的策划能力,加强小队间的合作,让班级成员在立体性的班级关系网络中形成新的定位。[13]

到了三年级,我们班的班级岗位也进行了全面调整,将二年级独立的一个个岗位整合成了九个部门:指挥部、学习部、体育部、宣传部、后勤部、绿化部、纪律部、宣传部、卫生部。将班干部也放入岗位中公开竞聘,各个部门设立部门负责人,由部门负责人引领本部门的岗位责任人开展岗位工作。

指挥部由班长和中队长担任部门负责人,成员为班级六个小队的队长。指挥部为班级岗位的核心部门,统领各个部门开展工作。各个部门互相监督,在实践一个月后,后勤部的分餐管理员自成一个部门,取名“儿童营养部”,负责每天中午的分餐工作。我将班级各个岗位设置成表格,打印出来粘贴在教室公告栏上,又利用一节课的时间对所有岗位责任人进行培训(见表 2)。

表2　三(1)班班级干部和岗位(或其他组织)设置一览

部门名称	部门组织结构	具体负责人	岗位职责
指挥部	中队长	姝含	负责每周班队会的开展
	班长	佳颖　梓卿	负责统筹管理各部门工作,引导工作方法,实现班级自主生活
	各小队队长	雨思　浩东 易轩　嘉佳 涵韵　姝含	(1) 各方面表现突出,成为本小队同学学习的榜样; (2) 每天早上收齐作业,交给各个科代表; (3) 带领本小队成员参加班级各学科比赛,认真学习、有序排队、认真上课等; (4) 积极组织小队活动; (5) 协调好小队成员之间的关系,团结合作,互相帮助,共同进步
学习部	学习委员	博韬	(1) 负责统筹各学科代表协助同学们完成每天每一门学科的作业,并及时上交; (2) 下课时提醒同学们准备好下节课要用的学习用品
	各学科代表	语文:嘉佳 数学:浩东 英语:禹菲　怡诚 科学:雨思 美术:思瑜 计算机:冉朗 音乐:楚臻	(1) 负责分发作业,做到准时、准确; (2) 负责抄写当日作业在小黑板上; (3) 负责收发各科作业,实事求是地统计作业情况; (4) 对于本学科成绩有困难的同学组成爱心小组给予帮助; (5) 提醒同学下课时间准备好学习用品; (6) 协助体育部长带队去多功能教室上课
组织部	组织委员	易轩	负责带队,要求队伍行进时静、齐、快
	路队管理员	煜浩	排队过程中提醒同学保持队伍整齐、安静等
	红领巾监督员	灵叶	每天早上和眼保健操之前检查全班同学红领巾佩戴情况,并给予帮助

(续表)

部门名称	部门组织结构	具体负责人	岗位职责
卫生部	卫生委员	雨馨	(1) 负责督促各小队值日生认真完成教室、包干区卫生; (2) 负责包干区卫生检查与整改; (3) 负责大扫除卫生工作安排
	教室管家	涵韵	(1) 负责督促值日生打扫教室卫生,每天早、中眼保健操时段检查; (2) 负责教室里的一切卫生督查工作(包括黑板、走廊、讲台、书柜等)
	走廊卫士	力川　小阳	每天中午给走廊拖一次地
	黑板美容师	思瑜　思慧　静雅	每天按时擦黑板
纪律部	纪律委员	梓卿	负责班级早读、课堂、自习课等在校所有上课时段的纪律,统筹安排
	课间小巡警	卓毅	课间,不定期巡视教室,指出不文明的行为并记录,同时发现文明行为告知值周班长,在班内表扬
	课堂小警卫	宇航	上课期间,记录同学们的纪律表现
体育部	体育委员	力川	(1) 负责在校期间所有时段的整队、带队; (2) 协助体育老师组织好体育活动; (3) 运动会期间带领大家有序训练
	器材管理员	泽武	(1) 体育活动或大课间活动时负责领取器材并及时归还; (2) 提醒同学们根据要求准备好体育用品

（续表）

部门名称	部门组织结构	具体负责人	岗位职责
宣传部	宣传委员	柳灿	（1）组织宣传部成员分工合作，协助老师布置教室； （2）和宣传部成员分工合作，抄写当日课程表； （3）定期更换教室黑板报
	文化墙美容师	晓曼	负责文化墙布置、更换等工作
	黑板报出刊人	文茜 勇锐	（1）和宣传部成员一起出黑板报； （2）协助老师完成一些宣传工作
后勤部	后勤委员	嗣豪	提醒后勤部同学完成各项工作
	节能小卫士	俊安	管理好班级电灯、电风扇卫生及开关，做到人离灯关、电风扇关
	粉笔小管家	子佳	每节课后整理好粉笔，送粉笔回家
	走廊美容师	钰琪	负责走廊围栏、墙砖卫生，每天擦洗
	桌椅小管家	紫涵	（1）排队、下课的时候检查同学是否将凳子移到最里面； （2）每天放学后检查桌椅是否摆放整齐； （3）每天早上检查抽屉是否干净整齐
	窗户美容师	雨欣	（1）放学前关好窗户； （2）每天早上打开窗户，并擦好窗户栏杆
	讲台美容师	晓芬	每天早上、放学后整理教室讲台，保持讲台整洁干净
图书部	图书管理员	宇灿	（1）制定班级图书管理借阅规则； （2）整理班级图书，做好借阅登记； （3）保持书柜整洁干净
	书柜美容师	娇雅	
绿化部	绿化委员	若妍	负责班级绿色植物的维护、保养
	护绿能手	湘君	定时定量给班级植物浇水
	书包柜柜长	若妍	（1）每天早上擦一次书包柜； （2）检查同学们书包是否摆放整齐，及时提醒
	“水司令”	涵宁	每天定时换水，保证班级脸盆水的干净

(续表)

部门名称	部门组织结构	具体负责人	岗位职责
儿童营养部	分调羹员	煜浩	负责每天中午就餐时的调羹分发
	分饭菜员	时升　淏琅	负责每天中午的分饭工作
	分汤员	诗雨　若妍	负责每天中午的分汤工作
	餐桌管理员	思瑜	负责每天中午饭后的餐桌卫生检查

(四)第四阶段:岗位调整

每一学期的班级岗位都会出现各种各样的问题,我们会坚持及时发现问题,及时解决问题。二年级的岗位启蒙阶段,在岗位实践两个星期之后,我们就发现了岗位工作中出现的一些问题。在班队会上,我们进行了相应的岗位调整,主要解决了以下三个问题。

(1)“教室天使”由5人调整为1人。“教室天使”总共有5位负责人,大家一致认为人数过多。因为“教室天使”主要负责教室内的卫生以及物品摆放检查,所以工作相对较轻松。因此大家商量以后将5人调整为1人。

(2)取消“包干区管家”这一岗位。“包干区管家”人数过多,每天都会有专门的值日生打扫包干区,并且已经安排了卫生总管负责检查包干区卫生,因此取消了“包干区管家”这一岗位。

(3)增设“指甲美容师”“粉笔管理员”“足球整理员”“卫生工具摆放员”4个岗位。增加的班级岗位都是在日常的班级生活中,学生发现无人管理且需要安排责任人的岗位。

在二年级岗位启蒙的基础上,三年级的班级岗位工作升级成立各个部门,每个部门的各个岗位责任人在部门负责人的协调领导下开展各项工作。无论是部门负责人还是其他岗位责任人,都是学生自主上台竞选的,也就是说所有的岗位都是学生自愿选择的。但是很快又出现了问题,部分学生虽然心里接受自己的岗位但是不能坚持每天工作,部分学生的在校表现得到全班同学的质疑;部分岗位可有可无,没有存在的必要,部分岗位人数不够,部分岗位人数太多。11月14日,在三年级中期岗位评价与改进总结会中,我们进行了调整(见表3)。取消了“课堂小警卫”“路队管理员”“纪律委员”“粉笔小管家”。取消这些岗位的原因主要有两点,一是这些岗位的责任人工作表现不佳,得到全班同学的质疑;二是考虑这些岗位责任人可以认领其他更加适合的岗位。同时,根据班级岗位的需要,我们增补了“门先生”“玻璃美容师”和“书包卫士”,原因是这些班级工作没有具体岗位责任人负责。更换的岗位有“教室管家”“拖地能手”“写课程表人员”。

表 3　中期岗位调整表

岗位名称	岗位责任人	岗位职责	理由
取消的岗位			
课堂小警卫	宇航	记录同学的课堂表现	课堂表现已经有值周班长和各小队队长负责记录
路队管理员	易轩	提醒同学整齐有序排队	由原先的 2 人减为 1 人
纪律委员	梓卿	负责班级纪律管理	纪律已经有班长和值周班长负责
粉笔管家	晓芬	整理粉笔	由讲台美容师顺带整理
更换的岗位			
教室管家	梓卿	负责教室卫生检查	由纪律委员调整为教室管家
拖地能手	宇鑫	负责教室走廊拖地工作	学生主动要求负责拖地工作
写课程表人员	冉朗	负责写每天课程表	学生主动要求加入宣传部
增补的岗位			
门先生	易轩	负责关门开门	这三个岗位都是在实践过程中发现无人管理的
玻璃美容	晓芬	负责擦洗教室玻璃	
书包卫士	宇航	每天早上检查书包是否摆放整齐	

在岗位实践过程中，随时都会发生各种问题，需要变通与调整。如我们班的思瑜同学发现中午在食堂用餐后，部分学生会忘记整理自己的餐桌，她主动要求负责用餐后学生餐桌的卫生管理；姝含发现中午分餐时负责分汤的人手不够，主动要求加入分餐队伍；浩东主动认领每天放学后关电脑的工作等。因此，三年级的班级岗位建设已经超越了二年级一人一岗的局限，实现了一人多岗，部分表现出众的学生已经可以胜任多个岗位。值得庆幸的是，这些身兼数职的岗位责任人能够很好地处理学习与岗位工作的关系，每一份岗位工作都做得很到位。

（五）第五阶段：岗位评价

在岗位评价阶段，主要是对一天、一周、一个月等时段内的学生岗位工作进行反馈，以事实判断和价值判断为内容，给学生个体以有针对性的强化，对学生群体进行整体的教育，并促成学生之间的相互学习。[14] 自岗位实践以来，我们坚持每周一小评，每月一总评。三年级的岗位升级以后，岗位评价主要分部门进行，各个部门在部门负责人的带领下，首先自我评价，接着部门成员之间互评，最后全班同学现场投票评选,现场投票以举手表决为主,有异议的时候需要说明理由,再由其他同学评价是否合理。每天都能主动做好岗位工作的学生就可以获得一个笑脸粘贴在自己的岗位名片上,一个月工作都很出色的学生被评为本月岗位之星,由班主任颁发表扬信。

在真实有效的评价中,学生岗位工作能力越来越强,部分需要提醒的岗位责任人再也无须任何人提醒便可做好岗位工作,部分会忘记工作的岗位责任人再也不会忘记,部分工作特别主动认真的同学能够一如既往地做好工作。越来越多的学生能够同时负责多个岗位的工作。

三、乡村班级岗位建设实践成效

三年级的岗位升级,极大地锻炼了班级学生的工作能力、各个部门负责人的组织领导能力、部门成员间的合作与问题解决能力。为了进一步测定学生在班级岗位中获得的发展,2018 年 12 月 7 日,我从岗位服务过程、个体对岗位的评价、岗位建设成效、个体能力发展等维度进行了问卷调查,发放问卷 44 份,回收 44 份。

通过问卷调查、个别访谈、观察记录等研究方法,可以获得以下一些研究结果。

(一) 学生对班级岗位持支持态度,并乐意为之努力

班上 44 位学生,42 人赞同班级岗位继续开展。大多数学生表示喜欢自己的岗位,并愿意为之努力。从表 4 中可以看出,93.18%的学生表示很喜欢岗位工作,93.18% 的人表示在岗位工作的时候心情很愉快,95.45% 的学生相信自己能够做好岗位工作。从表 5 中可以看出,所有学生都表示为了评上“岗位之星”愿意把工作做好。70.45%的学生已经多次被评为班级“岗位之星”,95.45%的学生认为自己可以做好班级岗位工作。从表 4、表 5 可以得出这样的结论:大部分学生喜欢班级岗位工作,并且愿意为之努力。

表 4　学生岗位工作态度($N=44$)

	很符合/%	比较符合/%	比较不符合/%	完全不符合/%
我选择的岗位是我喜欢的	79.55	11.36	4.55	4.54
我很喜欢现在的这个工作	81.82	11.36	4.55	2.27
在岗位工作中我的心情很愉快	77.27	15.91	2.27	4.55
我能在岗位中做好自己的工作	77.27	18.18	2.27	2.28

表5　学生对待“岗位之星”的态度（N＝44）

	很符合/%	比较符合/%	比较不符合/%	完全不符合/%
为了评为“岗位之星”，我愿意把工作做好	97.73	2.27	—	—
我很在乎“岗位之星”这一荣誉	86.36	6.82	2.27	4.55
我多次被评为班级“岗位之星”	43.18	27.27	13.64	15.91

（二）学生借助班级岗位实现了多方能力发展

通过班级岗位服务，学生的能力得到多方发展。首先是责任心明显增强。如“节能小卫士”小宝一开始每天都会忘记关灯，在老师及其他同学的提醒下现在能够自觉做好关灯的工作。如“走廊美容师”琪琪一开始每天早上都需要提醒才记得去擦走廊瓷砖，两个星期以后无须再提醒，每天都能把工作做好。通过问卷，63.63%的学生表示一开始经常会忘记岗位工作，一个学期以后，93.18%的学生已经能够每天主动完成岗位工作，有93.19%的学生表示通过岗位实践自己的责任心明显增强（见表6）。

表6　学生对岗位工作的自我评价（N＝44）

	很符合/%	比较符合/%	比较不符合/%	完全不符合/%
一开始我经常会忘记岗位工作	36.36	27.27	4.55	31.82
一开始我就会每天做好自己的岗位工作	56.82	18.18	13.64	11.36
现在我每天都能自觉做好自己的工作	75.00	18.18	6.82	—
通过班级岗位，我觉得自己的责任心增强了	79.55	13.64	2.27	4.54

其次是问题解决能力的提高。在岗位服务中，有37位学生表示自己遇到过困难，有7人表示没有遇到过困难。学生遇到的困难主要分为两大类。一类指向岗位工作性质，有不少学生表示会经常忘记工作或觉得工作很累。如部分课代表表示会忘记及时将收齐的作业本交给老师，学习委员会忘记提醒同学准备课前用品。“走廊美容师”表示走廊上硬硬的黑东西很难擦洗，“杯子摆放员”表示一天需要摆放很多次感觉很累。另一类困难是很多岗位承担人表示自己工作了，但是同学不合作。如“红领巾监督员”检查时，总有人忘记戴红领巾；“课堂小

卫士"提醒讲话的同学遵守纪律,但是他们有时并不听;"卫生总管"提醒值日生及时回教室,但是他们不回;"餐桌管理员"表示部分同学吃完饭后不能及时整理桌面。在出现问题后,各个岗位负责人能够通过请教老师、自己想办法等途径解决问题。如每周一岗位评价会上,我会邀请在岗位工作中遇到困难的责任人上台,将自己的困难告知全班同学,并说出期待同学改进的地方。在12月24日的岗位评价会上,"书包卫士"航航指出,部分同学早上放书包的时候常常将书包带子挂在外面,他希望大家能够注意一下,放书包的时候就把书包带子塞到书包柜里。图书管理员小杨指出大家借阅图书的习惯很不好,图书经常东倒西歪,很乱,他一天需要整理多次,希望每一个人在拿书的时候都轻拿轻放,保证图书摆放整齐有序。我也发现,学生的问题解决意识明显增强,遇到问题的时候开始尝试解决问题,而不是抱怨或找老师帮忙。

再次是合作与反思能力的培养。很多部门的工作都需要部门之间的相互合作,如儿童营养部,学生需要相互配合分饭分菜分汤,既要安静又要快速,还得分得平均。他们通常都是采取流水线式的工作模式,在合作中出色完成工作。当然,除了合作,他们还学会了反思自己工作中的不足并提出改进措施,如为了更快地从碗盒里拿出盘子,儿童营养部成员商量以后,每次都由分菜的同学先数出45个盘子,再由分汤的同学数出45个盘子,这样既避免了混乱,又提高了工作效率。有90.91%的学生表示在岗位服务中,学会了与同学合作,有93.81%的学生表示在岗位服务中,学会了反思,有95.45%的学生表示在岗位服务中学会了解决问题(见表7)。

表7　学生在岗位服务中学会的能力(N=44)

	很符合/%	比较符合/%	比较不符合/%	完全不符合/%
在岗位服务中,我学会了与同学合作	75.00	15.91	6.82	2.27
在岗位服务中,我学会了反思	75.00	18.81	—	6.19
在岗位服务中,我学会了解决一些问题	61.36	34.09	—	4.55

最后是岗位工作能力的提高。二年级岗位启蒙时,每人只认领一个岗位,三年级岗位升级后除每人担任一个班级岗位工作外,有14人身兼多个岗位。担任1个岗位的占68.18%,担任2个岗位的占20.45%,担任3个岗位的占9.09%,担任4个岗位的占6.82%,担任5个岗位的占4.55%。班上有31.82%的学生负责

两个及以上岗位工作，学生的岗位工作能力较之二年级时有明显提高。

（三）学生在班级岗位服务过程中提升了自我价值

通过班级岗位服务，学生自我评价明显提高，不仅认可自己的岗位，也认可自己岗位的重要性以及在班级中的作用。如我们班二年级的岗位之星“书包柜保洁员”小妍和“桌椅小管家”涵涵，三年级的时候拥有优先选择岗位的权利，她们俩都选择了原先的岗位。当问及原因时，小妍说，那是她喜爱的工作，她觉得不辛苦。涵涵说，每天放学后整理桌椅，这样教室才会更加整齐。小妍和涵涵表示，当自己的工作得到老师和全班同学的认可时，心里很开心，觉得自己在班级中很重要。

学生在班级岗位服务过程中提升了自我价值。有68.18%的学生认为有了班级岗位，觉得自己在班里很重要，95.45%的学生认为自己对班级是有作用的，97.73%的学生认为自己的岗位很重要，95.45%的学生认为自己的岗位是不可缺少的（见表8）。班级岗位给班上每一个学生提供了为班级服务的机会，在岗位工作的过程中直接提高了学生的班级认可度，对自我价值的认可，这对乡村学生尤其重要。对于一些学习比较落后，学业上成绩不是很理想的学生来说，班级岗位的出现有着极其重要的价值，能够帮助学生在班级中找到存在感与归属感，能够让他们感觉到自己很重要。

表8　学生对岗位服务的自我认可度（$N=44$）

	很符合/%	比较符合/%	比较不符合/%	完全不符合/%
有了服务岗位，我觉得自己在班里很重要	68.18	27.27	—	4.55
我觉得我对班级是有作用的	75.00	20.45	4.55	—
我觉得我的岗位很重要	75.00	22.73	2.27	—
我认为我的岗位不可缺少	75.00	20.45	2.28	2.27

学生对自己的岗位工作认可度较高。如果给自己的岗位工作表现打分，10分为满分，全班同学的岗位表现平均分值为7.86分。有34.09%的学生给自己打了10分，有18.18%的学生给自己打了9分，有13.64%的学生给自己打了8分，也就是说，有65.91%的学生给自己打了8分以上。从中可以看出，大部分学生对自己的岗位表现认可度较高，极少部分学生对自己的评价较低。

四、乡村班级岗位实践模式与反思

(一)乡村班级岗位实践模式

我们班一年多的岗位实践模式可以用图2表示。

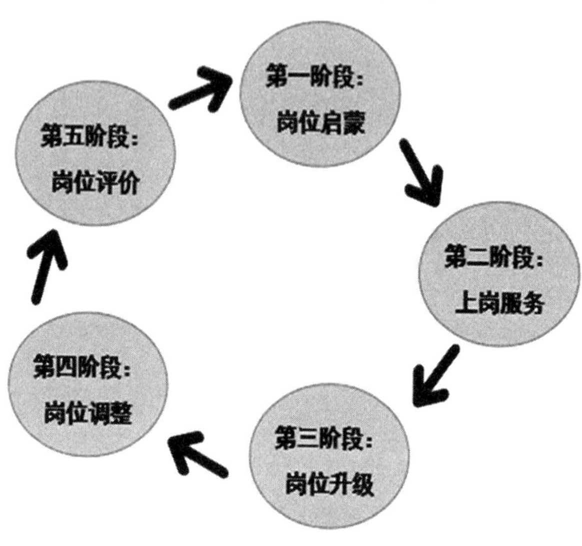

图2 班级岗位实践步骤

三年级的班级岗位在二年级岗位服务的基础上进行了调整,将班级岗位与班干部队伍建设有机融合,成立了以班长、中队长为部门负责人的指挥部,指挥部里的成员由各个小队的队长组成。这样,班级岗位就形成如图3所示的关系。

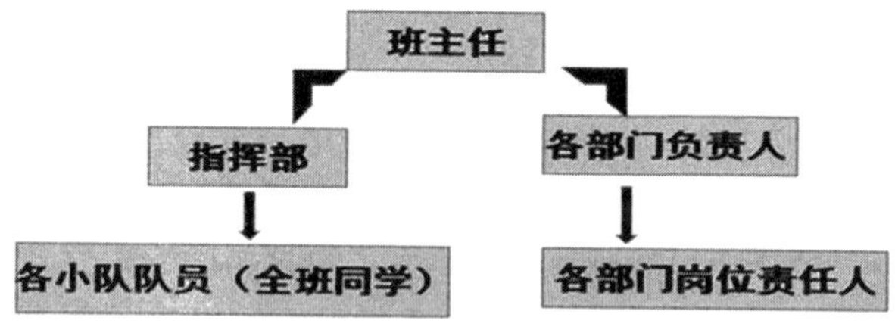

图3 三年级班级岗位关系

(二)乡村班级岗位实践反思

这是我和学生第一次一起在班级开展岗位建设工作,通过岗位建设我看到很多学生责任心越来越强,工作能力也越来越突出。但是我们班级的岗位建设还存在很多的问题。

首先,如何实现岗位评价的丰富多彩?我们班岗位评价形式较单一,以部门内互评与全班评价为主,那么能否实现自我评价、同学评价、教师评价、家长评价等多维评价的结合呢?尤其是作为乡村班级,家长们最重视、最关注的就是学生学习成绩,班主任如何引导家长参与到班级岗位建设工作中来呢?可以有哪些途径引导家长去关注除成绩以外同样重要的学生自我能力的培养呢?

其次,如何实现岗位之间的有效轮换?我们的班级岗位实践以开学初的认选为主,除了小调整外,并没有实行换岗、轮岗等制度,如何有效地进行岗位轮换,让班级里的学生尽可能多地体会不同的岗位,从而获得不同岗位带来的发展呢?

最后,如何借助班级岗位实现乡村学生高端素养的培养?毋庸置疑,乡村学生最终会和城市学生一样走向社会,成为社会公民。乡村学生需要和城市儿童一样,获得各类核心素养、高阶思维与能力发展的机会,需要能融入未来的公民社会并承担责任。乡村班级岗位工作恰好能够让学生在岗位工作中实现与人合作、与人交往,学会解决问题,从而习得一些工作生活方式。"岗位设置和班委会选任上,班主任需认识到:班级管理工作是让管理、制度本身成为一种重要的教育力量,培养每个学生的社会性与个性有机的健全人格和自我教育能力。帮助、促进每一个学生更好地认识自己和实现主动发展,是班主任工作的最高价值,让学生淡化做干部就是当官的思想,增强自己的公共意识,服务意识,创造条件锻炼每个学生在不同范围和任务驱动下,提高策划、组织和协调能力;在积极、主动的班级生活中,形成自己的责任与义务意识。"[15]乡村岗位建设工作有助于学生社会性的发展,但是仅限于班级岗位工作是远远不够的,如何将班级岗位升级,延伸到学校岗位、家庭岗位甚至社会岗位中,逐步培养乡村学生的社会能力呢?这将是我今后研究的一大重点。

"把班级还给学生",每个学生都有参与班级管理、为班级服务的机会,从中锻炼、养成会合作、善组织的社会能力和健康人格。[16]在接下来几年的班级岗位中,我将更加积极有效地组织学生参加岗位轮换、竞选演讲、投票选举、竞争上岗等班级日常生活。由此,将班级管理的权利真正还给每一个学生的同时,也为乡村学生社会意识和能力的发展提供实践的舞台。

参考文献

[1][6][7] 叶澜."新基础教育"论——关于当代中国学校变革的探究与认识[M].北京:教育科学出版社,2006:311;309;310.

[2][8] 张鲁川.高中走班制改革背景下对"班级"本体价值之思考[M]//中国班

主任研究.北京:北京大学出版社,2017:107;107.

[3][4][5][9][10][11][14] 李家成.班级日常重建中的学生发展[M].福州:福建教育出版社,2015:174;175;174;175;177;177;178.

[12][13] 李家成,王晓丽,李晓文."新基础教育"学生发展与教育指导纲要[M].桂林:广西师范大学出版社,2009:171;170.

[15][16] 张向众,叶澜."新基础教育"研究手册[M].福州:福建教育出版社,2018:226;227.

“小美”如何成就“大美”
——以班级小主人行动为例

崔文静*

摘　要：在当代社会，学校不仅要让学生学习广博而实用的知识，还要重视培养学生的美德。美育作为教育中不可缺失的一环，需要融入教育的全过程。班级小主人行动旨在为学生搭起了一座通往“美”的桥，以“小美”成就“大美”；学生通过亲身参与体验班级岗位建设，将美德内化于心，外化于行，进而成就美善人格。

关键词：学生　班级建设　小主人　美育

师者，所以传道授业解惑也。“教育应当促进每个人的全面发展，即身心、智力、敏感性、审美意识、个人责任感、精神价值等方面的发展”。[1]我校坚持阳光教育理念，积极营造多样一体、知行合一的阳光生态育人环境，旨在培育全面发展、热爱祖国的阳光少年。在学校的教育理念引领下，我从大处着眼，小处着手，让学生学会自己发现美，欣赏美，体验美，创造美，进而提高自主、专注、合作、表达、创新的能力，最终实现“人人都是小主人，班级处处有大美”的班级愿景。

一、小美引领：渗透美的观念

习近平总书记强调：要全面加强和改进学校美育，坚持以美育人、以文化人，提高学生审美和人文素养。[2]我根据学生的年龄特点，依托“小”活动，从细小的美入手，渗透美的观念，使学生树立审美的意识，进而产生美的情感。

（一）编写小儿歌，培养正确的行为习惯

“少成若天性，习惯如自然”。儿童时期养成的习惯就像人的天性一样牢固，很难改变。通过师生共同编唱小儿歌，共同建立课堂及生活规则，共同提出一系列明确且具体的要求后，学生心里就会有清晰的概念，就会明白自己应该做什么

*　崔文静，北京市房山区长阳镇葫芦堡中心小学班主任，小学一级教师，研究方向为班级建设。

以及如何做。例如,如何将课桌上的物品摆放规范是我头疼的问题之一,我屡次说教无效,但小儿歌“大书放左边,小书放右边,笔袋竖着放中间”却很好地解决了这个难题。师生共同吟唱小儿歌之后,我再带领学生明确什么样的书算大书,什么样的书算小书,并示范摆放一遍,学生就能真正理解怎样才算正确摆放。

21天后,习惯才算真正进入了“稳定期”。学生们一旦跨越此阶段,就等于完成了自我改造,这项习惯也已经成为他们学校生活中的一个有机组成部分,并会主动将类似的习惯带到日常生活中,进而熟记于心,外化为“行为美”。

(二)进行小评比,营造积极的班级氛围

日常的小评比,可以让学生正确理解进取精神,深化对自身价值的认知。每一项小评比都可以用来激励学生不断超越自我,引导他们进行自主思考。比如,“怎样装扮自己才算是真正的美”,我首先提出问题,鼓励他们主动思考,畅所欲言,再引导他们懂得打扮一定要干净、整洁、得体,适合自己的年纪,才能显出美和可爱。然后,每周一在班级内进行个人仪容仪表的小评比活动,渐渐地“小邋遢”不见了,学生们的衣着也愈加干净、得体。学生们真正将其熟记于心,外化为“外表美”。

无数事例启示我们,少年儿童随着年龄的增长和自我意识的增强,开始自觉探索人生和自我价值。作为家长和老师,更应当不失时机地对其进行正确的价值观引导,通过多种方式,激励学生为实现宏伟理想早立大志,在竞争中增强自信心,明确自我价值。

(三)寻找小契机,形成正确的价值观

有一次,一个小女孩向我哭诉,同学把借她的橡皮切成了碎块。我就利用这个契机在班级召开班会,让学生们发表自己对这件“小”事的见解。“橡皮事件”虽小,但学生们的见解却不小。他们各抒己见,在交流中明确是非,辨别善恶,并将正确的价值观熟记于心,外化为“方向美”。

少年儿童是祖国的花朵,是民族的希望。小学时期是价值观初步形成的时期,通过使用适合小学生身心发展特点的教育方式在学生的心中播撒美的种子,树立正确的价值观至关重要。正所谓“凿井者,起于三寸之坎,以就万仞之深”。

(四)树立小榜样,建立正确的典型示范

在班级生活、家庭生活、社会生活中,我和家长引导学生留心观察,发现身边的美。这样每个学生的心中就有了自己的榜样,自然也就有了向上的动力。例如,班级中有个非常淘气的小男孩,在一次主题班会上,轮到他谈谈心中的榜样时,我本以为他会随意敷衍几句,没想到他在简短的发言中却表现出前所未有的认真,我更没想到他能够留心发现别人的闪光点。我的欣喜与骄傲之情油然而生，立马给了他肯定的眼神，意在告诉他“只要努力一定可以做到”。

每位同学都有值得别人学习的地方，学生受到肯定后，这种肯定只会激发他做得更好，就连“小淘气”也在悄悄地朝着榜样的方向努力。每个“小榜样”都成了学生成长道路上的指路人，也成了学生自我反思的镜子。每一个小小的活动，都指引着学生们积极践行美的善举，他们一点一滴的改变，也让我们的班级变得越来越温暖，越来越和谐。

小至一个家庭，大至一个国家，榜样的力量会伴随个人一生的成长。“榜样”是时代精神的传递者、主流价值的塑造者、社会潮流的引领者，而这种观念的传递更是需要从小树立，薪火相传。

二、小主人行动：体验美的幸福

苏霍姆林斯基说：“真正的教育是自我教育。”[3]学生才是真正的主角，只有激发和确立学生的主人翁意识，才能实现他们的自我教育，发挥他们的内在潜能，实现他们的最优发展。只有让每个学生都成为小主人，自觉行动，能动发展，他们才会主动探索美的方法，从而成就美的行动，最终拥有美的态度。

（一）绘制小报纸，成就文化之美

我鼓励学生把自己在生活中的所见、所闻、所想、所学、所感，都写下来，画下来，绘制成一份《班级日报》，每天早上在班级内与大家一起分享。从《班级日报》的展示到评价，学生们都积极投入其中，不断完善，不断进步。量的积累产生质的飞跃，学生的态度从漫不经心到留心观察，从被动阅读到主动悦读，从下笔无语到才思泉涌……学生们在提升自信的同时，也丰富了自我。这样的《班级日报》不仅是学生创造美的体现，也是传递美的载体（见图 1、图 2）。

图 1　《班级日报》

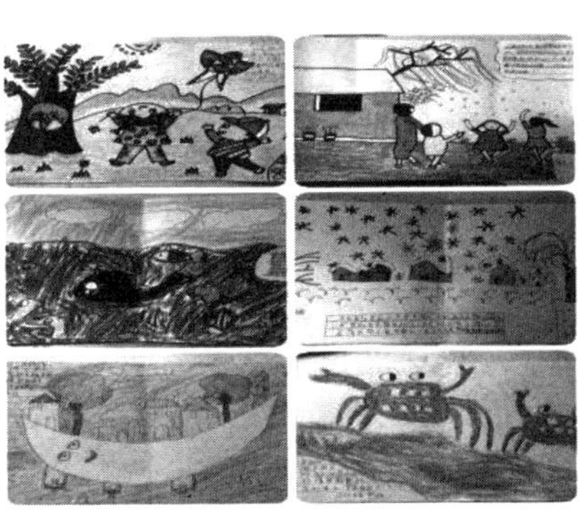

图 2　《班级日报·随笔篇》

(二) 组织故事会,传递正能量之美

除绘制《班级日报》外,我还鼓励学生在班会上讲一讲打动自己的小故事,并把自己从中学习到的、感悟到的道理与同学们共享。学生们用自己喜欢的方式讲述自己喜欢的故事,班级里其他同学在“讲”和“听”的过程中亦受益匪浅,在潜移默化中逐渐树立了正确的价值观。这样的班级故事会不仅是学生传递美的体现,也是分享美的舞台。

(三) 建立小岗位,形成有序之美

学生把班级当作自己的大家庭,共同制定、履行班级公约,承担班级小岗位。班里有个学生,平时比较散漫,学习也不太认真,但是一下课就生龙活虎。我看他精力这么旺盛,便鼓励他来当收作业的小组长,希望他的散漫态度能有所转变。结果,第二天真是出乎我意料,他竟然带病坚持来到学校,在上第一节课之前就收齐了所有作业,并把作业册整齐有序地摆放在我的桌子上。课下我才了解到,其实他妈妈原本想让他在家休息,但他坚持要来学校。他对妈妈这样说道:“我今天第一天当小组长,不能不去,同学们还得监督我呢!”每一个学生拥有了自己的小岗位,他们便自觉承担了一份责任。

“人人有任务”的岗位设计,培养了学生的责任心,更提高了学生的自主意识、实践能力和创新精神。在此基础上,班级随后建立了评价制度,学生真正成为管理班集体的小主人,自觉维护班级秩序,自主管理班级生活。这样的班级管理机制不仅是学生遵守美的保证,也是呵护美的保障。借助班级小岗位建设,学生逐步实现了“有序之美”。

(四) 进行小实践,创造文明之美

我们先后开展了名为“学雷锋,争做文明小学生”“保护环境,节约用水”的公益活动,名为“放我的爱心在你的手上”的献爱心活动,还有创意无限的剪窗花、扎风筝等手工活动,春节(中秋节)做贺卡送祝福的家庭活动等。学生在参与活动的过程中,增强了自身体会,感受了动手意义,领悟了活动精神。通过这些活动,学生们自觉从每一件小事做起,传承中华民族的传统美德,展现感恩美,延续人类文明之美。这样的实践活动不仅是学生奉献美的场所,也是创造美的源泉。

教育社会学理论认为,“班级是一个前社会雏形”。[4]集体的力量是巨大的,它影响着学生的成长。学生要以自我约束为力量,以正确的价值观为方向,充分发挥主体作用,共同营造良好的班级氛围,一起建设健康向上的班集体,实现“文明之美”。

三、大美呈现:创造美的能力

学生通过参与多姿多彩的小活动,从生活细微之处开始,以“小美”育“大美”,逐步做到各美其美,美人之美,美美与共。

(一)班级环境优美

班级是学生学习的主要场所,同学们共同建设班集体,如绘制班级墙、设计评比栏等,从而美化班级环境,打造美丽家园。这些小细节均展现了班级特色和班级凝聚力,营造了良好的育人环境。学生自己营造美的环境,并在这种环境中学习生活。反过来,这种环境又以一种无声胜有声的方式浸润着学生的心灵,对他们的成长起着潜移默化的积极影响。

(二)同学关系纯美

同学之间通过真诚的交往,宽容的理解,友善的相处,筑起了浓浓的纯美友谊之桥。当学生之间真正建立起友爱的关系之后,课堂中经常会响起掌声,还有竖起的大拇指,或鼓励,或欣赏,或安慰……小小的举动传递的是学生们满满的正能量。班级里更不乏诸多动人的瞬间,例如,帮同学系鞋带,给同学的关爱问候,小组长与组员间的团结互助,这些都传递了人与人内心的善良美。

给我印象最深的一幕是:在学生体检的时候,有一项检查要在指尖取血,有个平日很外向的小男孩一直不由自主地往后退。我走到他身边鼓励他:“你看其他同学这么勇敢,你也可以的。”“真的不疼,你肯定没问题。”尽管我的鼓励一句接着一句,但是一点作用也没有。最后,全班同学都检查完毕,在楼道里面排好队,他也没有完成抽血。他觉得不好意思,低着头跟我一起走进了教室,手却迟迟不敢伸出来。时间一秒秒过去,耳边先是传来了一声、两声:“小成,加油!”接着便是全班同学一齐高呼:“小成,加油!”整齐的加油声回荡在楼道里,也一声声回荡在我的心上。它传递的正是同学之间浓浓的友爱,也激励他勇敢地战胜了自己的胆怯,完成了抽血。

(三)师生关系善美

我一直希望每个学生都有积极向上的态度,拥有向善向美的心灵,时时散发积极向上的朝气,给人以欢喜和温暖的希望,从而在班级内形成良好的班风。不久前的一件事,让我感触很深。10 月中旬,天气逐渐转凉,我在讲课时不小心把旁边的水盆踩翻了,鞋、裤脚全湿了,来不及清理湿漉漉的衣物,我便继续接着刚才的话题往下讲。下课后,我坐在椅子上休息时,学生们自发地围了过来,一个接着一个问道:“老师,您鞋都湿了吧?”“老师,是不是特别凉啊?”“老师,您赶紧换双鞋去吧!”……有个学生甚至说道:“老师,您穿多大的鞋啊?我的鞋给您穿。”一句话,一个小小的动作,传递给我的是温暖和感动,那种感动无以言表。当我走出班级的时候,偶然间发现水盆和垃圾桶的位置调换了。原来,在其他同学围着我的时候,有学生默默地把水盆挪了位置。这一幕直击我内心最柔软的地方,难以想象他们是如此细心,拥有如此美丽的心灵。我为善良的他们自豪,我为美丽的班级骄傲。

他们用画笔绘制美,共建美丽班级;他们用真心传递美,共营互助氛围;他们用行动践行美,共享温暖师生情谊。今日,他们播撒真善美,明日他们收获满园香,这一缕花香更将伴随他们一生的人生旅程。

四、心心念美:提升美的价值

“十年树木,百年树人”,以美育人是学生全面发展的需要,是一种培养审美能力的教育。知识教育同样不可或缺,它需要融入教育的全过程,沉淀美,引导美,进而美化和谐、健康的班级。但这不是一朝一夕的事,需要我们长期坚持,不断跟进,在实践中寻找更优的、易于被学生接受的方法,给学生足够的时间去浸润心灵、美化心灵,为心灵涂上“美”的底色,进而将“美”转变为前进的力量,助力学生的成长。

要实现“人人都是小主人,班级处处有大美”的目标,我们需要以生活为源泉,以学生为主体,以心美为路径,以行动为导向。它无关乎时间,无关乎地点,需要从小处切入,在小处落实。我坚信,只要心中有爱,心有追求,每一粒种子都能遇见最美的自己,每一颗心灵之花都能精彩绽放,每一个生命都会尽美成长,继而成长为全面发展、奉献祖国的阳光少年。作为教育者,我们需要守望成长,静待花开。

参考文献

[1] 联合国教科文组织.教育:财富蕴藏其中[M].联合国教科文组织总部中文科,译.北京:教育科学出版社,1996:57.

[2] 马苏薇.人民日报:坚持以美育人以文化人[EB/OL].(2019-05-30)[2019-06-15].http://opinion.people.com.cn/n1/2019/0530/c1003-31109669.html.

[3] 苏霍姆林斯基.给教师的建议[M].周蕖,等译.武汉:长江文艺出版社,2014:143.

[4] 杨小微,李家成.中国班主任研究[M].北京:北京大学出版社,2017:154.

评价助“小雁群飞”

乔海涛*

摘　要：随着班级自主管理的不断推进，评价方式也发生了很大改变。笔者以评价为载体，依托小组发挥“雁阵效应”，在小组评价结构、方式上进行改变与调整，逐步优化评价系统，促进学生自主管理班级能力的提升。班级评价分为三部曲：评价助“小雁起飞”，促成个人评价的建立；评价让每组“小雁竞飞”，发挥组间竞争评价的作用；评价让“群雁远飞”，促进班级自主管理的整体提升。从个人到小组再到班级，全方位地建立起班级评价系统，培养学生自主管理班级的能力。

关键词：班级评价　雁阵效应　自主管理

春去秋来，大雁在飞行时总是结伴而行，队形一会儿呈“一”字，一会儿呈“人”字。班里的孩子们就如同这样的一群“飞雁”，他们是这样“飞翔”的。

开学初的9月份，“学校的足球文化节”启动，第一场比赛正好赶上班主任外出培训。当天下午，孩子们有上场比赛的，有加油助威的，有拍照记录的，还有自告奋勇帮忙在场外捡球的，中场休息给队员送水的。班主任不在时，井然有序是他们“飞翔的样子”。

10月份，学校高年级学生走进了市级大讲堂资源单位——北京园博园，开展了一次完全由学生自己、没有班主任、没有园内带队老师跟队的真正的考验活动。每个班先分成两个小队，选出队长；然后，起队名、画队旗、写队口号，利用GPS完成挑战任务；最后根据任务完成情况获得积分，积分最多的班级获胜。孩子们很快分成了“战狼队”和“神马队”，讨论队徽、口号，接着画队徽，写字好的孩子写队名、口号，并展开了任务。完成任务的过程没能记录，但最后的结果是：孩子们以积分第一的成绩获得了本校区的冠军。团结一致，同心协力也是他们“飞

---

* 乔海涛，北京市房山区阎村中心校班主任，小学一级教师。

翔的样子”。

“自主、团结、协作”他们到底是怎样炼成的呢？除了时间的积淀,笔者行之有效的方法之一,就是通过评价助“小雁群飞”。

就像大家看到的,雁群在天空中飞翔,或是排成人字阵,或是排成一字阵。生物学家说雁群的这一飞行阵势是它们飞得最快最省力的方式,管理学上把这种现象称为“雁阵效应”。笔者带着在班级管理中发挥“雁阵效应”的想法,开始了班级评价的三部曲。

一、评价助每只“小雁起飞”

阎村中心校的办学理念是“勤雅立人”。学校以“勤雅”为核心,把“勤”与“雅”作为学生立身和做人的根本,从培养学生勤奋的行为开始,最终实现由内到外的优雅,进而搭建学生幸福美好的未来。勤雅文化滋养着勤雅少年的成长。培养“勤学雅识、勤养雅习、勤行雅健、勤修雅艺”的自信少年,是学校的育人目标。学校以勤雅争章为载体,设立了勤学章(针对学生的表达、听说、作业等方面的评价)、雅习章(以文明岗、课间活动等行为活动为依据)、健体章(以两操、体育课、体育赛事为评价依据)、博艺章(以社团、市、区、校级艺术比赛为依据),并依照《勤雅少年习惯养成年级培养目标》采取月主题推进的形式,进行日评,周汇总,月总评,以学期、学年表彰等评价方式促进勤雅少年的自信成长。

如何让这套评价机制更好地发挥实效？笔者主要从以下六个方面着手:整合细则,制定公约;群策群力,自主评价;发现问题,完善机制;抓住课堂,主体评价;关注个体,鼓励进步;联系家长,形成合力。

(一)整合细则,制定公约

“勤雅少年争章标准”是分年级段进行制定的。每个学期开始,大家就要一起学习新年级段争章的评价细则,但对孩子们来说,这个学习的被动接受过程实在是枯燥、没意思。通过阅读魏书生老师的书,我发现他是这样做的:“班规是由全体学生共同讨论制订的,同学们可以提议修改或删减。”[1]受这一方法的启发,笔者也尝试让孩子们把争章的细则与班级原有公约有效整合,这一过程发挥了孩子们的创造性,以下是六年级的勤雅争章标准(见表1)。

表 1　勤雅少年争章标准

年级	勤学章细则	雅习章细则	健体章细则	博艺章细则
六年级	(1) 养成有效复习、归纳、整理知识的能力； (2) 增强学习意志力，培养分析问题的能力； (3) 广泛阅读，阅读有方法	(1) 用积极乐观的心态对待生活与学习； (2) 如实向父母汇报学习情况，要体谅父母的苦心，听从长辈教诲，学会感恩； (3) 自觉维护公共秩序； (4) 合理安排有效时间，不去网吧，玩游戏有节制	(1) 坚持晨练，选择自己喜欢的体育活动项目进行锻炼； (2) 保证每天一分钟跳绳不低于10次； (3) 积极参加户外活动，锻炼有方，培养自主锻炼能力	(1) 合理安排社团活动与学生活动，社团、学习均衡发展； (2) 掌握一定的艺术技能，用艺术方式表现生活； (3) 发展特长，并有自己独特之处

六年级的勤学章细则有这样一条："养成有效复习、归纳、整理知识的能力。"孩子们把它改成了可见、可操作的班级公约："每个单元学完，上交自己总结的单元知识点小报。"雅习章中有这样的标准："合理安排有效时间，不去网吧，玩游戏有节制。"这一条还真不好评价。孩子们是这样改的："双休日有自己的活动计划表，安排合理。每次玩游戏不能超过半小时。"如此，高高在上的学校整体的评价标准接到了我们班的地气。不仅如此，我们班形成的公约并非一成不变，它还是一个动态化的班级公约。如体育锻炼一项，就是按照体育抽测的标准，随年级的改变而改变的。

(二) 群策群力，自主评价

评价细则的内容涉及方方面面，由谁来评价呢？班主任、班干部似乎都做不到眼观六路、耳听八方，怎么办呢？

雁群中最重要的是领头雁。飞行中，当领头的大雁累了，会退到队伍的侧翼，另一只大雁则会取代它的位置，继续领飞。[1]受到"雁阵"的启发，班级尝试在"头雁"的变换中建立起评价机制。

起初，每组选出一名小组长。由每组的小组长根据评价细则对本组同学进行个人日评价和周汇总。但是小组长一个人似乎忙不过来、看不过来，对自己的评价也有失公平。所以很快，就改成了每组选出两名小组长，由两名小组长共同评价。小组内选出两名组长，组长互评，再固定评价组内的另外两名同学，这样的模式解决了第一阶段的问题，运用了较长一段时间。但是，这样的模式也有欠缺,主要是提不起被评价的组员的兴趣。因此,我们又进行了改进,每组的六名同学分成两组,每组三人,轮流当评价人对另外的三名同学进行评价(见图1)。这样,全员都是评价人的"自主评价雁阵"就初步建立起来了。"头雁"的变换机制发挥了雁阵效应。

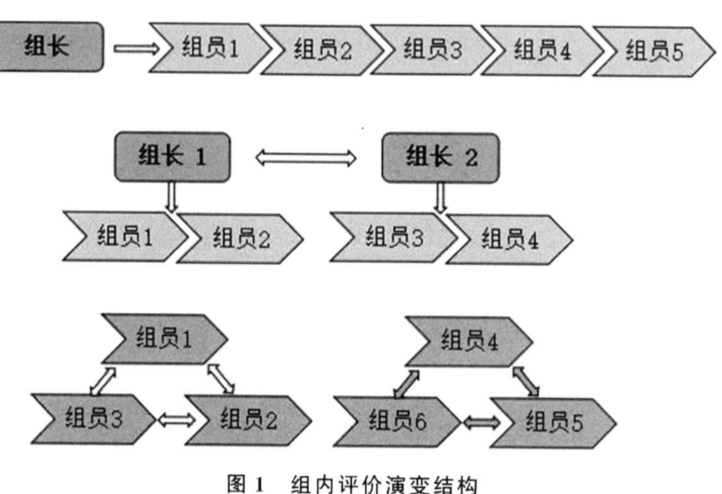

图1　组内评价演变结构

(三)发现问题,完善机制

经过一段时间的评价,学生逐渐熟悉了评价细则以及评价方式,但还是有新的问题出现,如印章的奖励只有两个层次(未达成评价细则要求的学生不得印章,达成的得一枚印章),不能客观地体现出学生的不同表现。针对这一问题,增加了一个奖励层次,对表现优秀的同学实施增加一枚印章的方式,如小测成绩优秀,获得学科教师的表扬,就可以多加一枚勤学章。参加学校组织的体育、文艺等竞赛活动也可以获得相应的健体章、博艺章等。帮助同学,做了好事就可以多得一枚雅习章。这样做体现了对合格与优秀之间的不同的肯定,也激发了他们积极向上的源动力,促进了孩子们从合格的自己成为更优秀的自己的改变!

(四)依托环境,促进评价

"勤而有行,雅而有致"是班级要努力创建的环境文化。具体来讲,"勤而有行"是指通过室内、室外环境的创设来营造一种勤奋积极向上的环境文化。"雅而有致"是指营造温馨、和谐、幽雅、舒适的书香乐园。

注重班级环境文化的整体设计,充分发挥它的育人功能,从而做到"随风潜入夜,润物细无声"的教育效果。在"做最好的自己,创最好的班级"的班级口号下,笔者班级以"勤雅少年,放飞梦想"为主题开展了环境布置,分为播种、萌发、绽放三大版块(见图2)。播种:孩子们都有自己的理想,本版块就以一棵心愿树为背景，展示孩子们播种希望的天地。版块上面有每个孩子的心愿以及月目标，目标达成可以更换新的愿望目标。萌发：这一版块可以看到对学生的学习习惯、行为习惯和体育健康三个方面的细致要求，以个人为基础、以小组为单位的每个月在这三方面的评分，可以说是孩子们点滴成长的记录。绽放：展示了个人和班级在各项活动中获得的奖励，是孩子们努力奋进的成果，也是大家继续努力的动力。班级读书角为我们增添了书香气，这里的书籍有从学校图书馆借的，也有同学从家里带的。孩子们以书为友、以书为师，翱翔在书籍的海洋里。精心养育的植物、整齐的桌椅、有序摆放的物品，干净美丽的环境构成了孩子们学习生活的美好乐园。

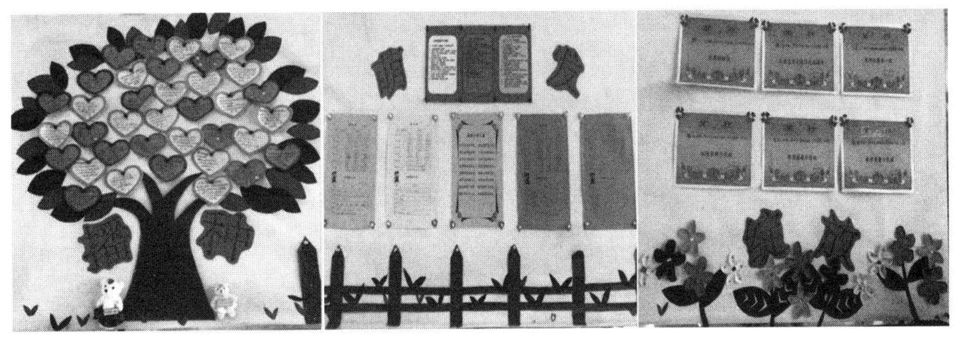

(a) 播种　　(b) 萌发　　(c) 绽放

图 2　室内班级文化展板

室外展示墙是成就学生自信成长的“小小舞台”，主要展示的是孩子们的作品。分为“知雅而雅”“业精于勤”“勤雅少年榜”三个版块。“知雅而雅”以名人名言为主要内容，使学生了解何为雅；“业精于勤，行成于思”是从学生学习思考的角度来讲的。学生最大的任务是学习，而勤奋学习、刻苦努力则是取得优异成绩的前提和基础。只有实现“学与思”的结合，才能实现自身的成长和成才。这一版块主要展示了学生在勤学善思之后而形成的优秀作品，包括孩子们的读后感、好书推荐、读书手抄报、美术作品、剪纸的优秀作品等；“勤雅少年榜”展示的是每学期评选出的勤雅少年的照片，是同学们的榜样。笔者正是以这样的环境布置从点滴处践行着勤雅教育。

一个班级光有其表不行，必须还要有其里。关注班级中良好精神面貌的形成也尤为重要，具体表现在一个班级的整体学风、班风和考风上，这些无形的东西也是班级文化最核心的东西，把它与个人和小组评价有机结合能够促进班级正能量的形成。在班级公约中就有要注意同学间和睦相处等内容。孩子们发生矛盾时,笔者就指导孩子先看看班级公约,引导思考自己的行为,渐渐地他们开始变得宽容,能换位思考。一次次矛盾在一声声真诚的“对不起”“没关系”中得到了化解。

民主是和谐的基础。要建设和谐班级,班主任应该首先倡导民主,利用休息时间多与学生接触,参加学生的活动,引导学生发表自己的意见和建议;班上的制度建设、重大的活动要与同学们一道讨论决定,如班级中的文化讲解员就是全体同学参与评选出来的。在这个评选过程中,孩子们既对班级文化有了一个全面的认识,又有了主动参与权,谁的表现最优秀,谁就能代表班级成为讲解员。孩子们在公平竞争的环境中得到了锻炼与成长。我们的评价更是要基于民主的原则,从一点一滴中让学生受到感化,自然成长。

(五)关注个体,鼓励进步

我校对勤雅少年的个人表彰,主要是利用校内电子屏、校刊、开学典礼、六一儿童节等集中表彰。“勤雅书签”奖励每两个月一次,“小勤雅娃”评价每学期一次,“大勤雅娃”评价每学年一次。可以说,每个孩子都想得到表彰,但有些孩子还不够优秀,尤其是基础差的,虽然进步较大但还是比不过一直优秀的孩子。所以我们针对个人奖励又进行了一些改动,增加每月的奖项形式,如用表扬信、文具礼品(把平时节约箱收集的废品卖掉,用换来的钱买一些学生实用的小礼品)、满足一个合理的小愿望(想带个魔方玩具,休息时可以和同学一起研究进阶)等形式进行奖励。这样做的目的只有一个,通过评价实现关注每一个孩子的发展。

(六)联系家长,形成合力

家长是我们“雁阵”最有力的支持者。有时我们的评价必须依托家长来完成,在进行数学实践活动“设计存款方案”前,老师布置了让孩子们亲自去银行存一次款,并搜集有关利率方面的信息的前期活动。孩子们的表现怎么样呢?这就需要家长来进行评价了。在“家长大讲堂”活动中,几位家长教孩子们打烧饼、打糖饼,但这些活动绝不能只停留在学会做的层面,所以我们特意安排了给家长献饼的环节,在这个环节中,让孩子们对家长说几句心里话。在场的家长笑容满面,听着孩子们感恩的话语心里更是甜滋滋的。后续又安排了延伸活动:在家里做糖饼,献上糖饼的同时对家长说几句心里话。让孩子们用实际行动和真诚的话语来表达自己的感恩之情。照片中家长们那一张张满意的笑脸是对孩子们最真的肯定。家长评价每次都是在微信群里反馈的,一般设立三个选项标准:A.未完成;B.已完成;C.完成较好。另外,还包括家长的建议。有位家长在活动中这样反馈道:“这样的学习和实践活动,让孩子们做到了多动手,多操练。谢谢老师给孩子们这样的锻炼机会。”

这种全方位的个人评价达到了让“每只小雁”张扬个性的成长，为“小雁起飞”以及评价的第二部曲的开始拉开了序幕。

二、评价让每组“小雁竞飞”

个人评价的数据是小组评比的依据。小组的“小雁竞飞”由此开始。

(一) 基于数据，建立组间竞争

每个月结束，“头雁”进行月汇总，将每个同学各得几枚印章进行总结，并算出每组队员共得几枚印章，在展板上张贴本小组的月总评评价表。小组的竞争由此展开。一段时间后，孩子们发现有的小组不能公正地评价自己的小组，有失公平，所以全班针对这个问题对评价“雁阵”进行了调整。由组内互评改为了组间互评(见图 3)，以进行更为公平的小组较量。

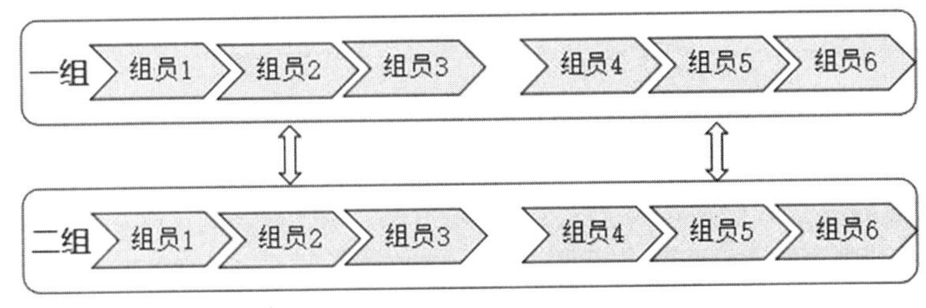

图 3　组间评价结构

(二) 设立奖项，促进小组竞争

有竞争就要有结果，学校没有设立小组评比，所以也没有相关的奖励。基于小组而进行的评价，表彰方式就要进行必要的补充。经过同学们的讨论，班级又添加了一些新的奖励方式：获得前两名的小组可以集体每人加一枚印章或拥有一次参加活动的优先选择权(优先选择值日任务或观看节目优先选座位等)的奖励。小小的奖励大大地促进了小组竞争的形成。

(三) 通过“鸣叫”，获益小组竞争

飞行的雁群中，大雁的叫声热情十足，能给同伴鼓舞，大雁用叫声鼓励飞在前面的同伴，使团队保持前进的信心。[1] 班里的“雁儿们”又是怎样“鸣叫”的呢?

他们在班里的微信群中这样“鸣叫”：“小宇，你的语文作业没补完，今天补齐了，明天赶紧交给我!”“小利记得先写作业!”……主动督促同学补作业、写作业，争取全组都得到勤学章。家长会上，小组长这样“鸣叫”：“小刚学习、体育都挺好的。就是不怎么爱劳动，早晨做值日来得晚，我们有时都扫完了，他才来。希望你能早点来。”“小斌上课爱思考问题,在小组交流时,他的想法是我没想到的,挺让我佩服的。但是作业写得就不够好了,有点乱,希望你在这方面多注意。”……他们对本组组员进行评价,有理有据,忠言逆耳却不失坦诚。可以说小组长对本组组员的评价是全方位的。孩子们从小伙伴的口中看到了自己。家长们也从不同的视角完善了对自己孩子的认识。他们有时还会发出鼓励的“鸣叫”。有这样一个孩子,课上不敢发言,怎么办?大家就给他出了个主意,每天让他大声地读书,发在班中的微信群里,增加他的行动力与学习自信,就这样有了一点点进步。在一次次课上的不语中,同学们没有嘲笑他、抛弃他。在他每天的录音文件后,是同学们发给他的点赞的大拇指!他所在的小组也选他当升旗手,只因为要鼓励他的坚持!

“雁阵”中的孩子们从帮助小组同学争章,到后来慢慢地理解与鼓励同伴。评价让每组小雁学会了公平竞争,又将“互助友爱”的种子播种到孩子们的心里。

(四)动态调整,适应小组竞争

孩子们一直在发展变化,所以班里的小组评价也必须适应其发展,作动态调整。如小组长的轮换或替换、组内角色的互换、组间成员的互换等。一成不变容易让孩子产生倦怠等问题,所以我们用动态的方式进行评价,以变应变。此外,孩子们在成长中一定会有起伏,教师应该正视这种起伏,不要奢望即刻见效,科学思考、勇于实践、不断摸索与改进,最终都会获得智慧的结晶。

在经历了“每只小雁起飞”“每组小雁竞飞”的过程后,班中的“雁群”不会再偏离方向,因为有优秀的“头雁”带领,“头雁”的产生从指定到竞选,再到轮换,各个都具有领袖的品质。班中的雁阵也更加稳固与神秘,说它稳固,是因为它集聚了每个人的力量,在不同的活动中,不同特长的队员就会成为组长引领前行。说它神秘,是因为它的变幻莫测,不光有组内的变化,有时也会打破小组界限,让有特长的队员或小组引领另外的小组,促进全班的整体水平的提升。

三、评价让“群雁远飞”

“雁儿”展开翅膀,“雁群”组阵飞翔,毕业季的他们即将“远飞”。笔者为他们设计了这样的毕业课程。

(一)寻找昨天的我——与感恩同行

六年来,孩子们从天真的幼童成为现在青春蓬勃的少年。这期间与母校、与老师、与伙伴发生了许许多多的故事。这些小故事见证着他们的成长历程。4 月份,班级以“感恩”为主题,开展,演讲评比。以小组为单位,每个小组以“我的成长记——我与母校”“我的成长记——我与老师”“我的成长记——我与伙伴”为内容做演讲，适当搭配图片或自制 PPT 等。邀请了校领导、家长、学弟学妹参与，根据演讲准备、演讲内容、演讲现场效果进行星级评价，评出一、二、三等奖，并给予了奖励。目的是通过评价，让学生懂得感恩母校、感恩老师、感恩伙伴，并将感恩之情深埋于心底，伴之“远飞”。

（二）完善今天的我——与责任同行

今天的“我”是怎样的？很多孩子对自己的认知是模糊的、美化的、极不客观的。5 月份，班级开展了一次“照镜子”的活动。主要是自己调查“家长眼中的我”“老师眼里的我”“伙伴眼中的我”“我眼中的我”等，通过调查，完善学生的自我认知，使之更加客观、全面地认识自己，了解自己有哪些不足之处，需要改进之处，进而开展小学毕业前“我还要做件事”的实践活动，包括为学校、为班级、为老师、为同学做件事，每完成一件得到一枚纪念印章，用实际行动明责任。

（三）展望明天的我——与梦想同行

6 月份我与孩子们一起诵读梁启超的《少年中国说》：“故今日之责任，不在他人，而全在少年。少年智则国智，少年富则国富，少年强则国强，少年独立则国独立，少年自由则国自由，少年进步则国进步……”希望孩子们有所感悟，胸怀大志！开展“给未来的自己写封信”的活动，分别写给“初中的自己”“高中的自己”“大学的自己”，以此形式展望自己的未来，追寻自己的梦想，飞向更广阔的天地。

孩子们将进一步通过活动与评价，学会感恩，完善自我，展望未来！随着孩子们小学毕业，雁阵评价也即将结束，但雁阵评价给孩子们带来的自主、互助、团结、勇敢、担当等优秀的品质将会陪伴他们前行，让他们做真正的自信少年，踏上远飞的征程。

参考文献

[1] 魏书生.班主任工作漫谈[M].桂林：漓江出版社，2014：63－64.

全方位多举措提升农村学生自信心

李瑜清*

摘　要：自信是成功的第一秘诀。在农村学校，很多孩子不自信，不敢肯定自己。结合自己的经历和教学实践，笔者形成了一套以培养农村学生能力，提升他们的自信为目的的班级管理理念。首先，为每个学生搭建平台；其次，大力培养班干部；最后，激发后进生潜能等。上述措施提升了农村孩子的自信心，让他们学会了认识自己，发现自己，肯定自己，从而更自信地去追逐梦想。

关键词：农村学生　自信力　潜能生

参加工作17年，笔者一直在农村教学，发现农村孩子有一个共同特点：自信心不足，自我认可度不高。两分钟的自我介绍，能大大方方口齿清楚说上三句话的学生不多，能主动请缨为班级做贡献的学生少之又少，能拍着胸脯敢于承认自己很优秀的学生更是寥寥无几。从他们身上，我看见了曾经的自己：走路永远低着头，从不问老师一道问题；两次高考，都因紧张而生病，导致两次失利；参加优质课大赛，竟两腿战栗，大汗淋漓，大脑一片空白。为了能站稳于讲台，我逼自己成长，无数次跌倒，无数次爬起，最终越来越自信，能力也越来越强。与此同时，我也形成了自己的带班理念：培养自信，提升能力。我坚信：自信是一点一滴的成功和他人对自己的肯定及自我肯定累积起来的；能力是在一次一次的课堂活动、课外活动中锻炼出来的。李希贵在《教育艺术随想录》中说："学生获取自信的前提，应该是唤醒自己的潜能，发现自己的天赋，展现自己与众不同的才能。所以说，教育的根本任务是帮助学生唤醒自己，发现自己，最终成为自己。"[1]在教育教学中，我搭建多彩平台，唤醒、培育、提升学生自信，为他们插上腾飞的翅膀。

---

* 李瑜清，河南省洛阳市伊滨区李村镇第一初级中学班主任，一级教师。

一、搭建平台，让每粒种子都发芽

（一）把讲台变舞台，让每个人都动起来

在班集体里，每个学生都希望找到自己的位置，实现自己的价值。但不逼自己一把，怎么知道自己有多么优秀？我把讲台变舞台，通过开展"说说我自己""我是最棒的""我的偶像""我为班级做贡献""毛泽东诗词朗诵""金龙拍拍操表演"等活动，让每个学生都有机会站上讲台，发现自己。看他们由语不成句到滔滔不绝，由扭扭捏捏到上个厕所也忘情地朗诵，学生的自信心一点一点地建立起来，我的脸上也乐开了花。

在这个过程中，最让笔者欣慰的是我班的小舒同学。她成绩优异，性格温和，颇具大家闺秀气质。可她竟从不发言，从不表现自己。开学初的小组舞台秀，她紧张得手足无措。一次作文展评课，我再三鼓励，她竟像豁出去了似的，鼓起勇气，主动朗读了自己的作文。当她用颤抖的声音读完，我问她："为什么要上讲台？"她攒了好大劲，说："我想逼自己一把，挑战一下自己。"我说："看看下面的同学们。"半天，她羞涩地抬眼，望向同学们。"害怕吗？"她说："不怕。"我鼓励她："下次敢不敢再上来？"她紧闭双眼，大声说："敢！"这次之后，同学们说小舒像变了一个人似的，变得自信了，阳光了。看着她，我由衷地感到欣慰。

把讲台变舞台，让每一个学生都动起来，让每一个学生都能看到自己。

（二）把岗位变舞台，让每个人都被需要

在班级管理中，笔者极力倡导：人人有事做，人人为班级做贡献。能力强的做大贡献，能力小的做小贡献，最起码不是零贡献。我常鼓励学生：一件事会干，就好好干；不会干，就学着干；干多了，也就会了。学期初，我先阐释我的班级管理理念，争取得到学生和家长的认可；再设置岗位，制定标准，公开招标，落实到人，捆绑评价，抱团成长。无论是班委，还是课代表小组长，甚至是窗帘管理员、接水员等，都在自己的岗位上，尽职尽责，成为独一无二的自己。

笔者任教班级的李同学，学习基础差，常不遵守班级纪律，笔者鼓励他当纪律监督员。同学们私底下说：他连自己都管理不好，怎么能管理别人？可他犹豫了一下，竟答应了。所有人包括我在内，都替他捏一把汗。可他每天早自习、上午上课、下午上课、晚自习前，都站在教室门口考勤，一天 4 次，一周 5 天，天天如此，周周如此，没有一次懈怠。因此，他被评为每周人物冠军，得到了同学们的认可。之后，他对自己又提出了更高的目标——考高中，课堂上，瞪大眼睛听讲，认真做笔记，主动和小组同学交流，成绩也进步许多。还有我们班的讲桌管理员雅丹同学,由一个默默无闻的小姑娘,一跃成为课代表、小组长;瑞莹同学,由一个说话就脸红的女生,成长为一个优秀的课代表,并立志要考重点高中。一个小小岗位,让同学们感受到了前所未有的被需要的感觉,品尝到了成功的喜悦,也因此更自信了。

(三)走出去,让生命怒放

为培养学生自信,提升学生能力,我们开展了丰富多彩的活动,并放手让学生直接参与其中。跳蚤书市、趣味运动会、清明节烈士陵园扫墓、家乡一日采风、春季踏青、五四青年节经典诵读比赛等活动的开展,让学生走出了课堂,绽放出自我风采。

记得第一次放手让学生举办春季趣味运动会时,学生撰写的方案上交后,我们甚感欣慰:这份方案基本上是原创,有很多的可取之处。虽然有班主任担心活动是否能够顺利进行,但我们还是坚持放手让学生自己去办一场属于自己的运动会。

趣味运动会分为入场、比赛、颁奖三个环节。入场除了由全班同学参与的路队表演外,要有1分钟的班级介绍,2分钟的啦啦操表演。当入场方案宣布后,班主任们立即炸锅了,流露出了畏难情绪:我们是农村学校,孩子们见识少,老师们也不会呀,怎么进行啦啦操表演?结果,啦啦操表演一个班比一个班精彩。比赛有接力赛、两人三足跑等8个项目,每个项目至少8个人参加,每个项目如有一名老师参与,可以为本项目成绩加1分,参与老师人数不能多于学生人数;每个项目的组织、裁判、计分等只能是学生,老师只负责安全。因为是趣味运动会,人人皆可参与,为了让每个项目凑够成员,有些学生参加了好几个项目,为了给本班多加分数,课代表们带领几个好友,到处邀请老师参与班级项目,老师们盛情难却,也纷纷放飞自我,和同学们肩并肩手拉手,驰骋赛场,欢笑声在操场上空回荡。为了营造气氛,入场由专人主持,比赛期间校广播站站长也组织各班宣传员及时采编新闻稿件,及时播报本班的突出事迹,不仅锻炼了学生编写能力,也极大地鼓舞了运动员的士气。一天虽然短暂,但是让我们再次见证了学生们自主管理的能力,也发掘了学生的能量,让学生看到了最精彩的自己,自信心急速增长。看着同学们的笑容,老师们说得最多的四个字就是"没想到啊"。

给学生一个舞台,让学生发现不一样的自己,看到自己独特的价值,也可以培养学生团队协作能力,组织能力,宣传能力,处理突发事件的能力,从而让他们有勇气和信心接受更大的挑战。

德国哲学家雅斯贝尔斯曾说:"真正的教育是用一棵树去摇动另一棵树,用一朵云去推动另一朵云,用一个灵魂去唤醒另一个灵魂。"[2]其实,教育不仅仅是教给学生知识，更是唤醒学生，发展学生，激发学生内在巨大的潜能，让他们更加自信并有能力去迎接未来。

二、挖掘培养，让每个班干部都精彩

有些老师说，我看了许多班主任管理的书籍，也认同学生的自我管理理念，可我的学生怎么就不如别的班的学生呢？教师不仅要教给学生知识，还要担负起育人的责任。每接到新班，成立班委之后，笔者选择放手，但培养学生所付出的精力远比自己做要多得多。有些事，也许自己几分钟就能搞定，教会学生却可能需要几十分钟，甚至更长时间。就比如召开运动会培养裁判，如果对象是老师，也就需要几分钟时间简单分一下工即可，可培训学生却花费了几天的时间，就连安排项目、讲解比赛规则、如何发令、如何打分、违规裁定等也都要一一培训。再如笔者班级的大事小事，基本上都由班主任助理协调布置，从日常的检查到期中期末考场的布置，笔者可能仅仅交代一句即可。可培养的过程也是漫长的。最初笔者会给班主任助理做示范，与他一起思考需要考虑的项目，一条一条列出来做安排。第二次就放手班主任助理协调班委来做，我负责验收。第三次第四次亦如此，遇到问题及时解决，并记录，积累经验。虽然难，但笔者在培养班干部、课代表、小组长的工作上却乐此不疲。

对于小组长，笔者不仅培养他们团队协作的能力，还培养他们始终保持绝对优势，在小组内起到领头雁的作用；帮助他们把 2 号组员培养成自己的对手，督促自己永保优势；帮助他们把 3 号组员培养成自己忠实的追随者，紧跟自己的步伐，持续进步；帮助他们把 4 号组员培养成自己的得力助手，帮助自己管理好小组。

对于课代表，笔者不仅培养他们以小组为单位快速收发作业的能力，把小组交作业的速度和完成质量作为评价小组依据，也鼓励他们熟知教学进度，熟悉教师的授课风格，课前带领班级同学预习或复习，课后收集疑问，帮助老师为同学们答疑解惑；同时组织成立学习小组，各小组根据情况或查漏补缺或攻克难题，共同朝 100 分迈进。课代表在引领全班同学共同进步的同时，也要提高管理能力，增强自信，以成为老师们不可或缺的得力助手。

对于班干部，笔者除了提供平台外，更是不遗余力地培养其管理能力。对他们的培养，绝不是一日之功，而是循序渐进的。接新班之初，笔者会明确课代表、小组长的职责，每天进教室观察他们的职责履行情况，发现问题及时提醒。两周之后，组织课代表、小组长针对培训内容进行反思，做得好的学生继续，做得不好的学生及时改进。每个月,笔者都要根据情况组织一次问卷调查,落实课代表、小组长职责履行情况,收集管理过程中出现的问题,及时帮助他们解决。学期临近结束,组织课代表、小组长进行经验交流,评选“十佳”。通过对课代表、小组长的循环培养,极大地提高了他们的管理水平,也让他们在这个岗位上,创造出更精彩的自己。

记得有次笔者任教班级一名同学违纪,被处罚,家长十分不满,在上课的时候就骂骂咧咧地推门进教室闹事,我劝他出去先听听孩子们的声音。笔者让班主任助理南同学带领班委和这名同学所在小组的小组长以及其他成员介绍了他在班内的表现,介绍了事件的来龙去脉,然后由班委综合评价了这名同学,既肯定了他的优点,又恰当地指出不足,这样,家长消除了误解,也接受了惩罚。课后,家长见到笔者,对班委赞不绝口。这是笔者作为教师的莫大幸福。

给学生搭建平台,培养他们胜任各自的工作。在成就学生的同时,也成就了自己的梦想。

三、关注培育,激发后进生潜能

在一味追求成绩的班级和学校中,后进生几乎是被忽略的。魏书生老师常说:“后进生有上进心,也能上进。”[3]其实,后进生身上也潜藏着巨大的潜能。

(一)后进生也上进

每个人都想得到他人的认可和肯定,包括后进生。在大多数人的观念里,后进生不求上进,不思进取,错误百出,屡教不改,甚至被认为是“朽木不可雕”。可实际上,后进生也有一颗上进的心,也渴望得到鼓励,渴望自信地成长。

中午自习时,任课老师交给笔者一个影响上课秩序的学生,我一看,气不打一处来,我已经和这个学生交锋过多次,每次都“嗯嗯”的承认错误,一再保证不犯错误,可依然屡次违纪。笔者深吸一口气,问他怎么了,他一五一十地给笔者讲了事情经过。等他说完,笔者随口说了句:“我批评过你多次,在班里你应该算是差生了吧?”谁知,这个学生挺了挺身子,大声说:“老师,我不是差生。”笔者说:“不是差生,是优秀生?”他低下头,迟疑了一下,小声说:“我不是优秀生,我是潜能生。”“哦,什么是‘潜能生’呢?”我故意逗他。只见他一本正经地说:“差生不想进步,潜能生能进步,您看吧,下次考试,我一定能进步。”

随后一次考试过后,他高兴地跑来告诉笔者“成绩进步了 14 名”。他眼中闪着自信的光芒。

(二) 后进生也有大智慧

俗话说:“智者千虑,必有一失;愚者千虑,必有一得。”当后进生打开心扉,也能发挥出无穷的创造力。

笔者非常清晰地记得一个女学生,中等个儿,眼睛大大的,像洋娃娃,天天到老师办公室告状,人缘不好,可就是这个学生,却成为我的“一字之师”。当时教学生巧记生字,很多学生把“戒尺”的“戒”写错。我们都在冥思苦想怎么让大家记住这个字最后有“一撇”。这时,那名女生站起身说:“老师,那一撇不就相当于手中的尺子吗?还可以当成是戒尺划下来的弧线呀!”是啊,多么完美的解释,从此,笔者和学生再也没有把这个字写错。从这件事后,那名女生脸上出现了光亮,到办公室打小报告的次数越来越少了。

一个小小的举动,让这位后进生变得更自信,更有神采了。

(三) 后进生也是能人

代春利老师在《“聪明的差生”现象浅析》一文中说,后进生在学习之外“似乎变成了另一个人:说话办事或参加各种活动时机智灵活,颇有能力”。[4] 作为老师,我们应该重视和培养这类后进生,提升他们的能力,提高他们的自信心。

笔者在班级管理和做教导主任期间,格外关注后进生,除了人人有事做外,还“无中生有”一些事情,给后进生搭建展示自己的平台。记得学校举办的“跳蚤书市”结束之后,笔者以此次活动为话题,组织全校学生进行作文比赛。每班5篇,稿件交上来了,笔者没有麻烦老师们来编辑,而是让班主任推荐一名有一定电脑基础的学生来担任此项工作。同学们陆续来了,其中有一个是班级里的差生,不学习,只上网,在老师和同学们眼中可谓一无是处。进行简单沟通之后,他开始编辑,中午放学,笔者让他保存之后下午上课再来接着编辑,当笔者中午吃过饭走进办公室时,他已经在教务处工作了,一直到下午放学,他坐在电脑前,一动不动,排版、修图、插图、插入艺术字、搭配色彩,专心致志,精益求精。我提醒他课间到外面休息一下,他嘴上答应,却没有起身,一直忙到晚上10点。前后修改十多次,不厌其烦,直到样稿出来。

第二天一早,我审查通过后,在第一页责任编辑后面郑重地写上了他的大名,并安排他组织几个学生把作文粘贴到展板上进行展览。看到老师和同学们在展板前驻足浏览,啧啧称赞,那个学生脸上流露出喜悦和幸福。而最幸福的应该是老师,还有什么比看到学生的笑脸更幸福的事情呢?

有句话说,给点阳光就灿烂。这句话来形容后进生再恰当不过了,他们极容易满足,看见他们,给他们一束光,也许就会点亮他们整个人生。

很喜欢顾城的一句诗:草在结它的种子,风在摇它的叶子,我们站着,不说话,就十分美好。

我愿,成为那个能给予学生光亮的人。

我愿,为学生搭建舞台,让他们尽情舞蹈。

我愿,为学生插上腾飞的翅膀,让他们自信地飞得更高。

参考文献

[1] 李希贵.教育艺术随想录[M].北京.中国人民大学出版社,2017:112.

[2] 雅斯贝尔斯.什么是教育[M].邹进,译.上海:生活·读书·新知三联书店,1991:3.

[3] 魏书生.班主任工作漫谈[M].北京:文化艺术出版社,2011:215.

[4] 代春利."聪明的差生"现象浅析[J].山东教育,2002(32):6.

乡村学习后进生的转化策略及实践反思

伍　文*

摘　要：党的十九大会议明确提出乡村振兴战略，振兴乡村的关键在于振兴乡村教育。因地域、经济、家庭、社会等因素，乡村学习后进生作为一个群体的出现，必将影响班级建设、学校教学质量及乡村教育的发展。针对学习后进生小科，乡村班主任Y老师根据该生情况，抛出了八张牌，成功使小科爱上学习，成为一名学习上进的好学生。乡村学习后进生的转化经验，对乡村教育具有重要的价值与借鉴意义。

关键词：乡村振兴　农村教育　学习后进生　转化研究

2017年，东北师范大学中国农村教育发展研究院发布的《中国农村教育发展报告2017》显示，2016年我国义务教育阶段在校生1.42亿人，其中城区4 756.6万人，农村地区(镇区+乡村)9 485.78万人，农村在校生占全国在校生总数的三分之二。[1] 2003年，国务院出台了《国务院关于进一步加强农村教育工作的决定》，文件明确了农村教育在全面建设小康社会中的重要地位，把农村教育作为教育工作的重中之重，作出了全面推进乡村素质教育的决定。[2] 乡村地区因地域、经济、交通等因素的影响，教育资源相对贫乏，乡村教育水平也较为有限。在数量庞大的农村学生中，学习后进生的问题和数量日益增多，也因此制约着我国乡村教育整体水平的提升，成为乡村教育者共同忧虑的严峻问题。

笔者从教6年来一直担任乡村班主任，在自身班级管理的过程中，以李家成的《家校合作指导手册》为理论依据，以赣州市赣县一所乡村学校小学部六(2)班的学习后进生为研究对象，从乡村班主任班级建设的角度，更新班级管理策略，不断在行动中探索新的方法，以缩小乡村学习后进生的群体比例，以点带面，为

*　伍文，江西省赣州市赣县湖江中心学校一级教师，江西省赣南师范大学在读研究生，研究方向为乡村教师职业发展。

乡村学校进一步有效转化学习后进生提供可操作的策略,形成有关乡村学习后进生转化的实践经验,为同类学校提供可参考的模式。

小科就是这个班的学习后进生,活泼、好动、爱运动,思维活跃,为人仗义,是班上同学的“老大”,在班上有一定的“影响力”,但学习成绩不佳,学习态度也不端正,自控力很差。

一、乡村学习后进生的现状分析

《教育大辞典》把“后进生”定义为思想品德发展上距离教育目标的要求较远,在思想行为上存在较多的缺点,落后于一般学生的学生。[3]因此,本文认为学习后进生是指在一个班集体中,相对于优生,学习成绩差,思想认识不高,行为习惯不良、纪律差的学生。学习后进生主要表现为:一是心理发展障碍;二是学习上感到较大困难;三是自尊心较强,自控能力差;四是意志薄弱,不思进取,是非观念不强。[4]笔者通过对学习后进生的调查,发现造成这一状况的原因很多,如自身的原因、家庭的原因以及学校的原因等。

(一)学习基础差,缺乏学习动力

小科学习成绩不佳,究其原因,是学习基础较差,学习态度不端正,如经常不交作业,午休爱讲闲话等,且意志力薄弱,自控力差,导致学习毫无目标、怕吃苦、没恒心、没自信、厌学等比较严重的缺乏学习动力问题。因此,对学习不感兴趣的小科经常带领其他的后进生在班上“大施拳脚”。这使得老师和家长都感到非常厌烦。

(二)家庭教育缺乏,家庭管理缺位

对孩子产生直接影响的就是家庭,家庭是学生成长的第一个课堂;家庭的不和睦,家庭成员之间的不良行为,都会对孩子的心理产生不可泯灭的影响。小科的爸爸在广东打工,妈妈每天忙于打鱼、卖鱼、种菜和卖菜,鲜有时间管教小科。Y老师多次和小科妈妈电话沟通反映小科的情况,小科妈妈也表示很无奈——自身受教育水平有限,不知道如何去引导和教育小科;最多的教育方式就是责骂;对于作业,就是口头问问是否有作业、是否写完,并不能真正检查其完成情况。

(三)学校应试教育,学生遭边缘化

学生在4～18岁期间,大多数的学习时间都是在学校里度过的。幼儿园时期主要是一些简单的认知和学习,真正的思维方式、价值观的树立,是在小学时期开始的,可见小学教育对学生影响的重要性。当下国家倡导关注学生核心素

养，培养会学习、有责任、有担当、会创新的全面发展的学生，但仍有些学校片面追求升学率，加上一些乡村班主任教育理念的落后和教育方法的不当，对优秀学生经常表扬，对表现稍差的学生缺乏耐心，导致后进生跟教师的距离越来越远，最终带来后进生的增多。

(四) 社会不良风气对学生的影响

在网络发达的今天，上网获取信息成为学生学习的重要途径之一。它在带来便利的同时，也传播了一些消极思想。这些思想冲击着不成熟的小学生的心灵，给他们的心理成长带来不良影响。小科喜欢玩手机，经常沉迷网络，这给他的成长带来了很大的影响。

二、乡村学习后进生的转化策略

针对乡村学习后进生小科的情况，Y 老师抛出了八张“牌”，对其进行转化。

(一) 家校牌——家校共育促进学习后进生的转化

小科在校十分顽皮，经常不写作业，也经常受到 Y 老师严厉的批评。这天下午第一堂课是 Y 老师的语文课。Y 老师像往常一样，询问午休作业情况。结果小科因为贪玩没有写作业。于是，Y 老师在班上又严厉地斥责了小科。这次严厉的斥责引起了小科家长的重视，于是，特邀 Y 老师和校长到小科家商讨小科教育问题。只见小科的家人齐围着饭桌，小科一直蹲在满是碎纸片的角落里。

小科妈妈：“Y 老师，我知道我的小孩调皮、不懂事，不写作业的确不应该。我们也知道您是为了他好，不然不会那么生气地批评他。他经常说在学校不开心，被老师批评了。但是，他毕竟是一个孩子。您还年轻，没有做过母亲，您可能体会不到做母亲的辛苦与艰难。他是我的孩子，我会难过、心疼他。批评孩子有个度，我们平时会批评他，但也不会这么严厉。”

校长：“嗯，是这样的，大家坐在这里，都是为了同一个目的——为了小科好，为了让他有更好的发展。老师也不会害他，大家都是一个乡镇的人，都是亲戚。如果您宠着自己的孩子，对您的小孩也没什么好处，其他老师知道情况后，教育您的小孩会有所顾忌的。当然，也会影响 Y 老师的发展，可能对她一生都会造成不好的影响。既然大家坐在这里，就好好地商量怎么解决这件事！”

Y 老师：“首先，要谢谢阿姨这么体谅我，也谢谢您点醒了我，不应对孩子用这么严厉的批评方式，让我意识到了自己的教学行为和教学方法真的需要改进。其次，对于小科，我还是会像以前一样认真教育，不会放弃他，不会对他不理不睬。除此之外，你们作为家长，在家里也要监督他的学习情况。高年级的学生，每天都会有家庭作业。语文每天都有预习生字词和读课文三遍的作业,并且要让家长签字。不光我们老师在学校里要教育,你们家长也要起监督和督促的作用。学校里这么多学生,老师的精力和时间都有限,不可能每天都关注到他,所以更多的是你们家长在家里要多多地协助老师教育好孩子。当然,我也会尽量多关注他的学习、思想动态。只有这样,才能真正从根本上更好地解决学习上的问题。如果有什么情况,我们可以随时打电话沟通、交流。"

小科妈妈:"谢谢老师的理解,我们定会好好监督小科在家的学习情况,积极配合老师的工作!"

事后Y老师一直反思:面对一个学习后进生,为何说教、责骂的教育方式并不能起到作用呢?到底什么样的教育方式才能真正从根本上改变学习后进生的状态呢?

(二)思想牌——思想启迪促进学习后进生的转化

第二天,Y老师单独找到小科,和他进行了一次深刻的谈话。首先,Y老师就昨天下午的事情客观陈述了她的观点和立场;其次,对昨天的教育方式向小科道歉;再次,剖析这件事的根源——未写作业;最后,分析小科不写作业的原因。从学习目标、学习习惯、个人优点、学习意志力、学习基础这五个方面进行思想启迪、疏导。

Y老师:"我想问你一个问题,你来学校的目的是什么?"

小科低着头,回答道:"学习。"

Y老师:"既然你的目的是学习,是来学习知识的,那你的学习态度还像以前三、四年级那样,天天和那些不读书的人玩在一起,作业不写,上课不认真,午休讲闲话,课间和别人打架吗?每个人要有自己的目标,老师也有自己的目标。有目标就要付诸行动,不是一句空谈。老师心里非常希望和期待看到一个全新的你,不管是在学习上,还是在和同学的相处中。你知道你身上有一个班上其他同学都没有的优势吗?那就是你的悟性高,思维敏捷,老师一点你就通。除了这个,你还很仗义,很乐于助人。班上其他同学只要有困难,你都愿意帮助他们,并且号召其他同学一起加入,很有凝聚力、领导力。老师希望你的这个凝聚力和领导力,是朝着好的、正面的方向发展,而不是像以前那样打架、骂人、玩,成为不学习、不写作业,违反纪律的影响力。其实。老师心里都清楚,你也想变好,只是有的时候自制力较差,自己控制不了自己的行为,所以才会这样,对吗?"

小科:"是这样的,老师。我心里也知道来学校是读书的,也想学好,但就是有的时候控制不了自己,就想玩。加上之前的基础不怎么好,所以对学习没什么信心!"

Y老师:"你已经12岁了,心智比班上的同学更成熟,你能明白老师的这番话和这份心吗?话说到这里,剩下的要靠你自己去领悟。你愿不愿意改变,你想不想变好,你想不想把学习成绩提上去,让大家对你有一个全新的认识,这些完全取决于你自己,没有人会强迫你。但是,昨晚这件事,对我也印象深刻,让我也学到了很多,反思了自己的教学方式和方法。老师希望,我们大家一起改变,一起进步,好吗?"

小科:"老师,我知道了。谢谢您!"

(三)制度牌——制度规范促进学习后进生的转化

制度规范是转化学生行为的重要方式。Y教师与小科进行思想沟通后,认识到对学生的管理需要一套有效的管理方式。于是她提出了"五字管理法",即读、做、听、说、写。Y老师从整体、宏观的角度,对班级管理尤其针对学习后进生做了以下工作。

读——阅读班级管理书籍。Y老师在仔细阅读魏书生《班主任工作漫谈》后,先将全班58人自由组合为4~6人一组的12个小组,并由组员自己给本组取一个名称。然后,各小组进行PK,分别从早读、上课发言、午休纪律、午餐排队秩序、课间安全、作业收交、卫生、考试成绩、背书、路队这10个方面进行评比。

做——选班干、明细职责。指定专门的总负责人,成立负责人成员小组,规定详尽的评分细则和具体落到实处的实施操作要求,并且尽量让小组成员中的每一位同学都能各司其职,人尽其才。坚持一个原则:职位不重叠,且相互监督。班主任要求他们以身作则,起带头示范作用,从学习、纪律、卫生、礼貌方面严格要求和约束自己。

听——班会汇报,奖罚分明。利用每周一下午班会的时间,各个负责人上讲台向全班同学汇报上周的情况,评选前十名。同时,到月底进行月评比。以组为单位,在班上按名次颁发奖品以资鼓励。奖品分为奖状和学习用品。奖状分为团体奖、个人进步奖、优秀班干部奖三种。并且要求每组成员把各自的名字写在奖状统一的区域,最后按名次高低粘贴在教室的宣传栏里。学习用品类的奖品有个性笑脸橡皮、竹子书签、书扣针、创意长颈鹿尺子、特色药丸圆珠笔。按单元测试和月考成绩奖励排名前十的学生和有进步的学生(标准是提高1分以上皆为进步),奖品为精致小笔记本。平时家庭作业按时完成且准确率高(90分以上),字迹端正的学生,可以酌情加分,5分为最高分。这些做法,旨在激励每位学生喜欢读书。

说——明确班干部职责。Y老师特意对所有的班干部进行了培训,引导他们如何更好地实施任务、如何更好地处理突发事件,尤其是对违反纪律、不服从管理的学生，对他们的处理情况进行了现场模拟和探究。班主任引导学生从大局出发，以创建优秀班风、学风、礼貌风为宗旨，促进大家共同学习和发展。这充分调动了班上大部分学生的积极性。

写——制度的文字化。将班级各类管理规定落实到文字，张贴在班级相应位置，让学生能对照落实。

（四）班干牌——班干部约束促进学习后进生的转化

Y 老师特意指派小科担任午餐排队秩序负责人。理由有两个：第一，按照长善救失德育原则，因势利导，利用小科活泼、好动、有一定凝聚力和领导力的特点，帮助他树立信心，调动他对班级管理的积极性；第二，借用班干部的身份，以制度和职责来严格要求和督促他，帮助他克服意志薄弱的缺点。

（五）点赞牌——点赞激励促进学习后进生的转化

只要一有机会，Y 老师就捕捉小科的闪光点，在班上公开表扬他，尤其是他上课积极回答问题时。渐渐地，小科的积极性提高了。在每周一的班会上，其关于午餐排队秩序的管理的汇报，让大家心服口服。更可喜的是，在小科井然有序的管理下，午餐排队秩序得到了校值周老师的公开表扬。方案实施的第一周，Y 老师把“优秀班干”的奖项颁给了小科。

（六）网络牌——网络宣传促进学习后进生的转化

除了在班级公开表扬小科之外，Y 老师还充分利用网络的作用，如校讯通、微信班级群以及美篇等，把小科每次在班上各个方面进步的情况发至群里。在微信群和校讯通的推动下，小科的家长从之前不关注孩子的情况到每天坚持关注、询问孩子的在校情况，尤其是在外打工的小科的爸爸，通过网络与 Y 老师及时交流与沟通，建立了心与心相连的信任感与支持度，达到了家校合作、实现共赢的目的。

（七）集体牌——集体激励促进学习后进生的转化

在 Y 老师和网络的帮助下，小科整个人的工作状态越来越积极，但不足的是家庭作业经常不写。于是，Y 老师单独和小科进行了一次深度的思想对话。首先，Y 老师肯定、赞扬了小科的进步，尤其是在午餐排队秩序的管理上，对他取得的成绩表示赞赏和高兴。同时，也给他提出了所面临的问题——作业不写。Y 老师把同学们对他的评价和期望告诉了小科，同学们都一致认可他的进步和改变，也希望他能够及时交作业。

Y 老师：“作为学生，第一要务就是学习。学习就要不断地巩固知识，光上课发言不写作业，知识没法得到及时的强化，成绩最终还是要靠书面考试体现出来。在保证学习的前提下，又能出色地完成午餐排队秩序的管理，这样的班干和人才,才是我们大家所推崇的。”

(八) 方法牌——方法引导促进学习后进生的转化

为了更好地帮助小科提高学习成绩,Y 老师让小科加入了后进生的“早读辅导小组”,要求他每天早上 7 点半准时到学习地点,接受统一的学习安排。考虑到小科的基础薄弱,Y 老师专门指定了基础知识内容,主要以听写词语和古诗词背诵为主,先让小科自己订正,然后给负责人检查,最后给 Y 老师审核把关。老师会询问他的学习状态和进度,不断地激励他,帮助他解决学习上的问题。

从那以后,慢慢地小科不但会认真地写作业,而且也非常积极地交作业,学习成绩由 40 分提高到了 60 分。小科在 Y 老师的指导和同学们的帮助下,不管在学习还是纪律上,都有显著的改变。方案实施的第二周,Y 老师把“个人进步奖”的奖项颁给了小科。从那以后,小科真正从一个后进生转变为一个主动愿意学习的学生,一个老师的得力助手,同学们心中的好“老大”。

三、乡村后进生转化的总结与反思

小科从后进生转变为优秀生的事件,让我陷入了深思:到底是什么因素让一个厌学、违反纪律、爱和同学打架的后进生慢慢转变为一个有组织力、领导力,会按时写作业、上课认真发言的学生?笔者对 Y 教师的经验总结如下。

(一) 巧抓思想动态

日本作家土光敏夫曾说:“一个没有理想和目标的人,在思想上往往偏于保守,在行动上常常想维持现状。”[5]在人的一生发展之中,影响一个人的至关重要因素就是他的思想。对于一个小学五年级的学生来说,他正处在活泼、好动、好强、好表现的年纪,自主意识和个性发展意识也在逐步上升。但是,他的学习基础较差,学习态度不端正,意志力薄弱,自控力差。所以,只有从他的思想入手,慢慢地启发他、开导他,因势利导,抓住闪光点,才能引发他在学习方面的积极性,并且树立他的自信心,让他觉悟到来学校的目的是学习,让他从心理上接纳学习,悦纳自己,相信自己可以做好学习这件事,明白提高成绩的方法就是要端正学习态度和改变学习习惯。

(二) 关注情感教育

印度诗人泰戈尔说:“爱是理解的别名。爱是给予。给予温馨,给予支撑,给予放飞。给予是多维的,立体的,无孔不入的。给予是至诚的,纯粹的,没有条件的。给予是无私的,圣洁的,不讲回报的。”[6]老师在每个阶段、不同的时期给予学生持续的关注度,并且始终如一地告诉学生一个信息:老师是为了你好,从始至终都是为了你的发展,不管教学方式方法是否恰当、合理,在你的身上都付诸了老师的一片真心和实意。同时,通过各种谈话,通过委任班干部,通过早读指导,通过每一次的肯定、赞扬、鼓励和激励,不断地激发学生的学习积极性和对工作、生活的热情、信心。这点不正是践行了教育心理学关于学生情感和情绪发展的专业理论知识吗?

(三)实施竞争制度

制度对于一个国家而言,是立国之本;对于一个学校而言,是管理的根本;对于一个班级而言,是纪律之标。

针对小科这类学生的性格,他们在学习、纪律、行为习惯、自控能力上相对较差,意志薄弱,是非观念不强,但自尊心又很强。所以前面先扫除知、情方面的障碍,接下来就是意和行的环节。有的时候,他不是不知道要好好学习,不是不知道要遵守纪律,不是不知道要改变自己,只是因为之前错误的行为习惯和思想意志薄弱,导致自己也没有办法控制自己,同时也没有外在的力量帮助他、引导他。所以该案例中班级教师利用小科活泼、好动、有一定的凝聚力和领导力的特点,充分发挥他的特长和优势,帮助他树立信心,调动他参与班级管理的积极性,让他担任午餐秩序负责人这一个职责,并通过借用他班干部的身份,以职责、竞争机制和班干部制度来严格要求、约束他,督促他和帮助他,使他克服意志薄弱的缺点。

(四)善于赏识教育

赏识源于内心对学生的钟爱,对教育事业的挚爱。没有爱就没有教育。同样也可以说,没有赏识就没有教育。作为教师要能够尊重自己的学生,赏识自己的学生。更重要的是要尊重后进生,赏识后进生。因为后进生缺点较多,思想脆弱,易和教师形成对立。所以教师要多去了解后进生,多去关心后进生,多去找后进生谈心,多去找后进生身上的闪光点,同时要做到少批评、少发火、不体罚。这样自然就拉近了师生的距离,消除了后进生们的逆反心理。

(五)注重因材施教

由于每个学生的家庭环境、社会环境、自身的心理素质和基础不同,每个学生都存在着一定的差异,所以,作为老师,应该辩证、客观、理性、冷静地看待学生。在教学中,应该考虑到学生的个体差异,关注学生的学习基础、能力和水平,结合家庭教育和环境的因素,有的放矢地进行教育、引导学生,而不是千人一面地用同一方法进行施教。

(六)注重家校共育

一个人的成长,首先离不开家庭教育,离不开父母的教导,离不开家风的影响。所以，只有家校结合，相互沟通、交流，才是双赢的结局。家长是最了解自己孩子的人，也是对他们影响最大的人，学生很多习惯都源自模仿、学习家长。所以，当孩子出现问题时，家长不能一味地纵容和宠溺，不闻不问、不作为，这是对孩子的最大伤害。对于学校而言，要及时反馈、评价学生的情况，让家长更加透彻、全面和客观地了解情况，最终的目的只有一个——一切为了孩子的发展！所以，对于小科的转变，家长和老师的一致观念和统一战线，是成功的至关重要因素之一。

（七）让学生主动改变自己

孟子曰："仁者如射，射者正己而后发。发而不中，不怨胜己者，反求诸己而已矣。"[7]意思是遇到挫折时切莫责怪他人，而应先反过来从自己身上找出问题的症结，并努力加以改正。在成功改变小科的因素中，最为关键的因素就是小科自己。小科之前是表现不好的学生，但是，他并没有因此自暴自弃。通过"作业风波"和"家访"两件事，他深刻反省了自己的言行，也意识到所有的一切都源于自身的问题，无论是学校，还是家庭，都因他而起风波。小科的转变，靠的是他的悟性，他的努力，他克服困难的决心和坚持不懈的精神，这些让他真正实现了"反求诸己"，最终实现了"翻天覆地"的变化。

（八）巧借网络教育

大数据时代下的教育，微信、美篇、qq 群等各种电子通信手段，让乡村学校教育不再封闭。通过网络的正面传播与引领，可以让乡村后进生得到持续的关注，让乡村家长在教育孩子方面得到更多的帮助。

参考文献

[1] 人民网.城乡教育"零距离"有多难？[EB/OL].(2017-12-25)[2018-05-20].http://edu.people.com.cn/n1/2017/1225/c1006-29727591.html.

[2] 国务院.国务院关于进一步加强农村教育工作的决定[EB/OL].(2003-09-17)[2018-5-30].http://www.gov.cn/zhengce/content/2008-03/28/content_5747.html.

[3] 顾明远.教育大辞典[M].上海：上海教育出版社，1999:298.

[4] 淑琴.浅析对后进生的教育[J].人间，2015(11):53-53.

[5][6] 刘振远.名言佳句辞典[M].北京：商务印书馆，2016:95.

[7] 孟子.孟子·公孙丑章句上[M].上海：上海人民出版社，1986:4.

野菊花开别样美

陈志苹*

摘　要：小月是我班上一个住宿的孩子，父母离异，家庭贫困，长期和姥姥、姥爷一起生活，缺少家庭温暖的她对人十分冷漠。由于小月表现不好，她在学校里经常被批评，这又加剧了她的叛逆。基于对小月情况的分析思考，我决定用爱来滋养这朵生病的“小花”。在对小月的教育引导过程中，我认识到，对于小月这类叛逆的孩子，只有班主任用真心与真爱呵护他们，他们才能正常“开花”。

关键词：乡村留守儿童　叛逆　关爱　班主任

“走过一地黄泥巴，地上一朵野菊花，枝头花朵正开放，旁边又在添新芽……”每当听到林志颖的这首《野菊花》时，脑海里总是不由自主地闪现当年那个曾经教过的小姑娘的身影。让我们把镜头拉回四年前……

一、再回首

那是一个周一的早上，马上就要上课了，可是班上的小月却还没有来。我刚要给她的家长打电话，就见她急匆匆地往教室跑来。

我连忙问道：“你怎么才来呀？”“老师，给您这个！”小月气喘吁吁地说。这时我才看到，她的手里正攥着一把小野菊。她接着说：“老师，您不是说可以在教室里种花吗？我想种这些野菊花，它们都是我和姥爷刚才在路上折的。”“呃，原来你是干这个才来晚的。”我伸手接过这把小野菊，它们正含苞欲放。小月迫不及待地说：“老师，咱们把它们种在花盆里吧！”“那可活不了！”我笑着告诉她。

“我们可以把她插在水瓶子里，那样它应该能开花。”听了我的话，小月赶紧从班级废品箱里找到一个旧水瓶，然后接满水，很快，便把花插好了。她欣喜地

---

*　陈志苹，北京市房山区佛子庄乡中心小学教师。

自言自语道："过几天，我插的花开了，咱们班就能变得更漂亮啦！"

看到她如此积极的样子，再回想起曾经的她，我不禁感叹："她，真的变了！"

二、叛逆的"小野菊"

曾经，小月是个特别让我头疼的孩子。别看她是个女孩，别看她刚刚上三年级，但她却让所有老师和同学"刮目相看"。

她不爱笑，你几乎很难在她的脸上看到笑容，更找不到这个年纪孩子应该拥有的纯真表情。无论对老师，还是同学，她总是摆着一副冷冰冰的样子。

她也不爱哭。无论你怎么批评她，她都无动于衷。如果偶尔磕着、碰着或受点儿小伤，对她来说也是小菜一碟，一滴眼泪也不会掉。

她总是很叛逆。如果因为犯错被叫到老师面前，也仿佛知道会被批评，就干脆地站在那里，弓着腿，歪着脑袋，斜着眼睛看你，摆出一副无所谓的样子。如果你问她知道做错了什么事吗，她会满不在乎地回答："不知道，反正不是我的错！"那种口气既不屑，又带着挑衅，让人非常恼火。不止一个任课老师告诉我，小月上课曾多次顶撞他们。一次，一位不教她课的老师告诉我这样一件事："别的同学看到我，都主动向我问好，可是小月却在旁边小声嘀咕，老师坏，老师坏……"这位同事委屈地说："我也没教过她呀，她为什么要这样说呢？"听了这位同事的话，我觉得羞愧万分。作为班主任，自己班上的孩子竟然对老师这么不尊重，我真是难辞其咎。当我怒气冲冲地找到小月质问时，她却跟没事人儿似的，随口道："我和老师闹着玩儿呢！"我顿时感到，我和小月之间的距离越来越远，她的逆反心理越来越强了。

她特别不爱学习，上课时不认真听讲，两条腿儿在桌底下晃来晃去；放学后也不完成作业，经常要早晨来学校补。最让人生气的是，老师布置完课堂作业，半个小时过去了，她甚至连笔都没动，只摆出一个架势：不写。

她经常欺负同学。课下谁"招惹"了她，她就会"教训"谁。有时候还会跟同学要文具或食品，不给就偷，简直一个"小老大"。

看到她这种状态，我下定决心一定要挽救这朵叛逆的"小花"，让她尽情开放，绽放她应有的美。

三、不幸的"小野菊"

我想，这朵"小花"一定是生了病，所以才不能按时开放。那么，我就要好好地给她找找病因。

通过与家长沟通,我了解了一些她的家庭情况。

(一)父母离异,给孩子留下了阴影

小月的父母在她很小的时候就离异了。姐姐跟随爸爸生活,她跟着妈妈生活,因此,她对妈妈非常依赖。但是妈妈又长期在外打工,平时她都和姥姥、姥爷在一起。本来就失去父爱的她,又很难感受到母爱,况且,还不能和自己的姐姐一起,她幼小的心灵是多么的孤独和无助呀!她渐渐喜欢上了独处,性格变得越来越孤僻。听她的妈妈说,在假期里,她也从来不爱出去找同学玩,就喜欢待在家里。而且,她对什么都提不起兴趣,不是懒洋洋地靠在沙发上看电视,就是躺在床上发呆。

(二)母亲工作繁忙,疏于对孩子的管教

由于小月的妈妈平日很少回家,所以对小月的关心不够,基本上不过问她的学习和生活。不管小月在学校进步或退步,她的妈妈从不给予鼓励或批评。这就造成了小月对人、对事都是一副无所谓的态度,因为她做得好与不好的结果都是一样的。

(三)隔辈老人教育孩子缺乏方法

小月的姥姥、姥爷由于身体不好,再加上自身文化水平较低,对小月没有好的教育方法,能让她吃饱、穿暖就已经不错了。每次跟老师沟通,她的姥爷都摇摇头,无奈地表示他们根本管不了小月。况且,因为教育观念的局限性,有时候他们也不愿意管。

(四)家庭生活比较贫困

小月的爸爸收入不多,还要养活小月的姐姐,对小月很少提供经济支持。小月的爷爷奶奶体弱多病,也无法给小月经济上的帮助。而小月的姥姥、姥爷长期在家务农,没有收入,身体也都不好。因此,小月一家的经济来源主要依靠妈妈一个人外出打零工,所以她家的日子过得并不宽裕,这也造成了她时常会拿别人东西的不良习惯。

四、爱是最好的滋养

在我眼里,小月多像山坡上那些不起眼的小野菊花呀,尽管被人忽视、冷落,但它们又是那么顽强而努力地生存着。“田边河岸山坡上,野菊丛生花朵黄。处在寒秋时节里,傲霜怒放发清香”,正是它们的真实写照。

基于对小月情况的分析,我认为她的叛逆、孤僻是因为缺少爱。因此我决定要用爱来滋养这朵生病的“小花”。

（一）家长积极关注，让其感受到疼爱

为了让小月能深切地感受到家长的疼爱，享受家庭的温暖，我和她的妈妈、姥姥和姥爷都提前做好了耐心沟通。我建议她的妈妈即使不常回家，也一定要坚持定期给小月打电话，不仅要关心她的衣食生活，还要关注她在哪方面有所进步，并及时给予鼓励。对于她的错误也要明确地指出来，相信她一定能够改正。一到回家的时候，更要通过言语和行动，让其充分感受到来自母亲的关爱。

至于小月的姥姥、姥爷，我则建议他们不仅在生活上，在学习上也要关心和帮助小月。如果小月犯了错误要及时指出来，不能听之任之。

结合人本主义心理学的相关理论知识，我建议小月的家人对小月要给予“无条件积极关注”。我鼓励家长这样与小月沟通：“因为你是我们的孩子，所以我们爱你。但对你××这件事我们不喜欢。”这样小月才能明白，家里的每一个人都是非常爱她的，但她不应该做不该做的事情。

（二）班主任拉近距离，让其感受到关爱

对于小月的教育，我认识到自己以往的教育方法是非常不得当的。她对我和其他老师有敌意，也是因为我们对她总是批评多，表扬少，更不用说鼓励了。除此之外，我还经常当着其他老师的面指责她的错误，这些都深深地伤害了她的自尊心。为此，我要想办法消除我们之间的隔阂。

1. 主动沟通

我时常找机会有意无意地和她聊天，语气温柔地与她交流她感兴趣的事，让她感受到老师对她的善意。在课间，只要看到她在玩跳绳、踢毽子，我都会主动参与，和她像朋友一样开心地玩耍。同时，我也非常关心她的生活。由于她长期在学校住宿，我经常提醒她要根据天气情况增减衣服，询问她在学校能否吃饱。有时她生病了，我也会时时关注她的病情，并帮她冲药。她渐渐地感受到了我的照顾与关爱，开始主动与我亲近。

我还努力寻找她的闪光点。只要她有一点点好的表现或者进步，我就会在全班同学面前“小题大做”地表扬她、鼓励她，号召大家向她学习。即使她犯了错误，我也不会像原来那样大声呵斥她，而是管理好自己的情绪，心平气和地和她讲道理，让她认识到自己的错误。慢慢地，她感受到我是认可她的，喜欢她的。

久而久之，小月对我不再那么有戒备之心了，我们彼此之间架起了信任的桥梁。

2. 建立奖励机制

小月有个非常不好的习惯，就是碰见喜欢的东西就想占为己有。我知道，这主要是因为她在学校住宿,周五才能回家;虽然学校饭菜不错,但毕竟没有什么零食让孩子吃。而小月家的经济条件又不太好,学习用品质量也都不是很好。为此,我私下找到小月,告诉她以后再也不要拿别人的东西了。无论是好吃的,还是喜欢的文具,都可以向老师要。但是,老师是有条件的,那就是要根据她的表现来进行奖励。为此,我利用代币制(见表1)给她制订了奖励办法,来强化和塑造她的行为。

表1　代币制强化行为表

达到的次数或程度	交换的强化物
每天,获得5枚小印章	食品(饼干、山楂卷、雪饼等) 文具(铅笔、橡皮、田格本等)
每周,获得2张笑脸 (注:每10枚印章可换得1张笑脸)	食品(水果等) 文具(大练习本、胶水、尺子等)
每月,获得1张喜报 (注:每10张笑脸可换得1张喜报)	文具(钢笔、彩纸、书籍等)
每学期,获得1张奖状 (注:每4张喜报可换得1张奖状)	文具(文具盒、削笔器等)

为了培养她良好的听讲习惯,我还设计了一张任课教师评价表,而这张表格对小月的转变也起到了至关重要的作用。每次上其他课前,我都让班长把这张表格交给相应老师,让老师上课时注意观察全班同学的表现,一节课结束之后任课老师会对全班同学的表现进行总结,尤其会鼓励进步的同学,并填写"任课教师评价表"(见表2)。

表2　任课教师评价表

时间	节次	学科	表扬	进步
……	……	……	……	……

自从有了评价表,小月上每节课的表现都进步很多。一下课,她都会跑到办公室向我报告:"老师,今天英语课表扬的是我。""老师,今天科学课,进步(一栏)里老师填的是我!"……每天进行放学前的课堂总评时,她都能信心满满地领走一样小礼品。这样,她不但不拿别人东西了,而且更重要的是上课表现越来越积极了。

(三)科任教师有效配合,营造"宠"爱氛围

如果想让小月完全转变,光靠班主任一个人的力量是不够的,还需要其他任

课老师的共同教育。为此，我与任课教师一起交流，探讨帮助小月的办法。最后，我们一致决定，要让小月感受到“宠”爱。

1. 当上小干部

因为有了“任课教师评价表”的激励，所以小月的成绩进步很大，其他老师也都看在眼里。我知道，小月原来就像个“小老大”，因此她特别适合当小干部，更关键的是，她也很愿意当。好几次，她都恳求我让她当住宿生的路队长，只是因为她一直以来表现不佳，我都没能让她如愿。现在我主动建议体育老师让她当体育委员。结果，她如愿当上了班干部，而且干得很出色。她在体育课的表现也更好了，而且与体育老师的关系也拉近了。在管队的时候，她的集体意识也大大增强了。

2. 做个小助手

英语老师是个特别会激励同学的老师。她主动让小月当她的小助手，也经常在课上表扬她，送给她一些小礼物。所以每次在英语课的课间，小月都会第一个跑到英语老师那里，帮助老师拿上课用的教具，并乐此不疲。而且，英语老师还让小月和她一起批改作业。当老师询问她是如何给每个同学评价作业等级时，小月就会解释自己的评价标准，说得头头是道，英语老师都不得不对她刮目相看了。

（四）利用集体的力量，营造友爱氛围

我意识到以前我对小月的批评太多，而且说话过于直接，教育效果反而适得其反。所以，我应该尝试利用“平行教育”的方法，借助集体、同伴的力量来教育她，使她感受到来自集体的友爱。

1. 利用主题班会进行教育

在自我反思之后，我开始尝试改变教育策略。每次小月犯了错误，我都不急于先批评她，而是从侧面去了解和分析她犯错的原因。在对她的错误有了充分了解后，再借助主题班会或者每天的总评等形式进行教育，充分运用集体教育与个别教育的力量，使全班同学都受到教育的同时，也让小月能认识到自己的错误，但又不会伤害她的自尊心，以防她感到只有自己一个人是被教育对象而产生厌恶之情。

2. 发动同伴的力量

小月和同学之间的关系不好，因为她平时总是欺负同学。因此，我借助她住宿的有利条件，让同宿舍的几名同学主动向她表示友好，并在生活中帮助她。在课堂上，我还让小组同学在学习上多帮助她，下课也主动邀请她一起参与活动。这样一来，她不仅与同学之间的关系缓和多了，同时也感受到了同学们对她的帮助,认识到自己以前欺负同学的行为是不对的。

五、"野菊花"变了

经过一段时间的教育,我发现,小月真的变了。

她喜欢笑了。现在她的脸上能看到灿烂的笑容了,在老师表扬她时,在取得小成功时,在课间游戏时,在和同学相处时……

她也会哭了。那次,我和她聊天时,她告诉我她非常想妈妈,眼泪止不住地往外流;参加跳绳比赛时,她因为没有取得名次,也伤心地哭了……

她不再那么叛逆了。她开始礼貌地跟老师说话。即使老师批评她,她也会耐心地听着,不会像往常一样皱着小眉头,摆出一副愤愤不平的样子。我们班每位任课老师都称赞她是这段时间班里进步最大的同学。我和她的关系也融洽多了。那天课间,小月在操场上见到我,突然神秘地塞给我一个东西:"老师,给您的!"我打开一看,原来是一块糖。我心里一暖,笑着问她:"哪来的糖呀?"她答道:"我参加婚礼时拿的。"我刚想推辞不要,她就跑走了。我握着这块糖,真的是百感交集。

她在学习上进步也很大。她上课不但能老老实实地坐着了,而且还经常举手回答问题,每天也能按时按量完成作业。

她和同学关系越来越友好。她不再欺负同学,更不会拿别人的东西,因为她能凭借自己的努力获得礼物奖品了。

虽然现在的她变得越来越好,但我也清楚,她的很多不良行为并非一天、两天形成的,因此指望这一段时间就能完全改变,也是不可能的。但是只要我不放弃她,坚持用爱温暖她,她一定能越变越好,这些良好的行为习惯也一定能够稳固下去。

六、"野菊花"也要呵护

通过对小月的教育与引导,我的感触很深。对于小月这类叛逆的孩子,只有班主任给予他们温暖的阳光,适当的水分,耐心的呵护,他们才能正常开花。

(一) 没有爱,就没有教育

"我决心使我的孩子们在一天中没有一分钟不从我的面部和我的嘴唇知道我的心是他们的,他们的幸福就是我的幸福,他们的欢乐就是我的欢乐。我们一同哭泣,一同欢笑。"裴斯泰洛齐在《与友人谈斯坦兹经验的信》中曾这样写道。[1]

爱是永恒的教育手段。对于那些家庭情况特殊,非常缺少关爱的孩子,班主任要想尽办法,使他们感受到来自家长、老师以及同学的关爱,融化那一颗颗冰冷的心。

(二)家校携手、师生配合才能尽显成效

不关心家长的教育修养,任何教育和教学任务都不可能完成。[2] 如果想转变具有不良行为的孩子,班主任一个人的力量是远远不够的。所以,应采取如家访、打电话、发微信等各种方法经常与家长取得联系,及时反馈学生情况,这才是帮助他们进步的有效途径。另外,与任课教师配合以及发动全班同学帮助他,对转变孩子的不良行为也能起到事半功倍的效果。

(三)"和风细雨"胜过"电闪雷鸣"

在教育小月的过程中,我不断反思自己对她的教育方法,发现了问题所在。每次她犯了错误,我都会非常生气,对她大发雷霆。一开始,她还有些惧怕,但时间长了,她的耳朵也就有了免疫力。这就造成了一种恶性循环:她犯错—我严厉批评—她又犯错—我更加严厉地批评—她产生抵触情绪,故意犯错。而现在,我开始采取不一样的方法,尝试用平和、友好的态度与她沟通,这才是一种有效的沟通策略,她也逐渐消除了对我的敌意。"感人心者莫先乎情,温暖胜于严寒,感化往往胜于压服。"[3] 因此,在和孩子沟通时,"和风细雨"远比"电闪雷鸣"要有效得多。

(四)善于利用强化物塑造良好行为

作为一名班主任,一定要学会做到"左手是爱,右手是智慧"。要研究学生,了解孩子的年龄特点和心理发展规律,采取科学的方法来激发他们的兴趣,强化他们的良好行为。比如,在教育小月的过程中,我就采取了代币制的行为塑造技术,利用强化物作奖品,取得了显著的效果。

七、野菊花开别样美

那天,小月惊喜地指着窗台告诉我:"老师,您看,我插的小菊花开了!"我赶紧顺着她手指的方向望去,果然,那一束野菊花都开了,有黄的,有白的。它们虽不是什么名花奇葩,没有牡丹的雍容华贵,也没有月季的娇艳妩媚,更没有百合的高贵优雅,但却朴素而顽强地开放着。是呀,只要有爱的滋养,倔强的野菊花也能尽显自己别样的美。望着它们,我欣慰地笑了……

时光荏苒,再次回忆往事,不禁思绪万千。作为一名山区班主任,面对那些留守、单亲、住宿的孩子,面对那些性格和行为"与众不同"的孩子,我们应该想方设法地用爱去温暖他们,用心去了解他们,走近他们,呵护他们,这样才能真正地走进他们的内心。我相信,爱是最好的滋养。我也将继续坚持下去,用爱架起一座师生相互信赖的桥梁!

参考文献

[1] 李镇西.做最好的老师[M].桂林:漓江出版社,2006:8.
[2] 苏霍姆林斯基.给教师的建议[M].周蕖,等译.武汉:长江文艺出版社,2014:143.
[3] 刘儒德.教育中的心理效应[M].上海:华东师范大学出版社,2012:116.

乡村学生的暑假生活更新

农村小学生暑假自主学习实践探究
——以武义县王宅镇中心小学“穷琼穹”夏令营为例

蓝燕美*

摘　要：基于暑假大多数农村学生在家无人管教的现状，王宅镇中心小学五年级某班老师组织学生和家长召开了暑期学习生活研讨会。通过讨论，大家一致决定开展“穷琼穹”夏令营活动。活动开展后，学生在活动中提升了生活自理能力，提高了学习主动性，增强了责任意识与家国情怀。同时，学生的核心素养、自主学习能力和主人翁意识也都得到了增强。

关键词：农村小学生　暑假夏令营模式　自主学习　核心素养

暑期，学生们原本应该像“脱缰了的野马”撒开了劲儿玩耍，但随着社会竞争压力的不断增大以及父母工作繁忙等现实原因，课外辅导班和各类兴趣班把学生假期安排得满满当当的，枯燥的文化学习、各种考级让学生疲于应付，极易失去学习的兴趣。

农村的小学生陷入了更为尴尬的处境，一方面，培训班和辅导班不但费用高，且由于地域原因，技术及师资都十分薄弱，另一方面，大部分农村学生都是留守儿童，隔代抚养的现状让他们的暑期生活监管处于弱势状态。传统暑假作业成为老师心中的“鸡肋”，随着对暑期作业形式的重视，虽然出现了各种创新作业，但由于条件所限，在农村学校并不能普及。这样的假期生活，学习质量可想而知是不高的。

如何有效地组织农村孩子的暑期生活，使他们过一个有意义的暑假？根据五年级学生发展的特点，[1]笔者尝试让学生以夏令营的形式自主参与、安排、完善暑期学习及生活。

*　蓝燕美，浙江省武义县王宅镇中心小学二级教师。

一、家校共建暑期团队,以"勤俭独立"为目标

为了构建高质量的暑假生活,笔者组织班级的家长召开了暑期学习生活研讨会,一方面总结小学阶段班级暑期作业完成的情况,另一方面讨论如何提高学生的暑期生活质量。对于暑假安排,大部分家长希望能得到一些实质性的帮助和引导,由学生自主安排的方式得到了百分之五十的家长的认可。笔者针对这个群体进行了百分之百的家访,以谈话和调查等方式了解他们的意愿,其中有14位家长提出通过小团体构建的方式开展暑期活动。通过进一步商议,大家达成了共识:成立班级夏令营,让学生独立生活,自由安排学习,以培养孩子们的独立自主能力和责任意识。由于家庭条件所限,大家决定将活动地点定在农村,在节约开支的同时,又能让学生真正拥有独立的生活空间。

穷且益坚,不坠青云之志。家长们认为身为农村家庭的学生,虽然有些条件不如他人,但是仍应保持积极向上、追求美好的心态,也应拥有远大的志向。通过家长会的讨论,大家最终商定本期夏令营的目的是培养学生的勤俭意识和独立自主的能力,以每周人均50元作为生活开支。"穷琼穹"夏令营就这样产生了。

二、群策活动,制订全面个性计划

2018年7月10日,参与活动的14名成员集中在其中一户家庭展开研讨,制订了一份详细的计划,涉及学习、生活、实践活动等方方面面。暑期活动主题确定为"读万卷书,行万里路"(见图1),学生们以"在地面奔跑的人"作主题形象图,左手代表独立自主的生活和勤劳节俭的劳动品质;右手代表参与农产品制作与销售及培养财经素养,提高责任担当意识;双脚代表行走特色村落,名人故居等,培养爱家爱国情怀。此外,还包括用心感悟和反思;用脑记忆积累,温故知新。

总目标确定下来后,学生们分组讨论、整理学习内容,策划具体实践活动。

(一)研讨交流:用思维导图罗列作业并制订计划

根据班级布置的暑假作业、学校德育作业以及下学期的各个科目涉及的知识点,学生们分类总结并罗列出各种作业内容,构建出较为完整的作业清单。

阅读书目是综合各年级学习要求及内容制订的。列出书目后,怎样才能真正在书中有所得呢?学生们觉得名著应该去摘抄感悟,科普类适合用思维导图的方式把知识进行整理分类,故事类应该梳理六要素等,在探讨中,所有的学生

图 1 "穷琼穹"目标指向思维导图

对每一本书的类型,阅读方式都有了自己的想法和计划。

每一个学生的学习能力不同,兴趣爱好也不同,学习的方法也各有差异,根据各种作业内容,大家又进行了个性整理,制订了属于自己的学习"每日计划"。

(二)策划社会实践活动方案,三个大类对应三大目标

学生也是一个社会人,应该参与社会活动和实践。平时组织开展的各类少先队活动让学生们认识到了社会实践的重要性,因此大家决定把这次暑期生活的重心放在社会实践活动中。经过各抒己见,最终确定了 12 项活动计划,归纳为三大类,对应三个目标,之后由每一位成员认领,制订了全面详细的活动方案(见表 1)。

表 1 暑期实践活动汇总

目标	活动主题	活动时间	活动内容
"穷" 培养节约和环保意识,提高生活自理能力	衣食住行财,争做小主人	7 月 17 日至 8 月 2 日	脱离家长照顾,进行集体独立生活,自己洗衣做饭,自己整理内务,自己理财等
	勤做火头工,争当小厨师	7、8 月	先向家长拜师学厨艺,再自己掌勺,负责每日一餐,最后通过厨艺比拼锻炼基本生活技能
	变废为宝,化腐朽为神奇	8 月	收集身边的废旧物品改造成精致实用的花盆,培养环保意识和创新能力

(续表)

目标	活动主题	活动时间	活动内容
“琼” 培养求精求美的思想，学习社会劳动技能，提高财经素养	勤勤恳恳种与摘，红红火火策与销	2017年7月至今	利用家长资源，开展火龙果种植采摘活动，制作广告海报进行宣传，体验果农的艰辛与不易
	手有荷香，心随莲动	8月底，9月初	走进宣莲之乡，赏十里荷花，体验摘莲蓬制莲子的过程，精心制作海报为自己的劳动成果宣传
	访家庭茶厂，销有机绿茶	8月28日至9月1日	走访茶厂，参观并体验制茶过程，通过自己的努力为茶产业做宣传
“穹” 游览家乡美景，感受改革开放带来的变化，点燃爱国爱家情怀	循九龙茶道，悟西域文化	8月23日	参观骆驼九龙，感受西域文化，参观黑茶制作车间，观看茶艺展示，学习茶文化
	静谧梁家山，炙热红色旅	8月1日	建军节活动，酷暑爬山，体验军人般的生活，感受改革开放后的农村变化
	游畲乡古镇，品畲族文化	7月2日，8月3日，9月初	游览畲族特色村镇江下村、柳城畲族镇和桃溪镇种子源村，通过访、听、看和尝，品味畲族文化
	观宁波旧貌，叹城市新颜	8月11日	参观宁波博物馆，逛南塘老街，欣赏宁波旧风俗，感受城市新风貌
	游神画乐园，悟中华文明	8月12日	通过体验方特东方神画乐园的经典和刺激游乐项目，学习中华历史文化，体验新科技
	游绍兴，访名人；赏诗文，寻古迹	8月13日	跟着课本游绍兴，游览鲁迅故居、沈园，走近鲁迅和陆游两位名人

三、团队通力合作，实施“穷琼穹”夏令营

2018年7月17日，14名成员按计划被送至武义县桃溪镇齐源农户家中。该户只有一对年迈夫妻在家留守，学生们将在这里进行集体生活与学习，也会在独立生活的两周中策划其他实践活动。

（一）洗衣做饭，独立生活，各展所长

独立生活的第一步，事事有人做，人人有事做。民以食为天，根据班级暑假家务作业学烧三菜一汤的要求，同学们以长辈为师，为夏令营独立生活奠定了基础。第一周14位成员分成4个小队，分别负责每天的伙食。此外，同学们对生活中的其他任务也进行了相对全面的安排。由于经费所限，负责买菜的同学首次买菜，便尝试讨价还价，这边正为省下的一元多钱而沾沾自喜，那边发现肉是坏的（被调包了），于是就有了一人挑菜还价，另一个人盯秤、拿菜，各司其职的决定。

农村灶台伙食，对现在的学生是一个挑战。学生们面对语言障碍，利用肢体、借助实物等多种方式向农村老爷爷请教克服困难的办法。在解决烧菜秩序、台面卫生等层出不穷的问题上，全体成员也表现出了高度的主观能动性。

衣，作为衣食住行之首，晾洗衣服自然也是独立生活的重要组成。因为水池的限制，本着节约水资源的原则，学生们决定分成男女两组轮流值日。

在执行过程中，发现学生们各项能力参差不齐，一周下来，只勉强解决了烧饭、洗衣、打扫的劳动问题，没时间和精力完成学习任务，更遑论实践活动了。这样的发现引起了学生们的深刻反思，他们利用周末积极组织研讨，决定专人专职，各展所长，以提高做事效率。

（二）从事家庭生产，体味艰辛，自觉学习

武义作为茶叶之乡，夏令营活动成员里就有四个家庭拥有手工茶叶加工厂，还有一个家庭拥有以种植火龙果为主的家庭农场。平时学生们对于长辈的辛苦劳作都司空见惯。通过这次农产品种植、采摘、加工、宣传、售卖一条龙活动，学生们真正认识到了生活的不易，也体会到了父母的良苦用心，开始积极主动关心和参与父母日常工作，并把这份责任心迁移到了学习中。

通过日常积累，背诵并默写了40首以上的诗词，完成了3本暑假作业、14张数学试卷、20多张计算练习，做了十几页的基础练习思维导图，读了3本以上的课外书，做了摘抄、导图和小报，完成了上一学年上下两册课本英语单词抄写练习，这样的学习量在学校是想也不敢想的。但这次同学们就在高度自律的情况下,相互监督,相互激励,你追我赶,高效地完成了。

(三)游家乡,学文化

爱国爱家是一个学生最基本的品德。学生们通过精心策划的实践活动,走进特色村落,深入了解家乡,感受畲族风俗,体会改革开放给农民生活带来的变化。

"跟着课本游绍兴"这个活动从策划组织到完成尽显学生主动性,六年级上册"走近鲁迅"主题的预习,对每日一诗中的《钗头凤》的了解,这一切激发了同学们绍兴游学的想法。

为达到最佳游学效果,同学们自发收集并用框架思维构建鲁迅相关信息;对班级指定阅读书目《朝花夕拾》展开细读讨论,开始想象鲁迅家是怎样的,三味书屋又是何种模样,百草园里真的那么有趣吗?同学们出发前对游玩路线、门票、车费、住宿等问题都进行了讨论,制订了细致、周到的旅游攻略。

2018 年 8 月 13 日,大家带着期待走进位于绍兴的鲁迅故居,在游学中一边认真聆听导游的讲解,一边记录下感兴趣的内容。为了留下深刻的印象,大家制作了美篇,对游学进行了总结,与课本知识进行了整合,既实现了行万里路也实现了读万卷书。

除了绍兴游学,2018 年 8 月,学生们还游览了骆驼九龙黑茶文化园,感受西域风情,了解黑茶养生文化;游览了畲族特色村镇,听畲歌学畲语,了解畲族风俗民情;游玩了方特东方神画乐园,感受华夏五千年历史文明的悠远厚重,感受现代高科技的精彩绝伦等。

四、提升核心素养,"穷琼穹"夏令营的价值实现

中国学生发展核心素养以人的全面发展为目标,从人的主体性、社会性和文化性三个维度构建。[2]学生作为暑假生活的主体,不应该只是被动参与,而应该积极主动去构建属于自己的假期;学生最终是要走进社会,面向世界的;文化是学生认识世界,改造世界不可或缺的条件。基于这样的理解,这次"穷琼穹"夏令营活动在家长和学生们的共同策划安排下,努力实践让核心素养落地(见图 2)。

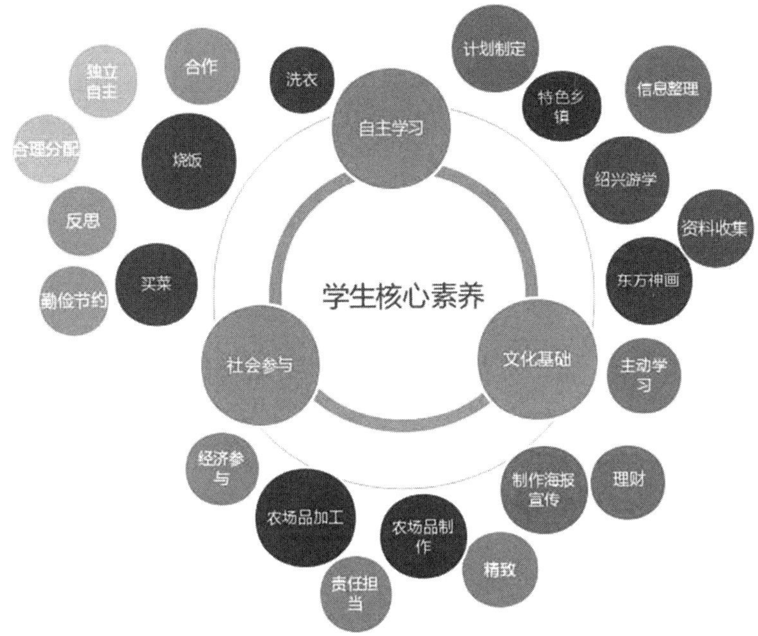

图 2 “穷琼穹”夏令营活动价值体现思维导图

（一）“穹”的体验——奠定学生的文化基础

文化基础是核心素养的根基，在夏令营活动中，对鲁迅相关资料系统的收集和整理使学生的逻辑思维能力得到了提高，开始能运用科学的思维方式认识事物。在鲁迅故居身临其境的感受，让学生们明白了鲁迅弃医从文的家庭影响，大家学会了尊重事实和依据，有了实证意识和严谨的求知态度；在沈园游览中遇到一时无法找到有价值的游玩内容时，大家会积极寻求有效的方法解决问题；在一次次的游学中，同学们能多角度、辩证地分析问题，做出选择和决定。

本学期在学习中学生预习、自学的质量得到了提高，如在学习生物适应环境的特点时提到了伯格曼法则，一个生僻的生物法则，但大部分学生都自发地查阅资料，了解详细的内容并进行了拓展。

（二）“琼”的体验——学生社会责任感得到提高

现代生活环境的变化已经对学生的财经素养提出了新的要求。培养学生正确的金钱观，提高他们的理财能力，引导他们积极参与家庭经济活动，具有现实意义。这个暑假里，学生们合理地开发利用本土资源、家庭资源，组织策划了宣莲、火龙果、绿茶加工制作销售一条龙服务体系，在体验家庭经济生活的同时，感受到了赚钱不易，从而更加主动自觉地学习。

夏令营活动结束后，笔者从学生们的日志里发现，学生们对父母也有了不一样的认识,不再觉得父母的照顾是理所当然的,也不再需要父母反复催促才能完成作业,他们懂得了感恩。现摘录几篇学生的日志如下。

(1) 这个暑假我参加了"穷琼穹"夏令营,"酸甜苦辣咸"这五大味我已尝过,我过了一次自己做主的暑假,洗衣做饭,同时兼职做"学生",我感觉自己长大了,应该能照顾别人了。但是愉快的时光中也存在很多不足的事情,比如,每当"大人"与"学生"这两个职业一起做的时候,总会有一份工作做不好,要么吃饭延迟了,要么考试考砸了,经过许多挫折以后我们会逐渐进步,逐渐成长。但离"自主"还是太远了,我希望我们能努力,将夏令营中感受到的一一用在生活中,并记住"节约""完美""远大"这三个词。(吴欣彤)

(2) 在老师的老家我体验了大人的生活,懂得了什么叫自主独立,我还感受到了大人的不容易,他们每天要洗衣做饭,打扫房间充当清洁工,还要忙自己的事,还要照顾小孩。以后我会更加努力学习来回报他们。在宁波方特,我感受到了科技的发展,感受到国家在进步,我们作为学生也应该努力迈出第一步。在鲁迅故居,我感受到了先贤的遵规守纪,每一个房间,每一处景物都显露着严谨。同时,我还明白了有的地方要省钱,但是该花钱的地方也是要花的,比如,人不能饿肚子。在这几天我感受到了爸妈赚钱的辛苦,明白了以前为什么我丢一件衣服,爸妈就心疼就要骂我。(周靖轩)

家长们对孩子的暑期生活质量非常满意,对孩子们产生的变化感到欣喜。现摘录几篇家长反馈如下。

(1) 两个月的暑假在不知不觉中过去了,这个暑假不仅仅是鸿煜的成长,也是我的成长,曾经在家怕他这个做不好那个做不好,恨不得什么事都自己帮他做,但经过"穷琼穹"暑期夏令营活动后,我看到他可以洗衣做饭买菜,不禁开始反思自己是不是在生活中可以更多地相信他,相信他能做好很多事,应该多鼓励他,让他做一些力所能及的事。这个暑假,他不仅会积极地帮我做家务,做作业也比以前自觉了很多。孩子的改变我看在眼里,希望他能坚持下去并做得更好,也希望以后还有机会参加这样的活动。(鸿煜的妈妈)

(2) 暑假对于孩子来说是快乐的,对于忙碌的家长来说是头疼的,既要忙工作,又要忙孩子。这个暑假,我的孩子过得很快乐、很充实,不用我担心作业的完成,在"穷琼穹"夏令营里学会了关心父母、孝敬长辈、呵护小朋友、互相帮助,自理能力提高了,也会自觉完成作业了。我希望以后能多组织这种活动,让孩子们在不断成长中找到自信。(巧悦的妈妈)

(三) "穷"的体验——学生自主学习意识得到提升

自主发展重在强调学生有效管理自己的学习和生活,认识和发现自我价值。

整个暑假，所有的学习、生活和社会实践安排都是由学生们策划和开展的，在美篇中他们完成了近 40 篇记录，写了 200 多篇记录生活点滴的日志，会熟练地使用思维导图模式去探索和分析问题，得到了自我发展。这些学生已初步形成了相对自觉的学习态度，自我控制能力得到了提高。

新学期开始，他们自发打扫整理教室，迎接同学们的到来；完成了报名和代收保险费的任务；高效地检查和评价了暑期作业；还刊出了开学第一期的黑板报等。

新学期，夏令营成员提议延续暑期小团体学习的模式，加强周末学习质量，在家长们的支持下继续以周末拓展小队的模式开展学习和各项实践活动。

在队员们的努力下，本学期开始实行自主家庭作业，并利用班会讨论进行了三轮作业改革。第一轮，自己自由布置作业，重在复习旧知，预习新知；第二轮，共享并执行优秀同学的自主作业形式，重在提高作业的质量；第三轮，集体讨论最有效的作业形式，固定各科作业类型，体现积累的效果。所有过程都由队员们自主讨论决定，再在实践中一次一次地进行改进和突破。

参考文献

[1] 李家成，王晓丽，李晓文.学生发展与教育指导纲要[M].福州：福建教育出版社，2016：257.

[2] 教育部.教育部关于全面深化课程改革落实立德树人根本任务的意见[EB/OL].(2014-03-30)[2018-03-15].http://old.moe.gov.cn/publicfiles/business/htmlfiles/moe/s7054/201404/167226.html.

基于渔家特色的假期活动实践

郑维维 *

摘　要：宁波市象山县石浦镇是重要的渔区，地理位置的特殊性，海洋知识的丰富性，海洋文化的多样性，海洋世界的神秘性，对于生活在石浦的孩子来说，是学生开展假期实践活动的不竭源泉。本文旨在通过对渔家的地理资源、产业资源和文化资源的挖掘、整理，开展假期实践活动，让学生了解海洋资源，传承海洋文化，提升学生的生活素养。

关键词：渔家特色　地理资源　产业资源　文化资源

陶行知先生认为"生活即教育""社会即学校"，社会生活中蕴藏着丰富的教育资源。组织、指导学生参加社会实践活动，是班主任的基本职责之一。作为班主任，我们要研究和分析地方条件，充分挖掘地方自然环境、经济状况、文化传统等背后蕴含的教育资源，以便我们开展有地方特色的实践活动，将课堂延伸到课外，让学生在实践中发展，在实践中成长。

宁波市象山县石浦镇是重要的渔区，这里有丰富的海洋资源，有斑斓的渔家艺术，对于生活在石浦的孩子来说，是开展假期实践活动的一片沃土。

那么如何基于渔家特色，因地制宜地开展假期生活，让学生参与到社会生活和社会实践当中，既培养和锻炼他们的实践能力，又提升他们的生活素养呢？

结合"你好，暑假！"项目，笔者与学生积极实践，并从以下几个方面进行了项目推进。

一、结合渔家的地理资源，开展角色体验教育

"一方山水养一方人"，人的生存和发展离不开所处的地理环境，而人所处的

*　郑维维，浙江省宁波市象山县石浦镇中心小学中级教师，研究方向为班集体建设。

地理环境中又有着丰富而生动的教育资源。在假期生活中，适切地结合本地的地理资源组织学生开展体验性学习，能够充实、丰富并激活学校的教育资源。学生和当地环境接触，有利于他们进一步认识世界，感悟生命的意义。《综合实践活动课课程标准》也指出：从学生已有的生活经验出发，让学生亲身经历，深切体验，从生活和所处的周围社会中获得书本以外的知识和能力，同时，在思维能力、情感态度和价值观等方面得到提高和发展。

石浦港是全国六大中心渔港之一，当地村民世世代代以捕鱼为生。麻雀虽小，五脏俱全。特殊的地理位置，使得石浦这个小小的乡镇也具备了一切与渔业有关的设施和部门。结合这一特殊的地理位置，有效利用当地的教育资源，开展体验性教育，能促进学生全面、持续、和谐发展。

（一）我是小小参观员

石浦位于浙江沿海，是全国六大中心渔港之一，这儿的渔民世代以捕鱼为生，特殊的地理位置，使得石浦这个小小的渔区也设置了许多相应的部门，如国家海洋环境监测站、渔政站、海事局等。学生对这些部门了解甚微，组织学生参观这些部门也是非常直观和生动的教育。

节假日，在家长的协助下，笔者带领学生参观了国家海洋环境监测站，初步了解了观测仪器设备构造以及其如何采集数据，在此基础上分析海洋状况。另外通过观看视频，了解了赤潮、海啸的产生原因及情形。这次活动，让学生们大开眼界，不但了解了许多书本以外的知识，还激发了爱科学、学科学、用科学的兴趣，更深刻地懂得了“保护海洋，就是保护人类自己”的道理。

（二）我是小小记者

学生生活的社区中有许多人力资源，他们是市场监督局、渔业办、渔政等部门的执法人员，长时间从事渔业工作，对海洋资源等情况了如指掌；人大代表史其凯、“船老大”林永法都土生土长在石浦，对保护海洋资源有自己独到的见解。这些工作人员和有故事的名人都是学生实践活动得天独厚的资源。

暑假期间，我们开展“小记者行动”，对当地海洋工作人员进行采访。在与市场监督局、渔政站等处相关人员的接触访谈中，学生们深入了解了海洋现状，进一步认识到保护海洋已成为一件刻不容缓的大事。在整个活动中，学生们兴致浓厚，通过竞选记者团团长，制作道具，采访，查资料，写调查报告，做美篇等一系列活动，不仅收获了知识，还学会了合作，学会了认真倾所，学会了适当表达，学会了人尽其能，养成了合作、分享、积极进取等良好的个性品质。

（三）我是小小监督员

没有切身体验，很多的环保教育、生命教育等就成了隔靴搔痒的说教。随着海洋资源的枯竭,保护海洋资源已经迫在眉睫。休渔期间,学生们跟随市场监督局工作人员去餐饮店、菜市场开展了体验学习——"一打三整治"检查,学会了一些识别违禁渔货物的方法,还了解了目前正在推行的"以章定则,照章监管"索证索票新机制,进一步加深了对海产品上市销售需具备购销票据凭证要求的了解。学生们还把此次活动做成了美篇,发布于网络平台,呼吁更多的朋友共同保护海洋资源。此项体验活动,既增加了学生的人生阅历,又培养了他们的社会责任感。

结合本地的地理资源,因地制宜组织学生从"小教室"走进"大世界",开展多姿多彩的体验性学习,既开阔了学生眼界,又把书本知识和学生日常生活结合了起来,增长了他们的知识。同时,通过以全班或小组为单位组织进行的这些集体活动,让学生在互相交流中更深刻地明白了保护海洋的重要性,也锻炼了学生的各种能力。这些活动真正成为学生之间互动沟通、共享成长的无价之宝。

二、结合渔家的产业资源,使学生参与护海行动

现在的学生普遍缺少担当,缺乏责任感。学校教育应该联系社会,因地制宜地开设相应的活动,让他们在轻松的学习氛围中感受生命的可贵,学会承担责任,敢于担当。石浦素有海鲜王国之誉,渔业带动了石浦的经济发展。当前海洋生态环境问题已引起了人们的广泛关注,保护海洋环境、实现人海和谐共处的呼声越来越高。作为班主任,应该把学校的教育与这些社会性资源紧密地结合起来,让学生在实践活动中增强社会责任感,提升创新精神和实践能力,促进每个学生价值的实现,从而推动社会发展进步,最终把学生培养成为有理想、有信念、敢于担当的人。

(一)组织"暖洋宣传团"

面对日益减少的生物资源现状和较长的休渔期以及恶化的海洋环境,很多孩子自发成立了"暖洋宣传团",为保护海洋资源做些力所能及的事。有的走上大街,发宣传单,进行护海宣传;有的写宣传语,发朋友圈,倡议人们保护蓝色海洋,共建幸福石浦;有的亲近大海,捡拾垃圾,保护海洋,从我做起。班级内还开展了设计标志物,定制宣传围裙,"保护幼鱼、鱼我共存"的活动。在一个个有趣的活动中,学生们积极地融入社会,呼吁更多的人参与到蓝色护海行列中,同时自身的创新能力、组织能力和实践能力也得到了有效的锻炼。

(二)搭建"暖洋大舞台"

艺术教育是一种感性的教育、情感的教育、非功利性的教育,同时也是一种

快乐的教育与游戏的教育。寓教于乐，教育无痕，为了提高民众的觉悟，家长将教育渗透到有趣的活动——“暖洋大舞台”中。在海峡广场，搭建了一个大舞台，学生们在舞台上进行了朗诵、唱歌、舞蹈、独奏等表演，用丰富的娱乐节目来表达他们对大海的热爱，同时也穿插了“一打三整治”的知识竞赛。整个活动由学生自编自导，从一开始的筹备到最后的呈现，在学生们的能力得到锻炼的同时，也普及了他们的护海知识，让他们认识到保护海洋的重要价值。

结合渔家的产业资源开展一系列的实践活动，使学生直接介入社会生活，不但扮靓了他们的假期生活，促进了学生多种能力的发展，而且还有利于学生形成人与世界互相交融、共生共融的大境界。

三、结合渔家的文化资源，让学生传承海洋文化

21世纪不仅是知识经济时代、网络经济时代，也是文化经济时代。中华五千年的文明史，传递着渔猎农耕变迁的景象。渔文化不但是中华民族整体文化的一个分支，而且是我国文化长河中一条源远流长的支流。石浦作为全国历史文化名镇，千姿百态的渔文化根脉发达，资源丰厚，是学生实践活动的一片沃土。如果将海洋文化纳入实践活动中，不但可以赋予这些精神文化遗产更鲜活的生命力，而且还可以丰富学生的假期生活。

（一）学习渔文化手艺

现在的孩子父母照顾周到，从小生活在相对优越的环境中，过着“衣来伸手，饭来张口”的生活，每天吃着鲜美的海味，如咸蟹酱、海蜇、鱼丸、鱼丝面、鱼鲞，哪里知道这些美食的制作过程。利用假期，笔者让学生在家里学习海产品制作，如鱼面制作，从洗鱼、去鱼皮鱼刺，将鱼肉剁出韧性，到压成薄片，最后到成品。此活动将学生的目光引到了生活之中，不仅让学生学会更好地体验生活、享受生活，还学到了一门技艺，更让他们明白了石浦海洋渔文化手艺的博大精深。

（二）学习渔文化艺术

石浦渔村是市级民间艺术传承示范基地，这里的人们心灵手巧，会制作品种多样的鱼灯、栩栩如生的小鱼结，会画妙趣横生的鱼骨画，这些都是学生需要了解的民间艺术。假期里，学生们走进鱼拓的世界，在老师的指导下，从涂色、拓鱼到修饰，一一做来，一幅幅栩栩如生的“鱼拓画”跃然纸上。在这丰富又有趣的假期活动中，学生们体验了渔手工之趣，也感受到了渔手工之美。

（三）学习渔文化绝技

勤劳朴素的渔民，个个都有着一手绝活，或懂得捕鱼技艺，如钓望潮、甩弹涂

鱼、抓红钳蟹、守稻蟹等;或懂得渔具制作技艺,如织制泥螺网、沙蟹网、椤网等。这类技艺是非物质文化遗产项目内容,如今渔民的后代离这些生产技艺渐行渐远。假期里,孩子们走近长辈,向爷爷奶奶、爸爸妈妈学习一些基本的技艺,如补网、打结,在其乐融融的亲子互动中学生的动手能力也得到了锻炼。

充分利用学生假期的闲暇时间,并动用社会各方面力量,笔者建立了校外教育资源库,开展渔文化教育,传承优秀渔文化。学生们在这种特色文化的引领下,体验到了真实的生活,并收获了别样的精彩。

四、“你好,暑假!”渔文化主题项目活动的实践效果

集聚家长资源,借助当地特色,因地制宜地开展多姿多彩的假期生活,带来了学习风貌的一系列改观,学生成为学习的主人,家长成为班主任的同盟军,社会成为学生的大课堂,教师改变了观念,提升了能力,迎来了教育的春天。

(一)实现学生主体化

社会是另一个重要的学校和课堂,生活是另一种重要的课程和教材,实践是另一种重要的学习方式和途径。在班主任的发起和推动下,在家长的全力支持和配合下,学生融入社会这个大课堂之中,成为假期活动的主体,他们不但学到很多在课堂上学不到的东西,而且也会把课堂上学到的理论知识同社会实践联系起来,以加深对课堂学习内容的理解。更重要的是,与外界的互动,加强了学生与同伴、与成人、与社会的对话,促使学生形成了许多新思想、新体验、新感知,加深了学生对社会的了解,增强了学生的社会责任感。

(二)实现家长主动化

家长是学生的第一任老师,是班主任的同盟军,与家长形成统一战线,凝聚教育合力,是班主任工作得以顺利开展的重要因素。在整个假期活动中,家长密切配合着班主任,主动联系采访对象,指导孩子活动。看着自己孩子点点滴滴的进步,家长进一步认识到实践活动是不可缺少的一门课程,参与活动的力度得到进一步的提升,成为班主任名副其实的同盟军。

(三)实现课堂社会化

家长的参与使课堂从围墙内延伸到现实的社会环境中,教育资源更为广阔,教育主题更为丰富。学生在家长的引领下,走进监测站,走进餐饮馆,深入接触社会,以天地为空间体验生活,以生命世界为核心资源,将社会生活转化为教育过程,使每个学生在不同的经历和社会生活中萌发生长,认识了社会,学会了本领,增强了知识。家长的参与拓展了教育的时空,使教育的意义和价值得到延伸

和发展。

（四）实现教师多能化

在实践活动中，教师从“领导者”转变为“服务者”，“主导”变成了“协助”。教师们开始站在学生的立场，帮助他们开展感兴趣的实践活动，开启属于他们的幸福假期生活，激发起学生参与的热情。更为重要的是，随着理念的改变，教师在引导学生开展各项活动的同时，得到了更多的锻炼，各方面的能力都有了一定的改善。例如，与家长、学生的沟通、协调能力增强了，活动的组织能力增长了，解决问题的决策、创新能力提高了。另外，教师的“互联网+”教育素养也跟着提升了，运用互联网的能力也长进了。教师，不再是一名“教书匠”，而是一个拥有多种能力的教育能人。

综上所述，利用本地资源，因地制宜，就地取材，适切地开展有特色的假期活动，能够使学生在个体生活、社会生活，乃至大自然中，把课本上学到的知识用于实践，在实践能力提升的同时，逐步树立正确的价值观，提升解决实际问题的能力，从而成为有理想，有信念，有担当的一代新人。

参考文献

[1] 周静书.宁波海洋文化的研究与思考[J].宁波通讯，2013(7)：48－51.

[2] 凌秀群，石彩萍.基于地方特色产业开发综合实践活动课程资源的一般方式与途径[J].作文成功之路，2014(2)：13.

[3] 李家成.实现小教室对大世界的创造性转化——论教育立场下的社会性资源开发[J].思想理论教育，2009(9)：19－22.

[4] 滕丽艳.小学生假期特色作业探讨与实践[J].基础教育理论，2018(14)：37－38.

[5] 韩忠源，罗波.核心素养下小学校本课程设计与开发——以兴义市两所小学为例[J].兴义民族师范学院学报，2018(3)：80－83.

[6] 李家成，郭锦萍.你好，寒假！——学生寒假生活与学期初生活重建[M].北京：北京大学出版社，2018：148－185.

农村留守儿童暑假生活的变革研究
——以“小候鸟过暑期”活动项目为例

吴静超*

摘　要： 留守儿童的日益增多已成为社会普遍现象，而这些农村留守儿童一到暑期，就“迁徙”至父母工作地。他们的暑期生活呈现出无计划以及单一化的常态模式，农村班主任可以利用互联网＋，通过线上指导与线下活动相结合，开展“小候鸟过暑假”的暑期生活变革，让孩子去外面的世界开阔视野，体验父母生活，理解父母的种种难处，从而提升学生暑假生活质量，推动学生自我成长。

关键词： 农村留守儿童　小候鸟　情感教育　互联网＋

随着进城务工农民的增加，越来越多的未成年人成为留守儿童，留守儿童的增多成为一种日益普遍的社会现象。这一现象的产生同时也造成大量的农村留守儿童缺少亲情的抚慰，情感空虚。平时他们在老家的学校读书，寒暑假期间，从学习地或居住地前往父母工作地、生活地与父母短暂相聚，假期生活结束，这些孩子又告别父母回家读书，我们把这类留守儿童称为“小候鸟”。暑假生活作为“小候鸟”生活的重要组成部分，不仅是个人由农村到城市的空间流动，更是个人成长的“第四教育世界”，因此对“小候鸟”的暑假生活进行研究具有重要的理论价值和实践价值。

在互联网普及的时代背景下，笔者以柳城小学四年级(5)班为研究对象，在前期《农村留守儿童情感教育三度空间的开发》一文研究基础上，把暑期作为留守儿童情感教育开发的又一空间维度。以互联网为媒介，对分散在不同省份的“小候鸟”个体，开展了以暑假生活的变革为主线的暑期项目实践活动。

*　吴静超，浙江省武义县柳城畲族镇中心小学一级教师。

一、“小候鸟”暑期生活的现状及其变革的可能性

(一)“小候鸟”暑期生活现状分析

儿童是祖国的未来,留守儿童的教育问题日趋严峻。学习压力较大、学习兴趣较低、成绩整体上较差、心理不健全、亲情缺失等阻碍着这些留守儿童的发展,也影响着我国未来社会的发展。[1]暑期生活,不仅是一年中难得的闲暇时光,同时也是学生学习、生活中不可缺少的一部分,因此暑假生活的质量对学生的健康成长起着不可忽视的作用,但是对于长期生活在农村的中小学生而言,恰恰相反。因为他们绝大部分都是留守儿童,他们中的大多数会在暑期跟随父母去城市生活。以笔者研究的四(5)班为例,全班共有38名学生,调查显示:暑假期间,25名孩子会去外地与父母共同生活度过暑期(见表1)。

表1 “小候鸟”暑期去向分布

班级总人数	留守儿童数	留守儿童暑假去向		
		浙江省内各地	江苏各地	上海
38人	25人	16人	5人	4人

如表1所示,本次调查共发出问卷38份,收回38份,其中13名孩子留在柳城本地过暑假,25名孩子会去外地与父母度过暑期,父母所在地大多分布在江苏、浙江、上海一带,暑期学生个体处于极其分散状态。数据显示(见表2),在两个月时间里,“小候鸟”以完成作业为主的有13人,占全部人数的52%;无计划度过暑期的有17人,占68%。由此可见,学生暑假多半没有计划。因此,有计划地安排暑期和组织活动尤为重要。

表2 “小候鸟”暑期生活现状

以完成作业为主	以上辅导班为主	以玩为主	没有计划	有计划安排
13人	7人	5人	17人	8人
(52%)	(28%)	(20%)	(68%)	(32%)

通过调查研究发现,“小候鸟”暑假无计划的原因有两个:一是暑期“小候鸟”的生活环境发生了改变,使得他们难以合理地安排他们的计划;二是他们长久以来缺少亲情的抚慰,进入城市之后,他们面临着许多问题,如如何与城市生活融入、如何与父母情感融合等。因此如何提高农村留守儿童暑假生活质量,有着极

其深刻的意义。

(二)“小候鸟”暑期生活现状变革的可能性

1. 以互联网为媒介构建活动桥梁

随着人类社会进入高速发展的信息化时代,互联网已成为我们日常生活的一部分,地域不再是阻碍沟通的难题。我们以互联网作为媒介建立了“小候鸟”家长微信群,25 位“小候鸟”家长中,有 21 位加入了微信群,这样个体分散问题得到了解决。

2. 强大的资源体系带来活动的可能性

“小候鸟”去往父母工作地,途中的人物、风景、标识,所在城市环境、城市文化,家长不同的职业背景、成功的育儿经验、鲜明的个性特征,都可以构成暑期强大的资源体系,给“小候鸟过暑假”活动的开展带来可能。

那么如何利用这些资源?怎样充分开发暑期资源为“小候鸟”成长服务?如何以一个孩子的成长带动一个家庭的发展?带着这些问题,我们开启了对四(5)班暑期生活的研究。

二、“小候鸟”暑期生活的变革研究

(一)第一阶段:前测——对暑假生活的理解与需求

班级不仅是学生接受知识教育的地方,也是学生进行自我教育的场所,在班级中开展活动更是一个系统工程,要在各方面配合下完成,需要每一个个体的努力。

1. 展开学生问卷调查

为了充分了解学生在暑期的需求,班级开展了暑期生活问卷调查活动。

问卷显示,63%的同学希望在暑假中可以过得快乐,12%的同学希望在暑假可以提高学业水平,还有 25%的同学对于暑假生活没有任何想法,他们只是以完成作业为目标,一切由父母安排。这样的调查结果,让笔者看到孩子们的暑期生活不仅需要教师更多的指引,同时也需要更多的自主安排,而不是被安排和被补课。

2. 召开家长线上讨论

在教育孩子的过程中,学生、教师和家长三者都是“主角”。如果三者积极参与、主动探索、团结互助、友好合作,营造出自由表达、通融理解、开放民主的氛围,孩子就会快乐健康地成长。基于这样的考虑,我们决定在家长中开展线上讨论活动,了解家长对于孩子暑期生活的需求。

由于班级65%的家长都在外地经商务工，召开座谈会是不可能的，于是我利用微信群，展开了以“暑期生活”为主题的线上讨论会。在讨论过程中，有8位家长提到他们期望孩子过一个快乐的暑假，同时也希望孩子“乱花钱、不爱劳动”等不良行为能得到改善。产生这些问题的根源，很大程度上在于孩子们不能体会父母工作的艰辛，所以笔者将体验父母工作纳入暑期实践活动项目之一。

（二）第二阶段：发布倡议书，召开启动会

心理学家荣格曾说过，正常的身心需要一定的仪式感。这个小小的仪式，其实就是一种强烈的自我暗示，让自己的注意力更集中、更认真、更用心。仪式感，意味着你必须要认真地去对待这件事。[2]倡议书的发布其实就是为这个暑假活动增添仪式感，让孩子和家长知道我们班在暑假即将开展这项活动，希望大家能积极参与。

在发布倡议书之后，为了更好地推进活动的开展，在笔者的引导下，学生依据前测阶段家长与孩子的需求，与班主任和学科教师进行了讨论与交流，形成了“小候鸟过暑假”实践项目初步思路：首先，以班级学习小组为单位，分8组，每组设计一项有利于“小候鸟”成长需要的活动项目；其次，小组制订项目后，选派一名代表做项目发言人，进入班级投标阶段；最后，确定活动项目，征求家长意见。

有了初步思路的指引，各小组分组开始了对暑期活动方案的策划，并在6月26日，顺利召开了“小候鸟过暑假”暑期生活启动会。启动会的标题撰写、代表发言、投标立项……都由孩子们自主完成。

通过几轮的投标，“小候鸟过暑假”活动项目正式宣告确立。考虑到很多“小候鸟”长期亲情缺失的心理特点，最终活动项目以“情感教育”为主旨，选取了“环境感受，爱在脚下——记录通往父母工作地的所见所闻所感”“亲子朗读，为爱发声——亲子共读”“体验工作，因爱绽放——体验父母工作，懂感恩”三个活动作为此次“小候鸟过暑假”的实践项目，旨在通过有序的暑期安排，让孩子们体验父母工作，理解父母不易，感受外面世界，最终推动自身成长。

为了获得“小候鸟”家长的支持，笔者利用班级公众号推出此次启动会的过程报道以及项目介绍，并获得了家长的一致认可。6月27日，“小候鸟”们共同讨论并设计了《2018你好，暑假之“小候鸟”过暑假活动手册》。手册封面和计划页均留白，由“小候鸟”们自主设计，体现了活动以学生为主体的原则。

（三）第三阶段：以互联网为依托开展活动

1. 亲子活动：共同参与，相互滋养

“环境感受，爱在脚下——记录通往父母工作地的所见所闻所感”是“小候鸟”过暑假的第一项活动，它以记录小脚印的形式，让孩子们从出发的那一刻开始用照片和文字记录下一路上的点点滴滴,既包括路途中的风景变化、各种标识,也包括爸妈带孩子游玩的特色景点,品尝的风味美食等。

"亲子朗读,为爱发声——亲子共读"是"小候鸟"过暑假的第二项活动,缘起于中央电视台热播的综艺节目《朗读者》。《朗读者》告诉我们,触动内心的世界也不失为一种精神食粮。所以我们以书为媒,以无声的文字,有声的倾诉来表达父母孩子之间的感情。"小候鸟"家庭可以自由选择一本亲子共读书,用每周打卡的方式记录阅读进展。通过共读,共享读书的感动和乐趣,为父母创造与孩子沟通的机会;通过共读,为孩子带来欢喜、智慧、希望、勇气、热情和信心;通过共读,为父母和孩子增进彼此的感情与理解,也为孩子积累更多的语文学习素材。

"体验工作,因爱绽放——体验父母,懂感恩"这一活动则是针对前测阶段家长们提到的孩子乱花钱、不爱劳动等问题而设计的,以孩子体验父母工作为主要形式。"小候鸟"因为长期与父母分离,能看到父母工作场景的机会少之又少,更别说体验父母的工作了。所以在这个暑期里,我们建议家长放手让孩子去体验他们的工作,给孩子一个机会来了解自己父母所从事的工作,让孩子有机会接触成人的世界,了解真实世界如何运作,理解劳动的价值与意义,同时也打开孩子们对自己未来的想象之门。

2. 网络跟踪:互相交流,实时反馈

"小候鸟"暑期处于个体分散状态,所以唯有借助网络平台,活动项目才能开展和跟进,网络平台的优势恰恰在于能够随时随地进行信息共享,教师、家长、学生也能够进行实时反馈。

1) 革新观念,运用新软件记录生活

俗话说"磨刀不误砍柴工",我觉得这句话用在暑期活动记录上也是很恰当的。及时做好各项活动记录,不仅是一种记录方法,从长远来看,也是提高"小候鸟"写作表达能力和感受生活能力的一个很好的途径。

以"小候鸟"过暑假的活动过程记录为例,据暑假前的统计,班级中会使用美篇的同学只有一位,家长,无。于是笔者教授家长和孩子学会如何运用图文编辑工具——美篇,去记录他们活动的过程,这也是活动得以开展与分享的第一要素。

如何让孩子学会使用记录软件?怎样改变家长"知行分离"的观念?如何获得家长的认可呢?7 月 2 日,当得知第一位"小候鸟"小熙,即将跟随父母出发时,笔者立马打电话给小熙妈妈,诚恳地邀请她成为我们此次暑假活动的第一人。小熙妈妈表示十分愿意第一个开展活动,但第一次参与,不知道从何开始。笔者告诉她可以先从记录小熙去苏州沿途的所见所闻开始并教她使用美篇。2 日下

午,“小候鸟”过暑假第一篇活动美篇记录《坐火车》诞生了。

附上教师鼓励和赞扬词的《坐火车》,在“小候鸟”暑期实践群中一推出,立刻得到了其他20位家长的赞扬和支持,于是群里出现了不断询问如何操作,怎样编辑等一系列问题。很快就有了第二篇《劳动记》、第三篇《旅行记》……会使用美篇记录活动的同学从原先的1人发展到后来的20人,家长则从0发展到15人。家长以往不懂分享,不愿放手的传统观念发生了改变,美篇的记录与分享为后期活动的继续开展与教师指导提供了极大的帮助。

2)网络跟踪 ,依托互联网实时反馈

利用互联网平台,能较好地实现对小目标的跟踪管理,促进“小候鸟”不断地实现自我完善,提高自主管理能力。每当有一段来自“候鸟家庭”的朗读音频或者一篇“小候鸟”的劳动体验发送到群里,笔者便实时指导评价,并进行推广和宣传。任何人都渴望得到他人的评价,尤其是肯定的评价,“小候鸟”更是如此。

当我们用真情实意鼓励他们,创设了一个融洽、和睦、协调的网络氛围时,网络也在发挥着它更大的作用。大家在微信群里一起讨论、评价、反思,在这个过程中,“小候鸟”和家长实现了自我教育。于是,《做家务》《亲子旅游》《妈妈的一天》……更多形式的亲子互动、更多优秀的作品不断涌现。它们既激发了孩子的劳动积极性,也让“小候鸟”的暑期生活渐渐丰富起来。

三、活动价值与反思

经过一个多月暑期活动项目的开展,21位“小候鸟”共计完成活动美篇24篇,涉及做家务、游记等10种类型,其中游记最多,为6篇,占25.0%,其次是做家务,5篇,占20.8%(见表3)。从暑期活动美篇统计表中,可以发现“小候鸟”假期活动以体验父母工作和游玩为主,活动的涉及面以后需要进一步的拓宽。

表3 “小候鸟”美篇统计

	摆货	夏令营	游记	做家务	体验民俗	爱家乡活动	体验服务员生活	关爱动物	妈妈的一天	坐火车
美篇篇数	2篇	1篇	6篇	5篇	1篇	1篇	3篇	1篇	3篇	1篇
所占比例	8.2%	4.2%	25.0%	20.8%	4.2%	4.2%	12.5%	4.2%	12.5%	4.2%

在项目实践过程中,虽然有过坎坷和瓶颈,但最终也取得了很好的成效,此

次“小候鸟”暑期生活变革活动项目有着以下几方面的价值与反思。

（一）促进了各活动主体的发展

对于“小候鸟”而言，通过这次暑期活动，他们在亲身体验中感受到了父母工作的辛苦，促进了自身的成长。

案例1：小胡的假期

以“小候鸟”小胡为例，小胡在家中最小，可以说集万千宠爱于一身，以往暑期，小胡不是在吃中度过就是在各地游玩中度过。可今年的小胡却发生了很大的变化，我们看到了小胡主动当收银员，旅游也不再是走马观花，能用美篇做记录……当今年生日来临的时候，小胡一改以往坐等好吃好喝的状态，主动帮爸爸烧菜、自己动手做起了生日蛋糕。

“小候鸟”在记录自己实践体验的过程中，懂得了更加细心地去观察周围的事物和人，他们的思想在记录的过程中得到了良好的自我锤炼，对生活、对身边的人、对周围的事物给予了更多的理解和关爱，这不仅仅提高了“小候鸟”的写作能力，同时也提升了他们的分析能力。

案例2：小作家诞生记

“小候鸟”中有这样一位同学（彤彤），在这个暑假她在美篇上发表了《妈妈的一天》，在陪同爸爸参加同学会时，她还写了《廿八都游记》和《江郎山游记》。记得暑假前的语文期末考试，她的作文写偏题，最终只得了79分，那天的她十分沮丧，连晚饭都没有吃。这个暑假后，她告诉我，现在她喜欢上了写作文，她觉得作文就是记录自己的真实感受，并不难写。

这个假期，彤彤对写作态度的改变，是她最大的收获。

对于家长而言，首先是他们获取信息素养的能力得到了提升，微信对于他们而言不仅是聊天工具，也可以是判断、获取、评价和利用资源的平台；其次，家长的家庭教育理念得到了更新，通过线上分享、讨论、学习，他们改变了以往只知一味安排孩子做作业、补习等“唯学习论”的观念，开始注重培养孩子劳动能力和关注孩子的成长需求。

对于教师而言，首先自身专业素养得到了提升。为了能更好地指导活动的开展，这个暑期，笔者开始阅读相关专业书籍；为了起到引领作用，笔者坚持每日带头打卡朗读，提升了自身朗读水平。其次，写作能力、表达能力得到了提高。从暑假前期的活动倡议书、公众号的编辑，到中期的目标畅想、指导反馈，在一次次的撰写中，笔者学会了反思、总结，写作能力也在逐渐提升。

对于家校合作而言，“小候鸟”暑期项目，由于地域距离限制，班级无法在线下进行集体活动，各项活动很大程度上依赖于网络指导与交流，更大程度上需要

家长的配合来完成。在一篇篇的美篇记录下，家校合作得到了加强，教师也越来越清晰地意识到与家长建立平等对话的重要性，也欣喜地看到了家长对于班级工作的支持。

（二）教育资源从封闭走向开放与交流

从传统教育资源来看，我们通常将教材视作最主要以及最重要的信息源，但通过此次暑期项目活动，我们看到了教育资源无处不在。我们不能视课堂为“唯一”中心，把学生关在校园的“象牙塔”里，使之闭目塞听，而应该让学生在实践中感受生活，了解社会，适应时代。

首先，教学资源的开放性。此次暑假活动借助于互联网，为学校、家庭、社会搭建了一个资源共享平台。在这个平台上，教师不仅可以了解家长、学生的需求，也可以指导他们学会通过互联网平台获取所需资源，同时家长、学生也能亲身参与班级组织建设，共同为班级发展出谋划策。

其次，课程资源的开放性。此次暑期活动，在学生参与实践的过程中，初步实现了课程资源的开发。如“小候鸟”在“环境感受，爱在脚下——记录通往父母工作地的所见所闻所感”活动中，拓宽了视野，培养了搜集和处理信息的能力，实现了文字与实践的有机结合；“亲子朗读，为爱发声——亲子共读”活动，让孩子与父母在共读中实现了情感的交流，体现了语文学科人文性与工具性相统一的本质特点；“体验工作，因爱绽放——体验父母工作，懂感恩活动”的开展，让“小候鸟”在体验进货、摆货、当收银员等父母日常工作中，提升了动手能力，锻炼了对数字的敏感度，提高了计算能力。

（三）留下的问题为今后开展活动提供借鉴

首先，如何兼顾留守孩子和非留守孩子的均衡性与差异性是很重要的。由于特殊班情，此次活动的开展多以“小候鸟”为主体，而对于班级另外 13 名非留守孩子关心较少，因此在以后的活动中如何均衡每个孩子的发展，值得进一步探讨。

其次，如何增强对“小候鸟”执行力的培养也是一项课题。活动后期，笔者进行过家长问卷调查，多位家长在问卷中提到孩子缺乏自觉性，因此如何提高“小候鸟”的执行力和自觉性需要进一步讨论与思考。

再次，后期可增加对学生合理消费观念的引导。在问卷中有家长提到孩子攀比心理严重，我想这应该是其他孩子也会出现的共性问题，因此在接下来的活动中，应该积极进行合理消费的观念引导。

最后，“小候鸟”暑期项目实践需要融通各学科知识，以及教师团队的通力合作。笔者作为班级语文教师，更多地将重心放在语文知识的运用，如活动记录、活动反思等,但是对其他学科的知识运用却关注不足。那么如何将各学科进行整合,使之不局限于书面文字作业的完成,真正实现各学科的融会贯通,真正关注个体成长所需,这还需要进一步的思考与实践。

参考文献

[1] 魏富云,于天红. 留守儿童教育问题之探究[J].现代交际,2011(1):1-2.
[2] 杨小微,李家成.中国班主任研究[M].北京:北京大学出版社,2017:154.

“互联网+”时代跨省市合作学习的实践探究
——以安徽省与浙江省的两个乡村初中班级假期活动为例

刘　茜　孙孝国*

摘　要：针对乡村孩子单调无趣的暑假生活现状，在“互联网+”的时代背景下，安徽省乌龙镇中心学校八(1)班与浙江省武阳中学八(6)班开展了跨省市合作学习的活动。这样的创新不仅激发了孩子们的学习热情，也让他们收获了不同的合作硕果；不仅实现了青春期孩子对友情的渴望，同时也发挥了同伴之间优势互补的正向作用。两校两位乡村班主任利用“互联网+”开展跨省市合作学习的实践探究，给相关学校提供了一个不一样的假期生活参考模式。

关键词：合作学习　跨省市　互联网+　假期生活变革

2009年7月，《教育部办公厅 共青团中央办公厅 全国妇联办公厅关于做好中小学校暑期安排确保学生过一个有意义暑假的通知》强调：“要认真安排好学生暑期工作，组织好学生假期的学习生活和社会实践活动，把时间还给学生，让中小学生度过一个健康、安全、文明、愉快和有意义的暑假，促进学生健康成长。”[1]但现实情况是：学生的假期生活单调又无趣，假期作业布置总是自上而下、形式单一。尤其对于乡村的孩子来说，假期基本没有社会实践的机会，他们只能眼巴巴地羡慕其他孩子过着快乐而又丰富的暑假。

作为乡村孩子，他们有追求有意义假期的渴望吗？作为乡村班主任，怎样带着孩子们走出传统假期单调无趣的困境？怎样丰富他们的假期生活？带着这些问题，我们开始了学生暑假生活变革的第一次尝试。

一、活动缘起：一篇美篇引起的思考

我们身处“互联网+”时代，[2]“互联网+”像点石成金的魔杖一样，不管“加”

---

*　刘茜，安徽省六安市霍邱县乌龙镇中心学校一级教师，研究方向为乡村班主任工作与发展，班级建设；孙孝国，安徽省六安市霍邱县乌龙镇中心学校一级教师。

上什么,都会发生微妙神奇的变化。[3] 2018 年 7 月 23 日,看到李家成教授在"2018 暑期生活与学期初生活研究"群转发的来自浙江省武义县武阳中学七(6)班班主任李静雪老师的一名学生分享的英语美篇时,我突然有了一种想法:可不可以让同年级的我班学生与静雪老师的学生结对成朋友,彼此用英文交流?因为乡村中学的英语教学几乎都是"哑巴式"英语,孩子们平时开口说的机会太少,大多时候只是背背单词、短语或句子,即便是课堂上的对话,也只是书本上几个固定的句子,英语学习缺少灵动的激情与生机!而这一直是我在教育教学中想要突破的"瓶颈"。

在"中国班主任研修学院"的半年学习过程中,我看到了周围伙伴们出色的理论与实践相互渗透与综合融通的能力,这使他们的班级呈现出强大的生命力与创生感,而这些都是我与我的班级难以望其项背的!尤其是在参加全国"新基础教育"研究共生体"学生工作与学科教学的综合融通暨学校日常生活中的学生发展"第五次现场研讨会后,我更加震撼了!不仅对老师们的发言,也对戚墅堰东方小学原汁原味的班会,充满向往。孩子们从容、大胆、淡定的背后折射的是生命的健康成长状态!而我的学生却很少有这样的生命状态,不会、也不敢提出自己的想法。

这是什么原因呢?究其根源,我和孩子们的眼界狭隘,读书太少,见识不多!这些局限让我们习惯于被动地听取别人的"正确答案",却没有想到思维的多样性同样能带给我们丰富多彩的世界。

如果能调动学生的主观能动性,对于乡村学生而言,他们的学习能力和社会交往能力也能够得到较大发展。[4] 这应该是特别有意义的尝试。基于这样的想法,我们开始了此次跨省市合作学习的实践尝试。

二、活动愿景:学会交往,乐于表达

"教育的终极价值是为了使人幸福。生活是教育的起点和目的,学生的成长离不开校园生活、社会生活、家庭生活,而假期生活正是学校教育向家庭、社区、社会延伸和发展的新样态。"[5] 本项活动以学生为中心,旨在带给孩子们更多元的学习方式,更丰富的活动内容,更健康、愉快而有意义的假期生活。

(一)让孩子们学会交往,乐于交往

《教育——财富蕴藏其中》一书曾将"学会共同生活"列为终身教育的四大支柱之一,这一理念也渗透到我国教育改革中,而要培养学生共同生活的意识与能力就必须增强其交往能力。[6] 现在的孩子,独生子女居多,在家通常有 6 个大人

宠爱,很多孩子习惯了以自我为中心。二孩政策实施以后,往往两个孩子年龄差距大,共同语言也很少。尤其是进入中学后,吃住都在学校,孩子们往往因为一点鸡毛蒜皮的小事就闹得脸红脖子粗,他们渴望友谊又常常因为不会处理同学间的小事而伤了情谊。如果远方有个同龄朋友,不仅不会因为朝夕相处的生活小事闹分歧,还可以相互交流、学习,岂不是两全其美?

(二)让孩子们敢于表达,乐于表达

在七年级毕业典礼班级晚会上,我发现平时很大胆的同学在家长面前却羞于展示自己。在"个人总结一年的成长"这一环节,本来天不怕地不怕的宇航、仁宝等同学声音却特别低,其他同学更是压低了嗓门,声细如蚊。事后了解到是因为孩子们在家长面前总觉得不好意思。

为了培养孩子们的自信心和表达能力,让他们敢于表达,乐于表达,我想与陌生的同龄朋友交流,或许可以消除他们的害羞与胆怯,锻炼他们敢于大胆表达自己的能力。

(三)让孩子们学会欣赏,相互理解

交往对象由本班级的师生、生生之间扩大到跨省市的师生、生生之间,交往的区域由本地区延伸到跨省市,形成多元交往的格局。在人与人的交往中,学生们学会了理解,以其全部的丰富性去理解他人的丰富性,并保持对理解的敬畏与对关怀的期待,感恩于我们的世界与人生。

在日常的交流中,静雪老师班级的学生在活动开展、个人才艺、动手能力等方面都要优于我们班的学生,因此这样的结对不仅有利于同伴间的相互学习,还可以教会孩子们在多元交往中学会彼此理解与欣赏。

三、实施过程:结对子,英语书信交流

实践是检验真理的唯一标准。跨省市合作学习的活动到底有没有价值?价值在哪里?活动目标能否实现?说干就干,我把自己的想法告诉了静雪老师,我们俩很快达成了共识,并开始付诸行动。具体实施的过程,包括下列几个步骤。

1. 征集志愿者

因为是第一次尝试,我怕同学们羞于表达,不敢主动报名。最初打算征集5个人,但又感觉太少,后来就改为10个人,没想到很快便满额了。后来又有同学及家长强烈要求参加活动,就又增加了2名同学。最终由开始设想的5人变成了12人,这大大出乎我的意料。在后续活动中,不断有同学申请加入,到目前为止,已有22名同学加入了此项活动,这也说明了这样的暑假活动是受孩子们

欢迎的。

2. 建立微信群

为了方便交流、讨论和互相学习，俊杰同学主动申请担任组长，建立了微信群，经过学生、家长、科任老师的共同讨论，最后与静雪老师商定，我们仿照“你好，暑假！”的名称，把这个“空中游学”群命名为“你好，朋友！”交流群。

3. 自由结对子

经过双方的积极努力，安徽省六安市霍邱县乌龙镇中心学校八年级(1)班与浙江省武义县武阳中学八年级(6)班结成了对子班级。最初的12名志愿者都找到了自己在异乡的朋友(现在已发展到22个“对子”朋友)(见表1)

表1 “对子”同学名单

安徽省霍邱县乌龙镇中心学校八(1)班	俊杰	静静	家振	诗宇	运杰	金月	强红	子涵	小滢	仁宝	家振	婧然	信宇
浙江省武义县武阳中学八(6)班	景浩	诗淇	景勋	梦瑶	世杰	小爱	嘉诚	艺旋	玲玲	彤昊	重巍	小欣	诗淇

4. 开始英语书信交流

完成了前期工作，孩子们围绕不同主题开始了英语书信交流活动。从与孩子们的交流中，可以看到他们对这次结对活动的喜欢与热情。随着活动的不断深入，申请加入的同学也在不断增多，活动的时间已由暑假延伸到期初并贯穿于整个学期。

5. 由单一训练到立体学习

最初的想法只是为了培养学生英语学习兴趣，但随着活动的推进，已经不单单限于英语学习了，它还关联到孩子们彼此之间的交流、表达，关联到社交礼仪，关联到同伴的影响，关联到青春期孩子对友情的渴望，关联到不同地区学习资源的开发等，已由最初单一训练英语表达变为立体、多层次、多方面的学习了。

例如，在2018年12月份的书信交流中，孩子们彼此用英文介绍了自己的家乡，我们班的同学为了写好这篇文章，竟主动找来《安徽历史》读本了解自己家乡的风景名胜、风俗习惯、风土人情等。遇到不会写的单词或不会表达的句子，他们或积极向同学、老师求助，或通过网络查询等方式自主学习。这种积极上进的学习精神真的让我看到了活动本身所彰显的魅力！

在“你好，朋友！”这个特殊群体中，我适时引导、点拨，鼓励孩子们相互学习、

独立思考、发现问题，并积极创设讨论情境，挖掘不同的学习资源，孩子们的参与热情也与日俱增。孩子就是这样，只要做他们喜欢的事情，他们永远都会激情高涨，乐此不疲！

四、价值实现：在相互影响中改变状态

人因希望而活着，人在活着的过程中不断生成新的希望。在张世英看来，“人生应是一种不断突破现实的有限性的活动，这种活动就是人们通常所说的希望”。“希望使人不满足于和不屈从于当前在场的现实。人生的意义就在于超越现实，即超越在场、超越有限，而挑战自我，不断创新。显然，正是希望而不是现实，才更显示人生的最高意义和真实性。”[7]

我和孩子们正是源于对暑假新生活抱有的美好希望，才促成了此项活动得以顺利开展；正是源于孩子们敢于超越有限，挑战自我，才有了活动的生命力与重要的意义。一分耕耘一分收获。每一次努力付出的背后都会给我们带来惊喜！尽管变化有大有小，但每个生命的成长都足以让我们感到幸福！

“承认并充满热情地去关注学生潜在的多种发展可能性，尊重并信任学生是具有不断发展的生命主体，不把学生看死，创设各种情境，激活唤醒学生的发展欲望，教育就能在学生多种潜在发展可能性向现实确定性转化的过程中起着重要作用。”[8]通过本次活动的计划拟定和实施，班级学生产生了下列的主要变化。

（一）提升了学生的交往能力，丰富了学生的学习生活

从活动发起到后来的多次书信交流，我发现孩子们在一点点变化。如金月、诗宇和家振，平时总是安静地待在座位上做自己喜欢的事，很少走下位子主动与人交流。但听说与外省市的同年级同学交友的信息时，他们却表现得特别积极，每次书信都写得很长，没想到“笔友”竟有这样大的魔力，让他们从不爱与人交流变得善谈了。

尤其是英语基础较差的同学，如运杰和仁宝，偏科的他们，英语是他们的“天敌”，甚至考试时他们的英语作文也只能写三五句话。没想到通过参与英语书信交流活动，他们与英语结缘，竟然写出了达到百字的英文短文，“天敌”变成了“最爱”。

由“谈英语作文色变”到总是盼着下一次英语书信活动早点到来，由表达中只写课本中学过的简单的句子到通过各种学习途径获得新知，创造属于自己的句子，这些转变说明了活动的意义：既提升了孩子们的交往能力，又丰富了孩子们的学习生活。

（二）扩大了学生的交流范围，增加了学生的相互影响

同一年级，不同地区的跨省市合作，借由网络、书信交往让学生们从所在班级进入另一个完全陌生的交流圈，学生有可能建立起更具拓展性的人际关系，有可能收获另一种学习资源，学生的发展也在互动交往中得以实现。

比如，静雪老师发来班级学生自己制作的班级介绍PPT时，我们班的孩子佩服不已，纷纷为对子朋友点赞并表示一定要向他们学习。也正是由于这次的分享，后来我们班级活动的PPT制作都由学生主动申请完成了。

如滢滢和信宇，原来各门功课都不错，但看到对子同学如此优秀，尤其在才艺和动手能力上，都要强于他们，触动了他们从优秀向卓越的进发之路。所以他们决定取长补短，充实自己，暑假里，动手能力不强的他们竟然主动给布娃娃制作了好几套服装。

正如李家成教授所说，相关关系的建立，为学生打开了一扇扇发展之门；对于关系的不断拥有、经营和完善，昭示着学生的发展状态。[9]

（三）收获了友谊，填补了青春期孩子对友情的渴望

七、八年级学生正值青春期，他们渴望友谊，却又常常在现实生活中与身边的朋友因日常琐事发生不愉快，从而失去友谊。比如，小雨是个心思细腻的孩子，与同学交往中常因一点小事而生气，正是因为她爱生气，所以好朋友经常离她而去。但跨省市合作的“笔友”既让孩子们避免了因琐事发生的不愉快情况，又让他们于书信交流中收获了友谊，填补了青春期孩子对友情的渴望。

（四）激发了学生自我教育意识，让他们学会了自我更新

学校教育的目的不是让学生始终成为受教育者，而是让学生学会自我教育与发展，能够学会学习、自我更新。[10]比如，婧然和静静同学的英语成绩很优秀，但她们都是小马虎，平时做作业总是因粗心做错题。为了给笔友留下好印象，她们的每一次书信都认真书写，反复修改。她们说反复修改的过程让她们学会了细心，学会了自我反思，养成了良好的学习习惯，获得了成长。

积极的同伴影响总会让我们有意想不到的收获。当得知静雪老师班里的孩子大多多才多艺时，我们班的孩子开始问我：“老师，我们都没有才艺怎么办？我们以后也要加强这方面的学习呀！”“老师，这个假期我一定在创意制作方面多下点功夫。”“老师，我也要加强朗诵练习。”“老师，我也要把之前学的拉丁舞再好好练习练习。”这应该就是同伴影响的力量，既激发了学生的自我教育，又让他们学会了自我更新。

（五）发挥了辐射作用，由班内影响到班外

孩子们总是喜欢新鲜的事物，喜欢探究未知的世界。我们班跨省市合作学

习的分享不仅吸引了我们班的孩子，同时也辐射到了兄弟班级。比如子涵，是我们隔壁班的同学，没想到我们班的英语书信美篇分享影响到了这个爱学习的小姑娘，她说自己英语成绩起起伏伏，很不稳定，这样的方式可以让自己有更多的锻炼机会，还可以收获一份珍贵的友谊，所以她先说服了妈妈，再让她妈妈说服我，让她参加这个特殊的学习群。

看着孩子们写信、回信的兴奋，看着他们对笔友的期待，我想，之前自己对孩子们可能会羞涩或不敢表达的担心都是多余的。从孩子们自我介绍的第一稿到最后一稿的修改中，可以看出孩子们在这一过程中的成长，他们从以往的怯于交往、羞于表达转变为现在的乐于交往、乐于表达。尽管孩子们的最后一稿书信仍存在不足，但我和静雪老师决定，让孩子们自己去发现，这正是我们第二次活动的主题，即互帮互助，取长补短，写出精彩的自我介绍！

我相信：这个暑假他们一定会有不一样的精彩！在第三次的主题写作中，我和静雪老师计划给孩子们更大的发挥空间，让他们介绍自己的暑假生活，无论是时态的选择还是内容的表达，都基于学生自己的意愿。这样或许会有更多的创生，也让我们有更多的期待！

五、结论与反思：未来的可能发展

学生的暑期生活具有鲜明的生命性、社会性、教育性。对于有勇气、有智慧、有仁心的教育工作者而言，这是一片光辉灿烂的教育处女地，是人的生命生发灵光的成长新天地。[11]通过一次由分享而触发的跨省市合作活动让我们有了一次意外的学习契机，在一次次的合作中激发了孩子们的学习热情，也让我们看到了他们收获的不同成长。这样的尝试不仅让青春期孩子收获了友情，同时也让他们优势互补、取得了各自的成长。同样的假期，同样的年级，不同省市，不同学校、同龄的他们同而不同，不同而同，共同书写暑假不一样的精彩！

这一次的跨省市合作学习实践探究活动也带给我们很多思考：由于是首次尝试，目前的合作还局限在男男合作、女女合作；合作的学科也很单一；参加结对子的人数也有限制。随着研究的深入，我们是否可以尝试打破这些局限？是否可以尝试多学科合作、多学科教师合作？是否可以尝试开展暑期“交换生”活动？是否可以有家人参与互相“串门”？

变革还在不断继续，明天永远值得期待！

参考文献

[1] 教育部办公厅,共青团中央办公厅,全国妇联办公厅.关于做好中小学校暑期安排确保学生过一个有意义暑假的通知[EB/OL].(2009-07-03)[2018-05-15].http://www.gov.cn/gzdt/2009-07/23/content_1373228.htm.

[2] 乔杉.20年互联网带来的改变才刚开始[N].新华每日电讯,2014-04-22.

[3] 张忠华,周萍."互联网+"背景下的教育变革[J].教育学术月刊,2015(12):39-43.

[4][9] 李家成.班级日常生活重建中的学生发展[M].福州:福建教育出版社,2015:167;85.

[5] 李家成,郭锦萍.你好,寒假!——学生寒假生活与学期初生活重建[M].北京:北京大学出版社,2018:58.

[6] 李家成.论学生发展能达到的境界——基于"新基础教育"学生工作改革实践的研究[J].华东师范大学学报(教育科学版),2011(1):30-50.

[7][10] 杨小微,李家成.中国班主任研究[M].北京:北京大学出版社,2017:61;148.

[8] 杨小微,李家成."新基础教育"发展性研究专题论文·案例集(上)——学校管理·班级建设[M].北京:北京轻工业出版社,2004:200.

[11] 李家成.学生暑期生活与学期初生活怎样过?[J].教育视界,2016(9):4-5.

四招点燃农村家长教育热情
——以象山县贤庠学校102班“你好，暑假！”为例

周　倩　陈海敏*

摘　要：家长作为教育的重要参与者和推动者，对孩子的发展起着至关重要的作用，但在乡村学校，家长群体普遍存在教育热情不高、活动参与不多的现象。在“你好，假期！”项目实践研究中，笔者运用调动学生热情、组织假期活动、利用学校力量以及现场对话等四大方式点燃农村家长的教育热情，鼓励家长积极主动地参与到孩子的假期生活中，与教师一起陪伴孩子健康成长。

关键词：农村家长　教育热情　实践活动　暑假生活

众所周知，振兴我国农村地区教育的意义极其重大。根据国家统计局第六次全国人口普查的结果，截至2011年11月1日，居住在乡村的人口为6.74亿，占总人口数的50.32%，其中，约2.05亿为少年儿童。[1]我国农村地区的教育水平整体低于城市，这是不容忽视的事实。

我国《未成年人保护法》第二章第十一条也明确规定：“父母或者其他监护人应当关注未成年人的生理、心理状况和行为习惯，以健康的思想、良好的品行和适当的方法教育和影响未成年人，引导未成年人进行有益身心健康的活动。”[2]现如今，部分农村家长却将学校看作教育子女的圣地，将教师看作教育子女的权威，认为教育孩子只是教师的职责，自身对于孩子的教育甚少用心，有些甚至不管不问。长此以往，农村学校的孩子更难在未来社会中具有较强的竞争力。

受传统的知识观、教学观以及作业观的影响，暑假作业都有其固定的形式，主要以单一的书面作业为主，忽视知识巩固与技能提升。随着人们对作业问题的普遍关注，近年来，对暑假作业、暑假学习与生活相关主题的研究开始呈上升趋势。[3]在推行“减负”政策的背景下，我国中小学开展了一系列的作业改革实

---

*　周倩，浙江省宁波市象山县贤庠学校班主任，二级教师；陈海敏，浙江省宁波市象山县涂茨镇中心小学高级教师，研究方向为学生假期发展，班主任发展。

践。例如,“零语文家庭作业”实践、“零数学家庭作业”实践、“无家庭作业”模式、“弹性作业制”、“愉快教育”改革实践、“快乐作业”实践。[4]以笔者所在的象山县贤庠学校为例,从2018年寒假开始,学校在假期不再为学生征订统一的的《寒假作业》和《暑假作业》。

由此,笔者认为通过把握暑假这个良好的契机,点燃农村家长的教育热情,引导农村家长积极参与学校教育,不失为一个好的方式。2018年暑假,笔者有幸参加了华东师范大学“生命·实践”教育学研究院李家成教授发起的“你好,暑假!”项目,并以此为契机,寻找能够点燃农村家长教育热情的有效方式。笔者相信,通过参加并推广这个项目,就有可能提高农村教育水平,培养农村孩子健康的身心和完善的人格。

一、农村家长教育热情的内涵及体现

笔者认为,家长的教育热情是指家长参与学校活动或对待教育所表现出来的热烈、积极、主动、友好的情感或态度。《礼记·大学》曾说:“欲正其心者,先诚其意。”因此,只有家长在教育上心意真诚、心灵纯善,才能让孩子真心诚意地接受教育。家长的教育热情有利于带动孩子的学习热情,从而培养孩子健康积极向上的身心品格。

参与了“你好,假期!”的项目实践后,笔者针对自己班级的学生家长基本情况进行了简要分析,发现“你好,假期!”项目真的起到了点燃农村家长教育热情的作用,对于推动农村家长积极参与学校教育有着显著的效果。具体体现在以下几个方面。

(一)用心配合老师,主动分享教育过程

只有家长的教育热情提高,才能够影响孩子的发展。无论是孩子的学习自律方面,亲近自然方面,还是参与公益活动等,家长都开始以孩子的成长为目标。在“你好,假期!”项目实践中,家长积极配合老师,与老师一起准备,与孩子一起实践,并积极地用照片、美篇等分享假期中孩子的学习过程和实践活动。以笔者所在的班级为例,班级总人数为33人,共收到了31份家长在美篇上发表的有关孩子假期生活的作品。

(二)重视实践教育,主动策划活动

家长不仅要积极、热烈地配合老师的教育,还应该主动参与并策划孩子的实践活动,如此,可以唤醒家长更多潜在的教育自觉。乡村家长自觉参与教育,投入家校合作之中,才能拓宽乡村教育资源,从而提升教育质量,促进孩子的发

展。[5]在暑假后期，笔者和家长共同为孩子策划了“手绘草帽——给环卫工人送清凉”的活动。此时的家长们已经表现得主动、热情，能够积极参与到孩子的教育生活中去。

（三）陪伴成长，亦是共同成长

陪伴是最长情的告白，亲子参与的活动有助于增进亲子关系，在亲子活动参与中，家长与孩子共同提高，促进生命自觉，起到了共同成长的作用。[6]在爱心义卖活动结束后，函涛的家长写道：

“我们的孩子可能对公益和爱心的理解都还不完全，却十分配合和努力，因为他们知道自己是在做好事。我看到一个个孩子独自拿着东西在人群里推销，有的卖出去了，有的没卖出去，我不知道他们面对成功和失败的心情如何，但对我来说他们都是成功的，他们敢于走出去、敢于开口、敢于面对成功的喜悦和失败的失落，最重要的是在经历一次两次失败后依然没有气馁，依然寻找下一个目标，再次开口推销，这点令我感动，也令我惭愧。希望以后还有更多机会可以向孩子们学习，与孩子们共同成长！”

二、点燃农村家长教育热情的四种方式

“你好，暑假！”项目关注学生在暑假里的休息、调整，注重发展其自理自立的生活能力，强调学生在家庭、社区、社会、自然世界中的角色，拓展其学校所学，并最终促使学生学会成为自己的主人。[7]2018 年 9 月 25 日，李家成教授在象山实验小学举行的“你好，假期！”象山项目组研讨活动上说：“暑假的两个月是为四个月做准备。”“在暑假里学生的阅读、写作、锻炼，学生个体生命世界的‘经验’，将直接成为新学期学习的基础，为学校的校本课程开发、各类课程资源的丰富、教学活动的开展，提供直接而活生生的资源。”[8]笔者根据此项目的实施情况，总结出了一些有价值的实践经验。

在假期实践中，如何点燃农村家长的教育热情，引导农村家长积极参与学校教育？笔者认为可以从以下几个方面着手。

（一）以学生热情点燃家长热情

小学一年级的孩子在学习上缺乏自制力和意志力，这就需要家长和老师合力监督。很多家长因为不知如何正确引导孩子，导致孩子良好的行为习惯越来越难养成，家长对孩子的教育也逐渐失去信心，教育热情也大大降低。

在暑假开始之前，笔者让孩子们自由分成 4 个小组，4 个小组长由笔者指定，组员由他们自由选择。如此分组，组长会起到带头和监督的作用，组员们的积极

性也得以调动。因为要尊重孩子们自己的意愿，所以笔者在班上让孩子们自由分组。孩子们一个都没有跑出去玩，纷纷自由组合开始取队名、想口号。他们取的名字亦是精彩纷呈：小狗队、小龙队、彩虹队、努力队。正是看到了孩子们的热情，暑假开始的第一天，家长们就自行建群，没过几分钟就已建群完毕，笔者分别把队名改成孩子们自己设计的名字后，家长们一下子就热烈交谈起来了。平日的班级群，因为人数多，交流发言的也总是那几个家长，而在只有 8 个组员的小群里，家长们反而更乐意分享和探讨。

于是笔者正式开始了暑假打卡小活动，笔者会把小组孩子们的优秀作品转发至班级群，作品被转发的孩子可以加一分，组长每日完成填表，便于开学统计。两个月下来，家长们看到其他孩子每日都在完成任务，必定也会督促自己孩子。如此全班共进退，一起读书、写字，分享快乐与收获。暑假期间孩子们的生活是弹性的，有些家长早晨起来先让孩子打卡，有些家长睡前让孩子打卡，虽然花费的时间不多，但是学会日复一日的坚持才是他们最好的收获。

假期过后，笔者以鼓励为主，评出“写字小能手”10 名，“跳绳小能手”10 名，“朗读小能手”10 名，“阅读达人”10 名，“古诗达人”10 名。根据组长和家长共同推送的结果，评选出“优秀暑期生”11 名，分发奖状和奖品。那天颁奖的时候，只要是暑期好好参与的孩子，都能拿到奖状和礼品，只是数量多少的差别，这对于所有孩子来讲都是一种鼓励和肯定。他们一回家就拿出奖状分享喜悦，这份喜悦立刻就感染到了家长（见图 1）。所以，通过孩子们的热情去点燃家长的教育热情，对于班主任来说是“一箭双雕”的事。

陈妈妈

让孩子知道，认真努力学习，会有意外收获

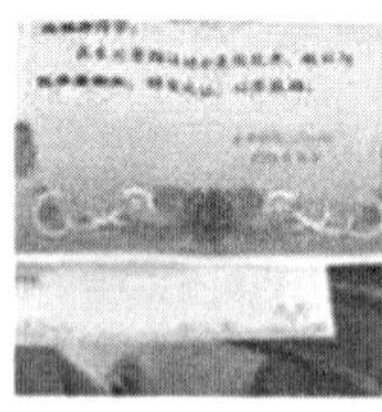

2018年9月15日 08:16

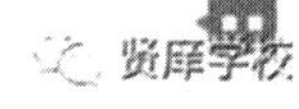

图 1　家长在朋友圈分享孩子得奖的喜悦

（二）以实践活动点燃家长热情

有研究者基于新课程改革视域提出假期作业变革，尝试融合各学科，开展主题综合实践式的作业。该研究者还提出增加实践式、体验式的作业；建立并完善家庭、学校和社区的合作关系等。[9]基于此，笔者首先在暑假开始之前精心设计了面向家长和孩子的调查问卷，尤其是针对家长更期待孩子在哪方面获得成长的问题，做了详细了解。

调查结果显示，更多的家长希望孩子在独立自律、阅读写话、关爱他人、沟通合作上获得成长，而以上能力的培养多基于孩子参与各式各样的社会实践活动。

其次，笔者在班级成立了暑期活动策划小组，由班主任牵头，组织家长进行活动策划，做好后勤保障。2018 年 7 月 25 日，笔者班级举行了第一次活动——"'你好，暑假！'爱心义卖"。农村家庭教育普遍存在观念落后、方式简单、亲子关系不和谐、目标期望值过高等问题。[10]正如义卖活动，对于很多学校早已是司空见惯，甚至在平时学校的活动中也屡见不鲜。但是在农村，对于我们的孩子，还是第一次尝试，对于我们的家长，他们也是第一次，甚至对于广场上的邻里而言也是第一次。

再次，笔者号召班级同学将义卖所得捐献出来，为社会奉献一份爱心。活动结束后，笔者又做了一次问卷调查，家长们也纷纷提出了自己的意见。从一开始由班主任牵头的义卖活动，到后期由家长自己设计参与的送爱心活动，这一转变，可以看出家长对于孩子的教育热情已经明显得到提升。

最后，有了前次活动的基础，通过集合各位家长的想法，笔者在班级投票决定了下一次活动的形式和主题，即举行"手绘草帽，给环卫工人送清凉"的活动。这是大家从三项活动中集体投票选出的结果（见图 2）。之后，暑期活动策划小组开始买草帽、买画笔、买慰问品等，家长参与实践活动也越来越得心应手。

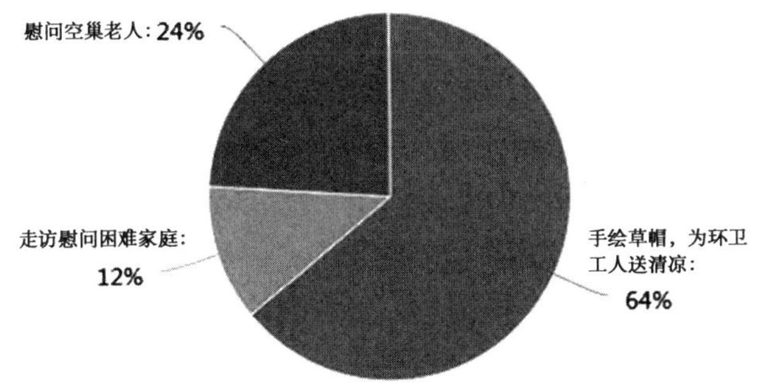

图 2 家长和孩子们对下一次活动主题的选择情况

暑假期间，笔者班级陆续开展了"我与太阳共升起""我用 50 元给家人买礼物”“废物利用创意手工”等一系列活动。收获满满,每一张照片都记录着家长和孩子共度的和谐亲子时光。

几次活动下来,笔者渐渐看到了农村家长的潜力,虽然他们没有较高的学识,但会积极响应老师的号召;虽然没有较为强大的经济基础,但会坚持参与各项活动;虽然没有强大的社会影响力,但有不可小觑的参与活动的热情。

(三)以学校力量点燃家长热情

“教师绝不能仅仅关注学科知识,更需要继续关注儿童作为一名真实世界的生活者所需要的综合素养。”[11]因此,如何与学生共创美好的班级生活,如何让学生享受幸福的假期生活,班主任起着至关重要的作用。班主任不仅要实实在在带领家长和孩子们一起实践,还要运用多种渠道及时展示活动成果。这里就不得不提笔者班级的公众号了。自从笔者开通了班级公众号后,家长们一到各种活动时间就热情洋溢,除了笔者用照片记录活动外,家长有好的照片也会分享到班级群,笔者择优选录入公众号,别有一番滋味!家长在活动中记录分享感受,活动后他们积极转发公众号,并附上自己简短的话语评价。在活动期间,学校领导也一同积极转发活动报道,并在笔者班级公众号下留言,这无疑是对这次活动的最大肯定,家长看了更是信心倍增,热情高昂。

在活动中,笔者发现,学校领导的参与也大大点燃了家长的参与热情。以这次爱心义卖为例,活动之前,笔者在学校工作群里将班级的实践活动宣传了一下,获得了许多老师和领导的支持。没想到活动那天,笔者所在的贤庠学校的郑校长也来了。这原本是班级的暑假活动,但是郑曙辉校长亲自来到贤庠文化广场,以一名“买家”的身份,亲切地参与孩子的义卖活动。在活动中,郑校长更是一直俯下身子听着孩子们的介绍,购买了拼图、贴纸、玩具等物品(见图3)。家长们看在眼里,内心兴奋又感激,他们真切地感受到了学校层面的重视,这对于家长来说又是一种动力和支持。

图3 郑曙辉校长正在和“卖家”亲切交谈

开学之际，家长们自发打扫教室，拆窗帘、洗窗帘，调节课桌高低，擦玻璃等。这些细节可以看出家长已经将班级这个大家庭存于内心，并把假期的热情延续到了开学，以及日后的一切教学活动中。开学没过多久，一期名为“这个班的家长好给力”的专题报道在学校公众号上推送。这无疑是对笔者班级家长的再一次肯定，笔者转发至班级群，“掌声”不停，而后各位家长第一时间转发推送到自己的朋友圈，这不仅是凝聚力的传递，也是展示班级的大好时机，家长们的自豪感油然而生。

因此，从班级层面上升到学校层面的重视，不仅是对班主任工作的肯定，也是对孩子和家长的鼓励和肯定。由此，班主任的工作更能受到学生和家长的支持，家长也会更加积极地参与学校的各类教育活动，也为日后的假期和教学工作的开展牢牢打下基础。

（四）以现场对话点燃家长热情

家长、老师参与活动的形式是多种多样的，所以家长和老师的沟通交谈也是必不可少的。面对孩子两个月下来的改变和提升，2018 年 9 月 21 日，笔者班级在学校会议室召开了暑假活动总结交流大会。会议上家长们踊跃发言，积极反馈暑假活动存在的问题，笔者也向大家交流了自己的经验与反思，为下一期假期活动的开展做铺垫。会议上，笔者朗读了许多家长的活动感言。那个时刻，会议室安静极了，全程没有一位家长看手机，他们都认真倾听，时时点头认可。对于孩子，他们是付出真心的，通过切身参与体验暑期活动，家长们知道这个假期带给孩子的意义。笔者和家长一同目睹孩子成长，一同陪伴孩子经历，真正把假期还给孩子，让他们在假期不是一味地吃喝享受，而是真正把成长锻炼放在首位。家长们你一言我一语，没有一句话离开“你好，暑假！”这个主题。这样面对面的交谈效果远胜于在微信上的交谈，笔者也可以更好地了解家长的想法和思路，再一次激发家长们的教育热情。

综上所述，笔者以“你好，暑假！”项目为契机，在探究实践过程中，通过激发学生热情、开展实践活动、借助学校力量并及时与学生家长进行现场对话交流等方式点燃农村家长的教育热情，推动形成家校合作的良好态势，为假期活动的下一步展开奠定了基础（见图 4）。

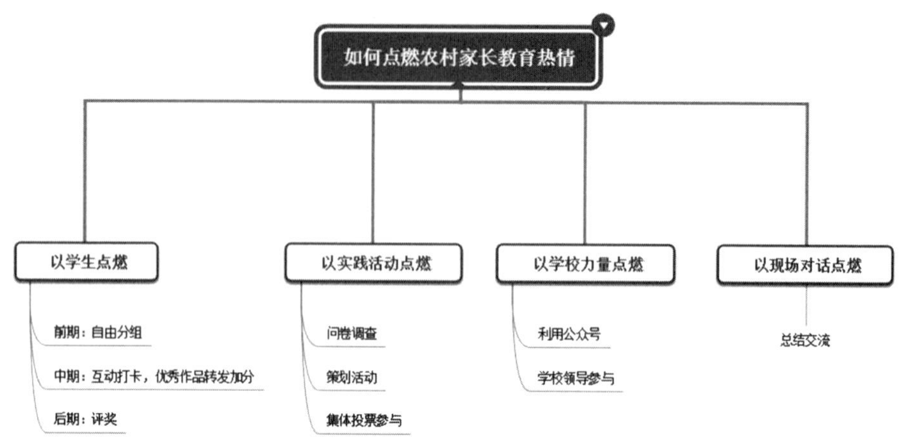

图 4　点燃农村家长教育热情步骤流程

三、总结与反思

尽管 2018 年的暑假已渐渐远去，但是这个暑假带给笔者、学生、家长的影响是积极深远的。家长们意识到了他们在孩子教育中的重要性。笔者通过与家长的总结交流，也发现了一些暑假活动中存在的问题与不足。

首先，由于这是笔者班级第一次在假期里用打卡的方式互动，很多细节考虑得不太周到，家长和孩子们纷纷指出活动记录过于费时，比如，组长每日填表，每天要将自己组员的名字填写上去，对一年级的孩子来说有些困难。那么在下次活动中，在分完组之后，班主任可以将名字输入之后再下发给组长。

其次，在实践活动中，有些家长出现过度参与的现象。如在“你好，暑假!”爱心义卖中，很多家长为了能够增加自己组内的义卖金额，主动帮助孩子们义卖，导致小组之间的义卖金额差别有点大，个别孩子十分失落。笔者建议家长应把握好参与的尺度，在适当的时候引导点拨孩子自己“卖”出去，让孩子自己经历，自己收获。

最后，此次“你好，假期!”活动还存在普及群体不够广泛的问题。比如，笔者班里有个孩子，父母不在身边，一直跟奶奶生活。奶奶没有智能手机，所以并不能及时查看微信群里的日常互动分享。笔者电话联系奶奶，表示希望这个孩子能够参与到班级的实践活动中，但是她并没有按照我们放假之前的约定，在开学时也没能按要求上交“打卡任务”，这对于孩子自身而言也是一种遗憾。所以在接下来的活动中，如何让更多的孩子参与活动，是考虑的重点。

“你好，暑假!”项目是人投入其中并受之影响的项目。尽管直接研究和影响的对象是学生、家长，但事实上，无论是发起者还是参与者，都在自觉追求发展，并享受着这个过程所带来的发展。[12]如果可以唤醒更多乡村家长的教育自觉，从而促进乡村学校的家校合作，那么家长更可以成为学生活动体系形成与发展的生力军。[13]笔者通过参与“你好，假期”这个项目，在教育实践中点燃了笔者班级的农村家长对于班级活动的热情，引导了农村学校的家长积极参与学校教育，从而进一步推动了家校合作，我们也期待这条道路可以越走越长，越走越宽。

参考文献

[1] 宁全午.农村小学家长参与学校教育现状及对策研究——以山西省运城市部分农村小学为例[D].杭州:杭州师范大学，2013:1-3.

[2] 第十一届全国人民代表大会常务委员会.中华人民共和国未成年人保护法(2012修正)[EB/OL].(2012-10-26)[2018-03-20].https://mr.baidu.com/li1ht4x? f=cp.

[3] 顾惠芬，李家成，李燕.学生主导，三力共驱，综合融通——常州市某小学暑假作业重建研究报告[M]//杨小微，李家成.中国班主任研究.北京:北京大学出版社，2017:134-153.

[4] 宋运来，徐友凤.中国作业的革命[M].南京:南京大学出版社，2014:102-160.

[5][6] 陈海敏，龚立琴.唤醒乡村家长的教育自觉与行动——以“你好，假期!”项目为例[J].江苏教育，2018(47):52-53.

[7][8][11][12] 李家成.创生“第四教育世界”——“你好，暑假!”项目的价值追求与教育实践[J].教育视界，2017(11):19;21;21;22.

[9] 于伟.暑假对孩子们意味着什么?[J].中国德育，2015(15):6.

[10] 钟福金.关注农村家庭教育 积极探寻指导策略[J].新农村，2018(10):50-51.

[13] 李家成，王培颖.家校合作指导手册[M].北京:北京大学出版社，2016.

乡村班主任的专业成长

行在实处，成在获得
——对北京工商大学附属小学迟希新班主任工作室建设的个案研究

李庆华　张锦辉*

摘　要：以学校为单位促成乡村班主任的群体发展，必须依托一个专业成长平台。北京工商大学附属小学于2015年1月成立“迟希新班主任工作室”，努力建设班主任专业成长共同体。工作室致力于打造“尚德求实，敦学共进”的行实班主任团队。以“行实班集体建设”为主题，围绕班级文化建设、主题班会设计与实施、班级典型案例解决策略、特色班级建设等内容开展系列主题研究与班级建设实践探索，班主任全员参与、共同研究、分步规范、整体推进，使班主任校本研修成为班主任工作提升的助推器，班主任整体育人素养得到显著提升，班级建设呈现“一班一特色、班班都精彩”的蓬勃态势。

关键词：班主任群体　工作室　班级文化　个案研究

在当前乡村班主任研究领域内，有个体班主任的快速发展，也有以区域为单位的乡村班主任队伍建设。[1]那么，以学校为单位，可否促成乡村班主任的群体发展？本文以北京工商大学附属小学为个案，试图回答这个问题。

本个案学校地处北京远郊房山区，目前有中心、太平庄、东沿村三所校区，2018—2019学年度有教学班76个，学生2 800余人。学校教职工179人，高级教师14人，市区级骨干教师37人，其中区级骨干班主任11人。学校一直践行房山区教委“用心做教育，做心中有人的教育”的理念，以“让每一颗种子朝气蓬勃地生长”为育人目标，努力为每一颗种子创造无限生长、充分体验的可能，让学校成为师生生命成长的体验场。始终坚信“行于实，方乃成”！

习近平总书记在2016年全国高校思想政治工作会议中提出，教师不能只做传授书本知识的教书匠，而要成为塑造学生品格、品行、品味的“大先生”。学校非常重视教师队伍内涵发展，努力培养具有“大先生”气质的教师。

*　李庆华，北京工商大学附属小学校长；张锦辉，北京工商大学附属小学教师。

为促进乡村班主任队伍建设,让班主任队伍成为塑造学生品格的主阵地,我们特别聘请北京教育学院迟希新教授为指导专家,并于2015年1月成立了“迟希新班主任工作室”,将工作室作为研修平台进行班主任的校本研修创新与实践,努力建设班主任专业成长共同体。工作室致力于打造“尚德求实,教学共进”的行实班主任团队。以“行实班集体建设”为主题,围绕班级文化建设、主题班会设计与实施、班级典型案例解决策略、特色班级建设等内容开展系列主题研究与班级建设实践探索,班主任全员参与、共同研究、分步规范、整体推进,使班主任校本研修成为班主任工作提升的助推器,班主任整体育人素养得到显著提升。班主任工作室在迟老师的引领和指导下,一路走来,且思且行……

一、明确“工作即研究、研究即实践”的发展理念

我们明确了班主任工作室发展理念与目标后,坚持“工作即研究,研究即实践”的发展理念,努力让工作室成为“班主任共学、共研、共享、共生的平台”,成为“将学校文化扎根班级,优化班级管理的平台”。我们努力借助工作室实现优化班主任团队发展的目标,致力于培育一批有爱同德、有研同行的班主任“大先生”。逐步完善丰富班主任个人发展阶梯目标,建立了“一年入格、三年合格、十年优格”的班主任成长体系。

(一)开展贯通日常的研究活动,每个学期坚持“四个一”

1. 每月一次“班主任时间”

工作室利用专题时间开展主题研究,呈现班主任育人之路上最精彩的探索、最动人的经历、最真挚的告白、最深刻的感悟与最美丽的育人轨迹。表1呈现的是2018年每月交流主题。

表1 2018年工作室每月交流主题

时 间	研究主题
2018年3月	如何与家长进行有效沟通
2018年4月	说说我的班级管理故事
2018年5月	班委会的建设与作用发挥
2018年6月	秀秀我的班级育人成果
2018年9月	家访“访”什么
2018年10月	如何通过班级社团建设增强班集体的凝聚力

（续表）

时　间	研 究 主 题
2018年11月	“种子成长”评价与班级管理
2018年12月	班级管理“一招鲜”

在这里，班主任们一起学习轻轻松松做班主任的秘诀，一起分享育人过程中的酸甜苦辣，一起领略育人路上的美丽风景，一起享受做班主任的幸福。“班主任时间”记录了一位又一位普通班主任专业成长的精彩瞬间，记录了一批又一批行实班主任不断提升实践智慧、实现专业自主发展的心路历程……

2. 每学期一个研究主题

表2是近三年来工作室涉及的研究主题。

表2　近三年工作室研究主题

时　间	研 究 主 题
2015年2月	主题班会同题异构
2015年9月	学校文化落位班级的思考与实践
2016年2月	传统文化与班级育人
2016年9月	班主任育人方略思考与实践
2017年2月	特色班级建设
2017年9月	聚焦德育指南、聚力核心素养、聚合家校力量
2018年2月	特色班本课程实施
2018年9月	班级育人小课题研究

班主任的培训需求是班主任在自身专业发展中感到某些欠缺，并在班主任培训过程中主动诉求，力求获得满足的一种内心状态。[2]我校针对班主任在班务工作中遇到的各种问题和困惑，结合共性、热点、难点问题，每学期确定一个研究主题，汇聚团队的力量，寻找解决问题的策略。大家在每月的班主任时间里集中研讨交流，在日常的工作中思考实践，不断调整。这样的研究主题，在一段时间内将班主任的研究、思考、实践三者聚焦，有利于班主任的问题解决和专业发展。

3. 每学期一次班主任工作论坛

学期末，工作室会围绕每学期的研究主题、教育热点话题以及班级管理问题开展专题论坛，通过观点呈现、思维碰撞、专家点评三个环节，分享教育经验，探讨实践问题，更新育人理念，朝着“专业化”目标不断发展。

每学期一次的班主任工作论坛,是对一学期研究主题和班主任工作的理性思考和总结交流。为新教师提供了鲜活可学的育人经验,为成熟教师搭建了分享交流的平台,为全体教师提供了聆听专家指导的机会。迟希新教授每次论坛的点评指导,都让学校班主任工作今后的方向和重点更加明确。

4. 每学年一次班主任基本功比赛

班主任良好的基本功,是做好班主任工作的前提。每学期一次班主任基本功比赛,成为督促历练班主任队伍的有力载体。比赛设育人方略宣讲、主题班会设计、情境问答、魅力展示等内容,每学期一个比赛重点。表3为近三年基本功比赛主题。

表3 近三年工作室开展比赛主题

2016年	2017年	2018年
班级管理计划撰写	主题班会设计	班级育人方略宣讲
说班会大赛	现场情境问答	魅力展示

在校级比赛的基础上,我们推荐班主任参加区级比赛。近几年累计40余人次获得房山区班主任基本功大赛一等奖、主题班会大赛一等奖、"学生最喜爱的班主任"等奖励,15人次获得北京市班主任基本功大赛一、二等奖,北京市"紫禁杯优秀班主任""学生最喜爱的班主任"等奖励。董剑梅老师连续两年代表房山区参加北京市比赛,每学期一次的班主任基本功比赛成为班主任成长的助推器。

(二) 倡导德育日常随机小教研,将理念化为更微观的发展过程

1. 坚持小型化、日常化教研

工作室在各年级组中倡导"随时发现问题—共同分析研究—共识解决方法—依照方法实践—提高管理水平"的团队优势,要求以年级组形式开展经常性德育教研活动,随时研究本年级段学生习惯养成、品质培养等方面的共性问题。某项工作结束后,学校会及时从班主任工作科学与艺术的角度帮助他们总结工作方法,提炼、分享工作经验。如班级家长会结束后,工作室会以"为班级家长会点'赞'"为题进行家长会经验分享;班级文化建设评比后,学校安排全体班主任走进最佳班级,看环境,听学生讲解。不断树榜样、促反思,让珍贵、有效的班级管理经验通过研究室的活动得到共享与传承。

2. 开展年级联席教研

工作室每月分年级开展一次班主任、科任教师联席教研,就本年级(班)核心素养培养、学习习惯养成等问题进行研讨,形成学生的教育方式及良好行为习惯

的养成途径和方法，促进良好学风、班风的形成。党的十九大报告中提出：让每一个孩子享受公平而有质量的教育。如何关注到每个班级，每个孩子的成长？如何调动所有老师的力量和智慧解决班级和学生的个性问题？近两年，工作室开始推动“年级、班级联席教研”活动。年级组长和班主任作为召集人，将教同一年级（同一班级）的老师聚在一起，就年级、班级和学生个体存在的优点和不足进行讨论，达成共识，研究改进策略。对待班级优点，所有任课教师表扬鼓励，实现正强化；对待不足，大家研究采取相应措施，共同努力，不断强化矫正。就学生个性化的问题，各学科教师明确之后，形成合力，找准闪光点，不断鼓励表扬，针对不足，每一节课都不断地纠正。这些措施持续作用在班级、学生身上之后，对班级和学生个体起到了转化促进作用。基于学生发展的联席教研，使全体教师更加聚焦班级和学生的问题，在交流研讨中实现了各科教师的合心、合作，形成了合力，实现了班级管理、育人的不断优化。

二、以班级文化建设为突破口，促成乡村班主任全员发展

班主任发展有很多路径。我校选择的是班级文化建设。通过班级基础性管理评比、班级文化展示评比、行实班级建设主题班会交流与展示、行实班级管理论坛等活动促进班级建设全面提升，为促进文化建设落位班级创设了有效途径。通过建设班级六个“场”，做到了班班显文化，班班能展示，班班有特色。

一是班级文化设计场。老师、学生、家长共同参与，从起班名、绘班徽、唱班歌、定公约开始做起。设计、参与的过程，也是班集体人心凝聚、明确目标、文化认同的过程，更是审美情趣、人文情怀、合作与创新能力形成的过程。

二是班级管理体验场。多媒体播放员、眼保健操检查员、卫生保洁员、小胖墩监督员、作业收发员，每个学生都参与到班级管理中，在服务他人、岗位历练、活动组织、才能展示中不断成长。学生在自我教育、自我管理中不断成熟，不断提高，学生在经历各种开放式的情境中，增强了集体责任感、归属感和荣誉感。

三是班级社团活动场。每个班级都活跃着各种各样的社团组织，如诗社、爱心社、摄影社、视频编辑社、主持社、读书社、书法社、班级文化讲解社等。班级社团组织丰富着班级生活，让每个个体在参与班级生活过程中通过“微型组织生活”让个性得以绽放，让每个人都成为更好的自己，促进了社会参与、社会学习素养的提升。

四是班级爱心体验场。集体中有同学过生日，老师和同学都要唱生日歌，送祝福。为生病同学捐款，高年级和低年级结成手拉手班级。从新生入学第一天

起,就成为姊妹班,帮助弟弟妹妹做值日,做队前教育,布置班级环境等,爱心在传递中更显温暖。

五是学习分享体验场。学生是课堂上学习的主人,在自主探究、小组合作、分享交流的课堂上,孩子们慢慢地会倾听、会思考、会表达、会交流、会分享。

六是自主成长体验场。教室里、走廊上满眼都是孩子们的影子:原创儿童诗、小课题研究报告、绘画书法作品、写着名字的花花草草,以及小组和个人评价。没有好与不好的等级评判,我们要做的是让每一名学生都充满自信,并陪伴他们长大,在经历中体验、收获。

丰富的班级体验场活动,是促进学生全面而有个性的发展的平台。表面上看,活动的辅导老师不是班主任,但是活动的成效,离开班主任的参与和作用发挥,就无从谈起。

比如,在校级社团建设中,班主任要具体承担报名动员、思想疏解、支持协调三大任务。尤其是思想疏解,更是非班主任莫属,因为大家都知道:班主任的话最管用。中国鼓社团的孩子因为手磨破了、胳膊疼、天气热等原因不想练了,这时候班主任的鼓励就成为一剂良方,帮孩子们克服一个又一个困难,教会孩子们懂得凡事坚持才有精彩呈现。有时候遇到家长不支持孩子参与社团活动,认为孩子会累、耽误学习,练这些没用,班主任还要做好家长的思想工作,晓之以理,动之以情,赢得家长对孩子的支持。班主任还要协调好孩子们的训练、演出和上课之间的关系,做到不让孩子们落下一节课。

在班级社团建设中,班主任会根据本班孩子的特点,设立多种特色社团,如文明行为监督社、绿植养护社、小胖墩训练社、葵花诗社等。班级社团成了班主任班级建设的有效抓手。

三、以特色活动开展,成就乡村班主任的特色

我们通过“一月一赛一规范”“一周一班一展示”“一班一课一主题”等以常规工作为出发点的特色活动引导班主任夯实常规、发掘特色、潜心研究,让行于实的特色活动成为班主任工作提升助推器。

(一)一月一赛一规范,聚焦常规促提升

班主任工作室每学期围绕“行实班级建设,提升教师素养”开展基于常规的“一月一赛一规范”,引导班主任关注常规,科学管理,如班级基础性管理评比、班级文化展示评比、路队评比、巧开家长会、唱响班歌等。每月一赛的长期坚持,使得班级建设全面提升,成为促进教师专业能力提升的平台。

(二)一周一班一展示,发掘特色展风采

两年前,我们尝试改变传统的升旗仪式,通过自主申报参与"一周一班一展示"活动,将班级展示常态化,做到了班班参与,人人参与,成为孩子们期待的班级体验周。每周升旗仪式由各班轮流负责,通过校园广播、校园展板、学校电子屏、官微等多种途径全方位展示班级风采与特色,为每个学生的个性张扬搭建平台。活动邀请家长参与,让每周都有家长走进校园,家长开放日也走向常态化。通过班级展示,让校园内每一周都有班级成为主角。

据统计,三校区参与展示的班级已有 70 个班次,参与展出的学生作品逾千幅,参与家长 1 400 余人次,官微推送专题文章 80 余篇。活动过程中班主任们编辑美篇、制作展板、排练展示内容……让班级更加凝聚,家校关系更加密切,班主任的宣传意识、家校沟通能力、活动组织能力也得到了充分锻炼和提升。

(三)一班一课一主题,涵养品质助成长

每学期各班以"行实品质涵养课程"为研究主题,依托"每日八分钟课程"、班本课程开展具有班级特色的班级定制课程研究。如中心校区二(1)班实施以友爱品质为主题的"讲讲我们班的友爱小故事""共同建设班级友爱角""拉起弟弟妹妹的手"等系列定制课程,培养学生友爱品质。五(4)班实施以"坚韧"品质为主题的"我眼中的坚韧""我做到的坚韧""坚韧造就传奇"等系列班本课程,感悟坚韧蕴含的精神和品质,培养小种子们坚韧不拔的毅力,让其顽强生长。

一班一课的主题式系列课程使"行实品质"在班级得到深度体现。教师们也在系列班本课程的设计、开发和实施过程中实现了从"经验型"向"专业型""研究型"的转变。

四、以乡村班主任的群体发展为荣:北京工商大学附属小学的宣言

已走过三个年头的迟希新班主任工作室,让老师们体会着研究的快乐,经历着劳累并成长着的过程……

(一)有思想、有情怀的班主任越来越多

董剑梅老师入职 5 年,她用心教学、用心管理学生,和孩子们一起建立了属于他们的"花果山",和一年级小虎豆们一起谱写"虎豆班"的快乐乐章。她个人更是实现了个人成长梯次中"优格—风格"的目标。安月娟老师在体验中努力探索低年级学生成长规律与育人策略,创新班级评价方式。在班级特色建设的过程中,没有了学科的界限,呈现给我们的只有孩子的成长,即便教室里一盆小小的绿植都有了内容丰富的"身份证",从绿化迈向了文化……

(二) 有能力、有水平的班主任越来越多

杨会娟老师热情而富有智慧,工作有方法、有效果,关爱学生具体化、管理方式多样化、与家长沟通联系经常化,充分尊重学生,发挥学生的民主意识,使得班级管理畅通无阻,“小荷一班”在她的带领下快乐成长,蓓蕾初绽,她用思想和智慧演绎着她的“快乐班主任生涯”。上个学期,五位班主任获得区级班主任基本功大赛一等奖,五位班主任获得“学生最喜爱的班主任”称号,三位教师入选房山区优秀班主任资源库。越来越多的班主任将理论学习运用到日常的班级管理工作中,班主任整体能力水平有明显提升。十几位班主任的班级建设经验先后走上湖北、上海、江苏等全国论坛的大舞台。班主任队伍建设成果《“行实”平台打造“行实”品牌》荣获北京市中小学班主任队伍建设优秀成果评选二等奖。从最近一次家长会效果追踪统计来看,家长们给予了班主任高度的认可。从干涩枯燥的说教式家长会上的冷冷清清,到在以人为本理念指导下,以还原孩子校园生活为内容的互动式家长活动上的真情流露,从“召开家长会”到“巧开家长会”,这些转变背后是班主任教育观念及能力水平提升的体现。通过家长会也使家长们对班主任充满了敬意和感激。

(三) 班主任工作由“管理”向“引导”转变,由“看班”向“带班”渐进

“新基础教育”强调班主任角色定位从原来的管理者转变为班级建设和每个学生在班级建设过程中实现发展的第一责任人。[3]几年的探索实践,行实班主任实现了由“管理”向“引导”转变,由“看班”向“带班”渐进。作为学生发展首要责任人的班主任用智慧依托环境建设、组织建设、班队主题活动、班级内部评价,有序落实班级建设的育人价值,培养学生主动发展的能力。[4]在北京工商大学附属小学,可以聆听“用智慧让每一颗种子朝气蓬勃地生长”的教育生活,学习“jing字点亮班级文化”“把我读给你听”的方法,领略“我们班的‘小怪兽’”“丑小鸭其实是受了伤的白天鹅”的精彩,感悟“班主任的‘爱恨情仇’”,同时,也可以真切地感受到一位位普通班主任的成长历程,看到他们怎样从手足无措中跌跌撞撞地走出低谷……

坚信“行于实,方乃成”,行在实处,成在获得!让每一颗种子朝气蓬勃地生长,是每一位“北工商附小人”不断追逐的梦想!在“班级建设育人”之路上,我们将且行且思,逐梦前行……

参考文献

[1] 李家成,赵福江.中国乡村班主任发展研究:第一辑[M].上海:交通大学出版社,2018.

[2] 迟希新.班主任培训:立足专业发展需求[J].人民教育，2008(Z1):35-37.
[3][4] 蓝美琴，石明兰，李家成.以制度创新支持班级建设——“新基础教育”共生体学校第四次全国现场研讨会综述[J].教育视界，2018(3):4,7.

乡村初中班主任科研素养问题及提升策略

李静雪*

摘　要：乡村初中班主任作为乡村初中教育的主力军和班集体建设的领导者，在一定程度上存在着科研意识薄弱、科研理论匮乏、科研能力不足和科研道德缺失的问题。本文围绕着以上几个问题，提出提高并加强乡村班主任的科研意识，重视并强化科研理论，培养并提升科研能力，改善并提升科研道德，从而完善其科研专业素养的策略，以有效解决教育工作和班级建设中的实际问题。

关键词：乡村初中班主任　科研素养　现状分析　提升策略

随着乡镇经济的快速发展，乡村初中的教育也在日新月异地变化着，呈现出良好的发展势头。“科研兴校”早已成为中学教育的共识。初中是九年义务教育的最后一个阶段，很多乡村学生初中毕业后即进入社会，而不再进入乡镇的更高学府——高中就读，因此，重视乡村初中教育显得尤为重要。

乡村初中班主任作为乡村初中教育的主力军，从班级实际出发，从事了各种各样的科研活动。科研活动使班主任的专业素养得到了一定的提升，教育方式也更加多元化。但与此同时，不难发现一些乡村初中的教育科研工作并没有真正给学校和班级带来变化。看似轰轰烈烈地“科研”了一番，可大部分乡村班主任的教育方式与行为依然没有改变，学生的状态仍和往常一样，因而班主任所面临的大部分问题依然存在。

《教育部关于进一步加强中小学班主任工作的意见》指出：各级教育行政部门应将中小学班主任培训纳入教师全员培训计划，学校也应制订班主任培训计划，有组织地开展岗前和岗位培训，定期交流班主任工作经验，组织班主任进行社会考察，提高班主任的政治素质、业务素质、心理素质和工作及研究能力。[1]可

*　李静雪，浙江省金华市武义县武阳中学英语教师，中学二级教师，研究方向为乡村初中班级管理，寒暑假研究，合作学习。

见，无论是教育部对班主任的要求层面，还是班主任实际工作的层面，加强乡村初中班主任的研究意识、研究理论和研究能力，提升他们的科研素养十分必要。

一、乡村初中班主任科研素养内涵

1. 科研素养的定义

教育科研，是以教育为对象而进行的科学研究。素养是指一个人的修养，从广义上讲，它包括道德品质、外表形象、知识水平与能力等各个方面，科研素养也是其中一种。教育科研素养是指在开展教育科学研究中所达到的能力水平以及养成的正确态度。[2] 马勇军将教师的科研素养总结为“中学教师针对教育教学中的现象和问题，运用教育学、心理学与其他学科知识，采用科学研究的方法和手段进行理论探讨与实践的过程中，个体所需要的知识、技能和心理品质的总和”。[3]

笔者认为乡村班主任在日常的教育教学工作中除了要掌握专业的学科知识和管理技能，更需要主动提升自身的科研素养，从而更好地解决实际工作中的问题。

2. 科研素养的构成要素

中学教师，也包括乡村初中班主任是一个庞大的群体，在乡村中学教育中起着至关重要的作用。本文所指的研究内容主要围绕这一群体的科研素养，包括科研意识、科研理论、科研能力和科研道德四个方面展开。

科研意识是指乡村班主任在教育教学过程中发现问题并作为论文或课题申报的探索欲望，是他们对教育科研内涵、本质和重要性的正确认识，它是科研素养中最基础的部分。我们看到，越来越多的乡村初中班主任有了主动的科研意识，会将教学工作中的问题及时记录下来，为后期的论文和课题研究积累材料。

科研理论是指乡村班主任在班级管理过程中开展科研所必须掌握的各种理论知识与方法，它既包括专业的学科知识，也包括教育学、心理学、管理学、教育研究等相关理论知识和教育理念，它有助于保证科研的规范性、合理性和科学性。笔者是浙江省武义县班主任精英培训班的一员，在这个群体中，所有的乡村中学班主任经常线上、线下一起学习、分享科研理论。在李家成教授和雷国强所长的带领下，大家积极探讨工作中的问题，用科研理论解决实际困难，学员的科研理论水平在一次次的讨论和学习中得到提升。可见，科研理论的提升有助于解决教学的实际问题。

科研能力指的是乡村班主任将自身所掌握的教育理念和科研理论应用于问题提炼、方法设计、材料分析、报告撰写等一系列关于班级管理过程中问题的发现、分析、解决的能力总和。作为乡村班主任，笔者在做科研的过程中，经常需要将记录的班级问题进行整理、分析和提炼，并配以丰富的专业的阅读来提升科研能力。

科研道德，即乡村班主任在班级管理过程中开展教育科学研究所必须具备且自觉遵守的道德规范和法律常识，它是衡量班主任科研素养高低的关键因素。乡村班主任若是缺乏科研道德，就会产生随意抄袭他人研究成果的现象，那么违反科研道德规范的现象就不足为奇了。因此，乡村班主任只有具备了较高的科研道德，才能开展真实的研究，才能真正地为教育教学和班级管理助力。

科研素养的四种要素互为关联又各有不同（见图 1）。科研意识有助于更新科研理论并反过来深化意识；科研理论支撑班主任的科研能力并在教学实践中运用和检验；班主任的科研能力可以考验科研道德并通过道德来反观和评价科研能力；科研道德能够映射科研意识，并通过科研意识来检视科研道德是否高尚；科研意识是基础，科研理论是科研素养的保障，乡村班主任的科研能力体现了他们科研素养的高低，科研道德是科研素养的关键所在。总之，四个要素紧密相连，共同构筑了乡村班主任的科研素养。[4]

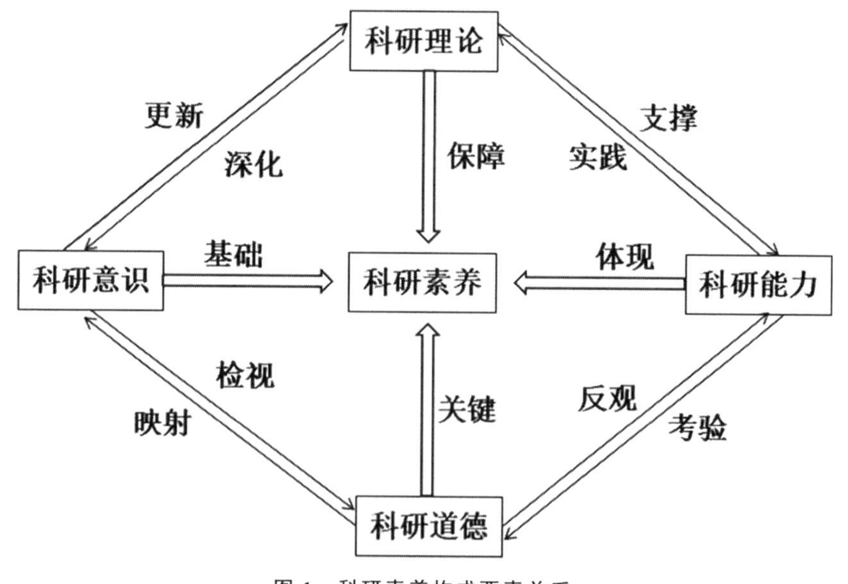

图 1　科研素养构成要素关系

二、乡村初中班主任科研素养现状分析

虽然乡村班主任在教育科研方面投入很多，也取得了一些可喜的成果，但整体的科研素养仍存在一定问题，"头重脚轻""高投低产"现象十分普遍。所以，研究和分析乡村初中班主任在科研素养方面存在的问题及原因就十分必要。

1. 科研意识薄弱

虽然素质教育改革在全国取得了一些成就，但在教育水平相对较低的乡村地区，应试教育依旧备受"青睐"，成绩依然是大部分乡村初中学校和班主任最为重视的。因此，科研就变得"可有可无"。

许多具有科研意识的乡村初中班主任在日常教学过程中发现了问题，但是他们没有将发现的问题及时、主动地记录和思考，并作为论文或者课题进行撰写和申报，导致教学问题依旧难以解决。还有一部分乡村初中班主任不善于发现教学中的问题，认为进行科研只是浪费他们的时间和精力，对实际的教学工作和班级管理并没有什么作用，因而按部就班地重复每日的工作。

李家成教授在《班级日常生活重建中的学生发展》一书中指出：长期以来班主任工作研究的薄弱，和不合时宜的培训、宣传方式，使得班主任工作的理论品性被大大降低，形成了班主任对教育故事、案例等的过度偏爱，进而形成了拒斥理论的集体无意识。[5]由此可见，乡村初中班主任的科研意识薄弱是有原因的，我们要根据班主任工作中存在的实际问题，有针对性地加强他们的科研意识，从而解决实质性的问题。

2. 科研理论匮乏

魏荣荣在其研究中指出："部分班主任对所研究题目研究不深透，成效低。知识结构不合理是重要原因之一。教育科研是一个综合性很强的研究活动，其交叉性、边缘性十分突出。而且，当前教育改革和课程改革中的学科交叉、课程综合，特别是新的课程设置，教师原有的知识结构很难适应。乡村初中班主任普遍缺乏教育科学知识，尤其是教育学、教学论及教育社会学、教育管理学等一些教育科学新学科知识的缺乏最为突出，对心理学知识的掌握普遍浅薄，许多心理学的分支学科和新学科知识尤为匮乏。"[6]

笔者在进行论文和课题的撰写时，经常会出现无法正确查找并引用专业科研理论知识的问题，导致所撰写的内容缺乏理论性和专业性。此外，在班级建设的实践过程当中，笔者也会因为缺乏科研理论而不能很好地解决班级存在的真实问题。可见，乡村初中班主任的科研理论还较为匮乏，需要学校领导和班主任自身共同引起重视,并加强科研理论知识的学习和培训,改变科研理论匮乏的现状。

3. 科研能力不足

乡村初中班主任在科研能力方面也存在许多问题,主要表现在以下几个方面。

(1) 缺乏研究学生的能力。李家成教授指出班主任的学生研究需要“从关注个别学生转向关注全体学生”“从关注抽象学生转向关注具体学生”“从借鉴他人理论、观点转向具体研究本班学生”“从相对单一的研究视角转换到综合性的研究视角”等。[7]也就是说,在班级日常教学工作中,许多乡村班主任不善于发现教学中值得研究的问题,或是所研究的问题关注点有偏差,或切入点过大、不够精准等,使得他们所做的研究缺乏借鉴性、可操作性。

(2) 缺乏收集和整理信息的能力。许多乡村初中班主任在做科研时不知如何搜索文献资料,或者所收集的资料不够全面、权威且缺乏参考价值,因而撰写的文献综述归纳性不强,或是所参考的文献资料缺乏时效性、准确性。

(3) 缺乏实际操作能力。在科研的过程当中,一些乡村初中班主任不能按照研究计划开展研究,也无法根据现实需要及时调整研究方案,与研究伙伴之间的协调能力和合作能力较差,从而使所做的研究不够完善,甚至出现半途而废的情况。

(4) 缺乏撰写论文和课题报告的能力。许多乡村班主任在科研成果输出阶段时,不能合理地运用心理学、教育学等专业理论知识分析和阐述问题,不能对研究资料进行定性归纳和定量分析,因而所撰写的论文或课题缺乏深刻和创新的观点。[8]以上这些问题都反映出我们的乡村初中班主任科研能力的不足。

4. 科研道德缺失

具备教育科研道德是教育工作者的底线和基本素养,但是在实际工作中,论文和课题随意拼凑、抄袭的现象较为常见,许多乡村初中班主任在这方面的表现也不尽如人意。例如,一些班主任为了完成学校的科研任务或是评职称而有目的地拼凑、抄袭论文,杜撰数据。更有甚者,花重金雇人代写,这些行为都严重违背了教师的科研道德。某些乡村学校的班主任对待科研的态度尚且如此,他们在科研道德方面的问题更令人深思。

究其原因,是许多乡村班主任主观上不想、不愿做科研,迫于学校或是评职称的压力而被动做科研,导致他们所做的科研内容空洞,更像一纸空谈,未能做到实事求是,既不符合教学实际,也不能解决实际中存在的实质性问题。这样的科研成果不真实,失去了参考的价值与意义,也浪费了大量的人力、物力甚至财

力等。由此可见,加强并规范乡村初中班主任的科研道德素养迫在眉睫,因为科研道德是衡量班主任科研素养高低的关键因素。

三、乡村初中班主任科研素养提升策略

教育科研素养是教师专业素养的一部分,提高科研素养有助于进一步提升并完善他们的专业素养。笔者从乡村初中班主任教育科研素养所包含的科研意识、科研理论、科研能力和科研道德四个要素出发,探讨提高乡村初中班主任科研素养的具体策略。

(一)提高并加强科研意识

科研意识是乡村初中班主任开展科研活动的内在精神驱动力。处在教学一线的乡村初中班主任,平时忙于各项教学工作和班级管理工作,课余时间无暇用心做科研的占了多数,那么如何引导他们做科研就显得十分重要。因此,我们要让乡村初中班主任认识到教学与科研是密不可分、相辅相成的,通过科研活动的积极开展来促进教学活动的有效展开。培养班主任自觉、主动的科研意识,让他们认识到教育科研是教师自我发展和提升的重要途径。

那么,如何提高和加强乡村初中班主任的科研意识呢?笔者认为,要提高乡村初中班主任的问题意识,必须引导他们善于发现、记录教学实际工作中的问题并对问题加以反思,进而在反思中提炼有价值的问题,为科研活动的开展做好前期准备。例如,安徽霍邱县乌龙镇中心学校的刘茜老师,她经常阅读班级管理方面的专业书籍,有着敏锐的科研意识,经常将班级日常生活中的问题在简书软件上记录下来,并对班级问题进行描述和分析,形成许多教育叙事案例(见图2)。

此外,可通过加强班主任的责任意识来强化科研意识。明确做科研的目的不是简单地为了职称评聘、岗位晋升、学校要求等,班主任才会从提高自身的教学能力、促进自身的专业成长等方面来进行科研活动。通过加强责任意识,进而使得班主任主动发现问题、思考问题、研究问题和解决问题,达到强化科研意识的目的。

(二)重视并强化科研理论

科研理论知识是乡村初中班主任进行教育科研必须具备的理论知识,包括专业的学科知识,也包括教育学、心理学、管理学、教育研究等相关理论知识。这些科研理论可以在乡村班主任进行科研活动和后期撰写报告时提供专业的理论依据和支撑,并引导班主任科学的发展、有效地开展科研活动。

那么,在职的乡村初中班主任怎样在有限的工作时间里学习科研理论,从而

图 2　刘茜老师的教育叙事案例记录

实现自我提升呢？笔者认为，应从学校和班主任两个层面着手。首先，乡村初中班主任做科研的目的是为了解决教学中的实际问题，以利于班级和学校的教学更好地展开，所以学校层面应该重视对班主任科研理论方面的培训和学习，定期开展科研理论培训，让班主任能够有时间和机会接触专业的科研理论知识。例如，利用“互联网＋培训”等线上线下的培训方式帮助乡村初中班主任了解和掌握专业的科研理论知识。

笔者参加了浙江省武义县教育局组织的班主任精英培训班，在李家成教授和雷国强所长的带领下，笔者和精英班的班主任们每个学期定期开展学术培训，进行专业的科研理论知识学习和论文、课题撰写的讨论，如关于财经素养、学生领导力的主题研修项目，学术规范与论文撰写主题研修等，这些培训对乡村班主任的科研理论知识的巩固和提升提供了实质的帮助。

学校还可订阅一些教育科研方面的图书、期刊等资料，如笔者所在学校的图书馆就购买了《中国班主任研究》《班主任》《新课程评论》《江苏教育》等来满足乡村班主任的科研需求。

其次，对乡村初中班主任来说，可以利用课余时间，通过大量阅读相关理论

知识并结合自身已有知识进行思考，经常性地反思，将理论知识和实践相结合，形成文字，记录下来。笔者在课余时间就会主动地阅读李家成教授主编的《中国班主任研究》《班级日常生活重建中的学生发展》等图书，并积极地用文字形成读后感，积极地记录、反思和总结(见图3)。这样不仅可以将理论知识强化和提升，还能深化科研意识，提高自身的科研能力，更好地推进教育科研和教学工作。

16、《中国班主任研究》读前准备	2018/6/26 14:28	DOCX 文档	24 KB
17读《学生主导，三力共驱，综合融通——常州市某小学暑假作业重建研究报告》有感1稿：对暑假作业的新认识	2018/7/3 22:10	DOCX 文档	32 KB
18.《学生主导，三力共驱，综合融通》读后感2稿	2018/7/11 17:48	DOC 文档	20 KB
19.我与“互联网+”初相识——读《一样的暑假，不一样的生活》有感1稿 李静雪2018-07-17	2018/9/25 11:10	DOCX 文档	17 KB
20、由“大”至“小”的领悟——读《一样的暑假，不一样的生活》有感2稿 李静雪2018-07-23	2018/9/25 11:07	DOCX 文档	500 KB
21.读《学习活动的生态学分析：以“新基础教育”研究实验学校为例》有感第1稿 李静雪 2018-08-03	2018/9/25 11:06	DOCX 文档	773 KB
22.成为“生命牧者”的可能——读班主任：以“爱”滋养学生终身发展与存在可能的生命牧者 有感第1稿-李静雪2018...	2018/9/25 11:02	DOCX 文档	385 KB
24.行于实、方乃成——第二届全国乡村班主任发展研究论坛感悟 武义李静雪2018-09-17	2018/9/25 11:01	DOCX 文档	18 KB
25.读《试析中国班级生活当代变革的基本主题及其伦理面向》有感1 稿 2008.9.23	2018/9/23 17:20	DOCX 文档	208 KB
从理论到实践，析我的班级建设——读《班主任日如何践行杜威民主主义教育思想》有感 第2稿 李静雪	2018/10/2 10:28	DOCX 文档	28 KB
读《班主任日如何践行杜威民主主义教育思想》有感1稿	2018/10/3 9:28	DOCX 文档	21 KB
读《高中走班制改革背景下对“班级”本体价值之思考》有感1稿	2018/11/1 22:09	DOCX 文档	19 KB
读《新高考背景下高中生学业生活的转变及学校行动》有感1稿	2018/11/10 10:55	DOCX 文档	349 KB
读《中国的班级特性》有感1稿	2019/1/1 11:13	DOCX 文档	1,370 KB
互联网+读后感2稿	2018/7/24 23:01	DOCX 文档	2,282 KB
建设民主型班级的设想---读《班主任：从“所属群体”到“属于自己的群体”》有感1稿	2018/9/26 15:34	DOCX 文档	16 KB
李静雪--第二期1.0班报名表	2018/6/24 22:13	DOC 文档	13 KB
明晰方向 再次出发--李静雪	2018/10/31 20:07	DOCX 文档	19 KB
我的2018年	2018/12/31 18:48	DOCX 文档	125 KB
我要创造什么样的看不见的永远	2018/11/6 22:07	DOCX 文档	137 KB

图3 《中国班主任研究》读后感

(三) 培养并提升科研能力

很多乡村初中班主任在进行教育科研的过程中，缺乏发现和提出问题的能力、收集和整理信息的能力、实际操作能力、撰写高质量论文的能力等。根据以上这些实际问题，笔者认为，首先要培养班主任善于发现和提炼问题的能力，通过经常性地反思教学活动和开展教学研讨活动来获取有研究价值的信息与问题。

其次，乡村班主任需要学会收集和整理有效、有价值的信息和资料，运用恰当的科研方法，如经验总结法、访谈法、观察法、实物分析法、问卷调查法等，实施合理、规范的研究。

最后，乡村初中班主任可以选择自己感兴趣的、擅长的领域进行研究，这样在撰写论文和申报课题时就会更加得心应手，研究成果的质量也会更高。笔者所在的武义县班主任精英培训班的学员们在2018年发表了39篇专业论文，取得了可喜的成绩。正是通过不断地学习，理论和实践相结合，乡村班主任们切切实实地提升了科研能力，更加快速地成长起来。

(四) 加强科研道德建设

科研道德作为科研素养的关键要素，要求乡村初中班主任从本源上解决道德问题。首先,在学校层面,乡村学校的校长要做积极的学校科研带头人,利用科研兴校,并从上至下制定科研奖励机制,鼓励乡村初中班主任更积极地投入教育科研中,并对取得科研成果的乡村班主任进行及时的激励和物质奖励。如在年度班主任考核时优先考虑有科研成果的班主任,或是对取得科研成果的班主任进行一定的物质奖励,传达正确的、积极的科研观念。

在职称评聘方面,学校要完善评选制度,注重对乡村班主任科研过程和科研成果的考核。对于取得科研成果的班主任要优先考虑给予岗位晋升的机会。但是,对于涉嫌科研成果抄袭、造假的班主任也要严肃处理,实行一票否决制。通过以上措施,帮助乡村初中班主任树立良性、正确的科研道德观,改善并提升广大乡村初中班主任的科研道德,进而提升他们的科研素养。

其次,在个人层面,乡村班主任要做好自我监督和互相监督。在撰写论文和申报课题的过程中,时刻提醒自己严格遵守科研道德,不剽窃他人的研究成果,不随意拼凑和杜撰研究数据,做到真实地实践和记录研究成果。

最后,无论是在学校层面还是个人层面,乡村初中班主任都要坚守心中的一盏灯,做真实而有意义的科研。

乡村初中班主任作为乡村教育的中坚力量,有其特别的教育影响力,而科研素养作为班主任专业素养的一部分,正越来越体现出它为乡村班主任发展助力,为乡村教育发展助力的作用。因此,解决乡村班主任的科研素养问题需要国家、社会、学校等多方的关注,更需要班主任们的自觉,从工作实际出发,不断地学习和实践,从而提升与完善自身的科研素养。

参考文献

[1] 教育部.教育部关于进一步加强中小学班主任工作的意见[EB/OL].(2006-06-04)[2018-04-30].http://old.moe.gov.cn/publicfiles/business/htmlfiles/moe/moe_1304/201001/xxgx_81917.html

[2] 何梅.中小学班主任教育科研素养的内涵及其意义探析[J].科学咨询,2017(37):14-15.

[3] 马勇军.教师教育科研素养及其培养[M].北京:教育科学出版社,2002:30.

[4] 张斌.中小学教师科研素养提升研究——从教师核心素养谈起[J].教师教育论坛,2017(8):30-33.

[5][7] 李家成.班级日常生活重建中的学生发展[M].福州:福建教育出版社,2015:261;262.

[6] 魏荣荣.中学教师行动研究现状及其能力的培养策略[D].西安:陕西师范大

学,2013.

[8] 郭秋景.农村中小学教师科研素养现状及提升策略[D].宁波:宁波大学,2017.

乡村班主任运用家校合作进行装置艺术教学之研究

陈雪梅　王东荣*

摘　要：中国台湾地区在十二年义务教育政策推动之下，希望落实学生中心取向的核心素养，培养带得走的能力。家庭、学校、社区是教育伙伴的关系，期盼透过家庭、学校与社区的密切合作，活化课堂教学、活化学校课程，并尊重学生个体差异，以发展学生学习潜能。本文的主旨在于说明社区与乡村学校面临的困境与发展契机、推动家校合作的核心概念、乡村班主任推动家校合作的方式、装置艺术教学的意涵及运用家校合作推动校园装置艺术之实践经验，以为班主任提供运用家校合作进行装置艺术教学的参考。

关键词：乡村班主任　家校合作　装置艺术教学

中国台湾地区十二年义务教育的愿景为“因材施教，适性扬才”，期能引导学生发展多元智能、性向及兴趣，进而找到适合自己的进路。有效推动乡村家校合作，发展偏乡学校的特色，创新偏乡学校经营，不但可提升偏乡学生的学习成效，而且能启动偏乡学校教育与社区的总体发展。

家庭、学校、社区是教育伙伴的关系，学校也是社区民众学习的资源中心，而推动社区教育及家庭教育工作，促使学校提供最大服务，成为地方最佳的活动场所。而学校运用社区资源，深化学生运用社区资源的能力，并建立家校合作互动网络，不但能为学生提供多元化的学习经历，培养学生的良好学习态度和适应能力，更能涵养乡土情怀，进行在地社区总体营造，可达双赢之效。

*　陈雪梅，中国台湾云林科技大学技术及职业教育研究所博士研究生，云林县政府教育处课程督学，云林县小学储备校长；王东荣，中国台湾台南大学教育学博士，台湾诚正小学校长，云林县政府教育处国民教育辅导团综合学习领域召集人。

一、乡村社区与学校面临的困境与发展契机

台湾乡村社区与学校在少子化、人口老龄化的冲击下,面临着一些发展的困境,然而危机就是转机,乡村社区与学校亦存在着发展契机,兹叙述如下。

(一) 乡村社区与学校面临的困境

首先,乡村社区的学校规模普遍偏小。由于交通不便、地处偏远、谋生不易,导致人口较少,学校学生数较少。

其次,乡村社区的资源较稀少。乡村社区人力、物力、财力较薄弱,无法全力支持推动学校教育。因乡村社区的资源不足,留在社区中的家庭多属弱势家庭。此外,乡村生活条件较差,学校教师普遍流动率偏高。

最后,单亲、隔代教养比率偏高。

(二) 乡村社区与学校存在的发展契机

第一,多元的当地人文与传统特色文化。

第二,政府重视城乡均衡发展,投入大量资源。

第三,丰富的自然资源与生态。

第四,民风淳朴,居民彼此互动性高。

二、乡村班主任推动家校合作的核心概念

家校合作(school-family partnerships),是指教育工作者与家长(社区)共同承担儿童成长的责任,包括当好家长、相互交流、志愿服务、在家学习、参与决策和社区合作等六种实践类型,是现代学校制度中家长参与学校教育工作的主要内容。

学校与家长的共同目标,是促进教育发展,涵养学生成长,以便其能够适应未来社会生活。透过家庭与学校合作可增进教育的进步与发展,家校合作的核心概念如下:

(1) 发展学校与社区家长之间的互相信赖关系;

(2) 增进社区家长与学校的合作关系与机会;

(3) 提供社区家长参与学校各种活动的机会;

(4) 结合在地社区资源进行整合与共享;

(5) 激发并提升学生在地情怀,推动家校合作,达成永续发展。

三、学校是社区的文化发展中心,乡村班主任是推动家校合作的关键人物

(一) 建立双向的良性沟通与互动

学校班主任与家长的沟通方式包括校园广告牌、校刊或班刊、家庭访问、电话访问、亲师座谈、学校政策发展文件、家长问卷、田园调查、联络簿、因特网、微信、家长意见箱等。透过亲师沟通互动,可与社区家长有效分享学校近况,并适时了解社区家长的需求,促进双方沟通活络,进而推动成为教育的伙伴共同体。

(二) 规划社区家长参与子女的学习

举办亲子参观活动、社区运动会、亲师旅行,引导家长参与课程设计,设计家长可以参与的学生功课,帮助家长为子女提供更优越的学习环境和资源,开展暑假亲子共读、期末发表会等,这些都是促使家长参与子女学习的好方法。让学生的学习内容更加多元,亲师生共同翻转教育,成为学习共同体。

(三) 安排辅导咨询渠道

向社区家长提供教养咨询,分享并讨论个别学生问题,建置辅导教养新知平台、学习资源平台、辅导咨询专线等,这些是辅导咨询的有效渠道。

(四) 运用家长技能、兴趣和经验

运用家长技能、兴趣和经验的方法包括举办晚会、培训班、插花编织活动、亲子活动竞赛、课外兴趣小组、家长专题讲座,以及成立家长成长团体,并由其协助提供学校资源等。

(五) 增进家长对学校的了解和支持

家长对学校的了解和支持可透过班级会议、非公事聚会、家长参与早会、家长福利工作、家长教师联络网以及让家长参与学校各类活动,设立家长联络窗口,让家长提供改进学校的渠道,设立家长的茶聚等,鼓励家长参与教育事务。

(六) 为家长的教育和发展提供进修机会

为家长提供进修机会包括成立兴趣学习成长专班、家长进修班,开设亲职教育课程,鼓励家长学习做助教,开设座谈会和研讨会,提供社区资源和消息,举办读书会等。

(七) 积极主动支持家庭及其社区

支持家庭及其社区的活动包括建置义工服务团体、家长联络网,带领学生主动服务社区,结合学校课程深化在地社区发展。

学校是乡村的文化核心,采取家校合作的方式推动“特色学校+社区营造”,不仅使学生热爱本土文化,激发其潜能,也能活化乡村发展,达到共存共生的

境界。

四、装置艺术教学的意涵

装置艺术(Installation Art),是一种兴起于20世纪70年代的西方代艺术类型。20世纪80年代广受青睐,并成为当今艺术活动的表现形式之一。装置艺术不是某一种风格的主张,而是一种形式手法的称呼。

装置艺术,是指艺术家在特定的时空环境里,将人类日常生活中的已消费或未消费过的物质文化实体、进行艺术性的有效选择、利用、改造、组合,以令其演绎出新的展示个体或群体丰富的精神文化意蕴的艺术形态。简单地讲,装置艺术,就是"场地+材料+情感"的综合展示艺术。装置艺术日渐在内容关注、题材选择、文化指向、艺术到位、价值定位、情感流向、操作方法等方面,呈现出多元繁复的状态。

装置艺术扩大了视觉艺术的本质定义,将绘画中的2D空间呈现,变成生活中具体的3D空间或4D空间。装置艺术以开放或开发身体所有的感官知觉来传达作者的意念。或将展出的环境、空间和时间因素,加添到作品内,或需要观众的互动参与,继续发展变化,作品才能成立。

装置艺术教学指透过装置艺术教学活动设计,启发学生思维,在艺术课程中引导学生对周遭生活环境、文化的关怀,学生结合主题发挥想象进行创作,每一件艺术作品都是独一无二的,透过装置艺术促进学生在媒材、技法与形式上的触探与开创。

五、台湾班主任运用家校合作推动校园装置艺术之实践——以一所偏乡学校的发展经验为例

(一) 鹿场小学简介①

台湾云林县鹿场小学是一所具有艺术特色的偏乡小学,位于云林县的海边,是一所典型的农村学校,同时拥有传统木偶戏的艺术文化特色,学生人数30人,长期通过家校合作,推动装置艺术。

① 鹿场小学家校合作推动装置艺术网站介绍可参考:https://www.youtube.com/watch? v=pxTbSVmIR3w.

（二）鹿场小学的SWOT分析(见表1)

表1　本研究个案鹿场小学SWOT分析

因素	S(优势)	W(劣势)	O(机会点)	T(威胁点)
地理环境	学校位于鹿场社区内,富有乡村之美。社区传统木偶戏传承极佳,有乡土文化之利	地处偏乡农村,附近鲜少文教刺激	(1)鹿场社区发展协会总体营造规划中; (2)土地重划,道路重新开辟往返市区,较便捷	社区内缺少工作机会,人口持续外流
学校规模	全校6个班,学生30人,属小型学校,可落实推动多元教育	属于小型偏远学校,硬件设备投入经费较少,不利于学校经营	(1)每班人数少,可有效推动小班教学,并开展特色课程; (2)学校人数少,可依学童个别差异,提供适性辅导	少子化现象,学生数逐年递减
硬件设备	(1)校舍兼具简易学生活动中心,规划好,使用率高; (2)教室教学设备良好; (3)校园绿化优雅	(1)部分教学设备待充实; (2)教室老旧,更新规划不易; (3)图书室空间狭小,待改进	(1)校园小巧,极易规划成为“小而美的学习乐园”; (2)乡村资源、自然资源丰富	(1)游戏器材老旧,安全倡导很重要; (2)校园安全步道尚待建置
教师资源	(1)教师年轻且具教学热忱; (2)教师学历高,素质佳; (3)班级经营能力好	教师借调频繁,代理教师流动率高	(1)高关怀策略,经营和谐温暖团队,教师向心力佳; (2)办理研习,提供研修信息,鼓励教师进修	多数教师住家地点距离远
行政人员	(1)认真负责,有服务热忱; (2)和谐融洽,各处室沟通良好,合作无间	行政人员编制不足,工作繁重	(1)行政信息化; (2)推动策略联盟伙伴学校,整合行政、教学资源	行政繁杂,教师兼任意愿不高
学生	天真活泼,率直纯朴	单亲及隔代教养比例偏高,不利教学及管教	社团活动多元蓬勃,有利学生多元智慧开发	人数越来越少

（续表）

因素	S(优势)	W(劣势)	O(机会点)	T(威胁点)
家长	大部分家长支持学校教育，信任教师教学	农业家庭，教育程度不高，缺乏亲子优质互动	(1)经常举办亲师沟通活动，交换教育理念；(2)家长理事会会长整合力量强，能发挥号召家长力量	对学校关心不足
社区参与	鹿场社区积极发展，热心支持学校	社区阶层多元，对学校关怀程度不一	社区文化传承，布袋戏教学支持学校乡土教育特色发展	民意抬头，过度介入校务比例增高
地方资源	(1)乡图书馆，社区木偶戏文物馆，弘扬食品，箔子寮渔港；(2)自然生态环境丰沛		协办各类活动可引进社区资源协助，并让学生体会更多元文化	地方务农，捐赠资源有限

（三）鹿场小学的家校合作经验

学生是教育的核心，因此建构以学生为主体的学校文化，培养学生的各项基本能力，激发学生创造力，是当前学校经营发展的重点；而学习社群的整合，与多元文化的融合，对弱势群体关怀的服务，及保有终身教育的信念，更是推动社会进步的动力。有鉴于此，鹿场小学学校发展以“健康本位”“快乐学习”“创造卓越”为目标愿景，兹叙述如下。

(1)“健康”鹿场——走进鹿场校园，鼓动运动活力气息营造，身心健康氛围形塑。

①持续推动健康促进学校，推广体适能教育，引领孩子透过体适能的教学过程，获得强健的体魄，建立快乐与自信心；提供有启发性、创新性、思考性的运动学习园地，给孩子营造充满创意的学习环境。

②共创校园艺术，推展校园艺术，以简单而深刻的方式让学童亲近艺术，带领学童走进“艺术”的感性殿堂，提振学童心理健康。

③传承表演艺术，聘请社区耆老，进行传统木偶戏教学，使学童认识古典木偶戏之优美艺术及表演体系，培养儿童想象力及创造力，进而传承乡土艺术，涵养热爱乡土的健康情操。

(2)“快乐”鹿场——快乐地成长，看重自己、尊重他人、关怀社会、热爱自然,促成新世界观的养成。

①强调“活到老、学到老”之终身学习理念,推动多元活动探索课程,达到建立快乐终身学习社会的目的。

②促进跨校联盟,整合社区资源,办理跨校活动,增强文化多元观,提高学生快乐心灵的层次。

③根植多元文化教育活动,开拓学童学习视野,激发学童学习动机,建立快乐学习环境。

(3)“卓越”鹿场——走进鹿场学习,重视学生基本能力,活化学生学习历程,展现自我卓越信心。

①完整的领域课程实施,保障学童学力质量,成就个人卓越绩效;

②丰富多元的晨光活动,提供动静分明的学习活动,展现学童的卓越表现;

③适性的语文绘本教学,尊重学童个别差异,引领卓越表现契机;

④健全补救教学的实施,推动在线数字学伴,提供弱势学童学习管道,提升教学卓越绩效;

⑤有效运用各项辅导资源,重视学童潜在教育,养成学童追求卓越的动机;

⑥考虑学童多元智能,让教学学习评量多元化,落实评鉴绩效,追求组织卓越。

在上述理念的实践与落实下,鹿场小学透过家校合作,与教育合伙人“家长”共同合作,发展以“传统艺术”与“装置艺术”为特色的课程,建构以“学生”为学习主体的优质文化,进而促使学校永续发展。

(四)鹿场小学班主任运用家校合作推动装置艺术的具体作为

偏乡班主任位于班级教学的最前线,他们透过装置艺术理念的发想,教学提案的设计,专家的参与,家校合作人力数据库的建置,外部资源引进、检核机制评估,并结合学校行政与家长的合作,来推动校园装置艺术布置展出。以下是具体介绍。

(1)从意识理念实践的高度,进行家校合作分层组织,共拟实施策略。具体如表2所示。

表2 家校合作分层组织

层级	参与内容	人员
第三层级	校务会议	全校教师
	家长会	家长会成员

（续表）

层级	参与内容	人员
第二层级	课程发展委员会	各召集人
	领域协同教学	家长代表
第一层级	艺术教学	全校班主任、科任教师 社区家长

（2）“装置艺术—主题”教学提案。①亲师生共同找出主题，主题是孩子社区生活中容易看到、体会到的，有些是常态性的、有些是临时出现、动态性的，如生命议题、环保议题等；②理解主题在社区文化中发展的脉络与位置，重塑生命视野的价值，及未来可能的发展；③家校合作，共同评估主题进行时可能涉及的领域或层次；④家校合作初拟主题教学过程，携手规划课程进行的历程；⑤家校合作搜集相关数据，研读背景知识，共拟导入教学的各种模式；⑥家校合作共同规划教学流程——现场会勘、材料搜集、学习单设计、延伸学习内容等；⑦家校合作，实际教学的进行，依实际教学状况弹性调整彼此的教学策略与规划。

（3）邀请专家学者加入。邀请艺术专业人士，学有专精的人士参与会议，协助家校合作装置艺术课程计划咨询，丰富教学，并透过课程咨询，解决相关问题。

（4）成立家长及教师成长团体，建立完善人力数据库。为了提升家校合作凝聚力，定期举办艺术教学成长会议，共同研读装置艺术相关书籍及营造家校学习型风气，激发学习成长动机。

（5）积极引进外部资源，弥补经费物资不足。申请教育优先区特色补助经费、县政府文化处补助偶戏节经费、教育经费、教育主管部门携手计划、艺术深耕音乐教学、体育促进会、儿童福利联盟基金、民间团体洪育基金会、云林地检署社区生活营等各项经费等，挹注教学资源，提升教学成效。

（6）重视评估检核机制，适时检讨修正内容。建构学生装置艺术学习档案；有效搜集课程暨活动实施检核表、学生能力检核表、教师教学计划、学生反馈机制学习单、家长问卷调查表，随时检视成效，作为活动改进之参考。

（五）家校合作的装置艺术实例

鹿场小学的特色课程是艺术教学，近年来在全县美术比赛中，儿童画部分有非常优异的成绩表现，学生获奖无数。在家长的支持之下，各班班主任对艺术教育的推动不遗余力，也实际展现了艺术教学成果。以下列举装置艺术实例做说明。

1. 课程主题名称：正负 2 度 C

2. 教学年级：二年级

3. 教学时间:11 节课

4. 融入领域类别:艺术与人文领域、生活、数学、语文、健康、综合

5. 学生能力分析:

(1) 知道台湾四面环海;

(2) 知道如何计算面积;

(3) 知道保护环境的基本方法。

6. 课程架构图

生活领域
能利用环保的媒材进行艺术的创作

综合活动
付诸行动关心地球与海洋间的关系

健康领域
认识人与环境的关系

7. 装置艺术课程设计说明

1) 主题名称:正负 2 度 C

2) 动机与目的

“地球暖化”在近年来已渐渐成为一个发烧话题,无论是大人还是小孩,身为

一个地球人不能不知道，也不得不面对。在看完环保倡导影片《±2℃》后，小朋友们也意识到人类与地球环境密不可分，了解到地球只有一个，希望透过这个创作，表达出心中的感受，呼吁大家一起来拯救地球，尤其是身为海洋岛屿中一员的台湾，更应深刻体认到地球暖化与海洋间的关系。

3）设计理念

①生活美感：透过学习与实际参与，了解环境装置艺术之美；

②激发思考：开放性问题，激发思考，引导从思考中学习；

③融入生活：融入日常生活，增加学习效果，并付诸实践。

4）教材特色

①从爱护环境的观念出发，结合环保素材，创造出与自然环境共存的艺术创作；

②经由参与讨论、创作、发表等活动，让孩子们学习分工合作，共同完成艺术创作，了解最后的呈现不只是作品的成果，过程也是非常重要的；

③能将所培养的美感经验，融入生活的各个层面之中并实际应用，成为真正懂得欣赏美的人。

5）价值分析

虽然科技的发达提升了人类生活的水平，却也造成人们的生活被便利的工具宠坏，一切像是理所当然，也因为人类过度使用地球上的资源，造成环境破坏。抢救地球，虽然个人的力量很渺小，不过，如果每个人都能从自己做起，也许就能避免电影《2012》中的浩劫。希望透过这个活动，能让孩子们了解：身为一个小学生，我也能在日常生活中，落实各项环保行动，以实际行动抢救地球。

6）教学活动设计范例

主题名称	正负2度C	总学习节数 11节课
学习目标	1. 能结合家长与同学巧思，共同发挥创意，运用不同媒材进行创作； 2. 学习以不同的角度观察物品，并从中发现趣味； 3. 扩展艺术想象的视野； 4. 启发儿童从生活经验中，丰富创造的想象力； 5. 培养沟通、协调、相互尊重团队合作的集体创作能力； 6. 培养关心生态环境的态度，及培养惜物的态度； 7. 能将环保的观念落实在日常生活中； 8. 能举例说明个人如何实践环保的方法。	

(续表)

<table>
<tr><td>主题名称</td><td colspan="2">正负2度C</td><td>总学习节数
11节课</td></tr>
<tr><td>能力指标</td><td colspan="3">◎生活
4-2-2-2　尝试各种媒材,引发丰富的想象力,以从事基础性视觉艺术活动,感受创作的喜悦与乐趣;
4-2-7-5　利用艺术创作的方式,与他人搭配不同之角色分工,完成以图表、歌唱、表演等方式所表现之团队任务;
9-3-6-7　学习如何分配工作,合作完成一件事。
◎综合活动
2-1-4-2　认识并欣赏周遭环境;
3-1-2-5　体会团队合作的重要性,并能关怀团队的成员;
4-1-3-6　知道环境保护与自己的关系。
◎健康与体育
7-1-5-5　体认人类是自然环境中的一部分,并主动关心环境,以维护、促进人类的健康。</td></tr>
<tr><td>领域</td><td>课程教学活动设计　(第1节)</td><td>时间(分钟)</td><td>教学资源</td></tr>
<tr><td>生活、综合活动、健康与体育</td><td>教学前准备:
1. 上网搜寻台湾地图;
2. 准备地球暖化,影响海洋环境的照片。
教学活动:
◎介绍台湾地形图
1. 讨论地球暖化,对台湾可能会造成的影响;
2. 如何落实环保行动于日常生活中。
◎利用网站上搜集的数据介绍装置艺术相关作品
◎构思设计
1. 讨论制定主题;
2. 设计草图及修正;
3. 讨论可使用的环保的媒材。
◎收集材料并整理
分组进行创作。</td><td>10

5
15

10</td><td>学习单一

学习单二</td></tr>
<tr><td>评量方式</td><td>观察程度、团体讨论、学习单制作、分工合作。</td><td></td><td></td></tr>
</table>

8. 省思感言

(1) 在创作过程中难免会有意见分歧的时候,这时候教导小朋友包容不同的意见,学会合作,这是一件很重要的事;

(2) 对于低年级的小朋友而言,文化刺激不足,且生活中艺术体验较少,凭空产出艺术实属不易;

(3) 经由这样的艺术创作的历程,让孩子们对艺术有了更深层的体认,也让他们慢慢学会如何与他人共同进行集体创作,是一种难得的经验;

(4) 赋予艺术创作另一个意义——环境保护,能将此观念深植于孩子心中,也能让他们从小落实于生活中。

六、结论

家校合作是一种教育理念,也是教学态度,强调的是亲师生间如何成为合作的教育共同体。有效的家校合作,能带给学校教师和家长一种良性的沟通模式,紧密的家校合作更能够为教育开创新的格局,帮助孩子获得更快乐、更健康的身心发展。教师无法一手包办学生的所有教育工作,单打独斗的教育时代已经过去,未来是学习共责的教育环境。家长参与子女的教育是一种权利,同时也是一种责任。学校、教师及家长三者之间应该适时地调整自身的角色,彼此尊重、接纳与协调,透过良性的运作及互动,共谋学童的最大利益,并塑造一个亲师合作的良好典范。

班主任辅导留守儿童的策略与实践
——中国台湾乡村班主任的经验

林进材　连舜华*

摘　要： 台湾的社会发展与变迁，导致留守儿童（隔代教养）现象的发生。身为班主任面对留守儿童问题，应该正向积极地面对，针对留守儿童学习成长所需，提供专业的辅导协助，降低因为留守而导致的负面影响。本文主旨在于提供台湾乡村班主任辅导留守儿童的策略与实践经验，包括台湾留守儿童问题现状分析、辅导留守儿童的策略与方法、班主任辅导留守儿童的策略与方法、迈向班主任辅导留守儿童的新典范等。希望透过台湾的经验，可以给乡村班主任一些启示。

关键词： 留守儿童　乡村　班主任

中国台湾地区由于社会环境的快速变迁，从早期传统的农业社会，转型成为工商业社会，经济与工业的发展需求，导致小区发展跟着大幅度地改变。原来在乡村从事农作物耕种的人民，为了改善家庭经济提升社会地位，为了工作而纷纷移民到大都市，形成留守儿童（台湾称之为隔代教养儿童）的现象。

留守儿童现象的产生，延伸而来的是家庭教养和学校教育的问题，班主任在班级经营管理方面，所要面临的是留守儿童的辅导问题。怎样在班级生活中，提供留守儿童适性、适当的扶助和协助，是班主任需要关注的重大议题。留守儿童学校专业辅导与扶助，是班主任班级管理中重要的一环，透过班主任对留守儿童的关注和辅导，有助于提高留守儿童在学校学习上的效能，降低留守儿童各种反社会行为的出现概率，同时减少班主任在班级经营管理方面的困扰。

本文的主旨在于提供台湾地区班主任，辅导留守儿童的策略与实践经验，希望透过台湾的经验，可以形成辅导留守儿童的典范模式，激发更多班主任辅导留

---

*　林进材，台湾台南大学教育学系教授；连舜华，台湾台南市胜利小学知名班主任，迄今已有 18 年小学教师从教经验。

守儿童策略与方法的产生，进而起到抛砖引玉之效。

一、台湾留守儿童问题现况分析

台湾留守儿童从广义的隔代教养家庭[由家户形态推计，泛指所有由(外)祖父母照顾(外)孙子女的家庭]来看，约有85万人，其中学龄前幼儿人数约为37万。可见隔代教养是现今职业妇女的托育重要选择之一，也是影响社会结构的重要因素。[1]

留守儿童现象的形成，不仅是社会变迁的结果，同时也代表着家庭形态的转变，台湾留守儿童的问题现况，依据林进材的研究主要概括如下。[2]

(一) 留守儿童的形成与现状

留守儿童的形成，主要的原因有以下几个方面。

1. 父母健全但因经济因素到外地工作

由于工商业社会的发展，现在越来越多的家庭为双薪家庭，孩子的父母白天需要在外工作，祖父母为了缓解孩子父母的工作压力和经济压力，愿意帮忙照顾孙子女，成为留守儿童(隔代教养)的主要原因之一。此种现象，不但可以减轻父母的经济压力，同时也增加了祖父母和孙子女之间的相处机会。

2. 父母离婚形成留守儿童的生活模式

当父母离婚之后，孩子的抚养权交由其中一方，孩子的生活无法再像正常的家庭一样，此时父母一方常将孩子交给原生家庭的父母照顾，形成留守儿童的生活模式。

3. 父母一方过世的现象

部分家庭由于父母一方过世，出于家庭经济和生活上的需要，父(母)亲将孩子交给祖父母或是家人照顾，形成留守儿童的现象。

4. 外籍通婚形成的现象

由于各种因素的关系，与外籍人士结婚的男方，在台湾多半是弱势族群或是在高危险环境工作的族群，容易因为意外事件而伤亡。在此种环境之下，离婚概率比较高，一般离婚之后，孩子多半属于男方，母亲则回到原来的国家，照顾子女的责任容易落在祖父母身上，形成留守儿童的现象。

5. 未婚生子的现象

由于年轻懵懂而未婚生子，之后父(母)亲会将孩子带回原生家庭让祖父母抚养，教养工作落在祖父母身上，形成留守儿童的现象。

(二)留守儿童出现的问题

留守儿童比起一般的孩子,无法得到正常完整的关爱,在成长过程中无法和父母一起生活,容易出现下列问题。

1. 管教方面的问题

留守儿童的管教工作,通常落在祖父母身上,由于价值观有隔代差异,导致管教上的冲突现象。两代人(祖父母与父母)价值观可能有所不同,对管教的意见、想法、态度、技巧也有所不同,如果没有良好的沟通,很容易造成彼此的冲突。

2. 祖父母的体力问题

祖父母在教养留守儿童时,由于自身体力渐衰而导致"心有余而力不足"的现象,对孙子女的照顾容易导致过劳。过度的劳累可能引发原有健康上的问题(如高血压、高血糖等),或者是有些照顾者有记忆力下降的情形,也会影响照顾的质量。

3. 管教语言沟通的问题

6 岁以前是孩子各方面能力发展的黄金时期,语言发展也是非常重要的一环。语言的不同(如祖父母只讲地方话或是客语)或语言刺激不足(如祖父母活动力下降,较为沉默)等,皆可能影响孩子的语言发展。

4. 心理层面的发展问题

个体的幼年,是情感"依附关系"形成的关键时期。留守儿童幼年时,父母就不能时常陪伴在孩子身旁,容易导致心理层面的发展问题,依附关系无法建立,会影响成长过程中的情感发展。

5. 文化刺激的问题

个体幼年时期处于脑部发育的悃见时期,必须透过外界不断的刺激来增进学习,留守儿童在祖父母照顾之下,属于文化刺激不足的一群,缺乏文化多样的刺激,容易导致成长过程中的问题。

6. 学业成就的问题

留守儿童在学习成就方面,目前并无具体的证据证明,因为父母不在身边而有负面的影响。然而,由于父母离家外出,祖父母在学习方面无法提供留守儿童及时的协助指导,必然会给留守儿童的学习带来不利的影响。

7. 留守儿童的教养问题

隔代教养对留守儿童既有正面的影响,也有负面的影响。[3] 在正面影响方面,祖父母协助自己的子女照顾孙子女,减轻他们的负担,除此之外,有经验的祖父母面对孩子的各种突发状况,能较心平气和地处理,不会像有些新手父母一样手足无措,过度焦虑;另外,祖父母除了扮演抚养照顾的角色,也可以扮演多种的

角色。在新两代及三代关系中,当亲子之间冲突对立时,祖父母可以成为新两代的沟通桥梁,起缓冲作用。如果祖孙关系良好,对孙子女而言,也可借由与祖父母的相处,对年长者建立一个正确及实际的看法,而非老人家总是唠唠叨叨,难以相处的观念。

二、辅导留守儿童的策略与方法

在留守儿童的辅导方面,需要家庭、学校、社会等三方面,建立基本的共识以提供适性、及时、系统的辅导和协助,针对留守儿童所需而拟定有效的辅导策略。笔者认为,留守儿童的学习与成长,应提供下列专业的辅导。

(一) 给予专业关注,避免标签化

留守儿童现象是多重因素形成的,在学校教育方面,应该对留守儿童给予专业的关注,针对留守儿童成长的需要,规划设计各种课程与教学,辅导留守儿童正向积极地成长,避免因为各种措施的制订或是计划的实施,将留守儿童无意中"标签化"或"区隔化",造成另一种隐性的伤害。

(二) 营造正向的学习环境氛围

学校可以透过各种课程的设计与实施,营造和谐正向的成长与学习环境,培养孩童一种或多种正当喜好,并试着去了解祖父母的需求,让这些留守儿童有祖父母以外的人可供学习模仿。例如,透过学校"综合活动课程"的设计与实施,结合留守儿童在学习环境上的需要,引导学生了解正向的学习环境氛围,以及如何自己营造良好的学习气氛。

(三) 示范建立正常的家庭生活

留守儿童的家庭生活环境和一般正常的家庭生活环境,有各方面的差异。因此,示范正常的家庭生活案例,对每一个成长中的孩子,具有正面积极的意义。学校教育可以透过"校本课程""弹性课程""班本课程"等的规划设计,以正常的家庭生活案例融入课程实施中,让学生了解并认识正常家庭生活的样态。此外,可以针对留守儿童的家庭生活,在课程规划与实施方面,提供家庭生活的示范与矫正。

(四) 了解学习特质并提供协助

留守儿童由于家庭生活的不完整,影响其在学校学习的成效。在留守儿童学习辅导方面,公共部门可以提供经费,办理相关研习,让社工人员和学校教师有机会去了解孩童不同发展阶段的需求特色,适切地处理孩童的问题,并且对孩童不应要求太高,注重个别差异,也希望尽可能地邀请其父母或祖父母一起来参与,提供各种专业方面的协助。

(五) 提供良好的学习成长典范

留守儿童回家之后的学习,更需要提供及时和实时的协助。由于父母不在身旁,无法提供各种学习方面的辅导。因此,学校教育人员应该固定办理一种互相支持的小团体(如学习共同体),让学生有一个良好的学习典范、依附对象或同侪朋友,并让孩童内心产生归属感,透过学习共同体的运作,提供留守儿童学习方面的实时辅导。

(六) 建立信赖关系并给予扶助

信赖关系的建立,对于成长中的孩子,在学习适应、生活适应方面,具有正面的意义。留守儿童的辅导,需要在学习与生活方面,建立信赖关系。只有透过信赖关系的建立,才能提供留守儿童各种专业方面的协助。信赖关系的建立,能让留守儿童敞开心胸,打开心结,走向外界,接受各种的辅导协助。

三、班主任辅导留守儿童的策略与方法

留守儿童在学习成长历程中,受到的影响包括自信心问题、情绪管理问题、生活习性问题、自我概念问题、人际相处问题、情感需求问题,[①]需要班主任给予专业的关注,在辅导留守儿童的策略方法上,可以考虑下列流程。

(一) 运用调研方式了解留守儿童的特性

班主任可以透过调研方式,了解留守儿童具有哪些特性,透过学生学习与成长的需求调查,搜集班级学生在各方面的资料。在调研中可以设计"学生学习生活问卷",请班级学生提供自己的各种生活信息,作为班主任了解学生的参考。在调研过程中,班主任应该要注意下列事项:①避免只针对留守儿童做调查;②问卷内容的设计要避免"标签化";③问题的设计要避免针对性,如不要有影射的问题;④只针对学生的学习生活需求进行调研。班主任可以将想要了解的留守儿童特性,透过学生学习需求方面的调研,将各种问题设计在问卷调查中,透过调研方式的统计数据分析,或是问卷的个别性分析,了解留守儿童的各种特性和需要。

(二) 采用家校合作掌握留守儿童的需要

家校合作是促进学校和家庭关系发展的重要策略,透过家校合作,可以提供

① 引自林进材《台湾地区隔代教养儿童成长学习与支持系统建立之研究》,台南大学学术专业研究项目成果,未公开发表。

班主任更多学生家庭生活方面的信息，提供更丰富的班级管理设想材料。班主任可以在家校合作中，掌握更多班级学生的家庭生活状况，小区生活的各种形态。在家校合作的做法中，例行性的家庭访问、邀请家长到学校参加活动、实施小区学校专题演讲、定期的电话访问等，有助于班主任掌握班级学生的学习生活状况，同时也可以掌握留守儿童的各种需要，包括学习指导、生活指导、情感依附指导等。

（三）针对留守儿童的需要拟定辅导策略

在透过科研调查与家校合作方式，搜集留守儿童在学习与生活上的特性和需要之后，班主任可以针对这些需要和特性，选择并拟定相关的辅导策略。在辅导方式上，可以考虑选用“小团体辅导”“班级辅导”“个别辅导”等。如果问题是属于班级性的，建议采用班级辅导方式实施，如生活适应方面的问题，采用班级辅导效果会比较好；如果问题是属于个别性的，建议采用个别辅导方式，如学生有不服管教的问题，采用个别辅导的效果会比较好。班主任在对留守儿童的需要拟定辅导策略时，宜尽量避免因为辅导活动的实施，将留守儿童隔离或标签化。

（四）规划设计留守儿童课程与教学内容

班主任在班级生活中，除了针对学生的需要实施辅导活动之外，也可以将各种学生的学习生活需求和特性，结合各种课程与教学活动而实施。例如，配合校本课程、弹性课程、综合活动课程、班本课程等，将留守儿童各种学习与生活所需，透过课程与教学内容的设计与实施，进行学习。在课程内容方面，如“我可以自动自发地学习”“我和我家人的生活”“我可以过独处的生活”“我如何帮助我自己学习”“我如何和爷爷奶奶相处”“我是我家的主人”等的设计，可以帮助学生认识各种家庭组合，了解各种不同形态家庭的生活。

（五）实施留守儿童辅导课程与教学活动

当规划完成各种留守儿童课程与教学活动之后，班主任可以定期地开展课程与教学活动，并随时进行学习成效的评估。在课程与教学活动中，班主任可以将各种留守儿童的议题，以“生活经验”或“实际案例”的方式，提供给学生作为学习的经验和素材，引导学生了解各种留守儿童的问题，透过经验与案例的学习，强化各种生活经验并且形成未来的行为能力。班主任在实施各种辅导课程与教学活动时，应该要特别留意班级学生的学习情形，尤其避免对留守儿童产生负面的影响。例如，学生明确指出这门课是针对哪一位同学而设计，这一门课说的是哪几位同学，这一门课明明讲的是谁的爷爷奶奶等。

(六)评估课程与教学实施辅导成效

在班级课程与教学实施的规划设计中,班主任应该将留守儿童的自信心问题、情绪管理问题、生活习性问题、自我概念问题、人际相处问题、情感需求问题等六个方面的需求,融入课程与教学设计实施中,在班级辅导课程与教学实施之后,运用各种方式评估辅导成效,如用问与答的方式、简单的问卷调查方式、课后心得撰写方式、有声思维(thinking aloud)的方式,作为评估辅导成效之参考。透过各种成效评估,确定辅导课程与教学实施的成效,针对留守儿童给予专业方面的协助。

(七)透过课程与教学建立辅导模式

班级学生生活辅导课程与教学的实施,主要是针对班级学生的各种特性而设计,透过班级辅导课程与教学的规划设计与实施,修正学生在各方面的行为偏差。留守儿童辅导课程与教学设计,班主任需要先掌握班级学生的学习特性和需要,将学生最需要成长(或改善)的部分,技巧性地融入班级本位的课程与教学中,透过课程与教学实施矫正(或修正)。留守儿童比一般的儿童,更需要学校和班主任的关怀。因此,规划设计留守儿童的辅导课程与教学,从课程与教学实施中改善或精进留守儿童的学习成长,成为班主任班级经营管理的重要议题。

留守儿童的辅导课程与教学模式的建立,依据前文的论述,概括如图1所示。

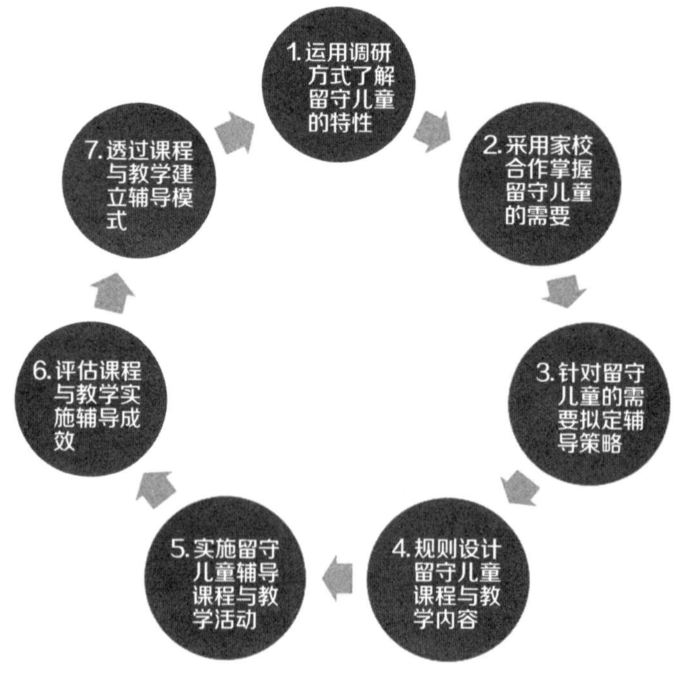

图1 班主任辅导留守儿童的策略与方法流程

四、结论:迈向班主任辅导留守儿童的新典范

留守儿童(隔代教养)现象,是社会急速变迁下的一项产物,主要的成因包括父母因为经济上的需要而离乡背井去工作,因父母离婚、分居、遗弃、未婚怀孕等形成的单亲,或双亲死亡、服刑、再婚、无足够经济能力抚养等情形,使得祖父母在自愿或非自愿的情形下,必须负担起照顾孩子的责任,形成隔代教养的家庭教育方式。此种现象的发生,不管对家庭、学校还是社会而言,都形成了各种显性或隐性的压力,需要三方面的教育共同面对。

班主任在面对班级生活中留守儿童的现象时,应该积极地运用各种专业能力、专业素养,规划设计各种辅导课程与教学,透过班级课程与教学的实施,提供留守儿童各种专业的协助,实时的引领扶助,适时有效的关注,将留守儿童的负面影响降到最低,才能营造健康良好的班级氛围,让留守儿童,享有正常的家庭生活、正面的学习气氛,积极地迈向健康成长的未来。

参考文献

[1] 许嘉玲.隔代教养家庭问题及因应策略之探讨[J].咨商与辅导,2007(260):57.

[2][3] 林进材.班级经营[M].台北:五南图书出版有限公司,2017.

“图”说成长，育人育心

田　平*

摘　要： 育人先育心。在孩子成长的过程中，多彩的班级活动是教师解开他们心灵的密码。教师可以利用开展各种活动的契机，充分挖掘活动过程中的教育资源，促进班级的管理，建设和谐班级，浸润学生心灵。通过图“说”可以让学生感悟生命的真谛，培养学生自律精神，更重要的是记录孩子成长过程中的点点滴滴，留下清晰的印记。在这个过程中，老师是陪伴者、参与者、引导者，也是学生生命成长的重要人。我们要做的就是给予学生“成”的力量，尊重学生“长”的过程。

关键词： 多彩活动　“图”说成长　育人育心

2015 年 9 月 1 日，我见到了 39 张天使般的面孔：有的清秀，有的灵动，有的质朴，有的稚嫩……我的心里也很激动，从那一刻起我就下定决心，要用心传授知识，用真诚传递心声。我与学生一步步携手走来，回望那一串串清晰的脚印，欢笑伴随泪水，付出不乏收获。作为这个集体中的第 40 号，伴随他们的成长是我的幸运。做老师，就要做个有心人，我坚信“行于实，方乃成”。“行”不但要有符合实际的想法，更要有敢于实践的信心。于是我想到了用照片记录孩子成长的每个瞬间，用“图”留下我们的每一个故事。

如果说和谐的班级氛围是班级文化生长的大环境，那么多彩的班级活动更能将班级文化根植于每个孩子的内心。苏霍姆林斯基说过：“育人先育心。在由人的精神财富外化而来的和谐的交响曲中，最微妙、最温柔的旋律当属于人的心灵。”[1]

在孩子成长的过程中，多彩的班级活动是教师解开他们心灵的密码。班级

*　田平，北京工商大学附属小学班主任，小学一级教师，研究方向为班级建设。

活动作为一个班级生命力的具体体现，契合了当前新课改倡导的以学生为主体，培养发展的人的基本理念。班主任根据班级建设的不同阶段广泛开展丰富多彩的班级活动，这对于学生良好德育素质的培养有着极为重要的作用。班主任要利用开展各种活动的契机，充分挖掘活动过程中的教育资源，解决班级管理中存在的一些问题，进而提升班级整体的凝聚力、战斗力。

一、“图”说——建设班级“软硬”并行

搭建好班级“硬文化”环境，就像给这个班级做了一件好看的外衣，但是班级真正的精神还体现在班级“软文化”的建设上。一个充满阳光、具有凝聚力的班集体，一般都具有鲜明的班级特色，这种特色首先体现为浓厚的班级文化氛围。在班级文化建设中，具有核心标志的班徽、班训，既是班级文化成熟的外在表征，又是引领学生感悟生命真谛，自信自律精神的原动力。

（一）凝心聚力手绘班徽，照片留下最美身影

记得刚开学不久，我便在“天天看”里发布了“班徽设计征集令”，主要内容是让孩子发挥自己的聪明才智为班级设计心目中的班徽，时间为一周。这条信息激发了全班同学的参与热情，课前课后的话题都离不开它。三天不到的时间，我的桌子上就摆了20多张设计手稿。有的孩子是独立完成的；有的孩子是和家长一起讨论后设计的；有的孩子是与哥哥姐姐一起完成的；有的孩子则采取了与同学合作的方式。利用班会时间，我们进行了班徽设计的评选活动，最终由夕昀和奕辰两位同学共同设计的手稿得到了所有人的认可和喜爱。

班徽的主体采用了圆形设计（见图1），代表着39名同学团结在一起。中间的5个花瓣表示五年级，当中是一艘船正迎风远航，而“4”就是船的风帆。五(4)班的同学携起手来乘风破浪，不怕艰难险阻，终有一天会带着七彩的梦展翅飞翔。我在和两位同学交流讨论后，在班徽的最下方添上了一行字：“因为有你而与众不同。”39名同学个性不同，但各有各的精彩，我们的班级因为其中的每一位，学习才更有意义；因为其中的每一位，生活才更有乐趣；也因为其中的每一位，人生才更精彩！

图1　班级班徽

一次班徽设计的征集活动引起孩子、家长、朋友等这么多人的关注,带动这么多人的参与,在设计过程中,孩子们更是尽力发挥自己的创造力、想象力和合作力,增强了班级的凝聚力,更增进了彼此之间的了解和信任。

(二)共同制定班级公约,照片记录讨论过程

四年级的孩子处于心理发育的关键期。"自我"意识很强,有一点叛逆,更渴望被尊重。而教育引导最关键的一步是首先得到他们内心的认可。为什么有的孩子明明知道轻声走靠右行却偏偏不那么做?为什么有的孩子清楚伙伴之间要团结友爱却总是和同学发生冲突?为什么明明知道上下楼梯危险,有的孩子却还要并排而行?为什么有的孩子校内表现很好,出校门就能闹翻天?究其原因,是学生们内心不认可,他们认为规范和守则对他们是约束,更是捆绑他们的绳索,既然不认可,那么行为上为什么要遵守?针对这一情况,我利用班会时间提议大家分组讨论,共同制定我们班的班级公约。孩子们认真思考的时候,我悄悄走在其间,用照片记录下他们讨论的过程。原本被认为是约束的内容就这样一条条地通过学生自己口头总结出来,最后落于纸上,从坐立行走到读书写字姿势等,无一遗漏,这样基于大家共同意愿的班级公约就诞生了(见图2)。

图 2　同学们讨论制定公约

最后我对孩子们说:“班级公约就是咱们大家一起的约定,既然约定了就要遵守!公约不是要约束大家,而是要保护每个人不受到伤害,促使每个人形成良好的习惯!”如此一来,参与者是学生自己,制定公约的也是学生自己,遵守约定的还是他们自己。从不以为然到亲自讨论制定,孩子们从心里感到自己受到了尊重,更明白了公约、规定的真实意义,按照制定的标杆规范自己的行为,促使学生在学习和思想发展过程中不断以此为参照,自我监督,自我完善,自我发展,同时还增强了班级的凝聚力。在整个活动过程中,孩子们也在反思自身,查找问题,进而提出有利于自身发展的建议。育人必先育心,敢于反思自身,才是一种实实在在的成长!

二、“图”说——丰富多彩的活动

我们总是觉得现在的孩子冷漠,对周边的一切漠不关心。他们的心中似乎存不下对学校,对身边人和事的爱。我却不这么认为,每个孩子的内心都是善良的,只是不善于表达,只是没有好的机会让他们去感受,去触摸。口号发出的声音是单薄的,苍白无力的,只有让他们实实在在地走进学校,去走走校园小路、去触碰一砖一瓦,去欣赏一草一木,去聆听鸟语蝉鸣,才能激发他们内心的感情。

魏书生曾说过:“从某种意义上说,学校就是孩子的第二个家,想办法让孩子从心里爱上这个家是教师的责任。”[2]

(一) 参观校园存记忆

(1) 游校园。2016 年 10 月 23 日,我利用周五下午的实践课时间,组织孩子们去参观焕然一新的校园。从大门口开始,先到浮雕墙,再到爱国体验区。一路走来一路寻,孩子们以小组为单位仔细地寻找学校的变化,一会儿在本上认真记录,一会儿停下脚步不断交流,一会儿又连连点头,窃窃私语。有的一字一句品读着墙上的文字;有的用手轻轻抚摸着凹凸不平的墙面,啧啧称赞;有的认读着地形图上各省市的名称;有的哼唱起那一串红色的五线谱……来来回回,看看这儿,瞧瞧那儿,孩子们散而不乱,用眼睛仔细观察,用心体验着校园的变化,将一幕幕记在头脑中,将真实的感受刻进心中。

图 3　同学们参观校园

沿着台阶走进大厅,焕然一新的设计令孩子们更加兴奋起来。庄重喜庆的大红色墙面令人心生喜悦,镶嵌的学校校徽闪闪发亮,光滑的大理石地面能映出人的倒影来,整个大厅显得优雅大气,我们又逐层参观了种植园和琴棋书画体验区。30 分钟后,孩子们的本上已经密密麻麻地记了好多内容,清晰的文字记载了他们眼中看到的变化,心中感受到的变化。从他们的眼神中我看到了一种欣喜,一种骄傲。我随他们缓步而行,留下一组照片。这最值得珍存的记忆留在了那个春日的早晨!

(2) 画校园。美术课上,孩子们用画笔将美丽的校园风景留在了画纸上。有的采用了素描的画法,将我们的教学楼细致描绘;有的用了色粉,美丽的种植园生机勃勃;有的大胆运用油画技巧,行实路上飘满花香。一张张绘画融入了孩子们对学校的真挚情感,看着是那样的亲切。圣涵同学的《附小晨香》,还被《房山教育》2018 年 3 月专刊选为插图了呢(见图 4)! 之后的一周,所有作品在班级展示区进行了展览,吸引了全校的孩子驻足参观。

图4 《附小晨香》(刘圣涵绘)

(3)写校园。孩子们将眼中看到的,心中感受到的校园用文字写出来,写成文章或者一首小诗,也就将心里最细腻的情感表达了出来。大家读着自己写的内容,听着,笑着。校园的样子随着文字飘进了脑海,刻在了心中。孩子们通过参与游校园、画校园、写校园的一系列活动,对学校的认知也发生了改变:学校不再是上学的地方,而是每天快乐成长的体验场!

(二)水培白薯悟真谛

春天到了,小草会发芽;夏天来了,繁华齐绽放;秋天如约而至,落叶缤纷;冬天悄然飘来,雪花纷飞。春华秋实,四季更替,孩子们是否从四季更替中体会到了时间的脚步匆匆?是否从一株植物的生长过程中感悟到了生命的力量?有了这样的思考,却不知道开展什么活动合适。偶然从朋友圈看到水培白薯长出了长长的绿色藤蔓,郁郁葱葱甚是好看。于是决定和孩子们在班里的植物角第一次尝试水培白薯。

一经提议,我们班的金皓同学第二天一早就拿来了两个“身强体壮”的大白薯。在孩子们的见证下我将它们放在装着半瓶水的玻璃容器中,叮嘱孩子们,每两天换一次水,否则会有臭味。从那一刻开始,水培白薯就成了所有人的宝贝,我们班的明星。没事的时候,孩子们就近距离观察,抢着换水。随着时间的推移,没几天的功夫白薯生根了,长芽了,抽叶了,出蔓了,显得生机勃勃。我们班也有了一处独特的风景,每天下课大家都围着它左看右看,甚是喜爱(见图5)!

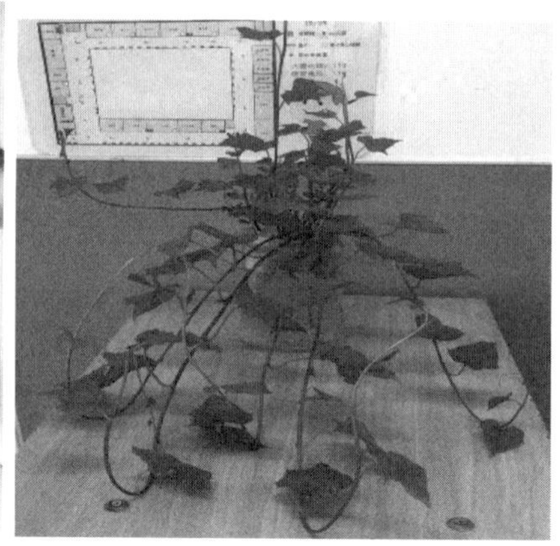

图5 绿意盎然的水培白薯

李冠琛在周记中写道:"我观察水培白薯的这15天里,真的发现了一个新奇的世界。我见证了白薯从发芽,到抽叶、爬蔓的成长过程,我见证了白薯顽强的生命力,见证了生命的奇迹,见证了许许多多。我想如果我们可以像白薯一样顽强不息,我们也会生根发芽,开花结果。"

孙蕊写道:"人是有生命的,植物也有生命呀!我就通过观察白薯成长的变化,感受到了生命的神奇。这就是生命的力量,通过水培白薯,让我体验到生命的力量是如此强大!我心生敬畏!"

刘子琪写道:"随着时间的推移,大白薯顶上的小芽长成了又粗又大的藤蔓,上边枝繁叶茂,下面的白'胡须'也长得特别长,盘绕在玻璃瓶的底部,把整个瓶底占得满满的,没有一丝丝空隙可寻。现在,我们只要一有时间就会去看看它。它让我见证了生命的力量是如此令人震撼。谁要来我们班,一定要看看大白薯,因为它已然成了我们班的一道风景。长长的枝蔓蔓延开来,生机勃勃。就是它,让我看见了生命的伟大!"

在细心观察植物生长的过程中,因为大家都在关注同一件事,沟通交流就有了共同的话题,彼此的心也贴得更近了。我从未想到过,孩子们能经过一段时间的观察,从白薯的变化生长过程中就能体会到生命的力量是如此强大,进而更加珍视自己的生命,懂得了尊重生命的真实意义!

(三)"跳蚤市场"懂感恩

和家长们在微信里聊天的时候,有一个家长的话令我触动很大。他说:"现在的孩子是最幸福的一代,生在蜜罐里,长在呵护中;这一代的孩子也是最冷漠的一代,不知感谢,不懂感恩!"话虽然说得一针见血,让人乍一听很不舒服,但是

种种现象表明，这些话不无道理。作为一名教师，明明知道问题所在却不想办法引导解决，我的心里实在过不去。于是我计划开展“跳蚤市场”活动。在活动开始前两周，我就在“天天看”微信群里发布了消息。孩子们早早就开始准备：挑物品、做价格标签、写说明、想推介、编销售方案，兴奋极了！

1. 两次活动促成长

2017 年 3 月 25 日周五下午，我们班开展了第一次“跳蚤市场”活动。市场一开市，教室里热闹非凡，叫卖声，讨价还价声，推销商品的声音此起彼伏。孩子们在买卖中体验了一把当商人的辛苦与满足，收获多多！第一次跳蚤市场完美收官（见图 6）。

图 6　跳蚤市场欢乐多

2017 年 5 月 20 日，第二次跳蚤市场如约而至。有了第一次的经验，孩子们更懂得了经商之道，也在活动中学会了留心观察，用笔记录点点滴滴（见图 7）。

图 7　二次开市收获大

2. 留言卡上说真心

在活动的留言卡上，有的孩子写道：“通过这次活动，我既明白了如何支配自己的零花钱，又感受到了做商人的不易，这次跳蚤市场真是让我受益匪浅呀！”还有的说：“通过这一次的跳蚤市场活动，我体会到了爸爸妈妈挣钱多么不容易，所以我以后不会乱花爸爸妈妈的血汗钱!”孙蕊写道:“拿着我第一次做生意赚来的几块钱,心里沉甸甸的。赚钱真不容易啊!真不知道平时我为什么把没有水的笔扔掉,明明换个笔芯就行了,却偏要花钱再买新的!”刘耀泽同学写道:“一个小时的活动结束了,我的嗓子也喊哑了!我真的明白了,平时要什么爸爸妈妈就给我买什么完全是因为太爱我。现在我知道了,他们赚的每一分钱都付出了十分艰苦的劳动!”读着孩子们发自内心的话语,我和家长们热泪盈眶!此次活动的开展,让孩子们不但在开心愉快的氛围中深深体会到做生意并不像想象的那么简单,做什么事都要用心才行,更懂得了爱的真正意义,就是没有理由地付出和给予。家人之间如此,亲人之间如此,朋友之间亦是如此!

(四)搭建平台展现风采

我们学校的办学目标是:“为每一颗种子创造生命成长的体验场!”为了让每个孩子在成长的过程中都有收获,我们为他们搭建展示的平台,鼓励孩子们绽放自己的风采。春闻花香,夏收小麦,秋采山楂,冬戏白雪。2018 年的春天悄然而至,我带着学生几次寻找校园的春天,鼓励他们写诗赞美春天,随后我们开了“春之歌”诗歌发表会。此外,在利用校本课品读《三国》后,我们又开展讲故事,说评书,演课本剧等活动;还利用学校提供的展板为孩子开画展,将作品摆放在楼道里,大厅前,让全校孩子欣赏;又利用“手拉手”的契机,请家长走进班级共上一堂课;在开展“一班一周一展示”活动时,希芸同学在主席台前演奏了三首手风琴曲,各年级的孩子们驻足倾听,连连称赞。一切的活动都是为了孩子们健康快乐地成长,让他们在成长中收获知识,增长本领,增强自信!

三、“图”说——留下孩子成长的印迹

我最喜欢的一首歌是《长大后我就成了你》,每每听起,心里都会感慨万千。“……那间教室放飞的是希望,守巢的总是你,……那块黑板写下的是真理,擦去的是功利,……那支粉笔画出的是彩虹,流下的是泪滴……奉献的是自己……”这几句歌词唱出了所有老师的心声,唱出了当一名教师的幸福。做教师,就要脚踏实地,行在实处。在与孩子们每天相伴,每日相依的过程中,我也参与了他们的成长。于是我兴起了用小小的照片记录孩子们的点点滴滴,用“图”留下最美好的回忆的想法。

从教孩子们的第一天起,我就时时刻刻拍下他们成长的瞬间。手机更换了两部,内存越来越大,照片越来越多。直至现在,我已经分类整理了 400 多张小照片。2015 年第一个学期末,我送给孩子们一份特殊的礼物——《成长的足迹》。

这一视频记录了他们从一年级到四年级成长的点点滴滴。一发到家长群里后，就引起了家长们的热烈讨论，“图”中人的变化，“图”中事的回忆，大大拉近了我们心与心之间的距离。临近五年级的期末，我利用一个月的时间完成了《寻找照片中的记忆，照片中的故事》纪念册，里面收集了孩子们在五年级一年参与活动的 200 多张照片。我按照时间顺序，一张张，一页页地进行梳理，排版，只为孩子们留下值得一生留存的美好回忆。在扉页上我写道：“照片中的张张笑脸记录的是我们的欢乐；记忆中的点点滴滴凝聚着我们的幸福；一个个难忘的瞬间记载着发生在我们每个人身上的故事。愿这美好回忆伴我们一生！”（见图 8）

图 8　记录成长足迹的纪念册

我还将照片和孩子们平时的习作结合起来，配合着当时的事件，情境，完成了《稚手话童心》故事集。这本书近 100 页，总计 80 600 字，这是大家的第一本作文集，所有人都爱不释手；上个学期末我利用课余时间完成了《寻找照片中的故事》作文集，里面收集了全班 39 名同学的上百篇习作，全书 81 页，共计78 000余字。这几本书收集的都是孩子们平时的习作、读书心得、心灵感悟。我觉得这不单是几百篇文章的简单整理，其中的每一个字，每一句话，都记载着孩子们的喜怒哀乐，都见证着他们的成长轨迹。我之所以用心收集，不管多累都把它们整理成册，是因为这是我们珍贵的记忆，是他们成长的足迹，也是他们的童真童心。这些值得珍惜，更值得尊重，所以我做了一名有心人，用这样的方式把他们的经历留存下来。今后，和孩子们走在行实路上，伴花开，闻花香，我们的小照片会越来越多，我们的“图”说故事还将继续。

四、活动有形，流水有声

活动有形，流水有声。一次次活动将孩子们成长的印迹串成了珍珠项链，熠熠发光！一次次活动锻炼了孩子们处事应变的能力，也让他们幸福满溢。[3]做了这么多年的班主任，我最大的感悟是：班级文化建设的关键就是一切活动体验都要以学生为本，为学生成长服务，将向上的班级理念和班级文化渗透进孩子的内心。班级建设的根本就是要形成班集体的凝聚力，让所有孩子的心都紧紧连在一起。这也是我们学校倡导的教育理念：行于实，脚踏实地是关键，一步一脚印；方乃成，不断进步是目标，一点一滴甜！

未来，和孩子们走在行实路上，伴着花香，我们的活动会越来越精彩，我和他们的故事依然会延续……

参考文献

[1] 张万祥，苏霍姆林斯基教育名言[M].天津：天津教育出版社，2008：499.
[2] 魏书生.如何当好班主任[CD].北京大学音像出版社，2016.
[3] 李家城，赵福江.中国乡村班主任发展研究：第一辑[M].上海：上海交通大学出版社，2018：223.

一路成长,一路花香
——乡村班主任育人智慧

杨会娟*

摘　要:小荷一班"做人做事高洁,友谊天长地久"的班级文化像一股清新的花香,让学生心有所依。它根植于学生的心中,浸润着学生的心灵,引领着学生的成长;学生的美美与共,美美成长,又丰盈着荷文化,班级各类社团百家争鸣,小荷视频编辑社,更是众多社团中最艳丽的一朵。班主任以"美"塑行,规范行为习惯;以"美"育心,引领主动成长;以"美"为媒,凝聚集体力量,在学生成长中一路绽放,一路花香,留下了一路精彩。

关键词:荷文化　班级建设　微时光　美美成长

小荷一班是个充满活力与朝气的集体,40 名可爱的"小精灵"在小荷一班这个大家庭里朝气蓬勃地成长。作为这个集体的班主任,深知班级文化建设的重要性。班级文化是一个班级的灵魂,它有着无形的教育力量,恰似《春夜喜雨》所曰:"随风潜入夜,润物细无声。"在班级文化建设活动中塑造、锻炼学生,比起单一的说教,效果会事半功倍。可以说,班级文化是一种隐性课程,具有无形的教育力量。

一、班名的确立,让"荷文化"启航成长

孩子们因为热爱班集体,所以常用手中的笔记录班级的精彩瞬间、难忘时刻,每学期这样的班级故事会达到 20 万字。孩子们在家长的帮助下把这些文字制成电子版,我则把这些班级故事整理成册。从四年级开始,我们每学期编辑出版一本班级故事集。大家都认为我们的班级故事集就好像杨万里诗中描绘的意境那般,"小荷才露尖尖角"。因此经过民主协商,全班达成共识:将我们班的班

*　杨会娟,北京市房山区北京工商大学附属小学班主任,中学高级教师。

级故事集取名为“小荷新语”。从此,《小荷新语》就成了我们班的“班书”(见图1)。

图1　小荷班级故事集

随着班级的不断成长,孩子们又成立了许多的班级社团,如文学社、诗社、主持社、美术社、欢乐社、魔方社、视频编辑社等。随着班级社团在学校和班级各项活动中频频崭露头角,我们又想到给班级命名,从而统一社团的名字。

五年级一开学,孩子们就召开了给班级起名的讨论会,大家不约而同地想到了“小荷”,这个名字源自我们的《小荷新语》。全班经过讨论,一致认为小荷的品质适合我们班的特点——因为荷花对于我们班有着特殊的意义——“灼灼荷花瑞,亭亭出水中”。

荷花代表高洁。周敦颐的名篇《爱莲说》中有云,“予独爱莲之出淤泥而不染,濯清涟而不妖”,荷花因此又被誉为“花中君子”。另外,李白的诗句“清水出芙蓉,天然去雕饰”,也赞美了荷花的天然之美。

荷花象征友谊。中国自古就有春天折梅赠远,秋天采莲怀人的传统,由此可以看出荷花象征着人与人之间的纯洁友情。我们也用它借指我们班同学的友谊像荷花一般纯洁,地久天长。

寓意着“做人做事高洁、同学友谊天长地久”的小荷文化,让学生的心中有了归属感,认同感,他们的成长路上自此飘荡着淡淡花香。再加之小荷一班完善的班级管理制度和良好的学习氛围,更为孩子们的精彩绽放提供了坚实的保障。

小荷文化让学生心有所依。我相信,时隔十年乃至更久,孩子们也许早已忘却身边的玩伴,但“小荷”一词一定会成为他们幸福童年的诠释。

二、班徽的定稿,让“荷文化”根植于心

确定了“小荷”这个名字后,加上我们是(1)班,因此班名正式确定为“小荷一

班”。各个社团也相继以“小荷”命名了，接着学生着手分工设计班徽，小荷视频编辑社精通电脑设计，很快出了几个初稿，大家看后都觉得不够满意，小荷美术社的小画家们建议手绘班徽，很快也拿出了三种不同风格的手绘荷花。我们通过民主投票，最后选择以杨秉然同学画的荷花作为班徽中的小荷原型。

我们的班徽(见图2)选择绿色作为主色调。我们学校的课程体系是种子成长课程，育人目标是让每一颗种子朝气蓬勃地生长。因此，绿色代表着每一个茁壮成长的生命，绿色象征着我们班的每一颗小种子在北工商这片沃土上朝气蓬勃地生长；绿色还代表快乐与健康，一群快乐的精灵在班级中快乐生活，健康成长，对美好的未来充满希望。外面的圆环标注了我们的校名，代表我们以身为北京工商大学附属小学的学生而感到无上光荣，更以学校为荣。金黄的麦穗预示着我们一定会学有所成，将来硕果累累。中间的荷花由我们班的同学亲手设计并绘制，它代表了我们小荷一班的班级文化：做人做事高洁，友谊天长地久。中间打开的书页，代表我们班自编的每学期一本的班级故事集《小荷新语》。蓝色代表海洋，寓意小荷一班是我们避风的港湾，是我们温暖的家。我们班40名同学将携手并肩在知识的海洋中扬帆远航，收获美好、灿烂的未来，一路伴花香。

图2 “小荷一班”班徽

佳怡同学这样给班徽作序：“何为荷兮，当数莲也，何为莲兮，所谓高洁也，何为花君子莲兮，天然美物也。清水出芙蓉，天然去雕饰。此物乃荷也。”荷花自有“出淤泥而不染，濯清涟而不妖”之美诗称赞。荷花又有友谊之意。故我班述曰：友谊长存兮，天长地久。做人高洁兮，啧啧称赞。

三、孩子们的自主体验,让"荷文化"丰盈成长

小荷一班是个民主和谐的大家庭,每个人都是班级的主人。因此,大家一起商议,制定《小荷一班班级公约》。因为这是我们班级成员共同的约定,所以每一个人都会自觉遵守。

(一)班级劳动主动承担,人人有事做

我们班每个人都会根据自己的个人情况主动承担班级劳动岗位——劳动体验岗。大家分工明确、各负其责。每天班级卫生井然有序,早晨来了有人擦窗台;课间有人擦黑板;教室前后的柜子上不仅摆放的物品整齐划一,每一层的搁板也都一尘不染;放学后大扫除时,大家更是合作无间,挪桌椅的配合扫地的,涮墩布的配合墩地的。同学们有着高度的主人翁意识,班里卫生从来不用老师操心,大家在劳动中体验着"我很重要,我们都很重要"的理念。

(二)班里每人都是管理者,事事有人管

我们班每人都主动承担班里的管理工作——管理体验岗,大家各司其职,相互配合。全班分成六个大组,每组分设一个大组长:语文组长、数学组长、科任组长、英语组长、桌椅组长、纪律组长。大家互帮互助,共同进步。同时班级各设男女班长一名,主抓全面工作;学习委员,文艺委员,纪律委员,劳动委员等分管各项工作。每位同学从四年级开始每天轮流担任值日班长、一日班主任。孩子们在管理体验中成长,在实践中锻炼自己,从而体会到自己在班级中的重要性,感受到"我很重要,我们都很重要"。

为了给每个同学提供体现自身价值的机会,班里还有自创岗位申报活动。经全班集体讨论任命体验岗位,比如,成立班级医院,处理班级里的小意外;成立清洁区管理处,负责教室外清洁区的清理和保洁;胖墩监督处,承担督促胖墩减肥,收发胖墩锻炼日志任务等。只要班级需要,岗位就会应运而生。在自主申报、承担班级事务的过程中,同学们更加关心集体,集体凝聚力也更强了。不仅同学们的自律意识得到了提高,也更能体会到"我很重要,我们都很重要"!

这样一来,每个孩子都有了自己心仪的管理体验岗,都成了班级管理者,都在为创建一支优秀的团队出谋划策,并以身作则。许多时候,小组成员之间能互相提醒、互相监督,特殊情况由班长解决。班级小助手多了,班级管理者多了,离打造优秀团队的目标就不远了。

这种体验式的管理方式,让每位学生都找到了自己在班级中的价值和意义,活出了自己想要成为的样子。无论每个人追求的是什么,抑或看重的是什么,最

后都希望自己每天是快乐的。而让每个人都拥有让自己快乐的能力，恰恰就是体验式管理的魔力所在。

四、班级社团的生长，让“荷文化”永驻心头

班级社团百花齐放、百家争鸣，同学们在班级丰富多彩的活动中成长。

(一) 小荷文学社——爱好文学的小种子们的成长沃土

我会在每次班会课上结合每学期的习作重点、德育工作、课堂体验、实践活动等及时抓住读写结合点，让学生在德育、智育上实现双丰收。

四年级开学初，家长和我沟通时总会反映孩子们开始出现逆反、顶嘴等情况，我就结合第一单元习作主题设计了一节班会课。首先，我悄悄地从家长那里收集了一些孩子们成长的照片，并把照片分成三组。第一组主题是“我出生了”，播放大家婴幼儿时期的照片，同时循环播放歌曲《世上只有妈妈好》，以激起孩子们的浓厚兴趣；第二组主题是“我长大了”，播放孩子们童年的照片，同时播放歌曲《父亲》《母亲》，让孩子们看着自己成长的照片，陷入沉思；第三组主题是“我与父母”，继续播放学生和爸爸妈妈们在一起的照片，并伴以动情歌曲《世上最是母亲亲》。孩子们看着、听着、想着，感受着自己是如何在父母的呵护陪伴下，从一个小婴儿一点点成长为一个大孩子。他们回想着自己平日里和父母之间的点点滴滴，回想着父母对自己无微不至的关怀与照顾，静默不语——他们在想什么？有的孩子眼中噙满了泪水，有的孩子哭出了声……这时候，我顺势鼓励他们把心中所想都写出来。笔在动，泪在流，充满真情的习作由此在孩子们的笔下诞生了。这样的安排让这节班会充分发挥了作用，既达到了预期的教育效果——解决了家长和孩子之间的沟通难题，又让孩子们写出了精彩的习作。他们的真情实意既感动了家长，也震撼了我。

小荷文学社作品。

最好的爱(节选)

小荷文学社　陈成

小时候在父母的照顾下，
慢慢地长大慢慢长高。
小时候在你们的怀抱中，
享受着阳光般的温暖。

父亲的爱比高山巨大，

母亲的爱比大海广阔。
爸爸您的爱比长城雄伟,
妈妈您的爱比童话美好。

平凡种子的非凡梦(节选)

小荷文学社　丁可

我是一颗平凡的小种子,
但我有一个非凡的梦。
我想成为一位发明家,
为改善我们的生活条件做出贡献。
到那时候,我会努力钻研,
制造低碳环保的交通工具,
让《新闻联播》上不再出现雾霾的字眼,
还北京一个晴空万里的蓝天。

我是一颗平凡的小种子,
但我有一个非凡的梦。
我想成为一个翻译家,
把中国无与伦比的成就传播给世界。
到那时候,我会奋笔疾书,
将中国五千年悠久灿烂的历史翻译成不同的文字,
把美丽中国的故事讲给全世界的人听。

我们是一颗颗平凡的小种子,
但我们都有一个个非凡的梦。
一个个非凡的梦汇聚在一起,
铸成了一个伟大的中国梦。

我们班的班级故事就是孩子们的成长足迹,也是孩子们的成长纪念。每学期我都会把它们整理成册,在班级共享。一本本的《小荷新语》不仅仅是班级纪念册,更是班级小作家诞生的摇篮,孩子们的作品相继在《北京日报》《我们爱科学》等发表。部分六年级孩子就已经开始创作连载小说。

（二）小荷欢乐社——培养爱好表演的小种子的摇篮

小荷欢乐社的社员们一起排练诗朗诵、相声、小品、话剧，在活动中大家乐此不疲，硕果累累。四年级，我们的诗朗诵《我骄傲，我们都是中国人》获得房山区朗诵一等奖；五年级，我们的英语话剧获奖；六年级，我们的小品《如此读书》获得了区艺术节一等奖；在学校每年的年级展示、班级活动中，社团成员更是大放异彩；我们平时还有"说三国、讲三国、演三国"的系列班本课程，话剧展演活动……

学习的美好在于学会运用知识。我们将学会的知识包装打磨，不仅是我们对知识的熟练掌握，更是我们对知识的完美诠释。每一次的上台展示，都为孩子们提供了更好的平台，使他们在开阔眼界、丰富课余的同时，更锻炼了勇气与胆识。

（三）小荷视频编辑社——爱好摄像、视频编辑的小种子展示才华的舞台

在班级、年级的集体活动中，小荷视频编辑社的同学们负责摄像、照相以及后期的编辑制作，这些视频和照片给同学们留下了美好的影像回忆。每周小荷视频编辑社的同学们都会把小荷一班一周的活动、生活用美篇记录下来，在全班分享。《小荷微时光》已成为老师、家长、朋友每周的期待，也是小荷一班最美的回忆。

因为有了美的熏陶、爱的滋润、自主光芒的闪烁和实践活动的丰富多彩，这个家成为孩子们心灵的归宿。在这个大家庭中，我用执着与责任为孩子们搭建起一片"美"丽的晴空，用智慧与奉献陪伴孩子们每一天的成长。

1. 以"美"塑行，规范行为习惯

开学伊始，学校都会开展"学规范，促行动"活动，为的也是更好地规范学生的行为。于是我把学生"规范促我成长"的自我反思在美篇中选登，让他们在互相学习中进一步促进，使这次活动的开展达到了更好的成效，在《守则》《规范》的指引下，学生们的行为习惯更加规范了。课间操有的孩子锻炼不够积极，我就在美篇里开展"我为晨跑点赞"活动，用照片记录孩子们跑操时的最美镜头。为了在镜头中展现最美的自己，孩子们的跑操越来越整齐，也树立了积极的锻炼意识。

看到有的孩子敬的队礼不够规范，我在班级内开展了寻找身边最美队礼的活动。在每日升旗时，我用手机记录孩子们的最美队礼，评选最美队礼获得者，并把他们的最美照片和活动报道在美篇中分享，无声、有形地引导规范学生的行为。

课上最端正的坐姿、课前摆放最整齐的学习用品……这些最美的镜头都会出现在美篇里。学生们主动在美篇中寻找最美的自己，这也在无形中规范了学

生的行为习惯,同时成为引领学生约束自我行为的一面“镜子”。

我以《小荷微时光》作为学生习惯养成的突破口,在一期期的美篇中给孩子们树立了很多同伴小榜样,同时我也会及时给表现优异者送去鼓励与表扬,激励他们不断进步。

2. 以“美”育心,引领主动成长

孩子们的心灵纯洁而善良,作为班主任,我们更要让这些纯洁善良的种子不断生根发芽,班会课正是我与孩子们交心的重要场合。在班会课上,我经常借助故事会的形式,引导孩子们理解善良、分享、合作等优秀的品质内涵。当学生们在讲故事的时候,我便用手机记录下他们精彩的画面:绘声绘色的表情、开怀大笑的瞬间……这些美好的影像不仅让他们印象深刻,同时也在他们的心中不知不觉地生根发芽。

三八妇女节时,孩子们自发组织了“千纸鹤行动”,让千纸鹤带着同学们的祝福和感恩飞遍了校园。老师们被孩子们的真情感动,纷纷拍照留存,我把老师们的照片编辑成美篇,让美根植于学生心中。孩子们把这种感恩延伸到在家中听从父母的教诲,延伸到在学校更加规范地上好每一堂课,在课后更加认真地完成每一项作业,在劳动时更加用心地做好每一次值日……他们不再让老师操心,学会了感恩学校。例如,主动打扫校园内的同学休息座椅,随手捡起校园内的垃圾,帮助低年级小同学……他们在传递友善时,就是用心在展示自己最美的一面,这些美的画面又被学校的老师们用手机记录下来,成为我们编辑美篇的资料。一篇篇美丽的故事、一个个美好的镜头记录着孩子们心灵的一次次成长,这种成长的鸡汤又在荡涤着孩子的心灵,让他们不断地向上发展。

3. 以“美”为媒,凝聚集体力量

为了让每一期的美篇更精彩,我们需要擅长写作的同学编写报道,擅长音乐的同学选择配乐,擅长照片编辑的同学编辑照片。为此,班里成立了《小荷微时光》编辑社,平时沉迷于游戏的同学,纷纷丢下游戏,积极参与每周的《小荷微时光》照片编辑过程。为了写好报道,大家合作写稿、互相修改,在活动过程中主动读书的同学多了,大家的合作意识也增强了。无数的最美成了孩子们追求、践行最美自己的前行动力。它在规范孩子们自身行为的同时,也促进了班级集体的共同成长,这种成长的力量汇聚在一起,使集体更加团结;这种成长凝聚了学生、老师、家长的力量,使集体更加优秀。《小荷微时光》成了促进班级成长的力量源泉。

我想,真正的教育,也许就是用自己真挚的爱、智慧和热情去撞击那一颗颗稚嫩的心灵。虽然班主任的工作看似平凡,但是我们可以在平凡中做出不平凡,

让教育充满美丽，撰写积极的报道感染学生，拍摄精彩的照片打动学生，为学生创设“美丽”的成长环境。小荷微时光，美丽初长成！

（四）小荷社团精彩多多——小荷一班星光璀璨，卧虎藏龙

小荷一班为每个孩子提供了成长、锻炼的舞台，让每颗种子在这片沃土上都能朝气蓬勃地生长。“小荷美术社”的小画家和“小荷书法社”的小书法家的作品不仅在各项比赛中频频获奖，还办起了个人作品展；“小荷朗诵社”在各项大型活动中受到大家的称赞，他们中的佼佼者还在北京市演讲比赛中捧回了大奖……“荷文化”成了每个孩子成长的精神动力，一路成长，一路伴花香。

最后，我想引用泰戈尔的一句名言：果实的事业是尊贵的，花的事业是甜美的，但是让我做叶的事业吧，叶是谦逊地、专心地垂着绿荫的。就让班主任们来做叶的事业吧，管理好班级，树立好班风，在育人之路上，播撒希望，收获幸福。让我们每一个班主任都能做一颗闪光的星，让我们一起来照亮未来的天空！

参考文献

[1] 魏富云，于天红. 留守儿童教育问题之探究[J].现代交际，2011(1):58.
[2] 杨小微，李家成.中国班主任研究[M].北京:北京大学出版社，2017:154.

乡村班主任发展的区域战略

强培训，搭平台，创载体，建机制
——北京房山区助推区域班主任专业发展的经验

杨凤娟　于春梅　于海侠*

摘　要：班主任是中小学日常思想道德教育和学生管理工作的主要实施者。房山区通过加强培训全面提升班主任专业能力，搭建平台激励引领班主任专业发展，创新载体建立校级班主任工作室、区级班主任资源库，构建协同管理、联动推进、"研、训、展、评"一体化实施机制和以教师发展为本的评价激励机制等，全面推动区域班主任专业成长，着力打造在全市乃至全国有影响力的班主任团队，助推房山区教育新发展。

关键词：房山区　乡村班主任　专业发展　班主任工作室

班主任是中小学日常思想道德教育和学生管理工作的主要实施者，是中小学生健康成长的引领者、陪伴者，是联系班级、学校、社会的纽带和桥梁。他们作为学校教育中的骨干力量，其地位和作用是任何人都无法替代的。

房山区地处北京西南，总面积达 2 019 平方千米，山区、丘陵、平原各占三分之一，中有小学教职工约 1 万名，其中，中小学班主任约 2 300 人。地域差异大、学校类型多、班主任群体大是我们面临的基本情况。几年来，区教委结合区域实际，积极探索新时期班主任队伍建设的有效方法与途径，全面推动班主任专业发展。

一、加强培训，重在能力提升

面对区域班主任队伍的现状，我们坚持以基层为主体，以问题为导向。区教委对区域内中小学班主任工作现状进行了全面调研及数据分析，了解到我区班

*　杨凤娟，北京市房山区教育工作委员会副书记；于春娟，北京市房山区教育委员会小教科科长；于海侠，北京市房山区教育委员会中教科科长。

主任虽担任了班主任一职,但多以学科教学为重,很少有人在班主任专业上进行深入研究,部分班主任存在工作动力不足、育人能力欠缺、知识存在短板的问题,为此,我们针对处于不同发展阶段的教师,努力建构适合他们的课程,强化岗位培训,力求班主任能获得更多的专业指导和实践经验。

(一)加强全员培训

每年暑期,面对新入职且大多为“非师范类”毕业生的200余名新教师,区教委都要进行为期一周的集中培训,专门设计班主任培训课程,邀请专家和各学段一线班主任做专题讲座,帮助每一名新任教师顺利地走向工作岗位。同时,我们发挥信息技术优势,通过“现场+直播”的方式,由德育中心面向各年级班主任进行全员通识培训,针对各年段孩子的不同特点,有针对性地给教师们指导,引导班主任走进孩子心中,基于孩子立场,用心研究育人策略。

(二)注重高端引领

面对区域培训资源不足,优秀班主任“吃不饱”的问题,我们与北京师范大学、北京教育学院建立联系,通过开设高端资源助力的培训班,专门针对骨干教师进行重点打造。围绕“中小学生心理发展规律、有效沟通策略、学困生辅导”等内容为他们补充教育心理学知识;围绕“学生发展规律与育人策略”为他们答疑解惑。2016年,我们针对部分优秀班主任的“房山区优秀班主任素养提升”项目正式启动,通过定制培训课程,分享、交流、点拨、实践的培训方式,使教师们多了理性,沉淀、升华了自己的经验。他们的经验也形成了《房山区优秀班主任素养提升成果集》,分享给区域内更多的班主任群体。

(三)丰富培训方式

“请进来,走出去”是老教们喜欢的培训方式。几年来,我们一方面先后邀请张红、迟希新、赵福江、李家成等班主任领域的全国知名专家近50人次做区级层面指导培训,另一方面追随北京市班主任研究中心的脚步,积极组织基层学校参与班主任研究中心组织的全国研讨会和班主任年会。从2015年至今,我区班主任教师800余人次参与活动。虽然每次的行程安排紧凑,但研讨会丰富的内容,不仅开阔了老师们的视野,也丰富了班级建设举措,让老师们收获满满。

二、搭建平台,重在激励引领

建好平台,才有舞台。为了让班主任成为理论过硬的引领者和能力过硬的领跑人,房山区教委坚持通过区校两级协同推动,立足师德引领、专业引领,为老师们搭建了广阔的交流展示平台。

2014 年底，我们启动了为期三年的“班主任基本功提升行动计划”，围绕“主题班会、魅力展示、问题解决”三项内容，组织展示交流；为了让更多班主任有机会分享，我们分别从校级—片区—区级三个层面组织了全员参与的活动，很多老师更是第一次站上班主任工作展示平台，这些都极大激励了一直在岗位上默默奉献的班主任团体。2017 年伊始，我们又开始了新一轮的三年行动计划：主题班会同题异构，更关注细节；主题家长会、班级家委会交流，更关注家校沟通；班级文化建设展示，更关注班级建设的顶层设计、创新落实。四年来，92 个不同主题、不同内容展示活动的扎实开展，2 350 人次的区级交流，在班主任群体中留下了一个又一个真实的成长足迹。

同时，我们还力争让老师们站上更大平台，引领同伴共同前行。2018 年 6 月，“北京市‘紫禁杯’优秀班主任工作室主题班会展示与交流活动”在我区北京师范大学良乡附属中学举办，三个学段班主任的现场主题班会展示，为我区教师提供了学习机会与历练平台。

2018 年 9 月 14 日至 15 日，第二届全国乡村班主任发展研究论坛活动在我区北京工商大学附属小学举办。14 位全国各地专家学者和来自全国 13 个省市近 200 名代表齐聚会场，就乡村班主任发展研究这一话题进行交流探讨、经验分享，我区 24 位一线班主任也参与了交流。这样的平台搭建，让老师们收获了更大的成长！

三、创新载体，重在落地见效

为了使学校班主任工作更系统，让班主任在日常工作中有组织依靠、专业成长有交流平台，我们不断完善创新载体，让学校班主任工作有抓手，见实效。

（一）建立校级班主任工作室

班主任工作异常繁琐，大部分班主任没有时间、精力关注自身的专业发展。学校的班主任会议多是有事说事，较少关注班主任的专业发展。专业培训方面，也只是在寒暑假集中培训 1～2 天，而且整体处于较为松散的状态。为此，我们于 2017 年在全区提出要求，建立校级班主任工作室，由本校骨干班主任担任负责人，制订方案，并研制了配套的《班主任工作指导手册》，旨在通过班主任工作室这一载体实现班主任队伍管理的规范与专业。除此之外，我们围绕“养成教育”专题开展分片网络教研；围绕“班级文化”专题开展工作室交流展示，确保工作室的专业性和引领性。

如今，学校班主任工作室已经成为班主任培训的基地、研究的平台、成长的阶梯、辐射的中心，班主任工作室成员在分享智慧、引领成长中成为为人师表的楷模、班级管理的能手、教育改革的闯将、教育科研的先锋。

（二）建立区级班主任资源库

我区地域广、班主任群体大，区级层面的交流机会较少，而学校又存在着德育校本教研"传经者""取经者"人群固定的传统，很难激发优秀班主任的积极性。为了让优秀班主任有更多的交流机会，2015 年，我们开启了"房山区优秀班主任资源库"建设项目，通过各基层学校推荐、区级陈述答辩，确定 50 位区级名优班主任为首批优秀资源库成员。我们请他们依据自己特长，确立培训专题，形成区级班主任资源库培训菜单，要求各基层学校根据本校班主任的实际需求，每学期至少邀请一位周边学校相应的资源库成员参与本校的交流互动，实现区内资源的精准对接。

在三年的实践中，班主任资源库良性运转，培训内容接地气，深得一线班主任和学校喜欢，资源库教师也在交流互动中，进一步加深了自己对专业的思考，找到了自己的价值。

四、构建机制，重在常态长效

班主任队伍建设长效机制是提高班主任专业发展的保障，对中小学教育质量的提升起着直接的促进作用。多年来，我们坚持顶层设计、协同推进，不断推动班主任队伍快速成长。

（一）行政主导、业务跟进的协同管理机制

房山区教委对班主任专业化发展高度重视，组建了由主管领导为总负责人的班主任专业发展领导小组，成立了由中、小教科，进修学校德育研究部门组成的研究小组和工作团队。每学期工作团队都要对工作方向和重点进行设计，坚持每月一次例会交流，就工作中遇到的问题进行商讨，不定期征求基层学校意见。由于行政与业务的通力合作，确保了思想统一、目标一致、设计共研、行动一体，既实现了行政部门思想引领、规划设计、政策导向、评价监控、服务保障的职能，又使业务部门的研究、指导、服务、管理职能得到最大程度的发挥。

（二）区域、联片、校本三位一体联动推进机制

针对房山区区域面积大、学校分布分散（如山区、平原、城镇）的特点，我区早在 2012 年就成立了区级班主任研究会，团结和凝聚中小学班主任和德育研究者、管理者，一起探索和揭示新形势下班主任工作的特点和规律，推动学校教育教学质量的提高。2016 年，进一步推动建立了班主任联片教研组，由地域较近、

生源相近的8～10所学校组成，组长由成员校德育副校长轮流担任，负责本片域班主任教研，让班主任日常教研有了依靠。2017年，我们要求各基层学校成立班主任工作室，“固定时间、固定主题、固定人员”，班主任校本教研有了更好的保障。

在推进过程中，区级层面统筹规划设计，确保重点突破的一致性；联片组组长结合片域实际，将区域要求创造性地转化，在交流分享中深化；各基层学校扎实落实到校本教研。区域、联片、校本三位一体协同推进机制实现了自主创新、遥相呼应、优势互补的统一。

（三）研、训、展、评一体化实施机制

自2013年至今，房山区班主任队伍建设一直遵循“研、训、展、评”的一体化设计实施基本行动路径。即每学年确定一个班主任专业化发展专项，每个专项活动均贯穿一个学年。在集体研究中攻克难题，在培训学习中提升认识，在校、片、区的展示交流落位实践中注重分享，评价贯穿始终、指引方向，并与班主任年度评优活动——“紫禁杯”优秀班主任、学生喜爱的班主任评选活动进行对接，让一年的行动历程有一个清晰的印记，见证老师们成长。四个环节，环环相扣，形成了完整的闭环：如2014—2015学年度，我们围绕“主题活动设计与实施能力的提升”开展了社会主义核心价值观主题班会交流展示活动；2015—2016学年度，我们围绕魅力展示，组织开展了“魅力班主任交流展示活动”；2016—2017学年度围绕情景问答进行了“智慧班主任交流展示活动”；2017—2018学年度开展了“主题班会同题异构活动”。

“研、训、展、评”一体化的系统设计，再加上按部就班地有力落实，统领了区域班主任工作；集中发力，破解了制约班主任发展的一个又一个专业问题。

（四）以发展为本的评价激励机制

一是建立岗位管理机制。我们颁发了《关于加强中小学班主任队伍建设，促进班主任专业化发展的意见》，明确提出了构建“全体教师专业发展为主体，骨干教师和班主任队伍建设为两翼”的“一体两翼”教师队伍建设新格局。在区骨干教师系列中设立了骨干班主任序列，研究制定了骨干班主任的评审要求、评审办法和考核评价机制；进一步强调了在绩效工资改革过程中，充分体现向班主任倾斜的要求，充分调动了班主任的工作热情和积极性。

二是建立评优评先机制。我们建立了“三个十佳”“先进德育工作者”“骨干班主任”“最美教师”“先进班集体”评选机制，为有效开展育人工作，促进学生发展奠定了坚实的人才基础，促进了学校良好育人氛围的形成。2017年教师节，区委、区政府对全区班主任岗位工作30年以上的老师进行了隆重表彰，区领导亲自去家中慰问老班主任。此事在社会上引发了强烈的反响,不但班主任们感受到了岗位独有的骄傲与自豪,而且也激励着更多教师从事班主任工作。

三是建立骨干班主任选拔与考核机制。根据《房山区教育委员会关于加强中小学班主任队伍建设,推进班主任专业化发展的意见》的要求,我区制定了《中小学骨干班主任评选和管理办法》,规定按教学班数的15%确定校级骨干班主任数,按校级骨干班主任的70%选拔推荐为区级骨干班主任,2011年至今先后有800名教师获得区级“骨干班主任”称号,待遇与骨干教师相同,优秀者可同时享受两份待遇。

区教委对骨干班主任实行动态管理,每三年重新申报评定一次。为发挥骨干班主任的示范引领作用,我区制定了骨干班主任考核办法,并研制了《骨干班主任成长手册》。从个人发展规划的落实、班集体建设方案的制订、主题班会或培训讲座的承担、参加培训(含自学)及开展教育专题研究、师徒帮带作用的发挥六个方面进行考核,以此促进班主任的专业成长。

几年来,在北京市教委、北京市班主任研究中心的引领和指导下,我区班主任队伍建设取得了可喜的成绩:荣获全国班主任年会征文一、二等奖320人次;荣获北京市紫禁杯、“学生喜爱的班主任”称号128人次;涌现出了以李文凤、陈志苹为代表的一批充满仁爱之心、教育智慧、人格魅力的班主任典型。

新时代,新气象,更要有新作为。今后,我们将继续以习近平新时代中国特色社会主义思想为指导,创新思路与方法,全面提升班主任素养。我们将进一步完善班主任队伍保障机制,让班主任岗位人心向往之;着力打造在全市乃至全国有影响力的班主任团队,助推房山教育新发展!

基于数据的房山区班主任队伍支持系统实践研究

蔡春梅*

摘　要：面对区域班主任队伍建设的困境，教研部门立足实证研究，通过对调查数据的汇总分析，查明问题所在并思考解决对策。基于班主任教师的实际需求，教研部门因地制宜建构班主任队伍支持系统：通过三年行动计划，夯实全员的实践能力提升系统；通过班主任资源库建设，实现精准服务，建构培训提升系统；通过加强家长委员会建设、"育子有方好家长"大讨论活动、夯实家校共育工作，建构班主任助力支持系统。班主任队伍支持系统的建构，推动了区域班主任队伍的蓬勃发展。

关键词：房山区　数据　支持系统　实践研究

房山区地处北京西南，在其 2 019 平方千米的区域内，2 197 名(2018 年 6 月数据)中小学班主任在辛勤地耕耘着。由于班主任教研开展的时间较短，在一定程度上制约了这支队伍的发展。为了深入了解和准确把握全区中小学班主任的工作现状和需求，聚焦班主任队伍建设中存在的主要问题，引导区级业务部门和基层学校科学诊断影响班主任专业发展的因素，探寻问题的原因，并针对原因制订有效的解决方案，切实提高育人效益，我们于 2014 年 9 月进行了全区中小学班主任问卷调查，并在问卷统计分析基础上，基于教师们的需求，建构助力班主任发展的支持系统，用扎实的实践提升班主任队伍专业化水平。

一、房山区班主任队伍现状分析

《班主任队伍现状及专业发展需求调查问卷》共分为四个部分：第一部分是

* 蔡春梅，北京市房山区教师进修学校教研员，中学高级教师，研究方向为中小学班主任队伍建设及家校共育工作。

基本情况分析;第二部分是从事班主任工作基本情况(见表1);第三部分是对培训的建议要求;第四部分是开放性问题,旨在了解教师们的意见和建议。

(一)班主任队伍基本情况

表1　2014年房山区班主任基本情况

属性	分类	人数	百分比
性别	男	282人	14.8%
	女	1 623人	85.2%
年龄	25岁以下	151人	8.4%
	26～30岁	198人	10.98%
	31～35岁	366人	20.30%
	36～40岁	603人	33.44%
	41岁以上	485人	26.90%
任教学段	小学	1 162人	65.84%
	初中	432人	24.48%
	高中	201人	11.39%
原始学历	中师	855人	47.19%
	大专	351人	19.37%
	本科	506人	27.92%
	硕士研究生	95人	5.24%
	博士研究生	5人	0.28%
职称比例	小学二级	76人	4.23%
	小学一级	400人	22.27%
	小学高级	558人	31.07%
	中学二级	262人	14.59%
	中学一级	297人	16.54%
	中学高级	65人	3.62%
	未评级	138人	7.7%
工作年限	0～2年	245人	13.73%
	3～5年	241人	13.51%
	6～10年	299人	16.76%
	11～15年	315人	17.66%
	16年以上	684人	38.34%

从表1我们不难看出，房山区班主任队伍中，女班主任占绝大多数，男班主任数量非常少；从年龄结构上看，31～40岁年龄段的班主任是主体，年富力强是他们的优势，30岁以下班主任占20%左右，老中青比例均衡；从原始学历上看，中师毕业占主体，这与小学学段班主任数量多有直接关系；研究生学历的班主任主要分布在初高中学段，因此初高中班主任的学历层次较高；从职称结构上看，中级及以下职称班主任占主体，这与前些年小学高级职称评聘受限有关，也说明，大多数中学班主任解决了职称问题之后就不再担任之前的岗位了。从班主任在各学段的人数分布可以看出，我区小学班主任数量较大。从担任班主任年限来看，10年以上的班主任占大多数。他们实践经验丰富，但不容易接受新理念。如何引导这部分班主任，使之最大限度地发挥能量，同时引领好年轻班主任，带动他们尽快成长，是摆在我们面前的难题。

（二）班主任工作的基本情况

在从事班主任工作的基本情况的问卷中，我们一共设计了12道选择题，其中1—7题为单选，8—12题为多选题。比如，第2题：您对于目前从事的班主任工作总体感觉如何？调查情况如图1所示。

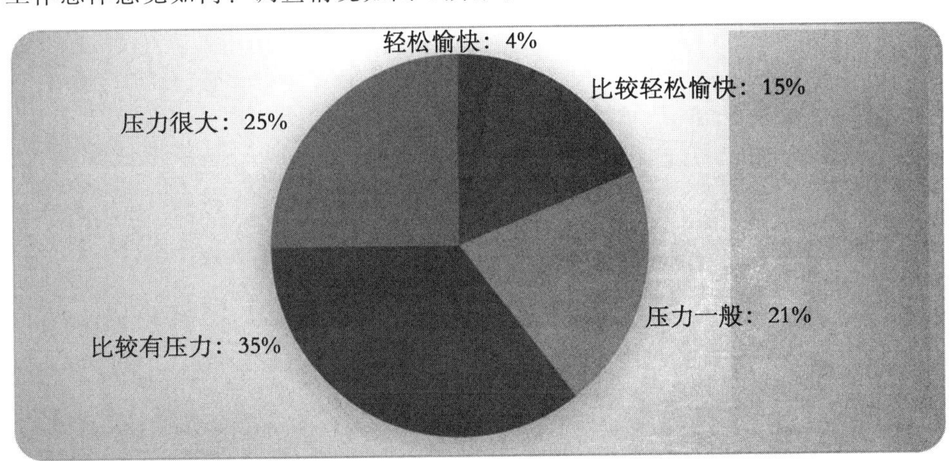

图1　对目前从事的班主任工作的整体感觉（N＝1 754）

从图1可以看出，我区25%的班主任认为工作中压力很大，35%的班主任认为工作比较有压力，21%的班主任感觉压力一般，仅有19%的班主任认为工作轻松愉快。因此，对大多数班主任教师而言，这份工作带给他们的压力大于享受。

那么班主任的工作压力主要来自哪里呢？调查结果如图2所示。

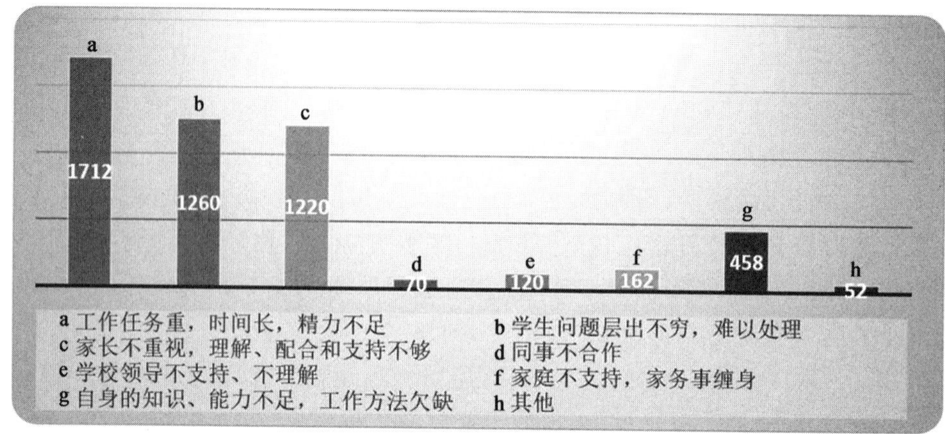

图 2　班主任的工作压力来源(N =1 754)

此题为多选题,旨在了解班主任的压力源。通过图 2 可以看出,班主任的压力主要源于四个方面,分别为:工作任务重,时间长,精力不足;学生问题层出不穷,难以处理;家长不重视,理解、配合支持不够;自身的知识、能力不足,工作方法欠缺。

班主任在实际工作中会遭遇哪些困难呢?我们设计的多选题,请老师们从班级管理、与家长沟通、处理突发事件、设计与组织学生活动、处理师生关系、心理辅导、个别教育等方面进行选择。调查统计结果如图 3 所示。

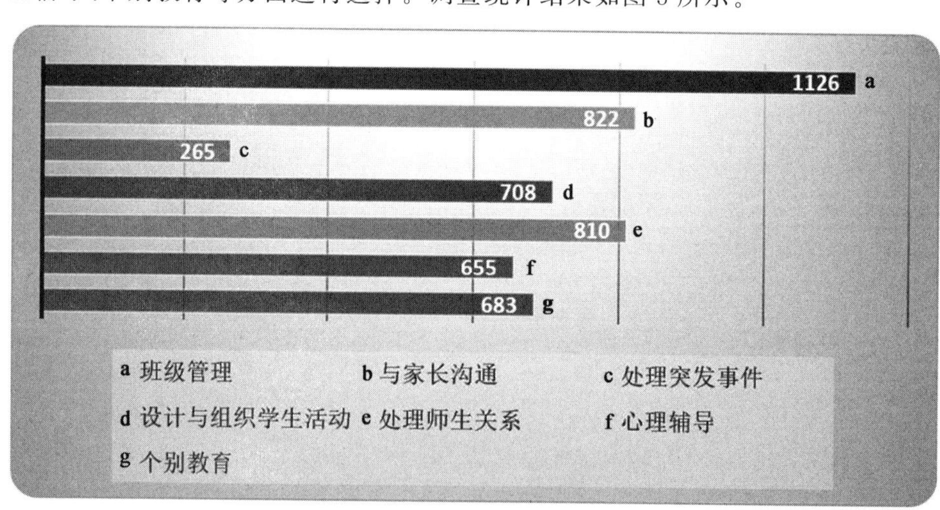

图 3　班主任在工作中遇到的困难(N =1 754)

由图 3 可以看出老师们的主要困难是班级管理。同时,老师们在处理师生关系和个别教育上也存在较大困惑。我们在与老师们的接触过程中,确实感受到一部分老师由于教育心理学知识的短缺,找不到学生产生问题的根源。除此之外,设计与组织学生活动、与家长沟通也是老师们工作中的难题之一。

针对这些问题,老师们想通过什么途径来提高自身的能力水平呢?根据对区域内各校采用的措施的了解,我们设计了 7 个选项,分别是参观考察、集中培训、课题引领、阅读相关书籍、师徒结对、自我学习反思、教育、经验分享。通过多选的方式,了解老师们采取的途径,统计结果如图 4 所示。

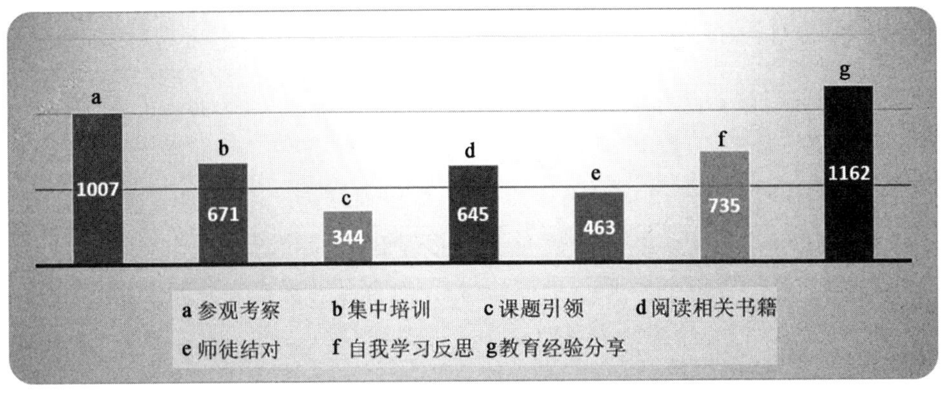

图 4　班主任希望提高自身能力水平的途径(N ＝1 754)

由图 4 我们可以看出,老师们认为提高专业化水平最有效的途径是同行之间的教育经验分享,可见老师们更渴望通过第一手经验的获得,解决自身问题。其次是参观考察、自我学习反思、集中培训、阅读相关书籍。看来,老师们意识到了反思和学习的重要性。相比而言,老师们并没有意识到科研对于个人成长的重要性,对师徒结对的渴求也不高。

(三) 对培训的要求

作为培训者,我们也想了解老师们最急需的培训内容是什么?培训方式是什么?什么样的培训者最受欢迎?为此,我们一共设计了 3 道题,均为单选题。其中第 1 题是询问老师们最需要培训的内容。反馈情况如图 5 所示。

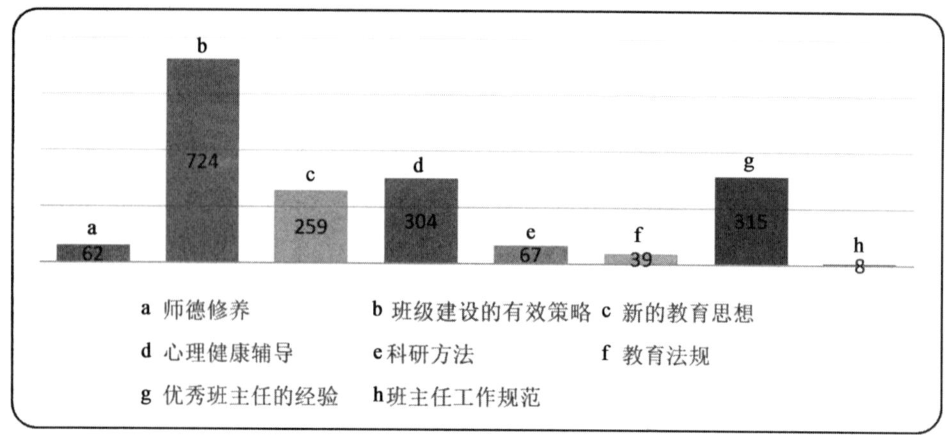

图 5　班主任们认为自己最需要培训的内容(N ＝1 778)

由图 5 我们可以看出:老师们急需的主要培训中,班级建设的有效策略呼声最高,占到 41%,优秀班主任经验介绍和心理健康辅导的需求次之,分别占到 17%左右,新的教育思想需求约占 15%,相比而言对科研方法、教育法规、工作规范的培训需求略低。这应成为我们设计培训课程时的参照。那么老师们喜欢什么样的培训方式呢?统计结果如图 6 所示。

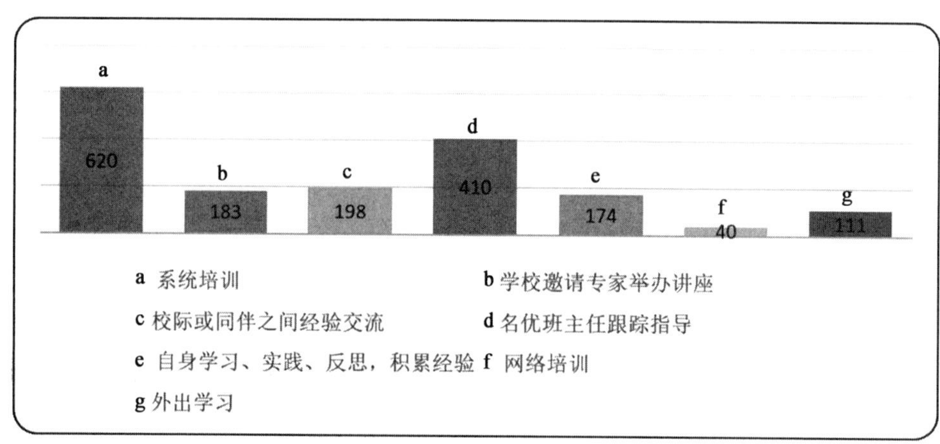

图 6　班主任喜欢的培训方式(N＝1 736)

由图 6 可见,老师们最渴望的还是系统培训,占到 36%,其次是名优班主任的跟踪指导,占到约 24%,然后是学校邀请专家举办讲座、校级之间经验交流和自我反思。其中网络培训的占比最低。因此如何增强网络培训的时效性值得我们深思。

老师们期待的培训者又是谁呢？调查结果如图 7 所示。

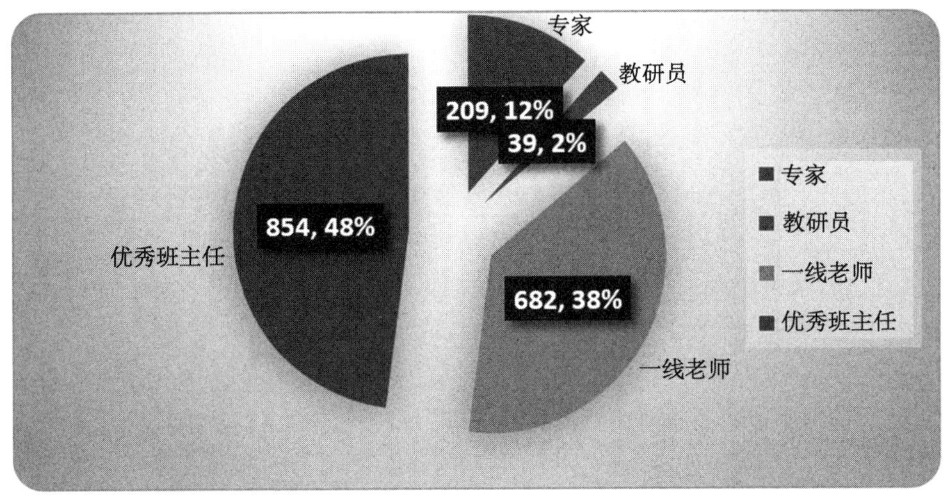

图 7　班主任期待的培训者（N ＝1 784）

由图 7 我们不难看出，选择优秀班主任作为培训者的人数最多，为 854 人，占 48%，其次是一线教师，为 682 人，占 38%，专家也占较大比例，为 209 人，占 12%。看来，老师们更渴望来自一线教师的指导，这与成人学习更注重实用性有关，他们迫切地想从优秀同伴身上学“几招”。教研员作为培训者的占比最低，这与我区班主任培训才起步，班主任对教研员缺乏足够的了解有一定关系。同时也提示我们，要加强自身修炼，用实力赢得老师们的信任和尊重。

（四）开放题

问卷的第四部分是开放题，主要是请老师们谈谈制约自己工作发展的问题有哪些，希望区域为班主任发展搭建哪些平台。老师们的回答与前面的调查结果一致，也印证了客观题结果的真实性。

二、基于数据，着力建构班主任成长的支持系统

面对问卷反馈出的需求与问题，我们深感任重而道远。经过认真分析，并基于老师们的实际需求，我们开始了本区班主任支持系统的实践探索。

（一）推进三年行动计划，建构实践能力提升系统

我区班主任群体数量大，亟待通过系统培训提升专业化水平。但工学矛盾突出，是摆在我们面前的难题。为此，我们因地制宜，系统设计实施了三年行动计划。具体说，就是从 2014—2015 学年度开始，连续三年围绕班主任基本功中

的“主题活动设计、魅力展示、情景问答”开展三项专项活动,每年突破一项。

在推进过程中,为了让老师们得到实践能力的提升,我们践行了“研、训、行、评”一体的模式。首先,带领德育干部、班主任深入研究,将三项内容进行区本化解读,研制符合本区实际的评价标准,发挥其引领带动作用。其次,通过多种培训,力求让校领导和老师们认识上有所突破,理念上有所提升。三年中,每个专项活动的开启,我们都会邀请在这个领域具有影响力的专家为老师们召开专题讲座,以求统一思想,达成共识,解决各基层学校理解参差不齐的问题。同时为了让理念转化为实践,我们还注重为老师们提供实践案例,通过现场互动的方式为老师们答疑解惑,使其明确努力方向。再次,为了提升老师们的实践能力,我们把每年要突破的要点转化成全区班主任全员参与的区级交流展示活动。任务驱动,通过班主任联片教研组作用的发挥,确保每一名班主任都能按照区里的步骤参与到活动中来。最后,我们关注评价结果的应用。将活动评价结果与北京市紫金杯优秀班主任评选、“学生喜爱的班主任”评选进行对接,确保过程积累的意义,增强老师们对其重要性的认识。

随着时间的推移,我们扎扎实实走了三年,真正落实了班主任专业成长三年行动计划,从中我们看到了老师们一年年的变化。

(二)夯实优秀班主任资源库建设,建构交流培训提升系统

通过问卷调查,我们清晰地了解到老师们更渴望来自一线的优秀代表担任培训者,他们迫切地想从优秀同伴身上学到实践经验。虽然老师们的想法太过强调实用性,自我导向性太强,不够全面系统,但面对培训资源匮乏的困境,我们必须满足老师们的需求。2015 年,我们启动了“房山区优秀班主任资源库建设”项目。

1. 选拔与使用并重,让优秀脱颖而出

为了让优秀班主任脱颖而出,我们精心设计方案。通过各基层学校推荐,区级陈述答辩的形式,从 150 名候选人中优中选优,确定 50 位区级名优班主任为首批优秀资源库人员。入选资源库的教师依据自身特长,确立培训专题,形成资源库培训菜单。各基层学校根据本校班主任平日发展中遇到的困惑,聘请相应的他校优秀班主任与本校的班主任进行交流互动,实现精准对接。在两年多的实践中,班主任资源库运转良好,深得一线班主任和学校喜欢。优秀班主任资源库的教师培训内容接地气,各校班主任在交流互动中找到了自己的努力方向,在不断梳理与反思中完善了自身班级的管理体系。

2. 培训与研究并重,突破成长瓶颈

班主任资源库的成员虽然一线经验丰富,但理性提升与思考深度不够,而其

理论和专业水平较低则严重影响和制约着各基层学校班主任的发展。为此，我们在2016年1月申报了“房山区优秀班主任素养提升项目”，旨在通过此项目的实施，提升优秀班主任资源库成员的专业化水平，突破其经验主义，打造其个人工作特色，并通过多种机制发挥其辐射带动作用。针对50位班主任的需求，我们定制了以下的培训课程(见表2)。

表2　房山区优秀班主任素养提升课程安排

时间	课程安排	主讲人
10月19日	团体心理活动体验	林雅芳博士
10月26日	新中考背景下的班主任工作	迟希新教授
11月2日	中学生心理发展特点及教育策略	林雅芳博士
11月9日	价值澄清理论及其应用培训	班建武教授
11月12—16日	中学集中研讨，确定个体研究方向	蔡春梅老师
11月25日	专家视角下的学生问题及应对	林雅芳博士
11月底	优秀经验完善上交给指导专家	蔡春梅老师
2017年1月10日	完成个人优秀经验的再修改	蔡春梅老师

在集中培训前，我们与各校领导进行了充分的沟通，确保资源库老师能够按时保质地参与。培训课程实施过程中，以分享、交流为主，再经过专家的分析，老师们较之从前多了理性沉淀，升华了自己的经验。同时，我们将他们的经验整理成册，编成了《房山区优秀班主任素养提升成果集》，并下发到各校，力图发挥更大的辐射带动作用。

(三) 争取高端资源介入，构建班主任专业成长的培训支持系统

1. 与教育学院合作

通过调查数据能够看出，由于起步晚，我区班主任的培训需求是很大的。其中，对于问题学生的管理感到困难、对于学生身心发展规律的认识不足等，成了老师们工作压力的主要来源。为此，在学校领导的争取下，我们在2017年首次尝试与北京教育学院合作开展班主任培训。我们精心设计培训内容，包括中学生心理发展规律、学习理论与学习动机的应用、师生有效沟通技巧、学困生的辅导策略、中学生心理辅导案例分析、心理主题班会活动设计六个方面，旨在通过学习教育心理学的专业知识，增强教师对学生的理解，丰富班主任的班级管理手段，做“心中有人”的班级管理。

为了确保培训实效，我们注重培训班级管理，充分体现班主任培训的特点。

人人都是管理者,将班级管理责任落实到每个人。每次培训,增加抛砖引玉环节,聚焦班级管理的老大难问题,实行智慧碰撞,掀起头脑风暴,因此深受老师们的欢迎。

2. 与北京师范大学合作

为满足老师们的培训需求,我们还分年段组织小学班主任参与了北京师范大学边玉芳老师主持的"学生发展规律与育人策略"培训班的学习。此外,选派优秀老师参与各级各类的名优班主任培训项目。我们旨在通过与高校合作,弥补区域培训资源不足的短板,提升本区培训的品质,促进班主任老师的专业化成长。

3. 追随北京市班主任研究中心足迹

通过问卷数据可以看出,我区班主任老师渴望通过外出考察的形式,开阔视野,丰富自己的班级建设举措。为此,我们追随北京市班主任研究中心的足迹,积极组织各基层学校参与研讨学习。从 2015 年至今,我区班主任教师 700 余人次参与了南京、扬州、西安等地的培训学习活动。虽然每次的行程安排很紧凑,占用了老师们的休息时间,但研讨会丰富的内容让老师们收获满满,大家乐此不疲。看到老师们的眉眼中传递出的喜悦,言谈中思路的开阔,我们深感所有付出都十分值得。

(四) 营造家校共育氛围,建构携手助力系统

基于调研数据,我们发现家校矛盾突出,家长育子水平低下等问题给班主任工作带来很多困扰。为了破解这一问题,我们努力营造家校共育的氛围,建构携手助力系统。

1. 加强家委会建设

老师们的困惑引发了行政业务部门的关注,教研部门研究出台了《房山区中小学家长委员会组织和管理办法》。为了确保学校、年级、班级家委会工作规范,提高家长志愿者参与的效度,我们研究印制了《房山区中小学家长委员会工作指导手册》,引领家委会成员适时适度参与班级建设,及时给予班主任支持。针对各校实施水平参差不齐的情况,我们研制了《房山区中小学家长委员会工作标准》,引领学校三结合工作落位,完善各方参与的育人机制,优化家校协作育人的途径和方式。

2. 开展房山区"育子有方好家长"大讨论活动

为提升家长育子水平,形成家校合力,我们于 2016 年度启动了房山区"育子有方好家长"大讨论活动。

首先,各基层学校组织学生、家长、老师围绕"育子观念、亲子关系、家庭氛

围、教养方式”等方面进行讨论,形成各学校“育子有方好家长”评价标准,上报区项目组。区项目组邀请专家、德育干部代表、家长代表在深入学习各校提交的标准基础上,着眼于儿童的健康成长,讨论并确定了区级“育子有方好家长”标准。

其次,各校带领班级、校级家委会成员深入学习区级“育子有方好家长”的标准,民主推选出席班级、校级、区级的“育子有方好家长”。区级从各校推荐的164名“育子有方好家长”的事迹及经验中筛选出77篇有典型经验价值的文章,集结成《“为了我们的孩子”成果集》,印刷并下发给各校家长,宣传育子经验,普及家教知识,提高育子水平。

3. 积极开展课题研究

为了推动家校共育工作向着纵深方向发展,2017年4月,我们申报了中国教育学会的重点课题“基于房山区情的家校共育实践策略研究”,力争以课题的有效开展为引领,促进现代学校制度的建设,合理有效地引入更多家庭和社会资源,为老师们提供支持。

2014年至2017年,房山区班主任的研训工作,紧密围绕问卷数据反映出的老师们的实际需求,扎实推进三年行动计划,建构了实践能力提升系统;夯实了优秀班主任资源库建设,建构了交流培训提升系统;争取高端资源介入,构建了班主任专业成长的培训支持系统;努力营造家校共育氛围,建构携手助力系统。所有的付出源于对班主任队伍深切的关爱,2017年的教师节,区委、区政府对全区班主任岗位工作30年以上的教师进行了隆重表彰,社会反响强烈。老师们感觉做班主任有奔头,很幸福,这就是他们最大的支持系统。

鼓励乡村班主任专业成长的模式与途径
——武义县教育局的实践经验

钟旭良*

摘　要：乡村班主任的专业成长，对于教育发展的成效具有相当关键的作用。只有乡村班主任持续地专业成长，才能为教育提供更多的发展契机，因此教育单位必须为乡村班主任的专业成长提供多元丰富的支持，才能精进班主任的专业能力。本文的主旨在于探讨鼓励乡村班主任专业成长的模式与途径，以武义县教育局的实践经验为代表，包括乡村班主任专业成长的重要性、乡村班主任专业成长的途径、乡村班主任专业成长的模式、鼓励乡村班主任专业成长的实践经验等，以期能在乡村教育中发挥积极影响。

关键词：乡村班主任　专业成长　武义县

一、乡村班主任专业成长的重要性

乡村班主任的专业成长是学校教育发展的关键要素，也是班级教学效能的有力推手。唯有乡村班主任拥有丰富的专业知识与专业知能，才能在学校教育实施中扮演重要的角色和实现催化的功能。一般而言，要提升乡村班主任的专业知能，领导人员需要首先了解班主任专业上的真正需求，进而掌握协助其提升专业知能的要项，才能提升乡村班主任专业成长的效果。

相关研究指出，[1]乡村班主任的专业成长，必须在具备以下几个要件之后，才能提升班主任的专业成长效果。①班主任的专业知能必须在有意义、有意识的情境之下，使其受到感化之后，才能实质有效地建构起来。所以对乡村班主任的每一次咨询辅导，都要激起他们的意识、知觉和情感。②班主任的专业成长需要有明确的规范，提供他们作为观摩和学习的对象。徒有深奥的理论讲解，却与

*　钟旭良，浙江省武义县教育局副局长。

具体实践相差甚远，往往只会带来三分钟的热度。所以，必须提供乡村班主任优质的教育实例，帮助他们找到理论与实务的对照，才能有效帮助他们找到学习和努力的方向。③乡村班主任每天置身在班级生活现场，能立刻看到自己的行为在学生身上所带来的反应，获得相当具体而直接的经验。如果能及时得到指导者的观察和建议，班主任的专业成长可能性会大大提高。④乡村班主任的主动学习意愿、持续不断的自觉和自省，以及开阔的心胸是决定其专业成长能力提升的主要原因。

林进材研究指出，班主任在班级生活中如果遇到问题或困境时，往往偏于采用“自我经验”或“模拟经验”来处理这些问题。过于依赖“经验模式”，我们就容易在原有的问题上打转，或是对问题的关键视而不见，或是视为理所当然，导致一个经验用 30 年，30 年仅用一个经验的窘境。[2]学校领导阶层唯有引领班主任进入“学习与成长”模式中，通过自我反思、专业自主、行动研究、个案研究、问题解决等，提升班主任的专业能力，进而精进班主任的专业知能，让班主任可以随时随地在班级生活中，正确面对班级所发生的各种事项，快速响应各种信息。

综观上述，乡村班主任专业成长对于学校教育发展与班级生活建设有着重要作用，教育行政部门在激励班主任专业成长的过程中，扮演着相当重要的角色，如何在班主任专业成长与生涯发展中，有效扮演专业成长中“推动摇篮的手”，是领导部门需要深度思考的议题。有鉴于此，本文针对激励乡村班主任专业成长的模式与途径，提供浙江省武义县教育局的实践经验，希望这一实践经验与模式，能够在未来的乡村教育中发挥影响力。

二、乡村班主任专业成长的途径：浙江省武义县的实践经验

乡村班主任的专业成长，一般和教师的生涯发展与专业发展有关，具有正面积极的意义。通过教师专业成长实施的途径，可以提供教师新的教育知能，帮助教师从新的知识中反思传统知识的运用和更迭。乡村班主任专业成长的活动形态相当多，成长的途径多元且丰富。浙江省武义县在实施一般的乡村班主任专业成长的途径方面，包括“被动发展”与“省思探究”二类，兹简要说明如下。[3]

(一) 被动发展专业成长途径

武义县有关乡村班主任“被动发展”专业成长方面的举措，包括以下几种类型。

1. 教育专题演讲与分享

教育专题演讲的举办，主要用意在于提升乡村班主任的教育知能。通过专

题演讲的方式,引入最新的教育潮流和思想,并且激发班主任在旧传统与新思维中,做适当的取舍运用。在教育专题演讲方面,2018 年邀请华东师范大学叶澜教授、李家成教授等进行基础教育改革的专题演讲,除了提供教育改革的新思维,也激发了班主任进行各种班级教学的改革;此外,还邀请中国台湾知名班级管理学者林进材教授,针对班主任的班级管理与教学,进行了新教育理论的分享。

2. 短期密集培训课程与讲习

武义县为了提升中小学班主任在专业方面的知能,通过短期密集培训课程与讲习的方式,让每一位班主任得到新的知识、新的理念,产生新的想法、新的行动。课程内容包括核心素养的内涵和提升方法、提升课堂教学效能的技巧、如何做好乡村班主任的工作等。

3. 系列培训课程与经验分享

武义县为了精进中小学班主任班级管理与课堂教学的效能,针对班级管理与教学所需,规划各种系列培训课程,开展“大手携小手、专业齐步走”的培训课程与经验分享,邀请全国知名班主任,进行专业知识与经验的分享,透过经验分享与现场实做的方式,提升班主任的专业能力。

4. 举办全国性乡村班主任研讨会

武义县鼓励中小学班主任从学术研究中寻找教育理论,从学校教育中拟定行动方案,从班级管理中解决实际问题。因此,鼓励全县中小学班主任设计“解决问题式”的行动方案。在 2017 年 11 月与华东师范大学合办“第一届全国乡村班主任论坛”,来自全国各省市的学者专家、知名班主任、中小学乡村班主任等齐聚一堂,为发展中的乡村教育抓把脉、开药方、拟策略、定方向,对于推动乡村班主任的发展,具有相当深且广的影响力。

5. 密集的学校课程教学分享

武义县组织了密集的学校课程教学分享,主要用意在于丰富中小学班主任成长经验。对于课程与教学规划设计的实践经验,则通过密集的学校课程教学分享,引领班主任了解如何将小区的资源、家长的期望等,融入班级的课程与教学中。例如,泉溪小学基于乡土文化资源开展的研学综合实践课程,除了重视学校文化建设与曲湖文化的相互融合外,兼重班级、学校、社区方面的协力合作。

6. 鼓励教师参与全国性的学术会议

武义县教育局除了重视教师的专业成长之外,也强调教师在学术方面的发展,鼓励教师将班级生活中所见、所听、所想、所思、所闻、所察等,结合教育理论撰写学术论文,以“带问题出去、携方法回来”的行动方式,参加各种全国性的学术会议,从学术会议中取经,将最新、最好、最佳的策略带回武义县,发挥学术会

议的影响力。此方面代表有武义县熟溪小学蓝美琴老师、武义县实验小学程露老师、武义县泉溪镇中心小学叶斐妃老师等。她们将自己班级管理的问题，结合乡村班主任的专业成长，写成相关的学术论文，在全国的学术会议中，提出自己的经验、模式、策略、方法，与全国学术界人士和中小学班主任，进行专业方面的交流分享，对乡村班主任的专业成长起到了良好的示范作用。

（二）省思探究专业成长途径

武义县有关“省思探究”乡村班主任专业成长的开展活动包括下列几种类型。

1. 观摩学习

武义县中小学除了引领班主任在自己的班级管理上尽心尽力之外，也经常性、例行性地组织他们到县里面的中小学进行各种观摩学习，通过彼此经验的分享与交流，提升中小学班主任在班级管理和教学方面的专业水平。

2. 协同成长团体

武义县为了促进乡村班主任的专业成长，鼓励各中小学成立协同成长团体，如教师读书会、家长读书会、各种问题导向的成长团体等。通过协同成长团体的成立，提供中小学教师在班级管理问题上相互研讨、协商、交流平台，通过“专业携手、相互成长”的方式，给予平时忙碌的班主任，一个心灵交流的机会，一个专业成长的契机。

3. 协同行动研究

协同行动研究主要是鼓励班主任，在班级管理与教学中，遇到问题时，正视问题的存在。从问题分析、问题理解、问题处理、问题解决到问题化解，通过各种专业的行动研究法，引进各种教育理论，拟定有效方法解决教育现场的问题。班主任可以从协同行动中，和同侪教师携手并进，解决各种班级管理问题。

4. 引导式自我探究

引导式自我探究的方法，主要在于鼓励乡村教师针对自己的专业进行省思与专业档案的建立。从引导式自我探究中，了解自己的所长、掌握自己的缺点，从专业省思中累积更多更丰富的能量，通过建立档案随时成长随时精进专业知能。

5. 一般专业研究

武义县为了提升中小学教师的专业能力，订定各种鼓励教师专业研究的章程，希望教师可以通过自我反思、进修等方式，提升自己的专业能力。在教师专业研究方面，鼓励教师进行下列的研究：①教科书知识内容的研究；②教科书教学理论与方法的研究；③教科书学习策略与方法的研究；④教科书内容比较的研究等。

6. 个人导向式学习

个人导向式的学习,主要针对教师个别性的问题和特色,规划符合教师需要的培训方式,通过个人导向式学习的实施,提升教师专业方面的知能。武义县在年度计划中,以例行性、经常性、系统性的做法,提供教师各种专业成长的机会。

三、乡村班主任专业成长的模式:浙江省武义县的思考与模式

乡村班主任的专业成长模式,对于推动班主任的生涯发展,具有关键性的影响力。采用正确合适的模式,有助于班主任专业成长的动力激发;引用不当的模式,不但对专业成长没有正面的帮助,反而会影响专业成长。浙江省武义县在鼓励乡村班主任专业成长的模式运用方面,考虑本县的各种特色、发展上的需要、目前的教育状况等,采用了下列三种模式。

(一)由上而下模式

教师专业成长的由上而下模式(top-down model),主要的特色在于进修的内容、方案、内涵、时程、进度等,大部分由上级领导单位针对教师的需要进行年度规划,再针对年度计划进行教师专业成长的计划实施。因此,教师的专业成长偏向于被动式的成长,教师必须依据教育行政单位的规划,进行专业方面的学习和成长。此模式的优点,在于容易普及,能反映国家政策,强调政策执行的法律规章要求;缺点方面,强调从中央的政策决定开始执行,过度重视上级部门的目标设定与方案规划,忽视其他政策次级体系的行动者之角色,无法真实反映教师专业成长的个别需要。

(二)由下而上模式

教师专业成长的由下而上模式(bottom-up model)(又称草根模式),主要是由中小学校,针对学校个别教师在专业成长上的需要,规划各种学校本位的专业成长,提供学校教师在专业成长上的需要。通过学校规划的各种专业成长活动的开展,影响上级领导部门的决策。此模式的优点,在于可以真实反映班主任专业成长的需要,以多元行动者所认知的问题、策略与目标为基础,观点较为广博;主要缺点在于无法反映教育政策上的需要,并且容易导致上级政策和下级单位的需要脱节的现象。

(三)自主学习模式

教师专业成长的自主学习模式(autonomous learning model),主要是中小学教师针对自己在教育现场中班级经营与班级教学的经验,结合自己的生涯发

展特色，为提升自己的专业能力，所发展出来的专业成长模式。此种模式和“由上而下模式”“由下而上模式”有所不同，是针对教师自己而发展出来的模式。此模式的优点，在于可以真正反映教师在教育现场中的需要，并且可以随时调整模式的内容，不必考虑学校和上级单位的资源与资助问题；主要缺点在于偏向个别化而容易忽略整体性的问题，缺乏相关单位的支持，容易陷入“孤军奋战”的窘境。

乡村班主任专业成长模式的思考与运用，需要考虑所处教育环境、学校环境、领导层级的处境，采取各种不同的发展模式。武义县教育单位，在鼓励教师专业成长的过程中，尊重中小学班主任对模式的运用与思考，只是对乡村班主任成长有积极效益的模式，都欢迎班主任选用，以随时促进专业成长，强化教育专业能力。

四、鼓励乡村班主任专业成长的实践经验：以武义县为例

浙江省武义县属于农业县，中小学大多位于乡村地区，班主任需要持续性的专业成长，才能提升中小学班级管理能力与教学质量，教育局向来都积极鼓励乡村班主任利用各种专业成长的机会，有效提升自己的专业能力。以下仅列举本县三位教师，在专业成长上的实践经验，希望能够起到抛砖引玉之效。

（一）由上而下的模式与案例：积极掌握机会的程露老师

1. 掌握机会的程老师

程露是一名语文教师，任教于武义县实验小学。武义县实验小学地处城郊，由熟溪街道管辖，位于武义县城的南端，附近分布着十多个自然村，土地资源丰富。学校目前有 57 个行政班，在编教师 129 名，班主任 57 名，学生 2 597 名。学校的办学思想是“明辨笃实、守正出新”，核心理念是“书声琅琅、翰墨飘香、知书达理、学有所长”。学校先后获得“全国现代教育技术实验学校”“全国书法教育实验学校”“全国外语实验学校”“全国优秀少先队集体”“全国文明礼仪教育示范基地”“全国蒲公英教育计划实验学校”等近 30 项荣誉。伴随着武义实验小学的快速发展，程老师善于抓住机会，勇于抓住机会，用自身的行动，践行了她的育人理念。

2. 班主任的守护者

程露从 1999 年毕业至今，一直担任班主任工作。目前具有小学高级职称，一级教师。工作伊始，她就一直要求担任班主任工作。在程老师看来，班主任是自己喜欢又与学生最亲近的岗位，比起领导岗位，班主任工作的专一与专注性更

吸引自己。或许是并不擅长统筹各种关系,或许是因为更喜欢单纯、简单地与孩子交往,程老师对于这份让人欢喜、让人忧的班主任工作一直兢兢业业。在近两年的精英班培训与班主任工作实践中,更是重新认识了"班主任"这三个字的真正内涵。

3. 丰富多元的成长路

近两年来,程露老师参加大大小小的培训不下20场,获得了"中国陶行知研究会苏霍姆林斯基研究情感教育全国领跑者""浙江省优秀少先队辅导员""金华市优秀班主任""金华市师德先进个人""金华市智慧班主任""金华市优秀少先队辅导员""武义县名班主任""武义县班集体建设带头人"等荣誉称号。参加"学生假期与期初生活重建全国论坛"两次,全国"新基础教育"研究共生体"学生工作与学科教学的综合融通暨学校日常生活中的学生发展"第五次现场研讨会一次,全国情感教育年会三次,全国乡村班主任论坛两次,并多次参加市县相关班主任会议并作交流发言。

同时,程老师近两年发表了多篇文章:《社区伴我成长》载于2017年6月的《辅导员》杂志中;《我们需要什么样的语文课堂》载于2017年第6期的《浙江教育科学》杂志中;《一本暑假活动手册的诞生》载于2018年6月的《少先队活动》杂志中;《连雨不知春去,一晴方觉夏深》载于2018年6月的《教育视界》中;《暑期班级活动策划,从读懂学生开始》载于2018年7—8月的《新课程评论》杂志中;《基于核心素养发展的混合式教学何以有效》载于2018年第2期的《金华教育学院学报》中。程老师还参与撰写了北京大学出版社出版的《你好,寒假!》,以及上海交通大学出版社出版的《中国乡村班主任发展研究(第一辑)》等。

4. 坚持发展的班主任

近两年对程老师而言,改变最大的是能联系前后,立足学生,充分思考发展价值与理念。会思考更多的为何而做,如何提升。而引发这一转变的关键是武义县的骨干班主任培训、全国假期生活重建论坛、全国情感教育年会、武义县精英班培训、暑期展销会等事件,一次次的磨炼,让她越来越自信地站在各种舞台上,不断地让自己有更多的话语权,呈现自己有理有据的实践工作。特别要感谢李家成教授、林进材教授、雷国强所长、雷学军校长、王怀玉老师、顾惠芬校长、邓景秀老师,以及研修群里的每一位优秀教师,他们的引领与示范带动了越来越多乡村班主任的发展。

程老师期待着自己能在大家的帮助下真正成为一名能研究、会研究,能自带动力与学生一起发展的专业班主任。

（二）由下而上的模式与案例：积极创造机会的蓝美琴老师

1. 永不放弃的蓝老师

蓝美琴，现任教于浙江省武义县熟溪小学。武义县熟溪小学是一所百年老校。一百多年来，学校几经易地办学，但一直坚持“崇德博学，求真创新”的校训，身体力行“博学善教、合作奉献”的教风，崇尚“勤奋好学，文明向上”的学风，为数以万计的学生提供了良好的教育。一百多年来，学校“集先贤浩气，继毓秀文脉”，发展到如今，依然是全县范围内最具影响力的学校之一。学校从办学传统及社会发展的需求出发，将“建设一所开放、智慧、幸福的浙中名校”作为学校的育人目标，努力使学生成为优雅灵秀、行知合一的“小创客”。学校现有 91 名在职在编教师，41 个行政班，1 780 名学生，41 名班主任。熟溪小学深厚的教育历史，求真创新的学校精神，让学校的教师深受感染，蓝美琴老师就是其中的一位。

蓝老师 1990 年走上教书育人的工作岗位，从教 30 年，担任班主任 27 年，小学高级教师。2013—2017 年，担任学校德育处主任。2017 年秋辞去学校德育处主任职务，自告奋勇到一年级带班，担任班主任工作。在德育主任与班主任之间，她毅然选择了做班主任。她觉得一名教师，不在班级建设的岗位上与学生一起同甘共苦，一起撒欢玩耍，这样的日子少了教育真味，少了人生该有的很多酸甜苦辣。她认为与学生、家长一起成长的过程，是一个化蛹成蝶，忙着、累着、也快乐着、实现人生价值的有意义的过程。

2. 硕果累累的成长路

在 2017 年至 2018 年间，蓝老师参加各种交流、发言共 22 次，其中全国性发言 6 次，跨省市发言 2 次，县级交流 14 次。在报纸、杂志、各类公众号上发表、发布文章共 27 篇。在刚刚出版的《中国乡村班主任发展研究（第一辑）》中，担任主编助理。先后参加“你好，寒假！”“你好，暑假！”全国论坛，并受邀到广州市花都区园玄小学与上海市徐汇区班主任高级研修班培训研讨会上做专题发言。2017 年 12 月 24—26 日参加了在宁波市镇海区艺术实验小学举行的“‘新基础教育’共生体学校班级建设的专业支持体系暨学校日常生活中的学生发展第四次全国现场研讨会”，与华东师范大学李家成教授、淮阴师范大学石明兰老师一起撰写的《以制度创新支持班级建设——“新基础教育”共生体学校第四次全国现场研讨会综述》发表在《教育视界》2018 年第 3 期上；2018 年 6 月 4 日参加了在江苏省常州市戚墅堰东方小学举办的“‘新基础教育’研究共生体学生工作与学科教学的综合融通暨学校日常生活中学生发展第五次全国现场研讨会”，与赵霞校长和孙青格老师合作撰写的《在学生工作与学科教学的综合融通中创生学生培养新境界》一文发表在《现代教学·思想理论教育》2018 年第 413 期上。

她还有文章《找一块地,我们去种菜吧》发表于《江苏教育》2018 年第 5 期;《小学一年级生态班级建设——以金华市武义县熟溪小学一(1)班为例》发表于《教育视界》2018 年第 6 期;《回归自然,学以成长——乡村资源在学生假期生活中的开发》发表于《现代教学·思想理论教育》2018 年第 425 期。2018 年 9 月 16 日,她走进国家教育行政院参加关于班级建设的课程录制,“回归自然,学以成长——县城学生的暑期生活创新”“别样假期,‘玩’出精彩”两门主题微课被国家教育行政院课程资源库选用,用于全国班主任的培训学习。2018 年 11 月 10 日与 2019 年 1 月 4 日受中国教育行政学院邀请参加全国第十一期、第十四期班主任培训网络直播答疑,成为这两期的小学答疑专家。在李家成教授搭建的“中国班主任研究院”这一平台的推动下,她把做、听、说、读、写结合起来,进一步理性思考、专心阅读,在这个平台上,她除了读书写作,还与作者进行零距离交流。在这样的多方引领、鼓舞下,她在半年多的时间里写下了 80 多篇文章,所申报的课题“生态视野下的小学一年级伙伴型班集体建设”被立为市精品课题,所撰写的两份结题报告分别获得金华市一、二等奖。

3. 成长持续中

在教育教学成长的道路上,她结交了很多朋友,也得到了很多人的帮助、引领,如华东师范大学李家成教授、武义县教科所雷国强所长、台湾台南大学林进材教授以及编辑部的老师、武义县教育局的领导、学校的领导和同事们,此外,还有“中国班主任研修院”的每一个同伴及精英班的伙伴们。对于未来,她希望自己基于学生终身发展的视野,在重建班级日常生活中创生班级、教师、学生、家长更多的合作,将学科、学生、家长、社会资源综合融通,贯通学校与社会不同的活动场域,螺旋式发展学生的核心素养,不断提升班级生活质量。在“做、听、说、读、写”的相互融通与不断探索中,不断提升班主任专业素养。

(三) 自主成长的模式与案例:积极运用机会的叶斐妃老师

看喜欢的书,交喜欢的人,行喜欢的事,走喜欢的路,做喜欢的教育,过喜欢的生活,此生足矣!——这是叶斐妃老师的人生格言。

1. 勇于改变的叶老师

泉溪小学始建于 1905 年,原名曲湖小学堂,是一所有着悠久历史传承和深厚文化内涵的乡村学校。学校现有学生 1 665 人,教师 95 人,教学班 38 个。秉承先辈尊师重教的优良乡风,学校认真贯彻党的教育方针,全面实施素质教育,以“和乐,勤朴”为校训,注重学生养成教育,形成了“勤学、善思、敬业、爱生”的教风和“勤学习、勤锻炼、勤思考、勤劳动”的学风。

“百年树人,桃李芬芳”。通过广大师生共同努力,学校教学质量稳步提升,

办学水平得到社会和家长的广泛认可，先后荣获全国足球特色学校、浙江省示范性小学、浙江省绿色学校、浙江省课外阅读先进集体、金华市体育工作先进集体、金华市卫生先进单位、武义县教学质量先进单位等各种荣誉。在学校不断取得诸多荣誉的同时，学校老师们敢于进取、勤学爱生的精神则成为学校不断发展与进步的助推器，其中叶斐妃就是这所学校一名敢于改变自我，敢于直面生活的普普通通的教师。

叶老师是38位班主任中普普通通的一员，2008年8月走上工作岗位以来，也一直在农村小学任教，一直担任班主任，转眼已经第11年了，她已于2016年12月取得一级教师的职称。

2017年5月，叶老师进入武义县精英班主任研修班培训，学习如何成为一名专业的班主任。在雷国强所长和李家成教授的影响下，开始深度阅读。一年里，她阅读了16本专业书籍，写下了16万字的读书笔记。在李家成教授的推荐下，先后加入乡村班主任工作与发展研究团队、寒暑假研究团队，同时成为中国班主任研修学院首批学员。深度的阅读，专业的交往，直接促成了叶老师班主任工作模式和教育理念的变化。她将新理念运用于班主任工作中，更新了班级建设路径，从学生立场出发，以实现每一位学生的“独立、健康发展”为目标，在班级建设、学生工作、家校合作等方面均取得了较好的成效。

2. 从自主学习中蜕变

在短短一年半的时间里，叶老师先后参加了8次精英班集中培训，3次线下交流培训。此种研修方式很特别，主要是采用三位一体的学习方式：“现场培训”“项目研修”“线上学习”。现场学习模式多采用对话的形式，注重讨论、观点分享，在思维碰撞中引发人的思考。在这种开放、直面问题的学习模式下，叶老师养成了三步学习法：“我学到了什么？”“还有更好的路径设计吗？”“我能做什么？”

除了精英班的培训，近两年里，叶老师还参加了第一、第二届全国乡村班主任工作与发展研究论坛，并在第一届全国乡村班主任论坛上发言。2018年6月，参加了全国“‘新基础教育’研究共生体学生工作与学科教学的综合融通暨学校日常生活中的学生发展第五次现场研讨会”。同年9月初，参加了在武义县王宅小学举行的“2018暑假项目研讨会”，并在大会上作主题发言。每一次现场研讨会，都对叶老师的观念与思维模式产生了极大的冲击，也促使她不断阅读、实践、反思、改进。

这一年里，叶老师在“做、听、说、读、写”中真正走上了乡村班主任专业发展道路。先后被评为县级教师读书活动先进个人、2017年度县级优秀教师。2篇教育心得发表于《武义师训》，1篇研究论文发表于《新课程评论》杂志，1篇寒暑假研究论文发表于《江苏教育》杂志,还有1篇文章收录在《中国乡村班主任发展研究(第一辑)》中出版,5篇论文先后被收录在全国教育会议的论文集中。

3. 乡村班主任永恒价值的守护神

一年的班主任专业成长,带给叶老师很多思考与启迪,乡村班主任只有先发展自己,才能带动班上学生和家长的发展。当然,一年里翻天覆地的变化,除了自身的努力外,更离不开许多给予她成长力量的人生导师,如武义县教育科学所雷国强所长、上海终身教育研究院李家成教授、台湾台南大学林进材教授、《新课程评论》杂志编辑杨志平老师,武义精英班的同伴们,还有来自全国各地的一个个一起努力、互相鼓励的研究伙伴们。

班主任工作是极其复杂的一项脑力劳动,李家成教授这样定位班主任角色:以班级的组织和管理为手段,通过对班级活动的设计和班级公共生活的营造,充分开发班级的教育性资源和功能,使班级成为学生自我管理、自我教育、自我成长和自我实现的学生自治组织。

在今后的班主任工作中,叶老师将始终从学生立场出发,依托班级日常生活,通过班级岗位建设、小队建设、学生干部培养、班级主题活动设计、家校合作等日常性工作,努力把班级学生培养成"主动、健康发展的人"。

叶老师的班主任工作目标就是"帮助、促进每一个学生更好地认识自己和实现主动发展"。在班主任工作这一极具挑战性又极富魅力的领域中,实现自己的人生价值。

五、结论:迈向乡村班主任专业成长的新典范

本文以乡村班主任专业成长的重要性、途径与模式,进而以武义县鼓励乡村班主任专业成长的实践经验为中心,探讨教育局在鼓励乡村班主任专业成长的过程中应该扮演的角色与承担的责任。并以浙江省武义县推动摇篮的手为理念,列举武义县教育单位在鼓励班主任专业成长上的具体做法,举出由上而下模式、由下而上模式、自主成长模式等,并提出程露老师、蓝美琴老师、叶斐妃老师三种专业成长的案例与经验,希望三位典型教师的成长经验,能给全国乡村中小学教师专业成长带来更多的启示、更多的省思、更多的学习、更多的思考。

(注:感谢华东师范大学李家成教授的引领,台湾台南大学林进材教授对本文的修正,以及本县程露老师、蓝美琴老师、叶斐妃老师三位典型教师的实践与成长经验分享)

参考文献

[1] 林进材.班主任的学习与成长之路[J].教育视界,2018(2):69-71.
[2] 林进材.班级经营[M].台北:五南图书出版有限公司,2018.
[3] 林进材.图解班级经营[M].台北:五南图书出版有限公司,2017.

探求乡村班主任专业成长的有效路径：武义县的经验

程　露　雷国强*

摘　要：武义县班主任精英班成立于2017年，在首席导师上海终身教育研究院李家成教授及班主任雷国强所长的精心培育之下，通过唤醒个体发展意识、立足成长场域、聚焦真实问题、依托项目学习，形成了武义的乡村班主任研修特色；通过参与全国性的学术活动、国内外学术对话等，不断形成发展的新生态；在持续的深度专业阅读中，在假期变革的行动中不断促成学员之间的理性对话、专业表达，形成了武义县的经验。本文以调查研究为主要方法，提炼出促进乡村班主任专业成长的有效路径，为教育相关部门提供借鉴。

关键词：乡村班主任　专业成长　项目研修

在几百万的中国中小学班主任队伍中，乡村班主任是事实存在着的成员。但可惜的是，无论是实践领域中的变革与名班主任的成长，还是学术领域中的聚焦与开发，都很难发现乡村班主任的存在。就班主任的专业发展而言，因为农村教育发展基础薄弱，校内和区域内专业支持体系缺乏，高校与科研院所等也大多地处大城市，加之生活与工作的压力，使得农村班主任缺乏外出学习的机会，基于工作实践的研修质量同样缺乏保障。班主任专业发展水平，又进一步影响着班主任的工作质量，二者相互影响，构成循环关系。如果不打破这一恶性循环，乡村班主任将长久陷于被动状态；而这，也将极大伤害农村教育的健康度。[1]

在此背景下，探求乡村班主任成长的有效路径，显得尤为重要。

一、项目概况

如图1所示，武义县乡村班主任培训工作围绕"专业理解""专业知识""优秀

*　程露，浙江省武义县实验小学一级教师，研究方向为班集体建设，班主任发展，未来课堂；雷国强，浙江省武义县教育局教育科学所所长，中学高级教师，研究方向为班主任队伍建设。

班集体建设核心能力”和“专业品格的专业发展目标”，将全县优秀班主任组织起来，在华东师范大学李家成教授的指导下，以线上“武义县乡村班主任精英班微信研修微信学习群落”和线下集中学习培训为学习发展平台，每一位学员确定一项班级建设研修项目，做到学、研、训相结合，在实践中研究问题与解决问题，力争成为这一研究领域有实践经验与理论深度的班级建设研究型的专家。

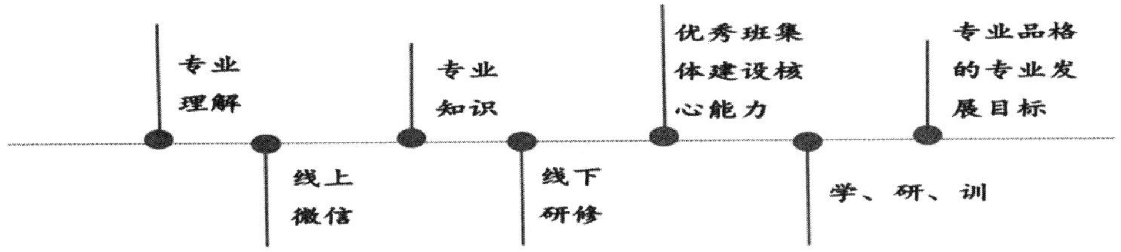

图 1　武义县乡村班主任精英班研修路线

注：该培训班自 2017 年 3 月开班以来，分别接待新西兰、澳大利亚、美国、智利和以色列的专家前来考察，以及深圳、上海、江苏的同行前来观摩学习。在学习成效方面，不仅拥有内在的实施成效，同时也吸引了外在专业人员的关注。

二、研究基础

首先，关于乡村班主任专业发展的研究，早从 2016 年 7 月李家成教授发帖“寻找乡村班主任”就开始了，“乡村班主任工作与发展研究”微信公众号同年同月正式运作，并发出了第一篇材料。乡村班主任研究的群体，从一到百到千，研究与发展的队伍越来越庞大。

其次，两届全国乡村班主任发展研究论坛分别在浙江武义(2017 年 11 月)、北京房山(2018 年 9 月)召开，掀起了全国乡村班主任学习与发展的风暴。参加了首届全国乡村班主任发展研究论坛的王怀玉老师说：“首届全国乡村班主任发展论坛，来自乡村一线班主任的发言，直接回答了这样一个问题：乡村班主任可以发展到一个怎样的高度？这曾经是一个问题的问题，通过乡村班主任们对他们的所思所做的言说，有了鲜明的答案：乡村班主任可以达到一个让人难以想象的高度！这次会议，让我们看到，在他们中间，有着很多自带发展动力的优秀代表！”[2] 乡村班主任在慢慢地崛起，形成不可替代的发展趋势。

最后，武义县区域推进优秀班集体建设工作从 2009 年至 2018 年的 10 年实践探索之路进入了新阶段，从县城转向乡村，从求精求变转向求真求实，并在本土特色上求深入、求发展。在武义 10 年的区域推进优秀班集体建设的实践研究过程中,我们深切体会到必须重视班主任,尤其是乡村班主任专业素养的培养与团队专业水平的提高,也一直在进行着培养班主任骨干团队工作全覆盖和分层次式的培训实践综合探索研究。[3]武义县从2017年3月开始结合地域特点,在充分挖掘本土育人资源的同时,强调班主任自我发展的成长意识和研究学生、成就学生的教育成长意识。

本文将对2017年3月至2018年10月的"武义县乡村班主任精英研修班"项目中乡村班主任专业发展的有效路径进行具体分析。

三、研究对象

2017年5月3日,武义县乡村班主任精英研修班的62名学员通过自主报名、资质筛选后,组成了一个特殊的班级,这个班级以县教育局教育科学所所长为班主任,以李家成教授为导师。

本文就以武义县乡村班主任精英研修班(以下简称精英班)的全体学员为研究对象。

四、研究方法与过程

本文主要采用问卷调查和现场研究的方法,并辅之以相关项目资料的收集、阅读和分析进行研究。现场研究聚焦乡村班主任线上、线下的有效交流互动及会后感悟,主要记录主报告老师与现场互动交流聚焦的问题与价值导向。调查问卷聚焦乡村班主任的自我发展意识,包括三大部分:学员对这一年的自我发展的认知、对身边学员发展的认同、对精英班研修形式与其他研修项目差异的认知。问卷于2018年9月初先发给精英班班干部进行了试测,在李家成教授的指导下,修订后,于9月10日通过微信群发布给相应的小学、初中、高中班主任,并在9月14日回收。本次调查共发出问卷30份,收回问卷22份,有效问卷22份。问卷采用问卷星平台发布、回收,9月16—18日我们将相关信息用Excel表格进行逐题录入、归类整理。

五、研究发现

通过对一年研修记录的整理与分析,再结合调查问卷,我们发现,可以通过唤醒发展的意识、立足成长的场域、聚焦真实的问题、依托项目的研修、开展专业

的阅读、形成理性的对话、学会反思与表达，来促成乡村班主任主动且专业的成长(见图 2)。

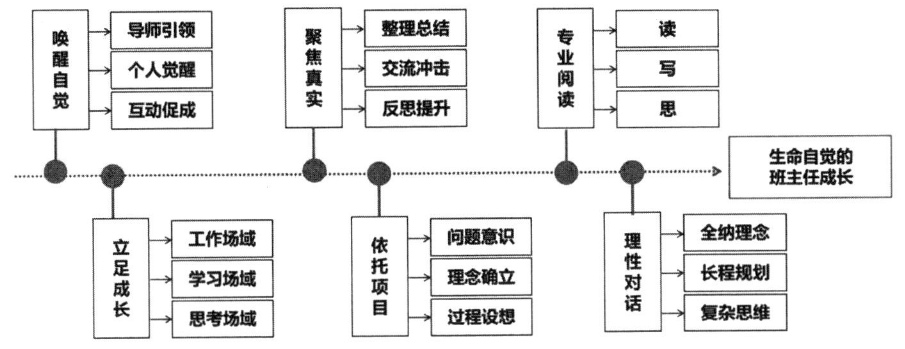

图 2　武义县乡村班主任专业成长路径

(一) 唤醒发展的意识

1. 专业导师的引领

“跟对团队，跟对导师”。一年来，上海终身教育研究院的李家成教授、台南大学的林进材教授、常州龙虎塘实验小学的顾惠芬校长、新西兰首席教育顾问斯图尔特教授、上海市徐汇区教研员张鲁川博士，还有智利天主教大学的 Paulo volante pontiflcia 博士、以色列耶路撒冷希伯来大学的 Ori Eyal 博士、澳大利亚墨尔本大学的 David Gurr 博士等，形成了引领我们发展的导师团，加上上海、江苏、广东、安徽等地优秀班主任的融入，促成了我们多元的成长。

精英班的班主任们用文字记录下了他们的“暖心”时刻。

李老师：最让人眼前一亮、印象深刻的就是可亲可近的林进材教授了。他的发言既生动幽默，又能引发全场共鸣。林教授最打动我的一句话就是“您如何看待乡村班主任，社会就会如何看待您”，是的，这句话背后包含着的就是我们班主任的工作态度。林教授一语点出了当下许多班主任，甚至科任老师们的教育通病。与此同时，我也根据这句话进行了自我反思，我用心对待每一个孩子了吗？有没有做到不放弃任何一个孩子？

叶老师：李教授给我们全校 38 位班主任进行了简单的谈话，在他的鼓励下，我们学校有 4 位班主任主动分享了自己最近的实践经验，让我看到了我们学校班主任团队的潜力。李教授指导我们怎样做系统化的研究，指出要以问题为抓手，天天写、天天观察，做持续性的观察，用文字提炼自己的观点。结合我们学校的地方特色文化，做有价值的文化开发，设计有组织有目的的班级活动。李教授说：“你把别人觉得难做的事情做好了，那就是成长。”教育需要勇敢尝试，更需要敢为人先。李教授对乡村教育、乡村班主任如此热忱、倾心,令人感动不已。[4]

一群实干亲民的导师,让乡村班主任看到了希望——对工作的期待,对自我价值的认可,以及发展的可能性。

2. 个人的觉醒

个体的觉醒是发展的关键。一年时间里,我们的精英班中出现了一大批发展起来的老师,我们开始从日常琐碎的班级工作中寻找自己的发展,我们开始将工作变成自我成长的研究方向。如蓝美琴老师的生态班级建设、叶斐妃老师的书香班级成长,还有程露老师所带班级的财经素养培养等。笔者也在“谈谈您这一年精英班学习的收获”的问卷中读到了更多的发展意识的觉醒与内化。

武阳中学李老师:对班级管理的认识,对论文写作、阅读方式看法的改变,以及对读后感的不同角度的记录,让我学会了用所学的不同研究方法和理论来进行班级管理和家校合作。

柳城畲族镇中心小学吴老师:以往对于自己职业最大的追求就是评职称,通过精英班的学习,我知道了教育的意义,对自己的职业生涯有了更清晰的认识。

泉溪镇中心小学陶老师:带班理念得到更新,在李教授的指引下,对班级日常开展的活动进行了反思与跟进。在参与“你好,寒假!”“你好,暑假!”项目研究中,对自己所带班的假期作业进行了改革,并寻到了身边的榜样。

泉溪小学潘老师:有了问题意识,要以学生的发展为中心展开教育,一切活动都要基于学生的发展,懂得了家校合作的重要性。

3. 互动的真实促成

导师引领与个体觉醒之间的关联在于互动,我们的研修会不同于一些普通的班主任培训,更多是针对真实教育问题的现场互动,你来我往间,智慧的碰撞,教育的生发,无时无刻不在生成。在问卷中,对“您认为和之前参加过的培训活动相比,精英班最与众不同的地方有哪些”一问,90.9%的学员提到了“真实问题”“平等交流”“参与度高”这几个关键词。

以下是小学、初中、高中各学段班主任代表的真实反馈。

何老师:精英班培训最大的不同就是“实”,培训很扎实,活动遵循本真,注重教师理论知识提升的同时又强调一切源于教育实践,不断地强调理论与实践相结合。

张老师:直面研究的问题,真实,直接,不客套。非常喜欢操作技巧方面的培训。根据发言对象的材料,进行某一方面的聚焦,并提炼相应的观点,对教育理念方面的引领潜移默化。

蓝老师:研修方式开放、互动;培训与日常工作紧密结合,相互延伸;导师全

程指导、引领，为学员搭建平台、创造机会；只要你有多投入就有大的发展，培训很接地气。

2018年3月的期初研修活动，以“班级生活重建”为主题展开，通过各代表学校重建情况汇报、班会研讨、专题发言与现场互动交流等方式，就“班级、班主任重新认知”展开了智慧分享与学术探讨。仅芦北小学的会议现场，一个下午的现场发言与互动的次数高达62次。图3为芦北小学研修现场流程。聚焦主题，互动交流，努力让每个人看到自己发展的可能性，是我们举办研修培训的目的所在。

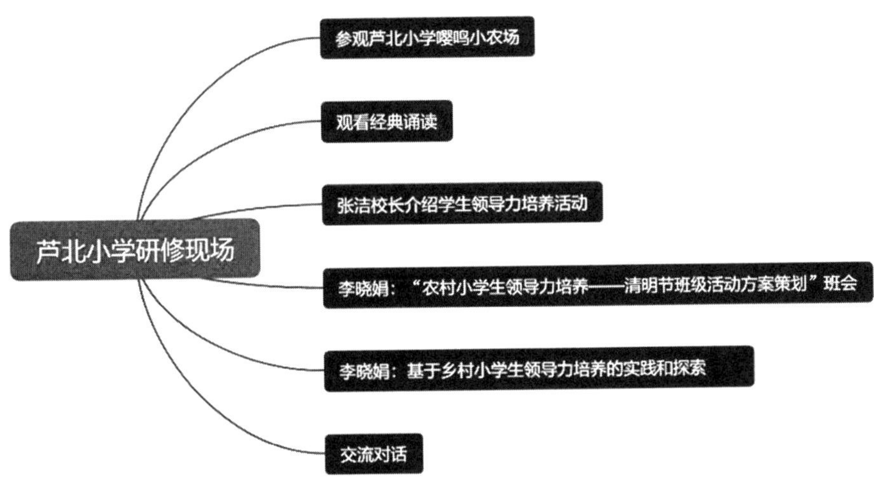

图3　武义县精英班芦北小学研修现场流程

（二）立足成长的场域

1. 工作场域

教育教学本就应该立足自己真实的工作场域，同样的老师面对不同的学生，同样的学生又面对不同的老师，学生不同的阶段也会呈现不同的发展特点，我们是否能够正确解读自己的工作场域，成了发展的关键一环。学员们从一开始猜测似地介绍讲解转变为实证的研究，逐渐懂得运用调查问卷、访谈来了解自己眼前的学生与面对的工作状态。在学员的问卷中，谈及各类研修的差异，有的老师提出我们精英班的研修是用具体事例分析研究理论，用大量真实数据论证，有很强的实践性；有的老师认为参与研修不是盲目地听从，更重要的是要有自己的实践与思考；有的老师意识到自己的转变，懂得不能凭经验开展教育，需要真正地研究学生，研究问题，与学生合作找到解决问题的方式；有的老师感受到其他班主任的培训更多的是班主任的经验之谈,而精英班培训更多的是在相关理论指导下,以学生发展为基础,开展的活动都是建立在数据之上,更具有真实性。

2. 学习场域

班主任工作是需要通过不断学习来充实的,如何去学习是因人而异的。导师们会推荐我们阅读一些专业的书籍,如《中国班主任研究》《孩子们,你们好!》《班级日常生活重建中的学生发展》等。阅读是一种学习,而同伴之间的互学互促更显得干劲十足。我们会与一些班级理念相仿的老师结对,互相商讨,共进成长。如武阳中学的李老师与安徽的刘老师,因为带着相同的年级,有相似的学生背景,于是常用书信与线上交流相结合的方式进行探讨互进。

3. 思考场域

会思考是让人愉悦的。那我们的思考场域在哪里?我认为在个体独特的工作、学习场域中。只有善于捕捉与发现,并善于思考,才能一步步地成长起来。每一次研修之后,学员们便会写一写自己培训之后的感受。"武义县班主任精英班"微信公众平台会不定期地介绍学员们的培训之感。以精英班中的程露老师为例,近半年仅研训记录及培训感悟便写下了近 10 万字。以下呈现的是 2018 年春学期一次会议后老师们当天的感悟分享,如图 4 所示。

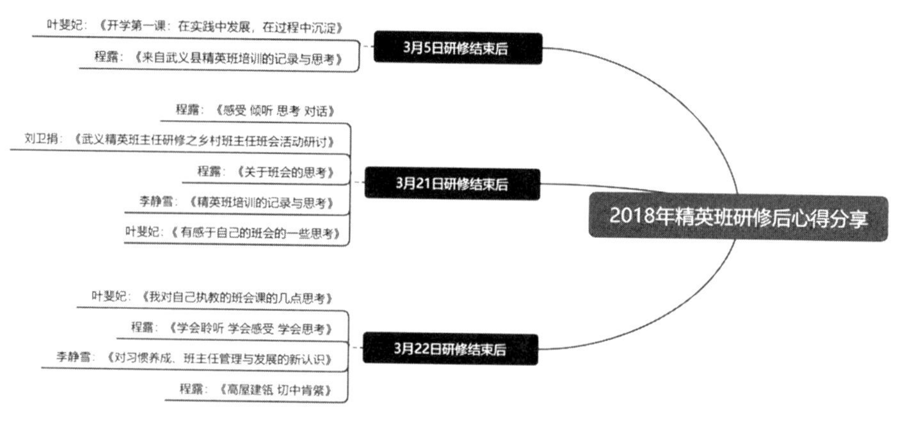

图 4 武义县乡村班主任精英班研修心得分享

(三)聚焦真实的问题

每一次的研修都会聚焦一个问题,如假期重建,班会与队会的差异,班主任的角色定位、习惯养成,论文课题的撰写等,学员们会聚焦主题展开充分的讨论与交流,在思维的撞击中重新审视自己的观点。表 1 为武义县班主任精英班研

修主题。

表 1　武义县班主任精英班研修主题一览

时间	研修主题
2017 年 5—8 月	项目研修规范(财经素养、学生领导力)
2017 年 9—11 月	读书学习、研究成果汇报
2017 年 12—2018 年 4 月	“你好,寒假!”项目实践及习惯养成主题研究
2018 年 6 月—2018 年 9 月	“你好,暑假!”项目实践及期初重建研究
2018 年 11 月	学术规范与论文写作

(四) 依托项目的研修

精英班开班之初,班主任雷国强所长就提出要依托项目的研修促成班主任专业的成长。从线上的讨论到线下的合作,大家互帮互助,形成各自的项目研修。以 2018 年 9 月召开的“2018,你好,暑假”项目研究交流会为例,学员们呈现了生态自然、研学旅行、开心农场、家庭夏令营、家校共育、“小候鸟”的研究、学科融通等七大项目研修主题。

我们主张班主任必须有问题意识,对自己的项目研修要有概念的解读,理念的确立,研修过程的设想,并强调我们的研修必须基于调查,要有成品意识。

(五) 开展专业的阅读

专业的研修需要专业的阅读基础来夯实,我们也要做专业的事情。精英班每学期都会分发不同的专业书籍供大家研读。泉溪小学的叶斐妃老师近一年阅读了 12 本教育专著。同时,我们的学员有 4 位成为由李家成教授发起的中国班主任研修班第一、二期学员。在李教授的引领下,4 位学员在专业阅读的道路上收获颇丰,其中仅程露老师研读《中国班主任研究》一书就写下了 40 篇读后感和 1 篇书评,书评后来发表在《教育视界》杂志中,写下的阅读心路发表在 2018 年第 12 期的《新课程评论》杂志中。

(六) 形成理性的对话

1. 指导的理念

精英班的每次研修活动都会在前期充分的准备及研讨中确立发言对象,并做好主题的确定,反复验证自身主题的聚焦点与思考点,尽可能地给各个层面的班主任做好指引。同时,李家成教授会在会议进行的过程中不断地向我们提出核心问题,这些问题正是需要我们留意且思考的。以 2018 年 9 月武义县王宅小学“你好,暑假!”现场会为例,在聆听了蓝美琴老师的《农村小学暑假自主学习、生活发展可能性探究》后，导师们提示在场老师思考："蓝老师提出了什么样的问题？乡村学生自主发展的可能性在哪里？"在听完赵欢欢老师的《暑假，养正好时节》后，导师们询问："与学生共同创生的第一个假期要关注什么？我的创造在哪里？我的作用在哪里？我们对暑假、寒假的理解，我们对教育的理解是什么？"在听与思的有效结合中，导师们有针对性地指导研修教师聚焦主题，真正提升听的实效。

2. 全纳的理念

在这样人人参与的研修学习，人人参与的对话交流的会议上，每个人都能有对话的机会与权利。以 2018 年春学期的期初研修现场为例，学员们针对"假期重建"的种种问题展开了热烈的交流与对话，特别是关于班主任的存在是否对假期重建更有效或有独特的意义进行了深入探讨。学员们认为，假期重建中教育班及班主任的存在是必要的；重建活动的育人性是不可替代的，而班主任在其中起到了非常关键的作用，如对家长教育自觉的唤醒，与家长的有效沟通，对家长持续参与的推动等；假期在重建中要不断调整班主任的角色定位；在重建中要不断提升班主任的研究习惯与能力，使其更理性地去研究、去思考。

同时，我们更强调研修必须基于所有学生，真正立足学生立场来展开。蓝美琴老师的生态班级建设，立足于所有学生，关注所有学生的成长，她所研究的假期主题"回归自然，学以成长"从儿童假期生活状态及改变的可能性开始，分析了班级里所有家长与学生对自然的认知情况，并结合武义的"自然生态"优势有效地实施推进和重建工作。

3. 长程的规划

精英班的班主任们开始了长程的规划，将一项研究从头至尾去做。程露老师的财经素养研究已持续了一年多时间，从议题的呈现到活动实践中的创生，再到动力的内化，在研究的过程中整理出小学生核心素养发展的路径图，形成了独具特色的班集体建设之路（见图 5）。

4. 多元的思维

教育是多元的，因为它的服务对象的多变性与可变性。那么自然我们就会出现思维的多变性。我们需要辩证地看问题，倾听别人的观点，思考其与自己观点的关联，在表达自己观点的同时，也欢迎别人的质疑。

（七）学会反思与表达

1. 批判性的思维

成长需要多样的经验、情景、数据、事件和判断。李家成教授与雷国强所长

小学生核心素养发展

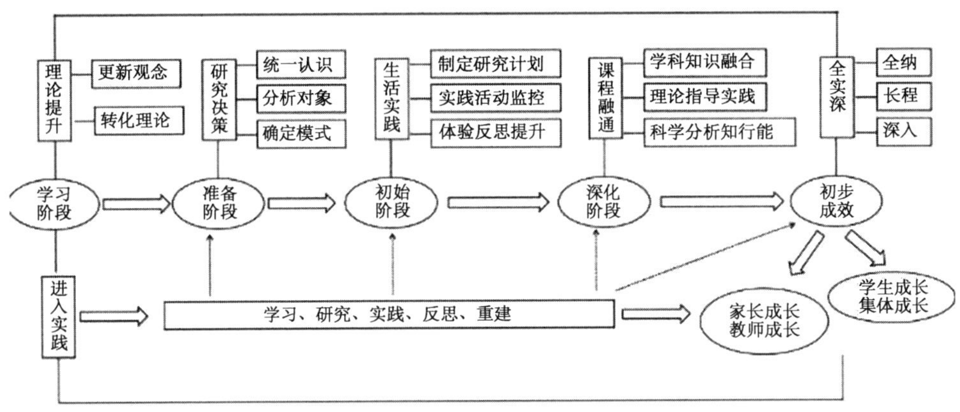

小学生心智成长

图 5　程露老师基于城乡教育资源的财经素养形成的研究路径

总是提醒我们需要有批判性的思维，我们听到的于我而言是否合理？是否是最合适的？还有什么样的问题存在？还有什么样的疑惑？如果是我，我可以怎么做？这样的思考，不仅会让自己融入他人的思维，同时也会转化成自己的独特解读。

2. 学会不同的表达

学习发生于与他人的交往中，我们摒弃以往的只听没有互动的模式，在听与说的双边互动中，产生新的思维冲击，形成新的研究结构。有多少与会老师在参与中呈现了自己的思考？每一次研修培训之后，专业阅读之后，我们的学员便会写一写自己的感受，及时表达，及时思考，及时提炼，及时发展。据初步统计，本班 62 名学员在这一年里已先后在全国各类杂志发表班主任专业论文 39 篇，15 人次荣获市级以上班主任工作奖项，26 人次受邀登上市级以上班主任培训讲坛作报告。1 人获“全国情感教育领跑者”称号，1 人荣获“浙江省十佳智慧班主任”称号，2 人荣获“金华市智慧班主任”称号，3 人享受县政府特殊津贴等。

表 2　武义县精英班学员近一年发表文章、讲座交流、获荣誉称号统计

学员姓名	发表论文数	荣誉	讲座交流次数
蓝美琴	13	“金华市优秀班主任”	5
程露	10	“全国情感教育领跑者”、享受县政府特殊津贴等 11 项	4
巩淑青	2		1

(续表)

学员姓名	发表论文数	荣誉	讲座交流次数
叶斐妃	2		2
李静雪	3		3
廖志江	1	“金华市优秀班主任”、享受县政府特殊津贴	1
陶健美	3		2
王莉	1	“浙江省十佳智慧班主任”	1
赵欢欢	1		1
王小燕	1	“金华市智慧班主任”	1
吴静超	2		3
柳旭梅		享受县政府特殊津贴	
陈远斌			2

在多重对话与交流中,班主任研修从开始的自上而下培训模式,转变成一种自下而上的项目研究模式,在这样的研修中,班主任势必开始尝试调整或改变自己的研究方向,开始从本源思考班主任的定位与班级的本体价值。

六、启迪与思考

尽管我们看到了武义县乡村班主任精英研修班项目在促进乡村班主任专业成长方面的成果,但不难看出这只是小部分人的成长,还有不少老师提出了自身的困难。

(1) 我内心深处无法产生共情。

(2) 学校工作繁忙,时间上不好平衡,用于个人学习专业知识的时间还是太少。

(3) 班级管理中缺少系统性设计和持续性的实践。

(4) 有一些理论知识还不能很好地运用于实际,处在初级阶段,很想多进行班级活动,但是时间很有限。

(5) 遇到困难容易退缩,战胜不了胆怯的自己。

(6) 理论难以在高中学生中实践下去。

(7) 缺少激情,有些职业倦怠。

(8) 自身存在小惰性,没能持续阅读与反思。

(9) 适合的学情学段的经验难借鉴，能去用的收获甚少。

(10) 无法找到突破口持续不断地做研究，纠缠于日常琐碎的事务。

上述的摘录，是没有参与或极少参与其中的学员停滞不前的主要原因。而在当前背景下，更为集中的问题是，乡村班主任如何真正唤起发展的自觉，真正将动力内化？

结合前期研究，笔者认为需要继续加强如下方面的研究。

首先，乡村班主任需要加强自我认同感、自我存在感。在当前城乡教育发展格局中，乡村教育有意无意间已经被“污名化”，人们习以为常地认为其品质低于城市教育、应该向城市教育学习。[5]乡村班主任一旦取得一些成绩，无论出于自身考虑，还是出于家庭考虑，都会选择立即进城，这已成为一种趋势。那么留守于乡村的班主任们自然就会认为自己是无用的、无能的。然而，事实是，在笔者参与的精英班研修项目中，许多来自乡村的班主任们立足于本土资源，将班集体建设与个人发展融合得恰到好处。乡村班主任需要积极的自我观、世界观，需要自我认同并强调自我的存在感。

其次，乡村班主任需要回到生态更新。对于更多的乡村班主任，如何理解工作与发展的生态？如何继续保持对工作与生活意义的追求？如何不断创生有意义的生命历程？[6]没有积极的思维方式、行为方式，再好的支持系统也不会自动产生希望，不会给人以希望感。[7]对于学生的发展而言，乡村所拥有的自然资源、文化资源，是不应被轻视的；城乡之间互通有无，将现代意识与生态发展的理念融入城乡教师心中，同样是非常必要的。

最后，乡村班主任的发展需要政策的支持，校长、家长的支持。政府与学校除了应提供有针对性的乡村班主任培训以提升教师能力之外，还需要加强精神与物质相结合的乡村班主任激励举措，切实加强包括情感在内的乡村班主任健康管理与辅导。[8]政府、教育局及校长应看到乡村班主任专业发展的可能性，应提供乡村班主任成长的有效平台，以求在真正意义上促成乡村班主任的自我成长。

乡村班主任专业成长需要的是觉醒，需要自信，需要真实的努力，需要得到足够的尊重与信任，更需要开拓专业的成长之路，相信越来越多的班主任会走出自己的专业尊严之路。让我们一起努力，创生富有武义个性和具有中国贡献的班主任理论与实践……

参考文献

[1][5][6][7] 李家成.对“希望”的“希望”——论复杂性理论视角下的乡村班主

任工作与发展支持系统[J].江苏教育,2018(1):53－55.

[2] 王怀玉.一个让人敬佩又敬畏的群体:乡村班主任[EB/OL].(2017－11－28)[2018－02－20]. https://mp. weixin. qq. com/s/qsWoiRTS-I2Q_nLpI40HxQ.

[3] 王朝晖.区域推进优秀班集体建设工作的新思考与再出发[M]//李家成,赵福江.中国乡村班主任发展研究:第一辑.上海:上海交通大学出版社,2018:69－75.

[4] 叶斐妃.班主任眼中的“暖心教授”[EB/OL].(2017－12－17)[2018－02－20]. https://mp.weixin.qq.com/s/Pu82LhLe5Luy3nEe3QIDjg.

[8] 戚务念.乡村初中班主任职业倦怠归因的个案考察[M]//李家成,赵福江.中国乡村班主任发展研究:第一辑.上海:上海交通大学出版社,2018:3－22.

乡村班主任研究的知识创生与传播

做新时代乡村未成年人思想道德建设者
——第二届全国乡村班主任发展研究论坛学习体会

林冬梅*

摘　要：新时代乡村未成年人呼唤学习型思想道德建设者，新时代的乡村班主任需要做乡村未成年人思想道德建设者，学习研究、创生乡村未成年人思想道德建设新策略，并增强服务意识，实现乡村未成年人思想道德建设可持续发展。而这些，实际上就是要求乡村班主任践行终身教育理念。

关键词：终身教育　新时代　乡村未成年人　思想道德建设者

2018年9月14日至15日，我参加了在北京市房山区北京工商大学附属小学举办的第二届全国乡村班主任发展研究论坛。本次论坛由《中国教育学刊》杂志社、《班主任》杂志社、《教育科学研究》杂志社、上海终身教育研究院、华东师范大学“生命·实践”研究院、华东师范大学教育学部青年教师联谊会主办，由北京市房山区教育委员会、北京工商大学附属小学承办，并由北京工商大学协办。为期两天的论坛，不仅有政治高度，也有理论深度以及情感温度，给予乡村班主任工作实践者、学习研究者多方位的实践研究启发及理论渗入。

《人是如何学习的》一书中指出：“教育工作者希望学生能把学习从一门课中的一个问题迁移到另一个问题，从一学年迁移到另一个学年，在学校与家庭之间以及从学校迁移到现场。迁移假设使人们相信，拓宽人的教育面要比简单‘训练’他们从事特定任务要好得多。”[1]基于此，笔者想从终身教育视界出发，理顺本次论坛的收获，试着在乡村本土资源的挖掘、乡风文明的传承等方面，探索新时代学习型乡村未成年人思想道德建设者的重建之路，从而使乡村青少年走出保守教育模式的框框，实现师生综合素养的融通发展，受用终身。

---

*　林冬梅，广东省阳江市阳东区那龙镇那龙学校教师。

一、新时代乡村未成年人呼唤学习型思想道德建设者

乡村未成年人的思想及生存现状改善需求强烈。2016年,笔者在开展学生暑假生活调研时发现:孩子们从学校的集体生活回归到长达两个月的暑期宅家生活时,会感到非常不安、孤独、无所事事、无所适从。从而导致他们三五成群、结伴找“乐子”。而附近的水凼、水塘、河流也就成了他们找“乐子”(玩水、捉虾、摸鱼、钓鱼)的最佳场所。在物质条件相对优越的今天,大多数00后以自我为中心,彼此之间缺乏信任、缺乏关怀,当需要与城市孩子进行面对面PK的时候,他们更缺乏自信。[2]网络、“手游”的冲击,严重影响乡村未成年人的人身安全以及思想道德发展生态。改善,迫在眉睫。本次论坛紧紧围绕十九大立德树人、乡村振兴主题,以高度的政治站位作为乡村班主任发展研究导向,也在启发着参会人员,特别是乡村班主任,要提高政治敏感度,振作时代精神,以更好地开展工作实践。唯有这样,才能明确未来教育之目标,才不会偏离国家教育之根本,也才不会使终身教育成为一席空话。

新时代发展背景赋予未成年人思想道德建设者新使命。有专家将第二届与第一届论坛作了对比,提出了三个新的背景:一是中国社会发展进入新时代。党的十九大提出乡村振兴伟大战略,为未来乡村建设描绘蓝图——产业兴旺、生态宜居、乡风文明、治理有效、生活富裕。乡村班主任在这样的发展蓝图实现过程中,会作出怎样的贡献,非常值得期待。二是“新基础教育”研究进入新时期。班主任研究、学生工作研究是“新基础教育”研究重要的一环,李家成教授是团队中的领军人物和带头人。近两年,李家成教授把班主任研究中的理论、思考、实践经验拓展到乡村班主任研究上。乡村班主任研究将成为未来“新基础教育”研究中重要的不可分割的部分。三是中国乡村班主任的发展进入新阶段。全国乡村班主任发展研究论坛,仅仅举行过一届,但所取得的品牌效应非常好。相信未来会有新的变化、新的发展、新的成长;相信论坛所产生的综合效应会让人感受到理论研究、班主任实践世界、班主任成长以及乡村孩子成长等方面的不一样;相信乡村班主任将会为乡村现代化作出独特的不可替代的贡献。

专家学者的睿智与情怀,使我们感受到了新时代赋予乡村班主任的新使命。乡村班主任需要拓宽视野,努力了解时政,了解祖国未来的发展规划,并能从大局出发,把远大的育人目标渗透到一个个小小的班级活动当中,从而帮助乡村孩子一步步走向生命成长的光辉历程。乡村班主任作为建设者之一,须勇于担当、有所作为,这也是乡村振兴伟大战略赋予乡村班主任新的伟大使命。乡村班主

任需要成为乡村特色班级文化建设的领头羊，需要成为改善乡村家长教育观念、教育行为的促进者，需要成为乡村孩子生命成长中的主心骨。更需要明确的是，乡村班主任在实现以上这些目标的同时，自己本身也会获得专业发展的成就感和意义感。

会后乡村班主任的反馈，彰显了论坛的价值，以及学习型思想道德建设者的无限可能性，更丰富了终身教育之内涵。有乡村班主任会后写下这样的感受："一天半的学习下来，很累，却幸福着！通过本次的参观学习，不仅拓宽了我们的学习视野，更新了教育观念，还引发了我们的深度思考——如何当好一名有幸福感，有成就感，有荣誉感的班主任？做一辈子老师，一辈子学习做老师，在学习的路上，我们且行且思，逐梦前行！"

有乡村班主任感慨道："这是一场专家云集的论坛，这是一次充满温度与活力的对话，这里有周到贴心的服务和平易近人的专家教授。这次论坛内容多元，分为五大主题：中华优秀传统文化与班队建设的区域经验、乡土资源开发与班级建设、乡村班主任育人智慧与典型案例、乡村班主任发展与国际农村教育。代表们向我们呈现了不同的研究视角，让我大开眼界。这次论坛充满希望与力量。15日上午，李家成教授向我们做了'新时代乡村教育发展呼唤新型乡村教师'的专题发言。李教授一针见血地指出：'再多的输血都代替不了乡村班主任自己的造血，我们要思考的是每个人的重要性在哪里，而不是谁更重要。乡村班主任是谁？乡村班主任是乡村学生、家长的主心骨，乡村班主任是乡村学校发展的中坚力量，乡村班主任是学习型乡村建设的关键人物，李教授通过这三点说明'我们很重要'这一观点。很庆幸自己认识了李教授，很庆幸自己也是这一庞大研究团队中的一员，让我更新了陈旧的教育观念、改进了教育教学方法，遇见了不一样的自己。来北京以前，如果问我是否要当班主任，我会选择不当，因为这样更加轻松。但是这次北京会议之后，我的选择变得坚定、干脆，我愿意一直担任班主任，我喜欢成为班主任，带领一个班的孩子共同学习成长，遇见更好的自己。"（叶斐妃，2018-09-16）

善于反思的乡村班主任写道："短暂的一天半时间一晃就过去了，回程的路上，我一直在回想会议上李教授向我们抛出的几个值得思考的问题：乡村班主任可以发展到怎样的境界？乡村班主任可以有高度的反思、重建意识和能力吗？可以有高品质的表达与对话吗？乡村班主任可以有高品质的专业交往吗？乡村班主任可以有尊严地享受在乡村的专业生活吗？我想李教授在会上问这几个问题的目的就是要我们思考当下我们的学习方式、实践方式、个人的生活方式，我们有什么不足，我们可以做哪些改变，我们又有哪些优势。在接下来的一段时间里,站在新的起点,多阅读、多写作、多实践、多反思,将'做、听、说、读、写'五字真言落到实处,取长补短,将时间高效地利用起来,将理论和实践更好地结合起来,为更优秀的自己而努力、努力、再努力!真正地行于实、方乃成!”(李静雪,2018-08-18)“我们坚信,只要我们真诚地捧着一颗爱心,在实践中不断完善自己,形成系统科学的工作方法,一定会干得非常出色而且游刃有余。”(常州市邹区实验小学微信公众号,2018-09-25)

以上,我们看到了乡村班主任高水平的现场学习力,以及不断被唤醒、萌生的终身学习意识和行动力,让我们有理由相信:这是一支面向未来,在专业发展道路上“自强不息、止于至善”的未成年人思想道德建设者队伍。

二、在学习和研究中创生乡村未成年人思想道德建设新策略

乡村留守儿童、留守老人以及亟待完善的乡村文明生态,使乡村未成年人思想道德建设面临着非常大的挑战。乡村班主任能否通过乡村班级文化建设促成乡村未成年人思想道德建设,能否成为学校、家庭、社区的沟通协调者,需要很大的勇气与能力,需要在坚定“勇者不惧、仁者不忧、智者不惑”的信念中,在班级日常生活这一特定研究场域,挖掘、形成促进学生发展的新理论,践行并推动终身教育。

(一)以传统文化渲染乡村未成年人思想道德底色

有学者认为,“乡愁”是乡村班级生活建设抹不去的文化底色。乡村班级生活发生在乡村学校这样一个特殊的文化场域之中,饱含着乡村文化的泥土气息,是植根于本土、发轫于本乡的一个文化建设过程。乡村班级生活建设正是要创建具有丰富情感性的文化共同体。

学习型的未成年人思想道德建设者,会将班级文化建设置于乡村本土文化背景中,实现与理论的融会贯通。有乡村班主任学习了习近平总书记关于弘扬中华优秀传统文化的若干重要论断——“中华优秀传统文化是中华民族的精神命脉,是涵养社会主义核心价值观的重要源泉,也是我们在世界文化激荡中站稳脚跟的坚实根基”后受到启发:优秀传统文化蕴含的思维方式、价值观念、行为准则、道德规范,对培育和丰厚学生人文精神,提升学生的文化品质,具有潜移默化的作用。

在小学德育中,班级文化构建融入传统文化,创建和谐班集体,培养现代合格公民,显得尤为重要。有乡村班主任从观察一年级孩子的几个镜头中,更坚定了实践与研究的方向。镜头一:上学路上,大人们背着书包,孩子们在自由地走

着。镜头二:放学的时候,因为想吃小卖部的零食,哭闹着让爷爷奶奶买,不买就打人。镜头三:家长问“今天在学校学了什么”,孩子玩在兴头上,回一句“你烦不烦”。该名班主任认为,以上镜头都体现了家庭教育中以学习文化知识为重而传统文化教育缺失的问题,这就迫切要求我们在学校的课堂教育中融入传统文化教育。古人云“百善孝为先”,要让学生感知孝心,感悟孝道,实践孝行,体验幸福,达到提升班级文化品质的效果。为此,班主任以《弟子规》中的“入则教”为载体,将孝道理论充分融入班级日常生活当中,一年级的孩子在传统文化的熏陶下,越来越懂事,也能体谅父母和爷爷奶奶了。

有乡村班主任将丰富多彩的古代经典诵读活动,与现代人文精神有机结合,使学生们受到传统优秀文化的熏陶,不但丰富了他们的想象力,还能修正他们的行为,磨炼他们的意志,对坚持品质的培养有着较好的促进作用,对小学生核心素养的成功塑造,也有事半功倍的效果。

将乡村班级的独特性,置于当代教育一般规律中,扩大乡村班级建设创新性、辐射性影响。从某种角度来讲,乡村班级的独特性来自对乡村文化的自信与厚植。厚植,是深度挖掘乡村文化资源使其广泛传承,但并非全盘接收,而是选择性地以辩证思维“去其糟粕,取其精华”。专家指出,厚植乡村文化沃土,需提升乡村班级生活品质,创生有特色、高品位的班级生活。乡村班级建设是对乡村学校文化的继承与整合,同时也是对乡村地域文化的汲取与创新。

（二）以“乡愁”激发乡村未成年人之善念善举

作为乡村未成年人思想道德建设者的班主任,应学习将“乡愁”的美好意念,置于现代班级文明发展理想中,实现高品质的师生共长。有学者指出,“乡愁”失落,成为当代乡村班级生活的文化隐忧。现代性文化秩序的浸入,意味着“乡愁”在乡村班级生活中的告别。传统性文化逻辑的消解反推了“乡愁”在乡村班级生活中的失落,造成对乡土文化中教育资源的深度挖掘的缺失,如“丢手绢”“跳房子”“老鹰捉小鸡”等传统儿童游戏的消减。

有班主任在实践与研究中发现,当前学生的班级日常生活受应试教育的影响,比较单一,枯燥,除了学习课本知识外,就是参与学校组织的各项活动,然而学校活动也是依据上级指派,为了完成任务开展的,并不都是孩子们喜欢、自愿主动参与的。孩子们每天重复着同样的学习生活方式,是导致其厌学的主要原因。乡村未成年人,因学校组织开展的活动甚少,班级日常生活相当乏味。于是,构建一个孩子们乐于生活的班级空间,让他们在重复性中感受班级日常生活的快乐,激发孩子们的善心善行,成了这位乡村班主任一直在努力探索、实践的动力与目标。

有乡村班主任认为,乡村学校乡土资源丰富,形式多样,从狭义理解可分为自然地理资源、人文历史资源和社会发展资源等。如果结合当地的实际情况、学校的办学条件,有侧重地进行开发利用,让乡土资源融进学生的班级日常生活,融通在各个学科的知识中,定会让孩子们拥有一个丰盈的生活空间、愉快的童年时光,也让针对孩子的教育更贴近现实生活。这位乡村班主任根据自己的日常观察和实践经验,分别从乡村的自然资源、社会资源、人文资源三方面进行了探索与尝试。乡村班主任在实践与研究中发现,学生的班级日常生活越来越丰富多彩,审美、创造、交往、写作、表达、观察、实践等各方面的能力得到了持续的提高;乡村家长的家庭教育观念有了很大的转变,由原先孩子的"监督者"转变为"协助者""支持者";而乡村班主任也在不断地实现专业发展,教育理念在实践中得到了提炼,由原先只重视学生学习成绩转变为注重学生综合素养的提升。乡村班主任针对乡土资源的探索一定要有敏锐的教育意识,要回归学生发展的立场,为孩子们创设一个充满欢声笑语、积极主动的成长氛围,不断地体现学生的生命价值,才能使乡村未成年人班级日常生活无限丰富,积极向善。

（三）以自然之美滋养乡村未成年人生活希望感

《国务院办公厅关于全面加强和改进学校美育工作的意见》(国办发〔2015〕71号)指出:"要引导学生发现自然之美、生活之美、心灵之美。"而暑假,给了学生们相对充裕的时间,是引导学生深度走进大自然的极好时机。随着人工智能时代的到来,引导学生利用各种感官体验自然,寻找自然之美,预防乡村儿童成为"集装箱的孩子",[3]使他们的感官不再被"电子化",其终身教育意义非凡。2017年底,笔者主持的"基于乡村振兴、立德树人的寒暑假生活策划与实践研究"——广东省教育科学研究规划课题(党的十九大精神研究专项)正式立项。这对于我们开展寒暑假生活研究以及班级文化建设研究,是一个非常大的鼓舞。我们课题组全体成员都是乡村班主任,大家对该项研究生发了空前的热情。我们在李家成教授引领的"2018暑假生活研究"微信群里虚心学习,一改以往的胆怯,勇敢地分享引导家长、学生进行暑假生活重建的体悟,也分享了家长和学生们给我们带来的惊喜。我们在投入中,收获幸福感、希望感、成就感。我们的乡村班级文化建设研究,得到了持续的发展。课题组梁老师所带的八年级,以青禾文化为主题开展的班级文化建设,取得了进一步的完善;钟老师带领的四年级,在这次研究中,师生们共同收获了班级文化建设的新创意;施老师引导的是幼小衔接班,同样充满惊喜,家长们空前的参与力以及小朋友们暑假里表现出来的独立、自主、可爱,令人感叹。孩子们在暑假里,发现了身边自然之美,成为传递乡村文明的使者,使我们课题组研究的意义日渐深化,也使学期初成为亲师生共同期待的

美好时光。

在参与由李家成教授引领的“你好，寒假！”“你好，暑假！”研究中，笔者学会了反思：学习型乡村班主任要有感受自然美的能力；要有理性的领导力，还要有阅读力、学习力，以便收集相关的理论，以此来指导实践；更要具备“不耻下问”的勇气和沟通力，与学生一起共同策划寒暑假生活的重建。在开展假期研究中，笔者学会了：一是通过开展主题微班会，给学生观看身边同学拍下的自然照片，让先“热”起来的榜样学生，逐步激发“慢热”的学生对大自然的热爱；二是暑假来临之前，通过与学生一起阅读《林间最后的小孩》《我的自然笔记》《笔记大自然》《虫子旁》《生命的四季》《我的自然笔记》和《所罗门王的指环》等书籍，用这些与大自然紧密相连的精神食粮，来指导我们的暑期生活重建；三是做一名虚心好学的班主任，把自己拍到的虫子拿出来，虚心地向学生请教它的名字和生活习性。阅读完《虫子旁》的孩子，有的能马上说出虫子的名字和他平时的观察，有的则需要再次查阅书籍。发现书本上没有的，孩子们会教我上“百度”。这样，于潜移默化中，激发了孩子们探索自然奥秘的兴趣，于润物细无声中，指导了学生研究的方式方法，给予了小学毕业准备走向初中生活的孩子们不一样的暑假生活。

三、增强服务意识，实现乡村未成年人道德建设可持续发展

论坛上，李家成教授的一番话，让现场以及观看直播的乡村班主任肃然起敬、感动不已。他说，在场的专家教授、行政领导、杂志编辑都愿意为乡村班主任的研究与发展服务。李教授的话语道出了促成乡村班主任专业发展的服务主体，以及服务者以合作共赢的态度对乡村教育、乡村未成年人思想道德建设的殷切情怀。乡村班主任在为这样的服务意识、服务理念感到幸福、感动之余，在成为被服务对象的同时，是否也应该主动成为服务主体之一？答案是肯定的。

来自安徽的刘茜老师是一位具有很强服务意识的乡村班主任。她在实践研究中提出以下观点。其一，父母是孩子的第一任老师，亲情是最可贵的教育资源，家庭教育必不可少。“候鸟儿童”所有问题的根源都是亲情的缺位。如果父母能腾出更多的时间陪伴孩子，手机的影响就会减小，作息无规律、作业难的问题也会得到改善。即使父母迫于生活压力，必须外出打工，也应尽可能留一人陪伴孩子，或者尽可能选择离家较近的城市打工，尽可能与孩子们多相聚，让孩子有安全感、归属感，或是利用互联网，多进行视频通话，尽可能减少孩子的孤独感，让孩子们感到父母不管身在何方，都是最爱他们的人。其二，除了家长之外，班主任是比较全面了解孩子的人。乡村班主任要用好这张牌，尽可能地根据孩

子的具体情况策划安排孩子的假期生活。比如,“你好,暑假!”“你好,寒假!”活动,充分调动了孩子的主观能动性、积极性。引导孩子学会综合利用身边一切可利用的资源,合理安排自己的假期生活,既能养成良好的学习习惯,又能学到更多的生活技能。其三,家庭和学校是孩子成长最重要的两个世界,家长和教师是孩子成长最为关键的人。家庭与学校,或家长与教师的关系状态,直接影响孩子的喜怒哀乐;其合作状态,直接提供了孩子发展的资源、空间和路径。[4]刘老师对“候鸟儿童”强烈的服务意识与能力,使乡村未成年人的假期生活告别了无人管教的“真空地带”。

来自广东的刘海霞老师,从历经两年时间的香樟课程中,培养了乡村未成年人的服务意识,使 4 批学生受益,参加公益活动达 342 人次,活动时长共 122 小时。参加课程活动后,乡村未成年人的凝聚力和集体荣誉感增强了,思想状态也得到了很好的改善,变得更加自信、独立、主动、善良,更加懂得尊老爱幼,懂得感恩。参加人员从只有男生参加到女生也积极参加,参加方式从家长帮忙报名到自己主动报名,活动开展方式从直接参加义工协会组织的活动,到教师组织的活动,再到学生自主组织的活动。孩子们逐渐成为活动的主人,活动过程从直接参加活动发展到参加策划、践行、反思、重建、再践行的全过程。活动成果从教师分享发展到学生主动策划分享。一名乡村班主任的服务意识与情怀带动了一群乡村未成年人的健康成长,更是带动了一个个乡村家庭,乃至整个乡村社会的发展。

在李家成教授引领的乡村班主任工作与发展研究群体里,两年来,已然形成了一批具有服务意识、服务能力的乡村班主任骨干力量。这批骨干力量在不断追求自身专业发展的同时,影响并帮助区域内甚至是全国的乡村班主任实现发展。我们坚信,正如李家成教授在本次论坛所说的:“辛劳可以博得同情,但唯有专业才能赢得尊重。”今后,乡村班主任如何提升面向同行的服务质量,如何让自己和伙伴们获得发展的幸福感,是一个值得我们深思的问题,任重道远。

本次论坛的效应及影响力,我们无法估量。对于实践与研究越是投入的人,越能体悟到论坛效应的力量。回归终身教育视界,“人永远不会变成一个成人,他的生存是一个无止境的完善过程和学习过程。人和其他生物的不同点主要就是由于他的未完成性。事实上,他必须从他的环境中不断地学习那些自然和本能所没有赋予他的生存技术。为了求生存,他不得不继续学习。”[5]实现乡村未成年人思想道德建设可持续发展,实际上就是要求乡村班主任践行终身教育,这是一个永恒的主题。

参考文献

[1] 布兰思福特,等.人是如何学习的:大脑、心理、经验及学校(扩展版)[M].程可拉,等译.上海:华东师范大学出版社,2016:45.

[2] 林冬梅.发展乡村班级的精神品质——基于对乡村自然资源的有效开发[J].班主任之友(小学版),2017(9):40-42.

[3] 理查德·洛夫.林间最后的小孩——拯救自然缺失症儿童[M].自然之友,王西敏,译.北京:中国发展出版社,2014:30.

[4] 李家成,王培颖.家校合作指导手册[M].北京:北京师范大学出版社,2016:1.

[5] 联合国教科文组织国际教育发展委员会.学会生存——教育世界的今天和明天[M].北京:教育科学出版社,2009:196.

新时代乡村班主任的新责任、新作为与新发展
——第二届全国乡村班主任发展研究论坛综述

吴陈兵　李静雪　叶斐妃*

摘　要：第二届全国乡村班主任发展研究论坛围绕新时代乡村班主任的育人责任与使命、中华优秀传统文化进校园与班级文化发展、乡土资源的教育开发与特色班级建设、乡村班主任的科研素养提升、乡村班主任的育人智慧与典型案例，以及乡村班主任队伍建设等专题，进行了深度研讨，增强了乡村班主任的专业自信，并继续聚焦乡村班主任专业发展，致力于形成乡村班主任研究新范式。

关键词：乡土资源　育人智慧　科研素养

为全面贯彻党的十九大精神，落实乡村振兴战略和立德树人根本任务，加强乡村班主任工作与发展研究，促进研究成果的形成与区域间的工作交流，2018 年 9 月 14 日至 15 日，第二届全国乡村班主任发展研究论坛在北京市房山区顺利举行。本次论坛由《中国教育学刊》杂志社、《教育科学研究》杂志社、《班主任》杂志社、上海终身教育研究院、华东师范大学"生命·实践"教育学研究院、华东师范大学教育学部青年教师联谊会、北京市教育学会小学教育研究分会联合主办，北京工商大学协办，房山区教育委员会、北京工商大学附属小学承办。与会人员有来自北京、广东、浙江等地的相关领导，也有上海终身教育研究院、华东师范大学"生命·实践"教育学研究院、东北师范大学、北京教育学院、北京工商大学、江西教科所等高等院所的专家学者，同时也有《中国教育学刊》《班主任》《教育科学研究》《思想教育理论》《班主任之友》等杂志的主编与编辑，以及来自全国 13 个省市的乡村班主任代表近 300 名。与会代表就乡土资源的教育开发与特色班级建设、中华优秀传统文化进校园与班级文化发展、乡村班主任的科研素养提升、乡村班主任的育人智慧与典型案例、乡村班主任队伍建设的区域经验五个专题，进

* 吴陈兵，华东师范大学博士研究生，研究方向为教育基本理论，农村教育；李静雪，浙江省武义县武阳中学英语教师，中学二级教师，研究方向为乡村初中班级管理、寒暑假研究，合作学习；叶斐妃，浙江省武义县泉溪镇中心小学教师，班主任。

行了深度交流与研讨。

一、新时代乡村班主任的育人责任与使命

在党中央和政府对乡村教育高度重视的背景下，本次论坛与会者对乡村班主任应该培养怎样的学生、乡村班主任应该实现怎样的发展、乡村班主任发展应该有怎样的支持体系以及乡村班主任应该具有怎样的时代使命这几个问题进行了深入讨论。

（一）乡村班主任应该有怎样的使命

乡村班主任是乡村学生的引路人，也是乡村学生乃至乡村家长的主心骨。有与会者认为，乡村班主任的使命是陪伴与关爱。由于不少乡村学生的父母常年在外打工，这些学生最缺乏关爱与陪伴，因而他们最需要乡村班主任一天一天、一个月一个月，甚至一年一年的陪伴。有与会者认为，乡村班主任的使命是立德树人。当前我国新农村的建设，需要乡村学校培养一批有责任、有担当的新人。乡村班主任作为乡村学生的引路人，更有责任把乡村学生培养好、教育好，使他们成为社会发展的有用之才。有与会者认为乡村班主任应该多关注乡村女童。因为今天的女童是明天的母亲，农村女童作为农村的弱势群体，有时会遭遇不公等问题，乡村班主任应该对她们多一些关怀与支持。

还有与会者认为乡村班主任的使命首先是培养学生家国情怀，使学生热爱乡村、扎根乡村、传承乡村文明。其次是培养乡村学生艰苦朴素的品质，热爱劳动与不怕吃苦的精神。这是乡村人民的本色，乡村学生必须传承。再次是强化和培养乡村学生自信的品格，由于社会经济不断发展，城乡差距较大，乡村地区很少被关注，甚至有时被冷落，导致乡村学生在某种程度上很自卑，培养乡村学生自信是使他们在未来走向成功的关键。最后是要培养学生拥抱世界，融入祖国发展的境界。世界变化迅速，乡村学生不仅要融入乡村，还应该了解当前世界，了解当前社会的发展，对国家、对世界有更深刻的认识。该与会者认为，乡村班主任要让学生认识世界，理解世界，立大志，成大事，做一个有大爱、大德、大情怀的人。

（二）乡村班主任应该培养怎样的学生

乡村班主任作为乡村学生的引领者，首先需要回答的问题就是培养什么样的人。针对这一问题，与会代表结合不同情境给出了不同的回答。有与会者认为乡村班主任应该把乡村学生培养成乡村的“四有新人”，他们认为乡村班主任一定要加强乡村学生的品德教育；一定要加强乡村学生课程知识的学习；一定要改进并加强乡村学生的美育和体育教育,同时还要增强乡村学生的劳动教育。该与会者指出,乡村班主任只有引导乡村学生崇尚劳动,尊重劳动,乡村学生长大后才能够辛勤劳动,诚实劳动,创造性劳动。有与会者认为乡村班主任应该培养乡村学生的“乡愁”,让乡村学生饱含乡村文化的泥土气息,植根于乡土文化的建设过程中,对故乡、故土产生深厚的家国情怀。有与会者认为乡村班主任应该把乡村学生培养成热爱乡村山川鸟兽的“探索家”,让他们体验乡村人事,体验乡村的自然风情,探索乡村秘密,成为乡村社会发展的探索家。

也有与会者认为乡村班主任应该把乡村学生培养为乡村的“匠人”,随着城镇化的不断推进,乡村传统文化不断流失,乡村文明的传承正受到城镇化的冲击,乡村的传统工艺正走向消亡。为了继承乡村逐渐消失的传统工艺,有与会者引入风筝文化课程,带领学生在感受风筝文化、体验风筝制作过程以及在享受放风筝的乐趣中,传承风筝文化。有与会者邀请乡村“剪纸专家”走进课堂,教学生剪纸,制作各种纸工艺品,让学生在动手操作中体会乡村传统工艺的无穷魅力。有与会者还邀请乡村“竹编艺术家”教学生各种竹编技术,如农民使用的背篼、簸箕以及竹编玩具等,激发学生热爱乡村工艺的精神,使之成为继承乡村传统工艺的匠人。

(三)乡村班主任应该有怎样的发展

乡村教师在有些人心目中一度是老土、守旧以及思想封闭的教师角色。乡村班主任真的是这样吗?乡村班主任真的没有发展的可能吗?当然不是。有与会者指出,有一大批班主任愿意任扎根乡村,并且对乡村美好生活的追求,对乡村教育的理解,对乡村教育的自我定位以及对乡村教育过程的创生与体悟,已经达到了较高的水平。

首先,乡村班主任有自主创新的高品质教育理念,如广东省阳江市乡村班主任的风筝文化系列研究,以及浙江省海宁市乡村班主任的节假日研究等。这些精彩的教育实践案例,体现了乡村班主任自主创新的教育理念。其次,乡村班主任有高度的反思与重建能力,如与会代表分享的“开心农场”研究,不但展现了活动研究的策划、研究过程的反思,而且还有研究的评价机制、反馈结果以及研究的效果等,这些都体现了乡村班主任具有高度的重构能力。再次,乡村班主任可以有高品质的表达与对话,如本次论坛呈现的乡村班主任 10 分钟主题发言以及本次论坛论文集中的论文,都说明乡村班主任具有高品质的对话与表达。最后,乡村班主任具有高品质的专业交往。本次论坛的很多乡村班主任不但与高等院校的教授、研究员以及杂志社的主编、编辑有了各种交往,而且有的乡村班主任已经与国外的专家学者建立了学术交往关系。因此,乡村班主任完全可以有尊

严地享受专业的教育生活。

新时代的乡村班主任，他们不但有更多的机遇与更多的发展可能，而且同样能够过一段有意义的生活，同样可以过上更有个人色彩和社会价值的生活。只要乡村班主任相信乡村学校的生活是充满创造性的、充满生命感的、充满无限价值的，他们就可以实现高品质的专业发展。

（四）乡村班主任的发展需要什么样的支持体系

新时代乡村班主任是乡村学校发展的中坚力量，是乡村学习型社会建设的关键力量。如何构建乡村班主任发展体系，是事关乡村教育发展与振兴的关键所在。有与会者认为，乡村班主任的发展首先离不开党和国家的支持，社会的发展与进步是乡村班主任发展的助推器；其次需要基础教育理论的支持，如由华东师范大学叶澜教授领衔的“新基础教育”研究，给乡村班主任的发展提供了转型与变革的力量，促进了乡村班主任的不断发展；再次是中国乡村班主任研究团体的互助支持，如本次论坛的专家学者以及一线乡村班主任，都是促进乡村班主任专业发展的助推力量。他们为乡村班主任的发展提供了新经验、新思路、新方法，为乡村教育、乡村文化、乡村现代化作出了不可替代的贡献。

此外，还有与会者认为乡村班主任的发展需要政府的顶层设计，通过教育行政的高定位、大格局、强体系和重实效的指导方针，构建乡村班主任发展的行政支持体系，促进乡村班主任队伍的建设，如北京市的乡村优秀班主任名师工作室、乡村班主任工作岗位研修机制，依托教科研与学院建立的乡村班主任培训体系，每年一次的校本、区级、市级乡村班主任三级培训体系和展示活动机制，还有社会力量，建立乡村班主任表彰体系，这些都共同构成了乡村班主任专业发展的重要支持体系。

二、新时代乡村班主任扎根乡村的创造性实践

本次论坛清晰呈现了新时代乡村班主任卓越的育人智慧与领导能力。有乡村班主任通过弘扬传统文化促进乡村学生的发展，有的通过乡土资源的开发促进乡村学生的发展，也有的通过乡村学生的社会实践促进乡村学生社会性的发展。

（一）以传统文化的弘扬促进乡村学生的发展

有与会者通过“弘扬中华民族传统文化”，开展“说好中国话”“写好中国字”“上好中国课”和“过好中国节”等系列活动，传承中华民族传统文化，滋养乡村学生心灵，塑造乡村学生健全人格，增强乡村学生文化自信，帮助乡村学生树立正

确的人生观与价值观。有与会者认为成语是中国传统文化的一大特色,中国传统故事能够激发学生学习兴趣,熏陶传统美德,陶冶高尚情操,培养育人情怀,如"程门立雪""孔融让梨"等成语故事,都能够培养学生优良的生活品质。有与会者指出,传承经典能够开启学生心智,如"诗词大会""谁是背诵王"等活动,能让学生体会到《游子吟》《清明》以及《水调歌头·明月几时有》等诗词的民族风情与中国智慧。还有与会者认为传统礼仪文化能够让学生养成良好的行为习惯,他们把《弟子规》《二十四孝》等国学经典融入课堂教学,培养学生仁爱之心。

(二)以乡土资源的开发促进乡村学生的发展

乡土资源是指学校所在社区的自然生态与文化生态方面的资源,包括乡土地理、民风习俗、传统文化、生产与生活经验等。通过乡土资源的开发,能够有效地激发学生学习兴趣,让学生在社会实践中了解家乡、热爱家乡,从而使学生既具有公民基本素养又拥有地方气质,既热爱本土社会又具有爱国情操的品质。

有与会者结合乡村社区的风筝文化,开展"风筝书苑"班本课程开发研究,通过风筝文化有机融入班级,增强学生的实践能力。有与会者利用社区的自然资源、社会资源以及人文资源,开展植物成长探究活动、小动物观察活动、赶集购物活动、养老院爱心活动、花棍舞体验活动、"大秧歌"观赏活动等,培养学生的审美、创造、交往、写作、观察、实践等能力。有与会者利用假期开展社会实践活动,如"自然大探索"(种植蔬菜、爬山摄影、摸田螺、旅途研习等)、"公益小天使"(小小志愿者环保活动、"我是小牙医"活动、义卖活动等)、"我有一双小巧手"(手绘草帽或扇子、粘贴画制作、黏土制作、绘本制作等)等主题活动,促进学生健康、主动发展,培养学生健全的人格与积极乐观的精神。还有与会者开展春耕秋收、开心农场以及摘茶叶等社会实践活动,让学生体验农耕文化,感受春耕秋收的乐趣,农场开荒、种植、收获的喜悦以及采茶与卖茶的艰辛,从而培养学生热爱劳动、热爱家乡、热爱国家的高尚品德。

(三)以乡村班主任的专业发展促进乡村学生的发展

有与会者指出,很多乡村教师由于长期处于劣势环境,自卑感和职业倦怠日益严重,这导致部分乡村教师极不自信,工作信心不足。只有让乡村教师树立文化自信、专业自信、课程自信以及成果自信,增强乡村教师职业尊严感,乡村教师才有信仰、乡村孩子才有梦想、乡村学校才有希望!有与会者认为一些乡村教师科研意识淡薄、科研理论匮乏、科研能力不足以及科研道德缺失,只有提升乡村教师的科研素养,乡村教师教育教学能力才能得到提升,乡村学生才能够培养成才。有与会者指出乡村班主任除了自身的学习以及听专家的讲座外,还应该有团队的引领。在相关专家带领的导师团引领下,武义县乡村班主任精英研修班

通过现场研修、团队互助交流、专家引领以及教育主管部门的支持，构建了一个乡村班主任专业发展支持体系，有效提升了乡村班主任专业能力与专业素养。还有与会者指出乡村班主任的专业发展应该依托专家工作室，通过专家工作室立足学校教育理念，提升乡村班主任“六大专业能力”，即班级建设能力、指导个体发展能力、课程育人能力、家校共育协同能力、心理健康教育能力、网络媒介育人能力，进而增强班级学生的活力和班级凝聚力。

（四）以乡村班主任育人智慧的提升促进乡村学生的发展

本次论坛展示了诸多乡村班主任的育人智慧。有与会者指出，乡村学生常常缺乏管理自己学习和生活的能力，认识不到自己的价值与潜力。针对这种情况，他们采用真善美的行动滋养乡村学生的心灵，让乡村学生认识到自身的价值与潜力。有与会者为了激发学生的阅读欲望，采用微信阅读打卡的新颖方式，提升学生阅读兴趣。为了获得家长的支持、架起家校心灵沟通的桥梁，有与会者有效搭建家校沟通平台，进行家校共育。为了改变班级学生乱丢垃圾的陋习，有与会者采用“小魔术”的方式帮助学生养成良好的行为规范。面对乡村学生传统节日理念淡薄，对传统习俗不甚了解的现状，有与会者以清明节为契机，开展系列传统节日主题活动，增强了乡村学生传统节日的体验感和文化感。面对一群早恋、偷窃、打架等不良行为频发的学生，有与会者指出，陪伴和惜缘是保障，志当存高远，坚定而和善，艺高且胆大，智者随事制是带好“差班”的秘诀。此外，还有与会者提出了一系列的育人智慧，如以美育人、美美与共；以师之“惰”，植生之“勤”；智慧耕耘，爱育花开；教育是农业，需要充裕的营养等。总之，来自全国各地的乡村班主任分享了他们各自独特的育人智慧，让与会代表们感受到了乡村学生的真实发展。

三、新时代乡村班主任发展研究的新范式

新时代乡村班主任的发展研究具有重要的理论意义。在本次论坛中，乡村班主任研究已经具有了时代新意。从质性研究、量化研究等教育科学研究的方式方法来看，他们都有了较大的提高与进步，同时在技术手段的运用方面也具有较大的突破。此外，该领域研究的推进既有高层的理论设计，也有一线教师的实践创生，形成了理论与实践的螺旋式交互生成。

（一）方法论：扎根研究不断深化

本次论坛很多与会者采用的研究方法，都是基于实践创生。如四 JING（静、敬、竞、净）班级文化专题研究，从四 JING 的班级环境文化打造到四 JING 班级

系列活动的开展,到最后形成四 JING 班级文化,都是经过与会者一天天、一月月,甚至一年年的扎根研究而形成的。还有葵花"三识"长程系列研究,从二年级的"葵花"一识到四年级的"葵花"三识,都是经过与会者三年的扎根研究而实现的。此外,还有与会者开展的暑假研究,在暑假期间让学生体验乡村的各种生活,如插秧、认识树叶、观察小动物等。这些研究都是乡村班主任与乡村学生一起,通过整个暑假实践而创生出来的。

(二)工具论:信息技术使用更高超

信息技术的使用是本次论坛与相关乡村班主任研究的一个亮点。与以前的乡村教师研究相比,本次论坛的与会者已经在信息技术的使用上有了质的突破。首先是本次论坛的研究者对信息技术的内涵理解。在本次论坛中,有很多与会者已经认识到信息技术不仅是一种交流工具,也是重要的教育研究手段。微信、QQ、微博等,过去常常被认为是聊天的工具,如今被乡村班主任当作教育研究的重要方式:寒暑假可以利用微信开展班级活动,促进学生假期生活的丰富多彩;平日里可以利用微信进行打卡阅读,开展亲子共读的活动,拉近学生与家庭的关系,促进家校有效的合作。

利用信息技术可以开展校际、县际,甚至省际的教育合作研究,增进学生的共同发展,促进城乡教育发展的一体化。在本次论坛中,有研究者利用微信开展暑假省际乡村班级学生发展研究,通过微信,两校的乡村班主任与学生共同策划暑假活动方案,共同推进研究活动,同时也利用美篇软件分享各自班级研究的情况,共同讨论研究的问题与对策。利用信息技术,让乡村班主任的研究更加具有时代性与创造性,如对乡村后进生的跟踪研究,对留守儿童的关爱研究,以及对"候鸟儿童"的暑假研究等。

(三)价值论:共生发展理念更凸显

首先,本次论坛的举行在本质上是一个共生发展的事件,不同的乡村教育研究者集聚一起,就乡村教育发展进行研究与讨论,分享智慧与经验,一起相互学习,相互提升,共同发展。其次,师生共生发展。从本次与会者的研究内容来看,师生共生发展在很多与会者的研究中,都有突出的体现,如有乡村班主任开展的乡村班级学生日常生活研究,既养成了乡村学生良好的生活习惯,也帮助了乡村班主任有效地引导学生,还促进了学生的学习,提高了学生学习的积极性。再次是家校共生发展。有乡村班主任开展了家校合作研究,通过开展家长进课堂、亲子共读、亲子旅游等活动,一方面加强了家校关系,增强了家长对学校的认识,同时也提升了乡村班主任的领导力,促进了乡村班主任的专业发展,提升了他们的教育技能。

此外，共生发展作为一种教育价值观，在乡村班主任的家庭教育研究中，也更加凸显。如学生行为习惯养成研究，乡村班主任引导学生做家务活，既培养了学生的自理能力，同时也减少了家长的工作压力。还有对留守儿童的关爱研究，有乡村班主任鼓励学生给远方的父母写书信，告诉他们自己的学习与生活情况，或者通过网络视频，定期创造留守儿童与家长见面的机会，让留守儿童感到父母的关爱，同时也让远在千里之外的家长能够减少对儿女思念的痛苦。

本次论坛深化了乡村班主任研究，促进了乡村班主任专业发展，对未来乡村班主任的发展研究形成如下几点共识：①继续深化乡村班主任扎根研究，促进学生深度发展；②继续加强乡村家校合作力度，不断提高乡村家长参与学校教育意识；③继续增强乡村学校与社会的合作关系，让社会更加关注乡村教育，形成家、校、社教育合力；④大力推进城乡班主任一体化发展，不断增强乡村班主任专业自豪感，实现更多乡村班主任的专业发展。参与该次论坛的专家学者和乡村班主任们相约继续研究，共同迎接第三届全国乡村班主任发展研究论坛的到来。

柳暗花明又一村
——读《中国乡村班主任发展研究(第一辑)》有感

刘海霞 *

当收到《中国乡村班主任发展研究(第一辑)》时,我百感交集。还深深记得,2016 年 7 月 23 日那天,当李家成教授在微信朋友圈发出“寻找乡村班主任”的信息时,我第一时间联系了李教授。我非常荣幸地成为教授第一位乡村班主任合作者,并加入了教授引领下的“乡村班主任工作与发展研究”团队。

两年来,我见证着研究团队的茁壮成长;践行着乡村班主任“做、听、说、读、写”综合融通的发展路径;感受着来自全国各地的乡村班主任在李教授、林教授、戚博士和很多编辑老师们的用心引领和指导下的专业成长。《中国乡村班主任发展研究(第一辑)》中实践创生与主体发展两部分的文章都是来自全国各地乡村班主任的实践研究成果。

《中国乡村班主任发展研究(第一辑)》,由李家成教授和赵福江社长主编,于 2018 年 8 月由上海交通大学出版社正式出版。此书分为理性思考、区域战略、实践创生、主体发展和会议综述五部分。本书启发我们思考“乡村班主任有发展希望吗”“乡村班主任有发展潜力吗”等问题,又向我们回答了“乡村班主任可以有怎样的实践创生”“乡村班主任能发展到怎样的境界”等问题。

该书的问世,不仅是为了呈现乡村班主任研究团队的实践研究成果,也是已经形成的这一乡村班主任研究群体向更多伙伴发出的邀请,期待寻找更多志同道合者,寻找更多的实践变革与理论创生之路。

一、乡村班主任发展现状:从困境中看到希望

最先引发我阅读兴趣的是书中的第一部分——理性思考,因为这部分是教授专家们基于理论研究的视角来分析乡村班主任的专业发展思路,而这正是我亟须学习和努力的方向。

---

* 刘海霞,广东省兴宁市罗岗中学班主任。

（一）理解乡村班主任自我实现的困境

2017 年暑假以来，在李教授的引领下，我一直在思考、探索我们学校班主任的专业成长模式，但在实践研究的过程中，我遇到了难题，遇到了困惑。我们学校是一所山区完中，为了促进本校班主任的专业成长，学校于 2017 年下学期成立了班主任工作室，并任命我为负责人，但是主动加入工作室的班主任不多，愿意参加工作室学习交流活动的班主任更是少之又少。通过访谈研究发现，大部分教师缺乏主动发展的愿望，他们觉得平时的班主任工作已经够多，不想再给自己额外添加任务。当时，我非常不理解这样的想法。但当阅读了戚务念博士的《乡村初中班主任职业倦怠归因的个案考察——以当地人的视角及其社会学的后设分析》一文后，我顿时豁然开朗。戚博士以当地人的视角分析班主任的职业倦怠原因，这是一种站在当事人的角度思考问题的方法。这种分析方法虽然第一次听，却是如此熟悉。在日常的教育教学工作中，我们常会教育孩子多站在对方的角度想问题，这样更能理解他人的做法。然而，当自己亲历其中时，却难以做到。现在回想起来，才发现当时自己总是站在自己的角度思考“为什么大部分班主任不愿加入工作室”，却没有从对方的角度去寻找原因，导致自己陷入无法理解他人的状态。

戚博士在论文第五部分的理论思考中，提了系列问题：作为潜在的变革主体的乡村教育工作者，他们的变革动力何在？已经解决温饱问题的乡村教师为什么并没有产生更高层次的需要？或者更高层次的需要已然产生，但又是什么要素阻碍了他们去实现更高的需要呢？在这里，戚博士运用马斯洛需要层次理论来解释，“马斯洛把人的动机分为匮乏性动机和成长性动机。成长性动机的意义在于发展，是被自我实现的趋向所激发的动机。而普通人的动机是为匮乏性的基本需要得到满足而奋斗。也即，相对于自我实现者，乡村教师大多为普通人，大多基于匮乏性动机”。[1]阅读到这里，更加理解乡村班主任自我实现的困境所在。

（二）发现乡村班主任自我实现的可能

面对各种成长困境，乡村班主任自身可以怎样努力？张聪教授在《乡村班主任的卓越成长——深层困局及破解机制》中认为，乡村班主任卓越成长的自我研修机制是突破自身成长的观念制约。主动实现自身的生命成长，构建自我提升的教育信念，相信自己能够促进乡村儿童的全面发展，能够以高度的责任感、使命感建设好乡村班级。对自身发展格局主动寻求突破，对自身教育实践品质主动进行改善。

林进材教授夫妇《乡村班主任的创新与实践——班主任如何引领学生踏上

国际舞台》一文中唐老师的案例,也印证了张聪教授上面提到的"乡村班主任卓越成长的自我研修机制"观点。文中的唐老师通过专业的敏感度与方法,有效运用乡村学校的各种小区资源,扭转乡村学校各种不利的处境,为乡村学生提供更多的学习与发展机会,从而也实现了唐老师的自我发展。林教授在文末写道,"担任乡村班主任时,别让传统的观念影响自己的理念,别让抱怨的声音,淹没了专业成长与发展的信心,只要朝着专业学习与成长的方向,努力充实自身的专业能力,就能通过'创新与实践',为乡村学校带来一个更专业更开阔的成长视野与未来"。[2]

(三)看到乡村班主任自我实现的希望

在张世英教授看来,"人生应是一种不断突破现实的有限性的活动,这种活动就是人们通常说的希望。希望使人不满足于和不屈从于当前在场的现实。人生的意义就在于超越现实,即超越在场,超越有限,而挑战自我,不断创新。显然,正是希望而不是现实,才更显得人生的最高意义和真实性"。[3]对于乡村班主任,要善于发现自我发展潜在的可能性,从而看到自我实现的希望。李家成教授在《对"希望"的希望——论复杂性理论视角下的乡村班主任工作与发展支持系统》中谈道,在生态性的困境中,希望之光有待发现。光,有的来自国家政策,有的来自地方教育行政部门,有的来自乡村班主任潜力的实现与人性力量的表达。李教授通过展示研究团队中的一位乡村班主任的真实发展案例,让我们看到"无希望"中的"希望"。李教授说:"希望来自榜样。迫切需要有一位、两位,乃至更多乡村班主任发展起来,以其勇气、仁爱与智慧,作为城乡班主任共同的榜样。"[4]从这段话中,我深切感受到教授培育我们乡村班主任的良苦用心,也看到乡村班主任发展的希望。

二、乡村班主任成长路径:从个体到团队

本书中的区域经验和主体发展部分,呈现了乡村班主任成长路径的多元性,有个人的,如笔者撰写的《主动:乡村班主任专业发展的核心力量》;有团队的,如基于研究项目的,基于城乡结对的,基于班主任培训班的。

(一)从一名"菜鸟"成长为专业型乡村班主任

当下教育需要培养的是主动、自觉、有意识地实现自身发展的人。这也就要求每天与学生相处最多、对学生影响最大的班主任本人首先必须是这样的人。乡村班主任作为一个具体的个人,我认为应从以下三方面寻求自身的专业发展:一是要有主动开展教育实践活动的意识;二是养成主动阅读与写作的习惯;三是

形成主动建立专业交往的行为。正是在"主动"寻求自身发展的力量的驱动下,两年来,我从一名"菜鸟"逐渐成长为专业型、研究型乡村班主任。

(二) 学校班主任工作室的实践与思考

一个人走得快,一群人才能走得远。我们学校成立班主任工作室也正是希望在校园内组建和打造优秀的班主任团队,促进班主任的专业发展。但在实践过程中,参与工作室学习交流活动的班主任并不多,大部分班主任并不重视自身的专业成长,以致工作室的发展举步维艰。我也一直在思考、探索怎样才能让工作室真正发挥应有的培育、辐射作用,但深感自身能力不足,不知如何进展。

在阅读了阳江市阳东区教育局领导李杰的论文《探索乡村班主任专业发展之路》之后,我似乎找到工作室发展困难的根源所在。阳东区教育局通过行政搭建舞台、学校精心培育、专家指导引领三项强有力举措,实现教师自主创新,让班主任专业发展各具特色,异彩纷呈,逐步形成阳东区乡村班主任专业发展的模式。我深切体会到,如果没有上级行政的力量,没有学校领导的重视,只靠普通教师的个人力量是难以为继学校班主任工作室发展的。面对学校班主任工作室的发展现状,我不应持消极的态度,而应站在理解现实的角度,耐心等待时机、善于发现新机。期待找到适合我们学校班主任专业成长的方式。

除了学校班主任工作室外,还有其他团队路径吗? 书中"主体发展"部分,为我们呈现了多种方式。

(1) 基于研究项目的方式。这是浙江省宁波市象山县涂茨镇中心小学的陈海敏校长的实践经验,从他的论文《乡村学校班主任的"蝶变"——以"你好,假期!"促乡村班主任专业发展》中,可以看到他们学校通过开展项目研究与实施,让班主任得到专业发展,让乡村班主任实现自我完善、自我超越,并向我们展示了校长正是这所学校得以成功实现班主任成长的关键力量。"你好,假期!"研究项目是实现班主任成长的助推器,学校研究团队是支撑班主任成长的重要力量。

(2) 城乡结对方式。王怀玉、王尚英老师在《城乡教师成长共同体何以成为可能? ——以一次难忘的非官方城乡结对经历为例》中谈道:"通过城乡优秀教师学习共同体建设,建立新型乡村教师联盟机制,摒弃过去单向点状'帮扶'方式,以点带面,辐射乡村教育,增强乡村教师的职业信息,唤醒城市教师的职业使命,创新城乡联谊活动方式,促进两地教师共同成长。"[5]这是与以前不一样的城乡结对方式,不是"帮扶",而是"联谊",不是"单向传递",而是"双向互动",形成"学习共同体"促进城乡教师的共同发展。正如刘茜老师在阅读这篇论文的读后感中写道:"地域有别,工作同质;城乡无别,成长同时;别与无别,心向往之。"[6]

(3) 基于班主任培训班的方式。叶斐妃老师在《改变,起于武义县班主任精英培训班——一位乡村班主任的工作漫谈》中谈道,“过去的九年,我从一名新教师成长为一个具有一定经验的老师,但工作方法基本上还是处于较传统且陈旧的模式,工作状态也是处于安于现状、墨守成规、自我满足的封闭形式。自从参加武义县班主任精英培训班的学习后,我的教育思维、实践能力、专业成长等发生了很大的改变”。[7]

三、乡村班主任实践空间:从学校到社区

本书中呈现出乡村班主任广阔的实践空间,其不仅涵盖学校内部的所有资源,还包括学校周边的所有资源。这不仅拓宽了我们的教育视野,也打开了我们的教育思维。

乡村学校相对于城市学校,具有广阔的天地、丰富的自然资源、淳朴的乡土民情,这些都为乡村学校的教育提供了很多得天独厚的便利与优势。因此怎样利用好乡村资源促进学生的全面发展,是非常值得我们探索的课题。

书中“实践创生”和“主体发展”中的很多文章,为我们提供了很多参考借鉴的地方。如蓝美琴老师的《找一块地,我们去种菜吧》,蓝老师通过家校合作,充分利用乡村资源,找一块地带着孩子们一起去劳动,在认知农作物的过程中,培养乡村孩子的公民素养。如邹庆能老师的《以天地为学堂,以劳动育新人——记“蜜蜂农场”劳动实践教育基地建设》,邹老师根据班级实际情况,引导学生与家长共同开展“蜜蜂农场”劳动实践教育基地建设,以此发展学生的综合素养。如焦忠宇老师的《自然中融通学科 课程中呈现精彩——以“探究叶子”课程为例》,焦老师引领孩子们探索自然、亲近自然,体验植物的生命特征,让孩子们在自然世界中学习知识、感悟美好、体验乐趣。如林冬梅老师的《发展乡村班级的精神品质——基于对乡村自然资源的有效开发》,林老师带领学生挖掘自然教育资源,结合乡村儿童急需的品质内容,建设以“信任”为血脉,促成以“自信”为目标和前提,重建以“关怀”为核心的乡村班级。

书中还有很多文章值得我们静心阅读学习。从这些文章中我们可以深切感受到乡村班主任的发展境界。最后,期盼遇到更多的志同道合者,一起见证、践行、体验更多的实践变革与理论创生之路。

参考文献

[1][2][4][5][7] 李家成、赵福江.中国乡村班主任发展研究:第一辑[M].上海:上海交通大学出版社,2018:19;46;65;211;217.

[3] 张世英.哲学导论[M].北京:北京大学出版社,2002:353-354.
[6] 刘茜.《中国乡村班主任发展研究》读后感之五[EB/OL].(2018-12-28)[2019-01-25]. https://www.jianshu.com/p/a70bf1dacdac?utm_campaign=haruki&utm_content=note&utm_medium=reader_share&utm_source=weixin_timeline&from=timeline.